DITADURA: O QUE RESTA DA TRANSIÇÃO

COLEÇÃO ESTADO de SÍTIO

coordenação Paulo Arantes

Até o último homem
Felipe Brito e
Pedro Rocha de Oliveira (orgs.)

Bem-vindo ao deserto do Real!
Slavoj Žižek

Brasil delivery
Leda Paulani

Cidades sitiadas
Stephen Graham

Cinismo e falência da crítica
Vladimir Safatle

Comum
Pierre Dardot e Christian Laval

As contradições do lulismo
André Singer e
Isabel Loureiro (orgs.)

Ditadura: o que resta da transição
Milton Pinheiro (org.)

A era da indeterminação
Francisco de Oliveira e
Cibele Rizek (orgs.)

A escola não é uma empresa
Christian Laval

Estado de exceção
Giorgio Agamben

Evidências do real
Susan Willis

Extinção
Paulo Arantes

Fluxos em cadeia
Rafael Godoi

Guerra e cinema
Paul Virilio

Hegemonia às avessas
Chico de Oliveira, Ruy Braga e
Cibele Rizek (orgs.)

A hipótese comunista
Alain Badiou

Mal-estar, sofrimento e sintoma
Christian Ingo Lenz Dunker

A nova razão do mundo
Pierre Dardot e Christian Laval

O novo tempo do mundo
Paulo Arantes

Opus Dei
Giorgio Agamben

Poder e desaparecimento
Pilar Calveiro

O poder global
José Luís Fiori

O que resta da ditadura
Edson Teles e
Vladimir Safatle (orgs.)

O que resta de Auschwitz
Giorgio Agamben

O reino e a glória
Giorgio Agamben

Rituais de sofrimento
Silvia Viana

Saídas de emergência
**Robert Cabanes, Isabel Georges,
Cibele Rizek e Vera S. Telles** (orgs.)

São Paulo
Alain Badiou

Tecnopolíticas da vigilância
**Fernando Bruno, Bruno Cardoso,
Marta Kanashiro, Luciana Guilhon** e
Lucas Melgaço (orgs.)

O uso dos corpos
Giorgio Agamben

Videologias
Maria Rita Kehl e Eugênio Bucci

COLEÇÃO
ESTADO de SÍTIO

MILTON PINHEIRO
(ORG.)

DITADURA: O QUE RESTA DA TRANSIÇÃO

Copyright © Boitempo Editorial 2014

Coordenação editorial Ivana Jinkings
Editora-adjunta Bibiana Leme
Assistência editorial Thaisa Burani e Camila Nakazone
Revisão Luciana Lima
Capa David Amiel
sobre foto de trabalhadores da Companhia Siderúrgica Nacional (CSN) em greve. Volta Redonda, RJ, 9 nov. 1988. Foto de Homero Sérgio/Folhapress.
Diagramação Antonio Kehl
Coordenação de produção Juliana Brandt
Assistência de produção Livia Viganó

CIP-BRASIL. CATALOGAÇÃO NA PUBLICAÇÃO
SINDICATO NACIONAL DOS EDITORES DE LIVROS, RJ

D642

Ditadura: o que resta da transição / Milton Pinheiro ... [et.al.], prefácio de Marcos del Roio. - 1. ed. - São Paulo : Boitempo, 2014.
(Estado de Sítio)

ISBN 978-85-7559-366-0

1. Ditadura - Brasil. 2. Governo militar - Brasil. 3. Participação política - Brasil. I. Pinheiro, Milton. II. Codato, Adriano. III. Prestes, Anita Leocádia. IV. Maciel, David. V. Saes, Décio A. M. de. VI. Moraes, João Quartim de. VII. Medeiros, Leonilde Servolo de. VIII. Secco, Lincoln. IX. Santana, Marco Aurélio. X. Souza, Nilson Araújo de. XI. Nery, Vanderlei Elias. XII. Série.

14-10307 CDD: 981.063
CDU: 94(81)

É vedada a reprodução de qualquer parte
deste livro sem a expressa autorização da editora.

1ª edição: março de 2014
1ª reimpressão: abril de 2025

BOITEMPO
Jinkings Editores Associados Ltda.
Rua Pereira Leite, 373
05442-000 São Paulo SP
Tel.: (11) 3875-7250 / 3875-7285
editor@boitempoeditorial.com.br | boitempoeditorial.com.br
blogdaboitempo.com.br | youtube.com/tvboitempo

SUMÁRIO

Prefácio 7
    Marcos Del Roio
Os comunistas e a ditadura burgo-militar: os impasses da transição 15
    Milton Pinheiro
A natureza de classe do Estado brasileiro 61
    João Quartim de Moraes
As frações da classe dominante no capitalismo: uma reflexão teórica ... 105
    Décio Azevedo Marques de Saes
Luiz Carlos Prestes e a luta pela democratização da vida
nacional após a anistia de 1979 119
    Anita Leocádia Prestes
Intelectuais de Estado e a gestão da política econômica
no regime ditatorial brasileiro 151
    Adriano Codato
Trabalhadores, sindicatos e regime militar no Brasil 171
    Marco Aurélio Santana
Trabalhadores do campo, luta pela terra e o regime civil-militar 195
    Leonilde Servolo de Medeiros
A hegemonia tardia 231
    Lincoln Secco
Diretas Já: mobilização de massas com direção burguesa 247
    Vanderlei Elias Nery
A Aliança Democrática e a transição política no Brasil 269
    David Maciel

Uma transição *à long terme*: a institucionalização da autocracia burguesa no Brasil 303
Anderson Deo

A economia da ditadura e da transição..331
Nilson Araújo de Souza

PREFÁCIO

Marcos Del Roio

Completado meio século da instauração da ditadura militar burguesa, em abril de 1964, tanto seu significado histórico como suas mazelas continuam a ocupar mentes na academia e na militância política. Já no dia seguinte ao infausto acontecimento opiniões e posições bem diferentes apareceram, fosse por parte daqueles que festejaram o golpe e a revolução/restauração "democrática" – militares, clérigos, jornalistas –, intelectuais de uma ampla coalizão de proprietários temerosos de uma verdadeira revolução democrática e popular que vinha se desenvolvendo, fosse pelo arco de forças sociais e políticas gravemente derrotado pela ação golpista.

O campo dos vitoriosos, na verdade, imaginava impor uma ordem econômica e social de caráter liberal com o uso de força militar, tal como se esforçava havia já duas décadas. O acentuar-se da luta de classes depois de agosto de 1961 levaria o Brasil a uma efetiva conversão democrática da revolução burguesa que se processava, com uma coalizão nacional de forças populares alcançando a direção da vida política e social, ou haveria um aprofundamento da revolução passiva (para usar um termo de Gramsci) para a implantação plena do capitalismo, com a condução do Estado militarizado e do conjunto das classes dominantes.

A vitória da coalizão conservadora tampouco levou a cabo a utopia liberal, por ser insustentável perante o risco de estagnação econômica. A esperança dos liberais de que o Estado se afastasse das atividades econômicas e sociais frustrou-se em favor da ampliação da burocracia estatal, da criação de uma série de empresas estatais consideradas estratégicas, que facilitaram o ingresso de empresas estrangeiras. No entanto, todas as frações da classe dominante brasileira também se beneficiaram dessa orientação da acumulação do capital e do desenvolvimento das forças produtivas. Com exceção de alguns momentos, a fachada institucional liberal nunca deixou de existir, assim como nunca deixou de existir certa forma de resistência burguesa, ainda que heterogênea em representação e atuando dentro do ordenamento imposto pelos militares.

No entanto, a conta ficou mesmo na mesa das classes subalternas, cuja força de trabalho foi explorada ao máximo. Para que isso acontecesse com o menor transtorno possível fez-se necessário desmantelar o sindicalismo – urbano e rural –, que lutava por reformas sociais e políticas, por direitos, por melhores condições de vida para os trabalhadores. Foi necessário também perseguir toda a esquerda política, armada ou não, e ainda cercear a intelectualidade crítica. Afinal, tratava-se de uma ditadura de classe, que buscava impedir a eventual realização de uma revolução democrática pelas forças populares. Como qualquer Estado, o regime ditatorial fez uso da violência e da ideologia – porém em doses bastante exageradas.

As forças políticas e sociais vinculadas ao movimento operário e popular, mesmo atordoadas, também passaram a refletir sobre os motivos da derrota e sobre o que fazer para organizar e travar a luta de resistência. Para os agrupamentos que se encontravam à esquerda do PCB – como o PCdoB, a AP e a Polop –, o problema estava no fato de se depositar confiança demasiada no governo nacional burguês e de as massas não terem sido preparadas para resistir ao golpe de maneira organizada e armada. Daí a convicção de que a resistência e a derrocada da ditadura teriam de ser pela via das armas e com respaldo popular amplo. Uma parte muito significativa do PCB também tendeu a seguir essa avaliação, o que se explicitou nos encontros preparatórios do VI Congresso, realizado em 1967, ao ponto de se gerar diversas cisões.

No entanto, para a militância que seguiu essa orientação, o drama iniciado em 1964 se transformou em tragédia, com a luta desigual travada contra o Estado entre 1969 e 1973. A exacerbação da violência estatal e paramilitar, o reforço do corporativismo, o discurso ideológico pseudonacionalista e principalmente o predomínio do capital bancário/financeiro eram indícios de um processo de fascistização, que foi barrado pela oposição liberal burguesa e pela oposição popular (indiretamente auxiliadas pela crise energética mundial).

Desde o início do período a maioria do PCB defendia a unidade entre as forças populares e a oposição liberal para derrotar a ditadura e instaurar uma nova democracia a partir de uma assembleia constituinte. Essa posição ganhou força depois de 1974, perante divisões no Estado e na burguesia diante da fascistização e o crescente descontentamento popular perante tamanha exploração do trabalho e violência estatal.

No Estado, em particular nas Forças Armadas, havia uma posição favorável à permanência da situação de excepcionalidade e exacerbação do corporativismo e outra – que ocupou o governo com o general Geisel – que se empenhava em garantir instituições estáveis, o que exigiria a cessação da perseguição política e cultural sistemática e a concessão de espaços efetivos para a oposição liberal e para a Igreja Católica. A oposição popular de esquerda marxista estava terrivelmente fragilizada por conta da repressão, a qual continuou atuando com denodo contra os comunistas até 1976, cujos efeitos foram devastadores. Com isso, a esquerda católica pode ocupar espaços maiores em se considerando ter melhores condições de defesa contando com o respaldo institucional da Igreja. Mesmo assim, a política de frente democrática dos comunistas angariou frutos, e a pressão popular difusa deslocou uma área liberal para o campo da democracia, incluindo algumas lideranças intelectuais em particular.

A luta de classes e a contenda política, novamente, apontavam para dois desenlaces possíveis para a revolução burguesa que estava prestes a se completar com um Brasil plenamente capitalista: para o governo ditatorial, era preciso isolar a direita fascista e atrair setores liberais e católicos para o projeto de institucionalização que contemplasse interesses mais amplos e canais de participação das classes dominantes; para as forças populares que lutavam pela conquista da democracia, levando-se em conta a fragilidade momentânea delas, era da maior importância atrair os liberais e certas frações burguesas para o campo da democracia, pois esta seria a maneira de debilitar a ditadura, desorganizando sua base de apoio.

Tratava-se de uma guerra de posição cujo fundamento encontrava-se na fábrica, no processo produtivo. Quando a burguesia industrial paulista se descolou do regime político em 1977, afirmando sua capacidade de gerir a vida social e política do país, a capacidade de hegemonia dela certamente se antecipava ao que estava para acontecer nas fábricas. De fato, a partir de 1978, as grandes fábricas se colocam na cena política, reivindicando autonomia jurídica no mercado. Os trabalhadores afirmavam enfaticamente não querer mais a presença opressiva do Estado nas relações de trabalho, e exigiam autonomia para negociar a venda da força de trabalho. A ditadura se enfraquecia ainda mais com a pequena burguesia intelectual exigindo de forma massiva as liberdades democráticas.

Nesse cenário complexo se concluía a revolução burguesa no Brasil do ponto de vista das relações sociais de produção, mas ainda não estavam claras quais seriam as forças sociais e políticas a dirigir o processo de estabilização ou ruptura. O poder executivo, em mãos do Exército, ainda tinha o estorvo da oposição fascista no Estado, em particular nos serviços de repressão. A burguesia paulista forjou um grupo dirigente importante dentro do MDB/PMDB, com vínculos na intelectualidade que perscrutavam uma passagem negociada para uma democracia liberal burguesa, ao estilo anglo-americano, com a manutenção de alguns direitos sociais. Surgia ainda um proletariado de perfil fordista na cena política, que se mantinha no horizonte liberal-democrático americanista. Sua perspectiva era conseguir uma representação sindical forte e autônoma para se defrontar contra o patronato e o Estado. Era uma classe de antemão subalterna.

A situação de subalternidade não poderia mudar no curto prazo, mas era nessa direção que as esquerdas deveriam agir, ainda que as fortes dores da derrota precedente se fizessem sentir. As esquerdas que surgiram de fragmentos do PCB ou de outras organizações anteriores ao golpe de 1964 tenderam, em sua maioria, a se agrupar em torno do grupo sindicalista. As exceções, além do próprio PCB, foram o PCdoB e o MR-8, que entendiam permanecer vinculados ao MDB/PMDB, controlado pelo grupo dirigente da burguesia "democrática" até a derrota final da ditadura militar. Tanto aqueles agrupamentos que se juntaram aos sindicalistas reformistas quanto os que preferiram permanecer ao lado do grupo dirigente da burguesia fracassaram na educação socialista das massas. A crise estratégica, ideológica e orgânica era forte demais – e a correlação de forças, bastante desfavorável.

As forças de oposição se fortaleciam, resguardadas todas as divergências, enquanto a ditadura militar recuava de forma organizada. A crise econômica de 1983-1984 e a mobilização popular levou o regime às cordas, mas não conseguiu derrubá-lo de forma a configurar uma ruptura democrática, que demarcaria uma efetiva entrada em cena das classes subalternas em condições de pelo menos contestar a hegemonia burguesa que ganhava fôlego na democratização. Na verdade, o avanço democrático popular foi favorecido quando ao recuo do regime somou-se uma crise no interior das classes dominantes. A tentativa da fração industrial de cavalgar a crise do regime para impor a sua direção foi contestada por outras frações, em particular a bancária e a agromercantil.

Esse relativo equilíbrio na correlação de forças – que exigia alianças para que pudesse conquistar algum peso – gerou o processo de "transição democrática". Chegou-se ao ponto em que quase todas as forças eram favoráveis à democracia, mas o problema passava a residir então na direção do processo, no conteúdo e na qualificação de tal democracia. É certo que o desencadeamento de um processo de democratização socialista era inviável de imediato, pois essa perspectiva era minoritária até mesmo no seio das classes subalternas, e a correlação de forças era bastante desfavorável nesse sentido, ainda que, do ponto de vista da situação-matéria e das relações de produção, a revolução devesse ser socialista. Tratava-se então de radicalizar o processo de democratização liberal burguesa, com a realização de reformas estruturais e drástica ampliação de direitos sociais.

Mesmo essa perspectiva ficou comprometida com o deslocamento da correlação de forças no interior do conjunto das classes dominantes. Com o auxílio decisivo do regime que se extinguia, conseguiu-se colocar no poder executivo um representante das velhas oligarquias agrárias e do próprio Estado, tal como foi o sr. José Sarney, e reagrupar os setores dominantes mais vinculados ao imperialismo. A Constituição de outubro de 1988 traz em si todas essas peripécias, com relativo avanço nos direitos sociais e nas garantias individuais, na liberdade de organização sindical e política, mas persiste em dificultar uma reforma agrária que beneficie o campesinato.

A transição *stricto sensu* coincide com o governo de Sarney, com a passagem do poder militar ao poder civil, com a promulgação de nova Constituição e com as eleições presidenciais diretas, ou seja, tem um caráter predominantemente institucional. Mas há outras leituras possíveis, como supor o início da transição como o projeto de institucionalização originado dentro do próprio Estado e regime, em 1974. Pode-se dizer que a transição se alonga para depois de 1989, com o início do governo Cardoso, quando as novas instituições se solidificam, assim como o projeto dito neoliberal que dera nova unidade às classes dominantes. A transição pode ainda ser lida como um processo social e político de democratização de longa duração e de contornos pouco definidos, mas numa perspectiva americanista.

A relação do Estado de classe com as classes e as relações entre as classes parece ser o elemento mais determinante para se definir a chamada "transição democrática". A emergência da burguesia e do proletariado industrial na cena política que colocou a ditadura militar em crise e fechou a revolução burguesa ao modo de uma revolução passiva (Gramsci, novamente) abriu uma nova fase na qual o proletariado não conseguiu vencer sua situação subalterna, mas contribuiu para colocar em crise as alianças no seio das classes dominantes.

A questão essencial que se colocava era qual seria a inserção do país no contexto internacional de forte ofensiva do capital imperialista. O projeto da burguesia industrial paulista de fortalecer o mercado interno para negociar a partir de uma posição de força com o imperialismo foi um fracasso. Assim, em torno de 1988-1989, as classes dominantes brasileiras se unificaram em torno do projeto dito neoliberal, que em sua completude pressupunha uma "democracia de mercado" para o capital, mas que para os trabalhadores mais pareceria um "fascismo liberal".

Passados meio século da instauração da ditadura militar e 25 anos do novo regime de dominação burguesa, o momento é excelente para se reavivar o debate, de se fazer novas avaliações. É momento propício de se observar a grande continuidade do novo regime liberal com a ditadura militar, em termos de domínio de classe e de aparato repressivo – por exemplo, com a permanente marca da impunidade. Sem o desmantelamento do aparato repressivo montado (ou reforçado) na ditadura não se poderá minimamente falar em democracia; sem a punição de torturadores tampouco. Pode se dizer que do ponto de vista das instituições políticas o Brasil é uma democracia liberal, na qual há liberdade de organização e expressão. Mas fica sempre mais claro para amplos setores sociais o fato de que tudo não passa de uma encenação do poder político. Ainda mais hoje quando a crise das paradigmáticas democracias liberais é patente.

A hegemonia burguesa no Brasil, construída no decorrer de uma revolução passiva – na qual o papel do Estado (e do Exercito) foi decisivo –, só pode ser relativamente frágil. Demanda, pois, uma força policial desmedida e o controle dos meios de informação e comunicação. No entanto, o bloco de poder burguês unificado com a direção do capital bancário/financeiro foi capaz de ampliar consensos em direção à pequena burguesia e aos setores da "aristocracia operária". Foi desse modo que a maioria das esquerdas acabou homologada à ordem do capital. Esse sistema de aliança de classes pode ser duradouro ou trata-se apenas de uma conjuntura particular?

A resposta está na teoria/prática política, no esforço de compreensão/ transformação da realidade. O volume que o leitor agora tem em mãos é uma contribuição importante para a elucidação de tantos problemas pendentes da história contemporânea do Brasil. Característicos das ciências políticas e sociais são o debate e a polêmica – e mais ainda do marxismo, vertente cultural crítica por excelência.

Assim, os ensaios organizados nesta coletânea pelo professor Milton Pinheiro apontam importantes problemas e interpretações, úteis para provocar a reflexão sobre as diversas facetas da vida social e política na qual estamos imersos. A conclusão a ser antecipada é a da necessidade da refundação de uma esquerda crítica, lúcida, envolvida na vida dos trabalhadores e que contribua para sua organização, capaz de orientá-los na luta contra o capital e contra o Estado. Agora não mais em direção a uma "transição democrática", que seja mais uma (entre tantas havidas) recomposição do poder político do capital, mas em direção à transição socialista, cujo pressuposto é uma ruptura, uma reversão do poder, uma revolução.

OS COMUNISTAS E A DITADURA BURGO-MILITAR: OS IMPASSES DA TRANSIÇÃO

Milton Pinheiro

"Quem desconhece o passado condena-se a repeti-lo"
Johann Wolfgang von Goethe

Introdução

Este artigo tem por objetivo analisar as posições teórico-políticas dos comunistas brasileiros do Partido Comunista Brasileiro (PCB), sua ação concreta diante do golpe burgo-militar de 1964 e o processo de transição democrática durante o qual se estabeleceu a crise do partido. Também debateremos o arcabouço político dos comunistas para entender o Brasil no pré-1964, a visão que havia sobre golpe, as ações para combater a ditadura e a postura do partido no processo de transição democrática. Esse conjunto de problemas se defronta com a necessidade de interpretação da ditadura, qualificando-a como burgo-militar em virtude do papel político de articulação da burguesia e suas frações de classes, em consonância com os setores conservadores das Forças Armadas[1] – o setor responsável pela operação concreta que tomou pela força o poder –, estabelecendo-se no controle do aparato de Estado enquanto estrutura ideológica para concretizar a política do novo bloco firmado, ou seja, segmentos da burguesia bancária e industrial, associados aos interesses da burguesia internacional (especialmente a norte-americana) para ampliar o processo de exploração

---

[1] Ver Décio Saes, *Democracia* (São Paulo, Ática, 1987). Com relação à articulação política da burguesia, conferir ainda Friedrich Engels, *Do socialismo utópico ao socialismo científico* (Rio de Janeiro, Global, 1981).

no último ciclo da longa revolução burguesa brasileira, que se concluiu nas relações sociais de produção.

Desenvolvo a premissa de que o PCB, por meio do instrumental teórico-político que possui, não conseguiu desvelar as contradições das ramificações que produziram a nova cena política, tampouco o fechamento do longo ciclo da revolução burguesa com os dois Planos Nacionais de Desenvolvimento (PND) da ditadura burgo-militar, passando ao processo de articulação da transição por meio da subordinação à lógica da via prussiana que tanto interessava à oposição liberal burguesa. No entanto, também desenvolvo a tese de que o esgotamento das formulações teórico-políticas favoreceu a perda da hegemonia do PCB tanto na esquerda brasileira como um todo quanto no movimento operário e nas lutas populares, levando o partido a longa crise político-orgânica durante a prolongada direção do núcleo dirigente estagnado[2] – o Comitê Central (CC), dirigido por Giocondo Dias, Salomão Malina e Roberto Freire.

No plano geral da interpretação, utilizo-me de algumas referências contidas nas obras de Marx, Engels, Poulantzas, Gramsci, Florestan Fernandes e Décio Saes[3] para introduzir argumentos na explicação das questões estudadas através das categorias de bloco no poder, hegemonia, cena política, modo de produção determinante, formação social, autocracia burguesa,

---

[2] Articulado por Giocondo Dias já no V Congresso do PCB (1960), esse núcleo dirigente tardio se consolidou com o processo de saída/expulsão de milhares de militantes durante os debates do VI Congresso (1967), impactado pelo golpe burgo-militar, internamente vitorioso contra Prestes e depois que os "eurocomunistas" deixaram o partido. Durante os anos 1980, esse núcleo reafirmou um instrumental teórico-político que advinha da Declaração de março de 1958 que se mostrou ultrapassado para responder às novas contradições do capitalismo no Brasil e ao processo de lutas desenvolvidas pela classe operária e pelos segmentos populares. Esse núcleo consolidado, por ter a maioria do CC, teve a longeva direção de Giocondo Dias, depois Salomão Malina e, por fim, o consórcio de dirigentes partidários que transitavam em torno do deputado federal Roberto Freire.

[3] Karl Marx, *O 18 de brumário de Luís Bonaparte* (São Paulo, Boitempo, 2011) e *A guerra civil na França* (São Paulo, Boitempo, 2011); Friedrich Engels, *Do socialismo utópico ao socialismo científico*, cit.; Nicos Poulantzas, *Poder político e classes sociais* (Porto, Portucalence, 1971); Antonio Gramsci, *Cadernos do cárcere*, v. 3 (Rio de Janeiro, Civilização Brasileira, 2007); Florestan Fernandes, *Apontamentos sobre a Teoria do Autoritarismo* (São Paulo, Hucitec, 1979) e *A ditadura em questão* (São Paulo, T. A. Queiroz, 1982); e Décio Saes, *Democracia*, cit., e *República do capital: capitalismo e processo político no Brasil* (São Paulo, Boitempo, 2001).

poder político, regime político, bonapartismo, via prussiana e democracia, entre outras balizas interpretativas do marxismo contemporâneo. No plano específico, foram considerados os documentos dos VI, VII e VIII Congressos do Partido Comunista Brasileiro (realizados, respectivamente, em 1967, 1984 e 1987) como fonte do processo operativo das ações do partido. Para explicar o golpe/ditadura, são apresentadas referências sobre as categorias burgo-militar, analisadas a partir das questões pertinentes às funções de Estado, interesses de classe, burocracia estatal com vínculos de classe (ainda que com relativa autonomia) e junções dos interesses de classe de frações da burguesia com o papel ideo-político das camadas militares. Considera-se ainda o operador político, o núcleo dirigente estagnado e a ruptura da tradição para entender e qualificar as formulações e práticas do PCB no período estudado.

Três Congressos (seminais) e uma derrota anunciada

A declaração de março de 1958 e as resoluções políticas do V Congresso do PCB de 1960 são aquelas formulações que se defrontaram com os acontecimentos políticos que movimentaram, e realizaram, o golpe burgo-militar de 1º de abril de 1964. Essas formulações, teórico-políticas, articularam uma inflexão na linha do partido, o que paulatinamente levaria o PCB a deixar de ser o operador político da classe operária e a perder a hegemonia na esquerda brasileira.

A nova linha política, apesar de reconhecer características importantes da sociedade brasileira – como o desenvolvimento do capitalismo, que colocava em xeque os argumentos daqueles que analisavam o Brasil a partir dos chamados "restos feudais" –, localizava também a presença dos trabalhadores no modo de produção determinante dentro da formação social brasileira. Contudo, apesar de partir desse corpo teórico, não conseguia extrair maiores consequências políticas no sentido de entender o comportamento da burguesia e suas frações de classe diante do novo quadro do capitalismo no Brasil, demonstrando assim o começo do esgotamento de uma formulação que já em seus primórdios não encontrava aderência para desenvolver táticas e estratégias dentro da realidade em curso.

Essas questões se complexificaram, transformando-se em impasses a partir do não entendimento das características que qualificavam a realidade brasileira pelo PCB, o que contribuiu para que o partido não compreendesse a ação da burguesia e suas frações, tampouco das representações partidárias na cena política. Apesar das novas questões colocadas nas formulações (capitalismo e classe operária), os comunistas brasileiros não conseguiram desvelar a longa conjuntura e o papel da burguesia no Brasil, que já se apresentava como consorciada ao capitalismo internacional. Envolvido pelo politicismo crônico, o partido agia em duas frentes: o discurso da necessidade de avanço das reformas e a política de aliança com a chamada "burguesia nacional", que levaram à subalternidade de classe.

Consumados os acontecimentos golpistas que desembocaram no ato de força do 1º de abril de 1964, o partido, situado no campo da perplexidade, voltou-se para o debate interno sobre o que havia motivado o golpe e, nesse debate, manteve-se até maio de 1965, quando foi realizada a primeira reunião do CC[4]. O PCB não percebeu que o golpe foi uma operação que contou com a articulação de frações de classe da burguesia – descontentes com os rumos do governo João Goulart – e de militares subsumidos ao projeto ideológico das Forças Armadas norte-americanas; da mesma forma, o golpe favorecia os interesses da burguesia interna que já era consorciada à burguesia internacional, por meio das frações bancária e industrial[5].

Podemos afirmar que, para compreender quais foram as respostas dadas pelo PCB no pós-golpe, faz-se necessária a análise dos documentos, em especial as resoluções dos VI, VII e o VIII Congressos. Essas resoluções contêm a inflexão política e teórica que respaldou a postura etapista, nacional-desenvolvimentista, e a estratégia nacional-democrática – transformada em democrático-nacional nas últimas resoluções – que levou o partido a uma linha política descolada da realidade brasileira, distanciada da perspectiva dos trabalhadores e da revolução socialista.

Esse arcabouço interpretativo, expresso nas resoluções congressuais, vai favorecer o desvelamento da tática manifestada como resposta diante da cena política dirigida pelas frações de classe da burguesia que compuseram o novo bloco no poder, os militares e o projeto destes de Brasil: a burocracia estatal e os agrupamentos políticos que, em tese, representavam esse campo. Contudo, ainda temos a interessante possibilidade de analisarmos, nesses documentos, como se apresentavam a perspectiva e a (por vezes dúbia) proposta do partido de transição e luta pelo retorno ao Estado democrático

---

[4] Cf. Edgard Carone, *O PCB: 1964 a 1982*, v. 3 (São Paulo, Difel, 1982).

[5] Décio Saes, *República do capital*, cit.

de direito (democracia formal), na longa jornada de 21 anos de resistência à ditadura no Brasil.

Examinar tais resoluções dos citados Congressos do PCB é, portanto, procurar entender a postura da esquerda e a ação tática e concreta desse histórico operador político dos trabalhadores brasileiros no enfrentamento à ditadura burgo-militar.

A luta por liberdades políticas, o processo de transição que tiraria do poder os militares e removeria a legislação autoritária, o posicionamento diante das frações da burguesia no bloco do poder, a transição vista como uma rearrumação do *establishment* em virtude da necessidade de estabilidade política, permitindo, entre outras circunstâncias, a manutenção de um arcabouço jurídico que afirmasse a democracia formal como forma de regulação da vida social e das instituições: todo esse conjunto articulado de temas, juntamente às questões da crise brasileira e à perspectiva dos comunistas, está contido nos documentos do VII e VIII Congressos. No entanto, a inflexão feita na linha política não permitiu que o partido rompesse com a ação teórico-política, que acabou derrotada. Sob a direção de um núcleo dirigente estagnado, e a partir de falsa premissa de renovação, um confuso PCB marchou no processo que somente iria aprofundar a sua derrota. Os anos 1980 foram uma década perdida dentro da história do PCB, que resultou nos impasses da luta político-orgânica de seu IX Congresso.

O VI Congresso do PCB: as contradições da linha e o horizonte socialista em fuga

O VI Congresso do PCB apresentou como elemento principal, do ponto de vista da situação econômica e social do Brasil, a análise que entendia a "nação" como portadora de uma economia agrária e industrial, apesar do fato de o capitalismo brasileiro encontrar-se em franco desenvolvimento desde a década de 1940. O documento aponta uma constante penetração do capitalismo no campo, e considera importante e relevante o papel do capitalismo de Estado no Brasil, ou seja, a presença do aparato de Estado nas diversas ramificações da produção. Mas, identifica nesse quadro produtivo do desenvolvimento brasileiro uma incapacidade crônica de crescer que se estabeleceu no período de 1960 até 1965.

A inflação crônica, que deriva de causas estruturais e atingiu taxas elevadíssimas nos anos de 1960-1965, em consequência também de causas conjunturais, foi o recurso usado para acelerar a taxa de acumulação de capital. Beneficiando-se da inflação durante um largo período, a burguesia temeu a hiperinflação que ameaçava subverter todo o sistema econômico.[6]

O modelo de desenvolvimento brasileiro encontrava-se envolvido nas contradições do modo de produção determinante dentro da formação social brasileira e foi impactado, também, pela incapacidade política do governo João Goulart de responder às ações do imperialismo, pela agitação promovida pelos segmentos golpistas e descontentes da política brasileira no processo de articulação entre as frações burguesas e pelos militares que se referenciavam no repertório da ideologia de segurança nacional e na perspectiva golpista. O governo Jango e as forças políticas que defendiam esse projeto não tiveram capacidade de responder às articulações do imperialismo, que se movimentou através da orientação do departamento de Estado dos Estados Unidos e das ações desenvolvidas pelo consórcio dirigido pela burguesia do "capital imperialista"[7].

Para o PCB, essas contradições cresceram e se avolumaram ao não se conseguir resolver as questões específicas da "burguesia nacional". Todavia, o consórcio político e econômico do imperialismo, com as frações da burguesia agrária e industrial, conformou-se numa junção de frações de classe que vão governar o país a partir do golpe militar.

A derrubada do governo Goulart trouxe uma modificação profunda na vida política brasileira. Assinala uma derrota das forças democráticas e nacionalistas, e uma vitória das correntes reacionárias e entreguistas. O golpe de 1º de abril, resultante da junção de forças políticas, econômicas e sociais numerosas e heterogêneas, deu início a um novo processo político em nosso país. [...] A burguesia nacional foi relegada a um plano secundário no aparelho de Estado.[8]

---

[6] Partido Comunista Brasileiro, *PCB: vinte anos de política (1958-1979)* (São Paulo, Lech, 1980).

[7] Expressão também utilizada pelo documento *Uma alternativa para a crise brasileira*, tendo em vista debater as contradições e aproximações entre o Estado e as ações econômicas do imperialismo. Com relação ao tema tratado, ver Partido Comunista Brasileiro, *PCB: vinte anos de política*, cit., p. 161, e *Uma alternativa para a crise brasileira: encontro nacional pela legalidade do PCB* (São Paulo, Novos Rumos, 1984), p. 91.

[8] Idem, *PCB: vinte anos de política*, cit., p. 166.

As pendências sobre a questão da terra, as necessárias transformações sociais não realizadas, as novas demandas que passaram a existir em virtude, especialmente, de novas categorias sociais alocadas nas camadas médias (bancários, empregados do setor de serviços, servidores públicos, profissões entendidas como integrantes da pequena burguesia e outros setores da base da pirâmide) começaram a se movimentar diante da política implementada pela ditadura burgo-militar.

A fração burguesa ligada ao movimento nacionalista e democrático era, do ponto de vista político, muito pouco representativa e não conseguiu ter ressonância na cena política. No entanto, mesmo assim, o instrumental analítico do PCB deu excessiva importância a esse setor, considerando que ele foi imobilizado diante da nova política aplicada pelo governo militar de orientação burguesa e imperialista. A análise do PCB constatou, então, que estava ocorrendo uma mudança radical de regime político a partir do golpe de Estado e da ação dos golpistas no aparelho de Estado, considerando-se que esse movimento derrotou as forças nacionalistas e democráticas. Todavia, não se detém sobre o que tinha ocorrido na conjuntura anterior ao golpe para justificar essa derrota.

Para o partido, surgem como vitoriosos desse conturbado processo as correntes reacionárias e entreguistas. Essa nova conformação política fez que setores da chamada "burguesia nacional" fossem forçados a transitar para a base de apoio da ditadura, para não serem relegados ao segundo plano do ponto de vista do aparelho de Estado. Aí começaram a se agravar as insuficiências da formulação política do PCB. O partido considerou que o golpe era contra a chamada "burguesia nacional"; no entanto, esta foi alçada a uma condição secundária na relação com as políticas do aparelho do Estado. Nessa mesma perspectiva, para o PCB, o Estado brasileiro foi colocado a serviço do imperialismo, entendida essa premissa como uma alienação da soberania nacional.

> O Estado brasileiro foi colocado a serviço de uma política de alienação da soberania nacional e de repressão às aspirações democráticas e progressistas do povo. O traço essencial dessa política está em que impõe ao país um curso de desenvolvimento que reforça a dependência e a subordinação ao imperialismo norte-americano e defende as posições da reação interna.[9]

---

[9] Ibidem, p. 167.

Em outra particularidade da avaliação, o partido identifica que o Estado brasileiro foi colocado a serviço da repressão contra as aspirações democráticas, como se essa postura estatal não tivesse existido antes. Portanto, essa característica foi se acumulando dentro do aparelho de Estado com o desenvolvimento da ação dos governos golpistas, numa nítida aplicação da doutrina ideológica de poder de caráter semifacista.

Os arranjos políticos sofreram, já no governo do primeiro general presidente, Castelo Branco, o impacto dessa doutrina autoritária na relação com o Parlamento e com os políticos da base de apoio, gerando um determinado descontentamento político que encontrou ressonância na derrota sofrida pelos aliados políticos de extração liberal-burguesa e de tradição golpista, nas eleições para os estados de Minas Gerais e da Guanabara. Esse acontecimento movimentou setores internos das Forças Armadas descontentes com o governo de Castelo Branco. Ocorreu, então, uma rearrumação de forças no ambiente da burguesia bancária e industrial, juntamente com segmentos mais à direita das Forças Armadas, que aproveitaram o momento político tenso para movimentar tropas e forças políticas no sentido de avançar para condutas mais autoritárias dentro do governo golpista. Foi nessa direção que agiu o porta-voz da corrente mais reacionária das Forças Armadas, o general Costa e Silva, que procurou consolidar o caráter mais violento do regime, levando adiante as propostas de "endurecimento" autoritário que consolidou o Estado de exceção no curso da cena política em movimento.

Todo esse conjunto de ações dos golpistas acabou com garantias individuais e retirou conquistas e direitos dos trabalhadores. A política salarial do governo Castelo Branco aplicou um forte "arrocho salarial", com medidas impactantes sobre os trabalhadores.

> A situação econômica e política dos trabalhadores piorou consideravelmente em consequência do golpe de Estado de 1964 e da atuação do novo governo. A linha geral da ditadura militar pode ser definida como reacionária, houve um grande retrocesso no país. As forças democráticas e progressistas foram seriamente prejudicadas. Tiveram consequências sobretudo nocivas contra as bases da democracia, que constituíam o núcleo da política interna da ditadura. A classe operária foi privada de muitas conquistas importantes, alcançadas por ela durante anos de luta tenaz.
> O governo de Castelo Branco desde o início conduziu a política de congelamento dos salários na qualidade de principal método de luta com a inflação ou, como dizia o Programa de Ação Econômica do Governo: "garantir a participação dos trabalhadores na utilização dos frutos do

desenvolvimento econômico". Em conformidade com esse Programa propunha-se obter a duplicação da renda real per capita no decorrer de 18/24 anos e até 1980 atingir o nível de 650 dólares.[10]

Essa postura era central nos objetivos que caracterizaram o primeiro governo da ditadura, continuou no governo Costa e Silva e se transformou numa consigna da ditadura. Como consequência, esse processo ensejou resistência por parte dos trabalhadores, que começaram a desenvolver lutas para combater as medidas em curso. Essas ações contaram com o apoio das forças políticas democráticas e de esquerda. Todavia, se confrontaram com a mais ampla repressão por parte do aparato de Estado e do começo das ações desenvolvidas pelos setores militares mais retrógrados. A partir daí, se consolidou um arcabouço policialesco dos organismos de segurança/repressão do regime, que agiam nos porões da ditadura[11].

A inspiração estratégica do PCB e a ditadura da tática

Diante dessas balizas da ação política, a estratégia do PCB contida no documento do VI Congresso afirmava um arsenal de propostas que o deslocava da luta concreta contra a ditadura, em virtude de algumas premissas analíticas, para um difuso campo da resistência democrática. Primeiro, fica evidente para os comunistas brasileiros a necessidade de desenvolvimento capitalista como uma etapa da luta nacional e democrática. Segundo, o desenvolvimento capitalista possibilitaria um avanço das teses do PCB para uma estratégia que iria aproximar o partido da luta pelo socialismo. Esse argumento estratégico era, ainda, refém da visão etapista que se perdia na análise da formação social brasileira, que para o partido era caracterizada pela existência de "restos feudais". Portanto, esse arsenal propositivo, contido nas formulações, determinava quais forças sociais e políticas seriam aliadas do partido na formação do bloco de forças que deveria lutar para realizar a revolução brasileira. Esse impasse entre a realidade concreta e a posição reformista do núcleo dirigente

---

[10] Boris Koval, *História do proletariado brasileiro (1857 a 1967)* (São Paulo, Alfa-Ômega, 1982), p. 502-3.

[11] Situação desenvolvida a partir do ambiente de clandestinidade e executada nos "porões da ditadura" por milícias paramilitares e terroristas do aparelho de Estado, descontentes com o avanço da luta por liberdades democráticas e pelo fim da ditadura burgo-militar.

estagnado foi central para determinar a prática política do PCB. Ainda dentro da perspectiva do PCB, a realidade brasileira vivia uma crise de estrutura, em especial pelo baixo desenvolvimento das forças produtivas capitalistas, que eram subordinadas a um processo de dominação, cuja contradição central se dava entre a necessidade de desenvolvimento das forças produtivas e a velha dominação imperialista que era aliada da exploração latifundiária.

> Graças ao monopólio da terra por uma pequena minoria de grandes proprietários, imperam na agricultura os métodos mais atrasados de exploração do trabalho e gestão da propriedade. O latifúndio impede o acesso à terra e o melhor aproveitamento dos que nela querem trabalhar. Daí o mísero padrão de vida da população rural, as dimensões limitadas do mercado interno, a baixa produtividade da agricultura, a concentração de renda agrícola nas mãos de uma minoria privilegiada. Tudo isso perturba a acumulação interna e atua negativamente em relação ao desenvolvimento da economia.[12]

O PCB reafirmava o instrumental teórico-explicativo que pautou o conjunto das suas formulações a partir do histórico levante comunista de 1935.

A partir desse processo de inflexão política, o partido se apresentará nas contendas da sociedade orientado pelo assentamento de uma nova cultura política, cujos braços exercitarão uma prática sindical não mais pautada na autonomia operária, mas uma militância no espectro corporativo da ordem burguesa. A batalha pela modernidade capitalista se aprofundará com a capitulação à 'burguesia nacional', como parceiro conflitivo do longo processo de revolução burguesa, perenizando a visão etapista da revolução brasileira e afirmando a necessidade de um pacto pelo desenvolvimento das forças produtivas, passando de uma visão dogmática de ruptura para o afastamento de qualquer processo clássico de ruptura com a ordem do capital (com a rara exceção da manifestação dessa ideia nos anos de 1950). A constante preocupação com a estabilidade democrática tornou o partido subalterno no processo dessas lutas. Afirmação de uma visão autárquico-burguesa da soberania nacional. Confirmação de um frentismo policlassista como instrumento de luta pela democracia. Com todo esse arcabouço [...] permeado pela cultura de que a democracia só virá pelo arranjo da conciliação e tensionado pela dúvida da opção entre povo e classe, será vitoriosa na formulação do partido a política nacional libertadora e a revolução em etapas, como via nativa ao socialismo.[13]

---

[12] Partido Comunista Brasileiro, *PCB: vinte anos de política*, cit., p. 162.

[13] Milton Pinheiro, "O PCB no movimento da história: das contradições dos anos de formação às lutas contra o Estado Novo", *Novos Temas*, São Paulo, ICP, n. 7, 2012, p. 214-5.

Portanto, podemos afirmar a caducidade desse conjunto analítico, por entendermos que a realidade exibia uma formação social na qual o modo de produção capitalista era determinante e a burguesia interna era consorciada à burguesia internacional. Essa realidade nos permite identificar, numa análise mais acurada, os equívocos do partido, que se prendia a um projeto autárquico de nação que tinha contradições com o imperialismo. Sendo assim, a luta seria para superar essa dominação capitaneada pelo julgo da aliança imperialista com os latifundiários.

Para a linha política do VI Congresso, essa dupla dominação (imperialismo e latifundiários), gerava um empecilho ao desenvolvimento do Brasil. E isso se manifestava na qualidade dessa aliança política que submetia o Brasil ao reacionarismo interno. Partindo-se desse esquemático e anacrônico instrumental analítico, o PCB entendia que a formação social brasileira se desenvolvia por etapas, e todas elas, com as respectivas bandeiras de lutas e alianças, determinavam o processo brasileiro na procura pela trilha que levasse à "evolução" política e social. A etapa daquele momento se afirmava nas bandeiras de caráter nacional e democrático que, mesmo não se contrapondo ao capitalismo nem mesmo acabando com a exploração do capital, seriam fundamentais para desobstruir o caminho para a revolução brasileira, tendo como horizonte a sociedade socialista, constituindo-se, a partir desse roteiro esquemático, a necessária participação dos trabalhadores na efetivação da sua hegemonia na direção da revolução.

Todavia, por meio da ação tática inflexível pela qual o PCB vinha se pautando a partir da Declaração de Março e das resoluções do V Congresso, as ações desenvolvidas pelo partido perante o golpe militar se mostraram insuficientes para responder aos acontecimentos. A perspectiva de luta se transformou num discurso vazio, e a posição dos comunistas não encontrou repercussão nas forças de esquerda contrárias ao golpe. Era um exercício retórico sem substância, que partia de uma análise superada, feita anteriormente, que projetava uma ação em que, para liderar a revolução nacional e democrática, o bloco revolucionário deveria ser constituído por proletariado, campesinato, pequena burguesia urbana e burguesia nacional (inimiga dos interesses do imperialismo), que cumpriria o papel de força hegemônica naquela etapa. No entanto, os argumentos do papel predominante da "burguesia nacional" no bloco de forças da revolução nacional e democrática, se levarmos em conta a realidade concreta e o papel de força auxiliar que essa fração da burguesia interna desenvolveu no processo golpista e na integração subalterna ao governo autoritário, não tinham consistência para se estabeler.

O conjunto das ações do partido em relação ao golpe se confrontou com a realidade. Por acreditar no papel estratégico da chamada "burguesia nacional" dentro do bloco de forças da etapa nacional e democrática, o PCB não teve centralidade de classe na articulação de um movimento que tentasse se contrapor aos golpistas no primeiro momento. O partido não conseguiu ter protagonismo naquela cena política, pois acreditava que a oposição das frações de classe da burguesia descontentes com o golpe faria a oposição no campo da luta pelo Estado de direito da democracia formal. Contudo, o PCB não percebeu que a burguesia, através das suas frações bancárias e industriais, e os militares entreguistas já haviam suprimido esse Estado formal para ficarem no poder por muito tempo. Mais uma vez, os argumentos da vaga estratégia foram derrotados pelo arcabouço da ditadura da tática posta em combate pelo partido; que dava sinais de acreditar que o golpe seria uma medida preventiva para um novo rearranjo de forças do bloco no poder, que teria vida curta, e que em breve retornaria à democracia formal.

Portanto, caía por terra aquele conjunto de formulações/propostas do PCB caso seu projeto de revolução em etapas fosse vitorioso. Ficaram no meio do caminho, por descompasso de interesses dentro do bloco de forças propostas pelo partido, as tarefas que num primeiro momento consolidariam uma perspectiva de libertação econômica e política, de independência do imperialismo, transformação radical da estrutura agrária, acabando com o monopólio da terra, nacionalização das empresas do conglomerado norte--americano, consolidação do setor estatal na economia, industrialização, planejamento democrático e reforma agrária para ampliar o mercado interno. Mesmo acreditando que "[a] revolução brasileira, em sua presente etapa, deverá liquidar os dois obstáculos históricos que se opõem ao progresso da nação: o domínio imperialista e o monopólio da terra"[14].

O próximo passo, por insistência tática, diante do possível avanço dessas reformas, seria a perspectiva de modificar o caráter da revolução brasileira com a possibilidade de se pensar a via para o socialismo. Porém, não se percebe quais seriam as formas de como se chegar ao socialismo a partir

---

[14] Partido Comunista Brasileiro, *PCB: vinte anos de política*, cit., p. 172.

desse artefato analítico do Partido Comunista Brasileiro. Ficou apenas uma vaga perspectiva pacífica.

A tática do PCB, influenciada pela estratégia nacional e democrática, agia a partir da perspectiva de luta da pauta etapista. Esse modelo de fazer política levou o partido para o campo das articulações que movimentou um difuso bloco oposicionista na luta por liberdades democráticas. No entanto, existia um movimento real de outras forças de esquerda, em processo de confronto com a ditadura, nas questões que interessavam aos trabalhadores e a um campo de classe na política brasileira.

A paralisia política do PCB, de abril de 1964 a maio de 1965 (quando o CC se reuniu pela primeira vez depois do golpe) maturou uma posição tática com base na necessidade de enfrentamento aos golpistas a partir da nova realidade do aparato de Estado brasileiro. Portanto, o instrumental tático do PCB se pautava no discurso de mobilizar, unir e organizar a classe operária, com ações concretas, na articulação das chamadas "forças patrióticas e democráticas" para o enfrentamento que tinha por base a luta no horizonte das liberdades democráticas contra o regime político imposto pelos militares e as frações de classe da burguesia que rearranjaram a dominação dentro do bloco no poder.

Novamente fica evidente para qualquer analista a contradição entre as resoluções do VI Congresso, em particular o discurso em defesa da classe operária e a operação concreta na realidade, que priorizava as articulações políticas no embrião da frente oposicionista; sem falar dos impasses colocados entre as formulações e a realidade concreta.

A partir do VI Congresso, a ação tática do PCB se resumiu à tentativa de organizar e unir o maior conjunto possível de forças do campo da burguesia e dos liberais descontentes (atingidos pelos militares), a fim de se fazer a política de enfrentamento ao novo regime político. Ao lado dessas articulações, o partido pregava a luta pelas liberdades democráticas naquilo que dizia respeito ao direito de reunião, associação, manifestação, liberdade de imprensa e liberdade partidária.

A mecânica política do PCB informava que o bloco da tática era o mesmo da estratégia. Existiam impropriedades nas formulações do partido que alimentavam a confusão nos interesses táticos e nas divagações estratégicas que impediram uma combativa prática política para enfrentar o novo bloco de forças no poder. Porém, mesmo assim, ao lado dessa orientação política, o partido considerava importante atuar na estrutura sindical que existia naquele momento, no sentido de se tentar avançar para os sindicatos livres[15].

Também nesse campo de luta havia um descompasso tático-estratégico entre as formulações e a centralidade da luta que estava sendo posta pela realidade. Existia uma presença repressiva muito forte da ditadura nos sindicatos que agia para impedir a luta dos trabalhadores e para aplicar a política de arrocho salarial. O PCB, embora atuando no embrião da frente oposicionista, formada por frações de classe da burguesia insatisfeitas com os rumos do golpe e setores políticos do campo da democracia formal, acenava de forma genérica e discursiva para a necessidade de movimentar a estrutura sindical oficial com a perspectiva de modificar o caráter corporativo desse segmento social.

Mas a política do PCB, mesmo essa que só se interessava de forma concreta pela perspectiva de articulações "pelo alto", para construir o retorno à democracia formal, indicava a necessidade de mobilizar amplos setores da luta popular. A resolução congressual incentivava a mobilização dos camponeses, considerava importante a luta dos assalariados agrícolas, argumentava em defesa das reivindicações da pequena burguesia urbana, apoiava o papel importante da intelectualidade progressista como fonte de combate à ditadura, desejava que as contradições internas da Igreja Católica fossem resolvidas pela vitória dos setores progressistas – contra a ala de direita, que foi para as ruas em defesa do golpe. Portanto, existia uma luz que apontava para os novos atores sociais que estavam sendo descortinados pelo desenvolvimento de uma moderna sociedade capitalista.

> O desenvolvimento determinou a formação de uma numerosa pequena-burguesia urbana com composição e estrutura igualmente novas no país. No passado, esta camada era constituída fundamentalmente por artesãos, pequenos produtores, profissionais autônomos e servidores públicos. Seu peso no conjunto da população brasileira era pequeno. Hoje, os servidores públicos chegam a um milhão de pessoas. Os bancários, empregados do comércio, auxiliares diversos, técnicos etc., já somam cerca de 1,5 milhões de pessoas. O surgimento desse grupo ativo e numeroso de assalariados determina uma mudança de qualidade na composição e no papel da pequena burguesia urbana.[16]

---

[15] Perspectiva político-sindical para, a partir do contexto sindicalista que se tinha, lutar pela transformação da estrutura sindical, pleiteando um modelo que o tornasse livre da presença reguladora do Estado e do patrão.

[16] Partido Comunista Brasileiro, *PCB: vinte anos de política*, cit., p. 165.

Contudo, essa iluminação não foi suficiente para romper com os impasses das formulações.

Com a industrialização, ampliou-se o setor da burguesia cujos interesses estão ligados ao desenvolvimento autônomo do país. Esse setor distingue-se, em muitos aspectos, da burguesia comercial, outrora predominante. Luta para controlar o mercado interno e se choca com a ação do imperialismo. Seu interesse pela ampliação do mercado consumidor leva-o a apoiar a luta pela reforma agrária. Formou-se e ampliou-se, assim, um setor burguês que se liga ao movimento nacionalista e democrático, contrapondo-se nisto ao setor entreguista da burguesia brasileira.[17]

O desaguar desse complexo de sugestões/formulações para enfrentar a ditadura foi a tentativa de construir um programa mínimo, estabelecido por quatro pontos: revogação da Constituição de 1967; revogação de atos que lesavam os interesses nacionais; abolição da política de arrocho salarial; e política externa de afirmação da soberania nacional[18]. Essa era uma tentativa do longevo operador político dos trabalhadores brasileiros, mesmo já enfrentando dificuldades, impostas pela realidade concreta, de manter a sua tradição de luta.

No entanto, era uma tentativa, também, de encontrar brechas nessa formulação que minimamente pudessem dar respostas aos problemas internos. Contudo, a linha continuava sem sofrer grandes cismas: o partido se desconectou de uma pauta de lutas mais específicas e continuou a trabalhar em generalizações frentistas que, em tese, teriam papel importante para aglutinar os segmentos descontentes com o novo regime político e a forma jurídico-econômica que o Estado passou a executar. Tendo como horizonte político esse cabedal analítico e como tática a ampliação do campo oposicionista, o partido considerou relevantes as funções que o Movimento Democrático Brasileiro (MDB)[19] poderia ter. Naquele momento, o MDB surgia como partido da chamada "oposição consentida". Mesmo com essas características iniciais, o PCB fez um esforço ao conclamar a unidade dentro dessa agremiação com o interesse de construir um espaço político que pudesse movimentar as mais amplas forças que se colocavam contra a ditadura.

---

[17] Ibidem, p. 165-6.
[18] Edgard Carone, *O PCB: 1964 a 1982*, cit.
[19] Partido criado pela nova institucionalidade golpista para representar pequenos interesses divergentes na relação de conflito com as políticas do governo burgo-militar.

Apesar das medidas tomadas para instituir na prática o partido único, setores e personalidades políticas desenvolvem, no Parlamento e fora dele, a oposição ao regime. Os parlamentares eleitos sob a legenda do MDB têm tido, com algumas exceções, uma posição vacilante diante das arbitrariedades da ditadura. Apesar disso, o MDB e outros agrupamentos existentes podem tornar-se um fator positivo para a mobilização das forças populares.[20]

Essa perspectiva de atuação no MDB, no começo, teve pouca repercussão do ponto de vista de trazer para esse espaço político os trabalhadores, os movimentos populares e os setores combativos da esquerda. Todavia, se mostrou importante na articulação de outras formas de luta política que começavam a encontrar ressonância na afirmação de um embrião da frente democrática de luta contra a ditadura.

Apesar do MDB ainda ser, naquele momento, um espaço contraditório de luta política, e o PCB não ter maior densidade dentro dele, no campo da tática eleitoral o partido começou a ter uma determinada importância pelo papel que estava exercendo na união das forças contrárias ao regime político governado pelos militares. Todavia, apesar da centralidade desse campo de atuação, o PCB passou a desenvolver outras atividades na frente de resistência à ditadura em todo o território nacional. Sem perder, contudo, o foco nas articulações da "frente única" com a perspectiva incerta de formar um novo governo com o caráter de transição, para superar o regime político imposto pelos golpistas. É com base nessa perspectiva que podemos afirmar que o partido analisava a ditadura como um pequeno e transitório período autoritário.

Portanto, algo destoava da capacidade analítica que marcou a história do PCB: ao considerar que a ditadura seria passageira, o partido se empenhou em lutar por um governo de ampla coalizão, com características de "frente única", que envolvesse diversos segmentos descontentes com o golpe e aqueles que se opuseram aos reacionários durante o governo João Goulart. Essa situação poderia por fim à ditadura por meio de um amplo processo de negociação de caráter bonapartista[21]. Todavia, sobressaiu dessa postulação uma profunda incapacidade analítico-política, que demonstrou o esgota-

---

[20] Partido Comunista Brasileiro, *PCB: vinte anos de política*, cit., p. 181.

[21] Para aprofundar a interpretação sobre a caracterização do bonapartismo, ver Paulo Douglas Barsotti, *Marx defensor do Estado? O Estado, a política e o bonapartismo no pensamento marxiano* (São Paulo, Universidade de São Paulo, 2002), tese de douto-

mento do PCB como operador político da classe operária para responder aos golpistas. A postura histórica do PCB, que sempre primou por análises ricas e centradas no que indicava a realidade, perdeu consistência teórica em entender o modo de produção capitalista predominante na formação social brasileira e não encontrou aderência para vislumbrar os atores que agiam sob a cortina da cena política que impactava a luta de classes naquela conjuntura.

A visão das resoluções sobre o partido e sobre o golpe, no VI Congresso

O Congresso também se dedicou a entender o partido, procurando discursivamente fomentar a sua presença na luta política em curso. Contudo, entre a visão orgânica de corte baluartista e as necessidades da luta concreta, o Congresso apontou para o fortalecimento do partido optando por práticas reformistas que, em tese, iriam estimular o crescimento e a presença partidária.

O PCB não conseguiu entender que a derrota que sofreu advinha da opção feita pela luta política nos marcos da linha construída pela Declaração de Março de 1958 e pelas resoluções do V Congresso. Pautado pela orientação desses documentos, o núcleo dirigente estagnado argumentava que os motivos da derrota em 1964 foram determinados pela concepção de fundo pequeno-burguesa e golpista que existia no partido e na compreensão da revolução sem a necessidade de participação das massas – como sendo uma ação de poucos e bons. Também considerava que havia uma visão de luta política imediatista, uma postura esquerdista que limitava a compreensão teórica e impedia que o partido aplicasse a linha política da Declaração de Março e do V Congresso e por ter, dentro do aparelho partidário, uma forte influência da ideologia pequeno-burguesa. Sendo assim, esse conjunto explicativo, baseado nos tópicos citados, respondia à complexa questão da derrota do PCB.

Em nossa compreensão, a inversão das causas e a não identificação dos equívocos contidos nos documentos partidários pautaram a reflexão do PCB em uma perspectiva que o colocava no campo do reformismo reboquista de direita. Levaram a não compreensão do que havia passado com o mais

---

rado; e Felipe Abranches Demier, *O longo bonapartismo brasileiro (1930-1964)* (Rio de Janeiro, Mauad X, 2013).

grave acontecimento da segunda metade do século XX no Brasil. Portanto, o PCB ampliou celeremente a ruptura com a sua tradição de luta, optando por se inserir nas bandeiras pela democracia formal e se afastando das tarefas que davam centralidade ao papel da classe operária na luta política. E a história não demorou muito para comprovar o equívoco desse novo horizonte teórico-político que se firmou no partido.

O VII Congresso do PCB: a inflexão reformista se consolidou

Após uma série de dificuldades internas, impostas pela incapacidade de entender os acontecimentos políticos e as transformações do capitalismo no Brasil, mas também pelo ataque violento da repressão sobre o partido, seus quadros e militantes, dirigentes intermediários e membros do Comitê Central, realizou-se a última etapa do VII Congresso do PCB, em 1984.

O Brasil vivia um novo ciclo de lutas que impactaram a cena política a partir da presença dos trabalhadores que se levantaram contra o arrocho salarial e a favor da liberdade de organização sindical. Era a inflexão da classe operária dos setores dinâmicos do capitalismo brasileiro exigindo participação social e política a partir das greves do ABC paulista no fim da década de 1970 e no começo dos anos 1980.

O debate do VII Congresso ocorreu durante um longo período, em virtude da disputa interna e pelas ações do aparato repressivo que interrompeu a reunião congressual. Esse debate começou no final dos anos 1970, continuou com o que seria a abertura formal dos debates em maio de 1981 e se desenvolveu com a divulgação das teses de setembro de 1981 a fevereiro de 1982.

Esse debate foi impactado pela saída de Luiz Carlo Prestes, secretário-geral do partido, situação que envolveu um forte e conturbado processo político interno. No entanto, o Congresso foi marcado pelo acerto de contas da velha burocracia do núcleo dirigente estagnado, que dirigia o partido há mais de trinta anos, com o agrupamento de militantes e dirigentes que se guiavam pela posição qualificada como "eurocomunista". Estes últimos mostraram maior capacidade para interpretar a realidade brasileira, localizando nela as características modernas do capitalismo e suas relações com o Estado. Chamado de "renovador", esse grupo identificou o papel dos trabalhadores e dos novos atores sociais no Brasil – todavia, do ponto de vista estratégico, subordinava o processo de transformação social à luta pela democracia de caráter progressivo através do processo eleitoral. Era o embrião do chamado "reformismo revolucionário"[22] disputando a política do PCB, a fim de transformá-lo em um operador político que se aproximasse das características desenvolvidas pelo Partido Comunista Italiano (PCI) na luta política dentro da sociedade italiana.

No outro lado da disputa se encontrava o núcleo dirigente estagnado com ampla maioria no CC, que seguia mantendo uma linha política reboquista que, em essência, não conseguia interpretar a realidade brasileira, porém que precisava dar respostas orgânicas à esquerda para recuperar um conjunto de militantes que não acompanharam Prestes, mas que apoiavam as teses dele dentro do partido e que se encontravam entre continuar ou sair do PCB. Contudo, esse processo foi interrompido pela invasão da Polícia Federal no local onde o congresso era realizado, levando presos todos os delegados[23]. Tratou-se de um fenômeno instigante, pois naquele momento diversas forças políticas atuavam de forma aberta, inclusive o PT, que tinha uma postura mais radical na luta política do que o partido dos comunistas brasileiros.

Ditadura e transição: os erros da linha política se aprimoraram

As teses partem do processo político que construiu uma inflexão na sociedade brasileira, a partir das eleições de 1974. Porém, é importante registrar que o VII Congresso continuou caudatário da longa formulação histórico-política que paulatinamente comprometeu a tradição de luta do partido, transformando-o numa legenda reformista.

Voltemos à análise do que o PCB considerou uma inflexão na política brasileira: a vitória da oposição nas eleições de 1974. Este é um ponto da reflexão do partido que conseguiu ser iluminado pelos efeitos da realidade concreta. O partido conseguiu entender as contradições entre as frações de classe da burguesia no interior do bloco de forças no poder, passando a identificar a

---

[22] Conceito político de inspiração "eurocomunista" para embasar uma proposta de luta pela democracia progressiva e de massas; no Brasil, foi introduzido pelo cientista político Carlos Nelson Coutinho.

[23] No dia 13 de dezembro de 1982, o local onde "disfarçadamente" ocorria o VII Congresso do PCB foi invadido pela Polícia Federal, que levou presos todos os participantes. A conjuntura política da época era de distensão política, inclusive com o funcionamento de partidos de esquerda, como o PT e o PDT.

importância dos trabalhadores naquele processo. Então a presença política dos trabalhadores foi, embora de forma não linear, crescendo dentro da realidade brasileira que avançou com as greves dos metalúrgicos no ABC paulista e com as mobilizações pela organização da classe que levou à organização do I Congresso Nacional das Classes Trabalhadoras (Conclat), em 1981.

Para o PCB, as mudanças políticas produzidas por essas eleições modificaram a correlação de forças na cena política brasileira, incentivando uma ação mais crítica sobre o Congresso Nacional, incentivaram mudanças no quadro político, na luta das massas e no papel das forças democráticas, o que permitiu entender as contradições da burguesia, acossadas pela crise econômica, e a pressão internacional sobre a ditadura militar, em virtude das práticas repressivas e autoritárias. Todavia, outro aspecto importante da conjuntura política do período pós-eleições foi analisado: tratava-se de entender as contradições do regime político e a intensa repressão que o partido sofreu pela ação da Operação Radar[24], que abalou violentamente a estrutura do partido de 1974 a 1976. Essa operação prendeu, processou, torturou, matou e exilou milhares de militantes e dirigentes do PCB. Ficou o questionamento sobre a necessidade de a ditadura destruir o partido em virtude, em tese, do papel protagonista que ele teve na vitória da oposição, não mais consentida. E surgiu uma inquietação a respeito do partido ter sido facilmente atingido por uma operação de aniquilamento: teria sido infiltração, frouxidão orgânica, ilusão de classe, leniência com as questões de segurança ou algo mais grave? Foi esse o conjunto articulado de questionamentos.

As resoluções congressuais identificaram a crise econômica que se aprofundou desde o início dos anos 1980. Procurou entendê-la como uma circunstância do acirrado processo político, em curso desde o final de 1973 com a crise promovida pela alta dos preços do petróleo, pela inflação e pelo cenário econômico de recessão – desemprego, altas taxas de juros, crise no balanço de pagamentos, crise da dívida externa e crise fiscal (para subsidiar

---

[24] Operação organizada pelo DOI-Codi/SP que teve ramificações, com outros nomes, por vários estados brasileiros de 1973 até 1977. Tinha por objetivo destruir o aparato político-orgânico do PCB através de prisões, torturas e assassinatos. Além da ação clandestina da repressão, foram autuados na primeira etapa, apenas policial, 1.279 militantes e mais 783 réus, em 66 processos, de acordo com o levantamento do Dossiê sobre a ditadura do Ieve. Ver, a respeito, Nilmário Miranda e Carlos Tibúrcio, *Dos filhos desse solo – mortos e desaparecidos políticos durante a ditadura militar: a responsabilidade do Estado* (São Paulo, Boitempo/Fundação Perseu Abramo, 2008).

os monopólios, latifúndios, usando os recursos públicos). A análise do PCB, que localizou as questões centrais da crise, se deslocou da realidade brasileira para afirmar que a crise era motivada pelas incertezas políticas, mesmo tendo como pano de fundo a crise econômica e a complexa articulação de múltiplos fatores. Portanto, era uma análise politicista, que garimpava pistas para apresentar a saída negociada para os problemas brasileiros.

Diante dos impasses nacionais, as forças políticas podem investir em várias alternativas. Aquela que mais convém aos trabalhadores, aos democratas e aos patriotas – num potencial e urgente bloco democrático e nacional – é a negociação dirigida a romper com a dependência e o modelo econômico, e retomar o desenvolvimento, promovendo a reorganização democrática da sociedade brasileira [...], habilitada a lutar para negociar, negociar para mudar.[25]

A crise avançou de maneira cruel sobre os trabalhadores, atacando-os com demissão e violenta exploração. O consórcio da burguesia interna com o capital imperialista era analisado pelo PCB pelo viés da dependência. Essa interpretação permitia manter a contradição política central que informava a ação do partido: o antagonismo entre o imperialismo e a nação. Essa análise sobre a contradição principal se perdia quando o documento afirmava que existia grande concentração de renda e de propriedade, que havia uma economia monopolizada, que a concentração capitalista do latifúndio era violenta, que vivia-se uma gritante desigualdade regional e que tudo isso era agravado pela crise mundial.

Com essa conjuntura de crise econômica, a orientação recessiva do governo levou a uma política de desastre nacional para preservar os interesses das frações de classe da burguesia do bloco no poder, em especial a fração bancária. Portanto, a ditadura preservava seus interesses originários – e a sua direção estatal – desenvolvendo funções para a manutenção do consórcio dos monopólios internos e do capital imperialista. Toda essa ação da gerência governista, a partir do caráter de classe que possuía, estava submetida aos ditames das políticas executadas pelo Fundo Monetário Internacional (FMI), que solicitava a manutenção do constante arrocho salarial sobre os trabalhadores. Fica, então, comprovado que não existia contradição entre a burguesia interna e o capital imperialista, mas sim uma ação subordinada dentro do consórcio que dividia os interesses logísticos da burguesia no Brasil.

---

[25] *Voz da Unidade*, São Paulo, 1983, n. 161, p. 3.

A crise acabou por empurrar a tática do PCB para uma profunda conciliação. Como pensavam os comunistas naquela conjuntura? A visão politicista do partido foi sendo aprimorada na perspectiva de uma saída negociada para a crise que contemplasse a superação das dificuldades de natureza econômica e, ao mesmo tempo, possibilitasse a superação da ditadura num processo de transição negociada. A transição sempre se apresentou para o partido como um compromisso político que deveria corresponder ao estabelecimento de um pacto que modificasse as características do regime político e retomasse os contornos balizadores da tese do Estado de direito democrático – portanto, o Estado da democracia formal. Sem se permitir notar que o poder de Estado é sempre a obtenção do aparelho de Estado por uma das classes antagônicas o PCB, ajudava a operar um projeto de transição que apenas rearticulava o bloco de forças burguesas no poder para fazer modificações no regime político, com a perspectiva de corresponder ao desenvolvimento da ação efetuada pelo rearranjo de forças político-partidárias para a nova implementação da política de Estado[26].

O partido, a partir da política aplicada por seu estagnado núcleo dirigente, não demonstrou aptidão para se deslocar no sentido de uma postura que fosse marcada por ações que o colocassem no campo da esquerda que se batia por um projeto de classe. Sendo assim, a tese da transição que movimentou o PCB não contemplava qualquer radicalização à esquerda, preocupado que estava com as desventuras do processo que, se acirrado, poderia criar instabilidade política e dificuldades para as forças oposicionistas. Analisando dessa forma a conjuntura, o partido não se inseriu no centro da luta de classes que mobilizava os trabalhadores. A leitura anacrônica do golpe de 1964 transportava o partido para uma posição de excessiva preocupação com atos que pudessem avolumar as contradições de classe e, caso isso ocorresse, criariam-se obstáculos para o processo de transição, o que impediria o retorno ao Estado de direito formal, com a possibilidade de recrudescimento da ditadura.

> A proposta dos comunistas se distingue destas. Entendemos que é necessário aprofundar e ampliar a mobilização, mas não como um fim em si ou como único meio para a conquista de um instituto democrático. A complexidade estrutural e institucional do Brasil infirma esta ilusão que quer se passar como "radical". Desenvolver a campanha cívica, para

---

[26] Décio Saes, *Democracia*, cit., p. 89.

nós, significa impedir a articulação de um pacto elitista e, ao mesmo tempo, abrir a via para uma solução positiva para o conjunto de impasses já visível.[27]

A política de "defesa" da articulação "pelo alto" contribuiu para proteger os acordos que contavam com a participação dos articuladores do governo burgo-militar – mesmo tendo o governo, cada vez mais, uma margem muito pequena de apoios. Essa postura conciliatória dos comunistas diante da transição jogava uma carga de dubiedade sobre o processo de redemocratização. Contudo, o PCB, ferido pelos processos anteriores, integrou-se ao conjunto de forças que apoiou a política de transição da ditadura para um governo transitório por meio do Colégio Eleitoral, ainda que essa articulação fosse marcada pelo pacto das frações de classe da burguesia com a burocracia das Forças Armadas que exerce a gerência do poder de Estado, a fim de manter a autocracia burguesa no controle do Estado capitalista[28].

Embora o PCB, nas resoluções do VII Congresso, descarte a possibilidade do pacto "pelo alto", que seria motivado pela autorreforma do regime – ao colocar a necessidade da luta de massas para derrotar a ditadura – isso não fez parte da centralidade política do partido no pós-1964, apesar da retórica discursiva sempre conter algo sobre o papel de vanguarda do partido.

O PCB se considerava um partido forte e rearticulado no processo de transição: era essa a informação passada através do jornal *Voz Operária*[29], que funcionava como porta-voz dos comunistas brasileiros. A partir dessa perspectiva, a luta principal do partido, do ponto de vista interno, era a organização das bases partidárias para se integrar ao processo de luta que deveria culminar com a legalização institucional, que, em tese, sairia de um acordo dentro do processo de transição.

Com o avanço das forças do campo liberal-burguês e com a presença dos trabalhadores na cena política, o PCB sinalizou a perspectiva de que era necessária a presença da classe operária naquele processo histórico. São os relâmpagos da realidade iluminando, em poucos momentos e mais uma

---

[27] *Voz da Unidade*, São Paulo, 1984, n. 198, p. 3.

[28] José Chasin, *A miséria brasileira: 1964-1994, do golpe militar à crise social* (Santo André, AD Hominem, 2000); Florestan Fernandes, *Apontamentos sobre a Teoria do Autoritarismo*, cit.

[29] Jornal oficial do Comitê Central do PCB. Surgiu em março de 1980 e deixou de existir em 1991.

vez, a realidade para o partido. Assim, a estrutura partidária vai, de certo modo, estimular a presença dos quadros do movimento operário e sindical, participando de forma relevante nos Conclat de 1981 e 1983, nos quais teve uma respeitável bancada no primeiro e, após o racha com os segmentos que formariam a CUT, um grande protagonismo no segundo, quando, para Ivan Pinheiro[30], agiu com "unidade, firmeza e combatividade"[31]. No entanto, apesar dessa sinalização, continuou trabalhando no cenário da luta institucional para garantir, nas eleições de 1982, o voto útil nas forças da frente democrática, contribuindo, assim, para consolidar as vitórias de amplas coalizões do campo do PMDB que formaram governos estaduais de extração liberal burguesa. "Trata-se de um arco de forças heterogêneas, vinculadas por uma dialética de unidade e luta, e que se solda na necessidade de derrotar a atual orientação econômico-financeira do governo. No plano institucional, tais forças se manifestam pelos partidos de oposição democrática e, inclusive, por segmentos do PDS."[32]

O estoque de propostas do partido para responder aos acontecimentos políticos e sociais que movimentavam o Brasil era pautado pela solução negociada: "Consideramos, ao contrário das Cassandras de plantão e dos catastrofistas de sempre, que o Brasil é um país viável e que, pela larga estrada da democracia, é possível transitar para uma solução positiva e progressista para a crise"[33].

Essa era a saída para o processo de transição e para os descalabros da crise social, política e econômica. Foi a partir desse arcabouço operativo que o PCB desenvolveu o lastro principal da nova formulação e das próprias ações. Essa orientação teórico-política se firmou em contradição com a história do partido como operador político dos trabalhadores, que tinha como perspectiva concreta a luta pelo socialismo. Portanto, nesse período se consolidou o ciclo do partido como agência de articulação da transição: "Lutar para negociar, negociar para mudar". Era a ruptura com a tradição histórica do PCB para concretizar o desmonte político e orgânico.

---

[30] Dirigente sindical bancário no Rio de Janeiro, ligado ao partido na época. Hoje, é secretário-geral do PCB.

[31] *Voz da Unidade*, São Paulo, 1983, n. 176, p. 11.

[32] Partido Comunista Brasileiro, *O PCB na luta pela democracia: 1983-1985* (São Paulo, Novos Rumos, 1985), p. 28.

[33] Ibidem, p. 30.

Partindo da consigna que articulava negociação e conciliação, o partido dos comunistas brasileiros agiu para se diluir na ampla frente que fazia a disputa conflitiva com a ditadura dentro das balizas políticas da ordem burguesa. Sem nenhuma perspectiva de se desvincular do projeto geral, que fora montado pelas frações de classe da burguesia, a fim de ser determinante dentro do novo bloco no poder, o partido se transformou em linha auxiliar desse modelo de transição e de uma análise daquela conjuntura que ficou conhecida na ciência política como "transitologia"[34]. No entanto, esse ponto de vista foi criticado.

A necessidade de resgatar e dar maior atenção às variáveis estritamente políticas – antes não tidas em conta – não pode autorizar que a democratização seja vista apenas como resultado de uma eleição ou opção estratégica das elites dirigentes, omitindo o restante da sociedade, os setores populares e a própria história, [...] cujo objetivo primordial parece ser o de adotar o compromisso das elites como pré-condição fundamental para a consolidação da democracia.[35]

Aquela conjuntura que foi modificada pelas características da transição e pela presença dos trabalhadores ganhou um novo contorno estratégico de natureza formal nas formulações do PCB: a estratégia passou de nacional--democrática para democrática e nacional. Esse fato, que não modificou em absolutamente nada a orientação tática do partido, e a inconsistente linha política que já havia sido suplantada pela realidade continuaram em evidência. No entanto, uma perspectiva se mantinha: a direção da transição e do pacto proposto continuava sob a direção da burguesia.

O PCB, a partir dos atentados terroristas que marcaram o começo dos anos 1980 no Rio Centro, nas bancas de revistas que divulgavam a imprensa

---

[34] Ver, a respeito, Thomas Skidmore, *Brasil: de Castelo a Tancredo – 1964-1985* (Rio de Janeiro, Paz e Terra, 1988); Guillermo O'Donnell, "Transições, continuidades e paradoxos", em Guillermo O'Donnell e Fábio Wanderley Reis (orgs.), *A democracia no Brasil: dilemas e perspectivas* (São Paulo, Vértice, 1988), p. 41-71; Maria D'Alva G. Kinzo, "A democracia brasileira: um balanço do processo político desde a transição", *São Paulo em Perspectiva*, São Paulo, n. 15, 2001, p. 3-12; e Bolívar Lamounier, "O 'Brasil autoritário' revisitado: o impacto das eleições sobre a abertura", em Alfred Stepan (org.), *Democratizando o Brasil* (Rio de Janeiro, Paz e Terra, 1988), p. 83-134.

[35] Gabriel E. Vitullo, "Transitologia, consolidologia e democracia na América Latina: uma revisão crítica", *Revista de Sociologia e Política*, UFPR, n. 17, nov. 2001, p. 56.

alternativa[36] e na sede da OAB, ficou muito preocupado que os últimos suspiros da extrema direita pudessem causar algum tipo de impedimento para o pleno desenvolvimento do processo de transição. O partido via nessas ações terroristas uma tentativa de construir um novo ciclo reacionário na política brasileira. Não se deu conta de que esses atos, isolados, apesar de contar com a leniência do governo, não tinham consistência para ganhar os setores majoritários da ditadura e os tradicionais golpistas de 1964. O projeto do regime era de liberalização política controlada e concessões às formas clássicas de democracia burguesa, "com o projeto distensionista, quando a institucionalidade autoritária estabelecida entre os anos de 1964 e 1974 começou a ser reformada por iniciativa do próprio governo militar e pela própria dinâmica do processo de disputa política, culminando com o fim dos governos militares em 1985"[37].

A ditadura, executando algumas manobras políticas, tentou controlar o processo em curso através de medidas de caráter autoritário aprovadas no Parlamento. Era o uso e abuso dos decretos-lei; os pacotes de novembro de 1981 e junho de 1982 afirmaram a profunda rendição aos interesses do FMI e aos monopólios internos em consórcio externo; criaram casuísmos e medidas restritivas para a ação política das massas; fez ataques aos movimentos sindical e popular, e de cima para baixo aplicou a lei da dissolução dos partidos. Para o PCB, essa ação terminal do regime era entendida como um regime contra as forças da frente ampla, organizadas principalmente no MDB. Não conseguiu analisar que os interesses da burguesia estavam preservados e que era o momento de afirmar uma perspectiva à esquerda, como fez o próprio Partido dos Trabalhadores (PT), recém-fundado[38].

Contudo, mesmo com esse panorama político, o partido aprofundou a tática politicista no rumo da conciliação. Participando de uma articulação feita "pelo alto", que pode ser interpretada como uma ação da lógica política burguesa de inspiração bonapartista, faltava apenas o líder carismático e a presença de

---

[36] Jornais das organizações de esquerda que ainda eram clandestinas no Brasil (*Voz da Unidade, Hora do Povo, Em Tempo, Movimento, Tribuna da Luta Operária, O Trabalho, Companheiro* etc.) e jornais de setores culturais críticos (*Pasquim, Inimigo do Rei, Lampião* etc.).

[37] David Maciel, *De Sarney a Collor: reformas políticas, democratização e crise (1985-1990)* (São Paulo/Goiânia, Alameda/Funape, 2012), p. 19.

[38] Rachel Meneguello, *PT: a formação de um partido (1979-1982)* (São Paulo, Paz e Terra, 1989).

uma forte base de apoio popular. Porém, isso não era problema, e logo foi sugerido/construído um personagem para cumprir esse papel: Tancredo Neves[39].

O impacto da crise econômica, social e política floresceu a insatisfação coletiva por eleições, renovação sindical e reorientação da economia. No entanto, a ditadura e as diversas frações de classe da burguesia projetavam, com algumas variações, um lento e conservador processo de transição, capaz de dar segurança política para o rearticulado bloco de forças.

Neste contexto, é importante averiguar as resoluções que foram apresentadas pelo partido. A marca decisiva do documento "Uma alternativa democrática para a crise brasileira" é a ruptura do partido com a revolução brasileira. Esse tema foi debatido e aprofundado no congresso que se chamou de Encontro Nacional pela Legalidade do PCB. O esgotamento teórico-analítico das formulações do partido e o tipo de direção política que era executada não contribuíram para que se percebesse o crescimento das forças sociais e políticas de esquerda que lutavam, também, pela democracia, por isso a opção foi por uma postura de conciliação de classe na disputa pela transição.

A saída política colocada pelo PCB para a transição seria a Assembleia Nacional Constituinte e a incorporação da frente democrática ao processo de fusão do PP ao PMDB, e propôs-se que esse instrumento político deveria sofrer a pressão de massas por meio das ações dos trabalhadores e da Conclat. É nesse processo político que o PCB vai afirmando a sua subalternidade aos interesses da burguesia, embora continuasse fazendo um discurso difuso em defesa dos trabalhadores. Desde as eleições de 1982 que a forma-partido ganhou outra postura orgânica, baseada em agrupamentos que discutiam a presença no PMDB e na frente policlassista, em detrimento da organização por células e dos espaços da militância operária, sindical, estudantil e popular.

O Brasil já tinha lutas concretas de caráter emancipatório; a militância política se apresentava com grande importância; surgiram diversas opções partidárias e ideológicas. Porém, o PCB estava centrado em ações que afirmassem a centralidade nas articulações frentistas de caráter burguês, no voto útil para o campo da frente democrática, nas articulações para governos de ampla coalizão e centrado na disputa nacional.

Agora, a definição passa pela construção de uma alternativa de poder viável, que enfrente o projeto do regime no terreno em que ele se apre-

---

[39] Cf. Paulo Douglas Barsotti, *Marx defensor do Estado?*, cit.

sentar, nas condições institucionais existentes. Trata-se, neste momento, de colocar na mesa e nas praças a candidatura única dos democratas não mais como uma proposta, mas como uma realidade imediata, com todas as consequências que dela decorrerem.[40]

A partir de 1973[41], o PCB qualificou o regime como de caráter fascista e lutou para superar as próprias ações. Essa formulação e as ações daí derivadas partiram das resoluções construídas pelo Comitê Regional do partido no Rio de Janeiro, inspiradas em formulações de Prestes e militantes próximos a ele, no começo dos 1970. Mas, no período em questão, afirmava-se que aquele componente fascista colocado na caracterização da ditadura já estava superado. Sendo assim, o partido procurou, a partir de uma consistente ilusão de classe, articular novos componentes para realinhar a política ao espaço em que operava a sua ação, desconsiderando a ampla trilha por onde caminhavam os novos sujeitos que estavam realizando uma profunda modificação na qualidade da luta de classes e impactando a cena política.

O PCB prosseguiu na vertente da subordinação de classe, para evitar os riscos que a radicalização pudesse trazer para a transição, reafirmando que a centralidade de qualquer luta passava pela procura por soluções negociadas. Era uma postura que queria ser pedagógica para orientar uma conduta social e política que inspiraria os envolvidos na resolução das questões da transição. Contudo, todo esse arcabouço político só serviu para fortalecer os interesses das diversas frações burguesas e dos políticos liberais, que foram se solidificando no comando da transição. Era a lógica, gasta e repetitiva, da solução negociada para mudar e avançar no rumo do movimento pela democracia e por uma vida melhor para o povo. Discurso vazio, centralidade equivocada, esperança na conduta da ação de todo o povo e na pressão organizada das massas: pura abstração de um partido que deixava de ser de classe para ser partido de todo o povo, inclusive da burguesia. Era o estabelecimento de uma leitura liberal sobre o comportamento das massas.

O PCB continuou sem fundamentos para compreender o modo de produção determinante dentro da formação social brasileira. Essa inca-

---

[40] *Voz da Unidade*, 1984, São Paulo, n. 207, p. 3.

[41] O partido se apropriou das formulações que desde o começo de 1970 pautavam o debate interno sobre o caráter da ditadura e, em novembro de 1973, lançou o documento *Por uma Frente Patriótica contra o fascismo*, definindo sua posição quanto ao tema em questão.

pacidade gerou uma profunda distorção na tática e na estratégia, centrando a ação política dos comunistas na subordinação aos interesses da frente democrática, de caráter burguês, que desenvolvia uma luta apenas pela democracia formal. Portanto, o partido optou por uma aliança política fora de seu campo de luta histórico e não foi capaz de extrair consequências desse processo, para poder interromper a crise político-orgânica na qual estava completamente envolvido.

A nova realidade brasileira e as contradições das teses do PCB

As resoluções do VII Congresso, com base na linha política estagnada, apresentaram ideias sobre as transformações sociais que estavam ocorrendo no Brasil, analisaram o processo político brasileiro e suas perspectivas, fizeram um debate sobre a estrutura social brasileira no cenário contemporânea, analisaram a burguesia brasileira, teceram pontos de vista sobre o papel da oligarquia financeira e perceberam o papel do Estado como operador da reprodução do capital. Contudo, embora fazendo reflexões importantes sobre as contradições do capitalismo no Brasil, o PCB não se posicionou, de maneira concreta, em contraposição à lógica da burguesia. As resoluções não apontaram o que deveria ser feito por um partido que, em tese, se dizia revolucionário.

Todavia, ainda pairavam questões que contribuíram para fortalecer a tese reformista do PCB. A análise informava que a burguesia não monopolista havia crescido com o desenvolvimento capitalista brasileiro e, portanto, ficaram avolumadas as contradições entre setores da burguesia interna com o imperialismo. Era a reafirmação de uma tese, embora há muito equivocada, que tinha perene validade para justificar a tática e a estratégia do partido. Mais uma vez, contudo, o partido não percebeu o que era central no capitalismo brasileiro: a burguesia interna estava integrada ao consórcio internacional, inclusive valorizando espaços para a burguesia não monopolista; a oligarquia latifundiária fez de forma subordinada a modernização agropecuária; no ambiente dos trabalhadores, o proletariado passou a ser a maioria na população brasileira; o trabalho assalariado havia crescido no campo; e o movimento operário fabril avançou nos setores mais dinâmicos de nosso emergente capitalismo.

No entanto, apesar dessas situações serem provadas pela realidade concreta e analisando-se o capitalismo no Brasil, a partir da presença do proletariado e da classe operária, mais uma vez identificamos que o PCB não extraiu nenhuma lição para entender as contradições. Essa recomposição das formulações com base nos parâmetros da realidade concreta, por meio do método marxista, poderia possibilitar uma releitura das teses e levar à recomposição do PCB, enquanto operador político, para atender aos interesses dos trabalhadores brasileiros.

A investigação nos permite perceber outro dado importante da análise sobre as formulações do PCB no período da ditadura burgo-militar e da transição: a dubiedade política sobre a questão agrária dentro da realidade brasileira. Fica identificado o desenvolvimento capitalista no campo, a ação dos monopólios sobre a agricultura, a concentração da terra e a presença das lutas dos trabalhadores assalariados e dos camponeses. Partindo, portanto, desses pontos que qualificavam a forte presença proletária na sociedade brasileira e dos novos aspectos da questão agrária no Brasil, quais seriam as lutas que o partido deveria considerar importante e participar dentro da movimentada realidade brasileira e qual era a centralidade da luta? As respostas não aparecem nas resoluções do VII Congresso. Não porque o congresso não tivesse elencado bandeiras de luta, mas porque a pauta política do PCB tinha outra centralidade, ou seja, a transição negociada que terminou se realizando "pelo alto".

A realidade brasileira movimentou naquele período histórico segmentos das camadas médias da população, empregados dos serviços, extratos intelectuais e a pequena burguesia, que cresceram em suas lutas. Contudo, a visão do partido era teoricamente frágil para entender esses segmentos sociais. O PCB não conseguia avançar no relacionamento com esses setores sociais nem explicar o próprio papel em virtude de duas questões: não entendia o papel do trabalhador enquanto intelectual na perspectiva de Gramsci[42], portanto, desarticulava esses segmentos da perspectiva crítica e tinha uma compreensão simplória de que a pequena burguesia no Brasil era muito sensível ao fascismo. Isso era reflexo da tradicional postura dos setores médios na cena política anterior ao golpe de 1964, quando parte desse segmento serviu de base social para os golpistas.

O documento do VII Congresso aprofundou o processo de ruptura do partido com a sua história. No entanto, essas formulações incentivaram o surgimento de um conjunto de características que qualificaram, à direita, a nova presença do PCB – agora, balizado no espectro da luta que era orientada

---

[42] Ver Antonio Gramsci, *Cadernos do cárcere*, cit.

pela lógica daqueles que se inseriram na parceria conflitiva com a burguesia e com o centro político de caráter liberal. Era a opção pela política de reformar o capitalismo, para transformá-lo em algo mais ético como etapa irredutível para uma sociedade que desfrutasse de justiça social, porém sem se identificar e atuar com aqueles que queriam fazer transformações radicais.

O PCB relacionou questões pertinentes às características da sociedade civil brasileira ao Estado autoritário, numa troca de características simbólicas, objetivando entender o conjunto superestrutural e as agências sociais privadas. Sendo assim, a oposição à ditadura devia ser entendida como um conjunto articulado e de posições variadas. Portanto, a frente contra a ditadura devia continuar sendo policlassista, apesar da presença de novos e combativos atores sociais na cena política, ao mesmo tempo que identificou como positivo o desenvolvimento de uma forte relação entre a oposição, estabelecida na frente antiditatorial, e a burguesia.

> A ultrapassagem do atual momento político pelo caminho das mudanças requer das forças democráticas a compreensão de que a imobilidade do quadro institucional, a formação de impasses e o confronto somente interessam à reação. A experiência do nosso povo no processo de abertura e de derrota do regime apoia-se numa combinação de lutas sociais e políticas de massas com negociações, que incluem o governo.[43]

Na frente política, o PCB não queria a extinção do bipartidarismo com os argumentos de que essa ação política do governo levaria ao enfraquecimento do MDB como desaguadouro da unidade da frente democrática contra a ditadura, além de dizer que os dois partidos então existentes tinham vida na sociedade. Essa postura se transformou em mais um equívoco, a oposição, embora em diversos partidos com características de frente continuou em movimento e avançou na contraposição a ditadura. Os trabalhadores se aproximaram dos partidos, especialmente do PT e do PDT, e cumpriram um papel importante nas batalhas eleitorais de 1982, nas Diretas Já e na pressão sobre a transição. Mesmo sem forças para mudar os rumos do modelo de transição, inclusive pelo comportamento político do PCB que se somou ao campo liberal-burguês, a oposição popular cumpriu um papel de forçar as lutas por demandas mais avançadas do ponto de vista político e social.

Ao lado dessas questões do movimento político partidário, existia uma movimentação da classe trabalhadora e dos setores populares que lutavam

---

[43] Partido Comunista Brasileiro, *O PCB na luta pela democracia*, cit., p. 42.

por bandeiras corporativas e políticas. O PCB após os desencontros do processo de formação da CUT, quando optou por não participar da sua fundação alegando compromissos com os processos eleitorais e a transição, aliou-se organicamente ao movimento sindical oficial e pelego, mesmo tendo alguma presença em setores importantes da classe operária. Assim, optava por uma unidade atrasada em torno do velho sindicalismo.

> Trabalhamos pela recondução da Conclat ao caminho de Praia Grande, do cumprimento das resoluções unitárias, do fortalecimento de seu papel de coordenação e articulação das ações comuns, inclusive de interlocutor frente ao governo e à sociedade. Sua legitimidade deve resultar de seu respaldo real nas entidades existentes, enraizadas nas categorias de trabalhadores.[44]

A presença do partido entre os trabalhadores desabava[45], e a direção do PCB não tomava nenhuma medida para superar esse impasse. Os comunistas continuaram em rota de colisão com o novo sindicalismo brasileiro, que marcou presença nos setores mais avançados do capitalismo. No campo, a aliança do partido era com os setores atrasados da Confederação Nacional dos Trabalhadores na Agricultura (Contag) e tinha uma ação pautada pela bandeira de uma reforma agrária que seria conquistada pela negociação. Toda essa articulação do partido no campo não permitia que ele vislumbrasse o papel das oposições sindicais e o surgimento de trabalhadores que estavam se organizando e lutando por terra com o importante apoio da Comissão Pastoral da Terra (CPT), da Igreja Católica, e sem a presença da Contag. Mesmo assim, a política do PCB não deu maior importância para o papel relevante que o PT e a CUT estavam tendo na organização da classe trabalhadora e na luta política que fazia o enfrentamento de classe com a ditadura burgo-militar.

As resoluções do VII Congresso analisaram as transformações econômicas em curso no Brasil. Afirmavam que continuava existindo uma forte dominação imperialista e um desenvolvimento capitalista tardio no Brasil. Afirmava, também, que as características do desenvolvimento capitalista ainda tinham traços pré-capitalistas, com a burguesia interna disputando com o capital estrangeiro o processo de monopolização crescente da economia. Os textos

---

[44] Ibidem, p. 18.

[45] Marco Aurélio Santana, *Homens partidos: comunistas e sindicatos no Brasil* (São Paulo/Rio de Janeiro, Boitempo/Unirio, 2001).

confirmaram a linha política reformista e também entraram no mérito do papel monopolista exercido pelo modelo de gerência do Estado capitalista no Brasil. Nesse Congresso o PCB entendia que a sociedade brasileira, apesar da presença do modelo gestor de capitalismo de Estado, e das suas características monopolistas, passava por um profundo agravamento das desigualdades regionais, superexploração dos trabalhadores, péssima distribuição de renda e um mercado interno muito pequeno. Essa última afirmação carecia de um estudo mais detalhado sobre o tema, pois as últimas indicações do capitalismo no Brasil apontavam para um novo cenário. As teses localizaram o aparato de dominação imperialista, a substancial presença dos monopólios transnacionais agindo no Brasil; o PCB, contudo, não conseguiu perceber que existia uma sólida articulação desse capital internacional com a burguesia interna. Portanto, a contradição entre a chamada "burguesia nacional" e o capital imperialista não encontra validade diante das características do capitalismo que se afirmava no país.

Assim, a formulação do partido se perdia ao criar uma inconsistente contradição, em tese desfeita pela realidade, entre setores da burguesia interna e o imperialismo. No entanto, acertava ao analisar que existia uma importante movimentação governista, via o Estado ditatorial, para executar uma determinada política econômica que favorecia o imperialismo, consolidava o poder da oligarquia financeira, concentrava o latifúndio para a exploração capitalista, que continuava o arrocho salarial e desenvolvia ao extremo o endividamento externo. Os efeitos dessa política da ditadura, para o PCB, eram o aumento do número de empresas imperialistas no Brasil, o aumento da dívida interna e o risco à soberania nacional. Portanto, a crise brasileira ampliou-se largamente com a política econômica da ditadura, atingiu a formação social e criou uma preocupante instabilidade política. Esse complexo processo foi marcado por crises políticas periódicas, tensões sociais, inadequação do Estado e do regime capitalista para atender os interesses do povo e por um capitalismo limitado que era incapaz de resolver os problemas brasileiros. Portanto, em mais uma saída politicista, o PCB identificava que o sistema de governo presidencialista era inadequado e sinalizava de forma ainda incipiente o parlamentarismo.

Essa leitura pode ser inquirida no sentido de se tentar compreender como, e até que ponto, se poderia exigir do projeto liberal-burguês/capitalista uma saída para a crise brasileira que atendesse aos interesses dos trabalhadores, ficando identificada a profunda ilusão de classe que permeava o documento congressual. Porém, alguns pontos da avaliação diagnóstica do partido sobre a situação da crise brasileira encontravam aderência na realidade: vale dizer que a política aplicada pela ditadura para conter a crise tinha levado ao desemprego, à hiperinflação e à recessão e marchava para o desastre nacional, mantendo sempre uma forte relação com o receituário proposto pelo FMI.

A crise era profunda, as bases políticas dos golpistas estavam em fuga de seu berço original e o consórcio das frações da burguesia com a burocracia militar que gerenciava o Estado capitalista também entrou em crise. O processo político brasileiro demandava uma saída. Qual caminho seguir? Os golpistas haviam interrompido, sem luta, o caminho da revolução brasileira em 1964. Na conjuntura anterior ao golpe, embora sofrendo os impactos da nova formulação, o PCB acreditava ser importante avançar na luta de classes, procurava ter protagonismo no processo político, e agia com erros e acertos como operador político dos trabalhadores, colocando-se na vanguarda da luta de horizonte socialista.

> Mesmo com seu partido vivendo as agruras da ilegalidade, os comunistas desenvolveram um trabalho que ia do interior das empresas, com os "conselhos sindicais", passando pela entidade sindical propriamente dita até a criação das intersindicais, que viverão seu apogeu ao longo do período. Percebemos que, embora apresentando algumas distinções, práticas estabelecidas anteriormente serão novamente utilizadas. Com seu aumento de influência sobre uma fatia considerável do movimento operário, o partido utiliza cada vez mais tal inserção como ponto de apoio para obtenção de seus objetivos mais amplos.[46]

Porém, a conjuntura do pós-golpe foi muito impactante para o PCB. Perdendo-se em formulações claudicantes, divisão interna, problemas para compreender a realidade e a intensa repressão, tudo isso fez com que o partido assumisse um vago protocolo de intenções no campo da vanguarda socialista, em virtude da pauta imposta pela estratégia adotada e a incerta tática politicista. No entanto, ainda discursava em nome da perspectiva de uma preocupação com a revolução brasileira e com a perspectiva, cada vez mais distante, da luta pela sociedade socialista. Todavia, acionou todas as energias e formulações para a aplicação de uma tese superada. Orientava-se por uma contradição que tinha como centralidade a luta política e social entre trabalhadores e imperialismo. Portanto, derrotar a aliança do imperia-

---

[46] Ibidem, p. 100.

lismo com os reacionários internos que controlavam a economia nacional, a sociedade civil e o Estado era o ponto mais importante da tática política do partido no caminho estratégico para a revolução brasileira.

O arcabouço teórico-político equivocado e o oportunismo direitista do núcleo dirigente estagnado operaram no sentido de colocar o partido numa aliança espúria com setores liberais da política brasileira e com frações de classe da burguesia. E, para desenvolver essa posição, desarticulou-se das demandas mais radicais das massas, da classe operária e dos camponeses, procurando o caminho de um desfecho para a crise que estivesse dentro da ordem, na perspectiva de consubstanciar reformas dentro do capitalismo que se comprovaram inócuas na resolução das questões centrais da sociedade brasileira. A orientação central do PCB, entendida pela linha política que se dizia revolucionária no pós-1982, era a conquista do governo por um bloco de forças que fizessem as reformas e transformassem o sistema econômico, social e político que fosse de caráter anti-imperialista, antimonopolista e antilatifundiário.

A superação dos obstáculos históricos então colocados na cena política da transição democrática era pensada a partir do caráter nacional e democrático da estratégia – no entanto, travestida de democrática e difusamente popular, consolidada num vago termo de estratégia democrática e nacional. Na justificativa dessa posição, podemos afirmar que a etapa em curso para a revolução brasileira era o caminho democrático-nacional, e a via para o socialismo seria a luta pela democracia progressiva através dos processos eleitorais dentro da legalidade burguesa. Essa perspectiva teórico-política possibilitaria o instrumental necessário ao PCB para abrir as trilhas que levaria o Brasil ao socialismo, por meio de profundas reformas na ordem burguesa, de forma pacífica. Esse conjunto analítico, utilizado pelo partido, vulgarizou a perspectiva pensada na Itália pelo secretário-geral do PCI, Palmiro Togliatti[47], e reduziu a democracia progressiva de caráter de massa a uma articulação "pelo alto" com pressão das massas.

Os "eurocomunistas", apesar de não estarem mais no partido, tinham deixado pistas conceituais que foram utilizadas pelo núcleo dirigente estagnado para instrumentalizar o vocabulário partidário. Partindo de uma visão

---

[47] Ver, do autor italiano, *Socialismo e democracia: obras escolhidas, 1944-1964* (trad. Carlos Nelson Coutinho, Rio de Janeiro, Muro, 1980), e *O caminho italiano para o socialismo* (Rio de Janeiro, Civilização Brasileira, 1966).

culturalista de Antonio Gramsci, introduzida no Brasil por Carlos Nelson Coutinho[48] e um grupo de intelectuais ligados ao PCB, os documentos partidários continham aspectos dessa formulação usados de forma simplista com relação à democracia de massas e à questão do Estado ampliado. Todavia, o partido ainda estabeleceu que, para o bloco de forças realizar a revolução democrático-nacional e resolver as tarefas inconclusas que a burguesia não conseguiu solucionar, seria necessário uma frente policlassista, articulada num novo pacto histórico entre o capital e o trabalho para combater o inimigo principal: o imperialismo norte-americano.

Na formulação do PCB, o proletariado devia manter a unidade com as frações da burguesia descontentes com o bloco no poder. O discurso da luta pela hegemonia do proletariado na sociedade esvaiu-se na ação política reformista. Toda a história do PCB estava reduzida, por essa formulação, ao exercício de retórica discursiva. Portanto, o proletariado estava submetido à burguesia dentro do bloco de forças da revolução democrático-nacional, terminando por diluir-se nas frentes eleitorais que disputou os diversos governos no processo de transição, conformando-se, assim, numa profunda derrota ideológica e numa nova inserção do partido na ordem burguesa para consolidar o Estado de direito da democracia formal.

Ao lado do desastre político-ideológico do PCB, acentuava-se na sociedade uma perspectiva classista acionada pela presença do PT, que mesmo fazendo uma opção radicalizada pela social-democracia tardia, conseguiu formar um novo bloco de forças caracterizado por uma perspectiva contra-hegemônica que se consolidou à esquerda do PCB. O partido, impactado pela linha política da negociação/conciliação, tentou se contrapor, dentro da esquerda, ao papel do bloco petista/cutista. Contudo, a formulação dos comunistas brasileiros entendia a questão da hegemonia como uma disputa culturalista dentro do Estado ampliado pela democratização da vida pública brasileira – uma perspectiva reformista, profundamente equivocada que informava uma tática submissa aos interesses da burguesia.

De inspiração reboquista, a ação política do partido decidiu combater o que passou a ser chamado de postura esquerdista na política brasileira. Tratava-se de repudiar as posições do PT e da CUT no movimento operário-

---

[48] Cientista político brasileiro ligado ao PCB, do qual se desligou em 1983. Professor da Universidade Federal do Rio de Janeiro, foi introdutor no Brasil do pensamento de György Lukács e Antonio Gramsci.

-sindical e popular, com o frágil discurso de serem posturas divisionistas que prejudicavam os trabalhadores na luta político-corporativa. A preocupação central do partido, apesar de nomear o movimento operário, sindical e popular, era com a transição. Para isso repetia insistentemente o papel transcendente da negociação política, afirmando que os caminhos da transição poderiam trilhar três vias: repressão política por parte do regime, conciliação nacional como pacto da burguesia e solução política negociada. A repressão política por parte do regime não se consolidou, mas o que se apresentou com força, inclusive contando com o apoio do PCB, foi a conciliação nacional através de um pacto político negociado[49].

Tivemos, então, a junção de duas das possibilidades aventadas pelo PCB para a transição. Embora criticando o pacto da burguesia informada pela segunda proposta, o partido considerou positiva a junção das duas últimas propostas e fez um programa de frente democrática para a Constituinte. A partir dessa perspectiva, o partido colocou na cena política brasileira a efetivação do processo de conciliação através da proposta de uma assembleia nacional constituinte, no intuito de fortalecer o Estado da democracia formal e lutar por amplas "liberdades democráticas" dentro da legalidade burguesa.

O ciclo inspirado nas resoluções do VII Congresso do PCB se consolidou e criaram-se as condições político-orgânicas para a integração do partido aos aparatos ideológicos da ordem burguesa. As resoluções afirmaram as posições que conduziriam o partido ao desmonte da condição histórica de operador político dos trabalhadores e estabeleceu um pacto interno, por meio das ações do núcleo dirigente estagnado, para construir uma nova opção política, apesar da manutenção do dogmatismo discursivo entendido pelo CC como marxismo-leninismo e os chavões, em tese, de inspiração socialista: era o reformismo prático balizando as bandeiras do PCB.

O VIII Congresso do PCB: uma política que se integrou na transição controlada pela autocracia burguesa

As resoluções teórico-políticas apresentadas pelo VIII Congresso dos comunistas brasileiros, ocorrido em caráter extraordinário em julho de 1987, se defrontaram com uma conjuntura política de transição da ditadura burgo-

---

[49] Partido Comunista Brasileiro, *Uma alternativa para a crise brasileira*, cit., p. 175-6.

-militar para a democracia formal, após a campanha das Diretas Já, da vitória da aliança democrática no Colégio Eleitoral que elegeu Tancredo Neves e, após a morte do presidente eleito e da posse de vice, José Sarney, mas também, da legalização institucional dos partidos comunistas: PCB e PCdoB.

O Brasil tinha um novo regime político, entendido aqui como uma articulação da classe dominante em sua estrutura partidária para o desenvolvimento de uma nova política de Estado, efetivada por um pacto político feito "pelo alto" que rearranjou a presença de frações de classe da burguesia no poder e modificou o bloco de forças políticas no controle do governo. Essa transição se realizou como um pacto de extração prussiana[50], desenvolvido por frações de classe da burguesia, forças políticas liberais, personalidades da oposição progressista à ditadura e, perifericamente, com a presença do PCB e outras forças políticas no campo da esquerda, a exemplo do PCdoB e MR-8. Todavia, essa operação de consolidação da transição foi acompanhada pela pressão dos novos movimentos populares, pela postura combativa e militante do novo movimento operário e sindical, assim como pela inovadora presença na cena política do PT e da CUT.

Mesmo sendo extraordinário, o VIII Congresso do partido consolidou a ruptura do partido com a tradição revolucionária que possui e a inserção frágil e subordinada na legalidade da nova (velha) ordem. Esse é o marco definitivo da política do PCB que se diluiu nas estruturas das instituições burguesas dentro da sociedade capitalista, trazendo graves consequências histórico-políticas para o partido.

Na apresentação das resoluções políticas do Congresso, Salomão Malina, o secretário-geral, que substituiu Giocondo Dias no comando do partido, travestido na nova nomenclatura de presidente do PCB, afirmou que o objetivo central do partido era realizar um "esforço coletivo dos comunistas para adequar os parâmetros da sua concepção estratégica à dinâmica do processo de transição"[51], confirmando-se a tese do desmonte e da diluição na transição para postular um novo formato político e orgânico para o PCB. Ainda sobressaía, nessa apresentação do presidente do partido, a nítida perspectiva de se inserir no jogo eleitoral pautado pela burguesia, quando disse que era necessário "converter o PCB, no curto prazo, num grande partido de massas

---

[50] David Maciel, *De Sarney a Collor*, cit.
[51] Salomão Malina, citado em Partido Comunista Brasileiro, *VIII Congresso (extraordinário) do Partido Comunista Brasileiro* (São Paulo, Novos Rumos, 1987).

e um protagonista efetivo da dinâmica político-eleitoral brasileira (por isso, a campanha de filiação, em nível nacional, é uma prioridade imediata)"[52]. Esse processo interno confirmava o surgimento de um novo partido, sem caráter revolucionário, sem perspectiva de dar contribuição para a revolução brasileira, sem compromisso com a possibilidade de horizonte socialista e conformado na lógica da parceria conflitiva dentro da ordem burguesa para reformar o capitalismo.

O VIII Congresso do PCB, "sem colocar em questão aquela concepção, objetivada no texto fundamental estabelecido pelo nosso VII Congresso, uma alternativa democrática para a crise brasileira"[53], retirou programática e ideologicamente o partido do campo da revolução socialista. A centralidade do PCB era a estabilidade da transição; o princípio que deveria nortear as lutas político-sociais era o da negociação; aos trabalhadores caberia apenas o papel de pressionar para modificar a qualidade da negociação e preparar o partido para ter novos "signos" discursivos no sentido de participar dos processos eleitorais. Procurava, ainda, com a campanha nacional de filiação, modificar o perfil orgânico do partido para integrá-lo ao modelo dos partidos da ordem burguesa. Contudo, continuavam os pressuposto de um vago dogmatismo anacrônico, sem perder as noções do que se chamava de "marxismo-leninismo".

A declaração política do VIII Congresso apresenta a análise do processo que levou à transição e à passagem para a democracia formal. Contudo, o PCB não entendeu que diante da grave crise social que atingia os trabalhadores o projeto do novo regime político só iria acentuá-la, portanto era incompreensível o apoio dos comunistas ao governo que dirigia o país e a esse modelo de transição. Naquele novo contexto, o PCB reafirmou o mesmo bloco histórico do congresso anterior, travestido, novamente, de um conjunto de forças políticas e sociais que levaria a cabo as tarefas da etapa democrático-nacional da revolução brasileira. "A magnitude do desafio e das resistências que o povo brasileiro enfrentará vai exigir um novo bloco político e social, um novo bloco histórico, democrático e nacional, construído por uma política de amplas alianças."[54]

O novo projeto era o velho projeto da frente democrática, com hegemonia de frações de classe da burguesia, com a integração subordinada

---

[52] Idem.

[53] Idem.

[54] Partido Comunista Brasileiro, *VIII Congresso (extraordinário) do Partido Comunista Brasileiro*, cit., p. 7.

dos trabalhadores e que, em tese, teria o importante papel de vanguarda do PCB para impulsionar e resolver os problemas das tarefas inconclusas daquela etapa da revolução brasileira. Pois bem, a realidade derrotou sumariamente essa perspectiva. Naquele contexto, o instrumental analítico do partido não conseguiu entender as contradições do capitalismo brasileiro, o papel da aliança democrática, as características da nova institucionalidade democrático-liberal e o governo Sarney. A política dos comunistas ficou refém de uma assustadora preocupação com a estabilidade política do bloco no poder e do governo que gerenciava a transição.

O capitalismo no Brasil, caracterizado por novos fatores, não foi desvelado pela interpretação do PCB que não teve instrumental teórico-político para entender essa situação concreta, além de não ter conseguido ler as relações políticas colocadas em ação pelo modo de produção predominante na formação social brasileira. Para o PCB, a crise social e econômica brasileira da década de 1980 era produto da falta de uma pedagogia da negociação, que esgarçava as relações sociais, políticas e econômicas. Era uma visão radicalmente politicista do processo. No entanto, o partido procurou criar uma pedagogia da negociação que impactou a forma de fazer política dos comunistas, sem, contudo, obter qualquer repercussão no movimento popular, operário e sindical. Porém, é importante registrar que essa pedagogia da negociação, como produto vulgar da degeneração ideológica que o partido estava consolidando, encontrou muita resistência nas bases que tinham militância concreta nas frentes de massa em que o PCB, por meio desses militantes, atuava.

Essa resistência, que não era pequena, não transparece nas teses aprovadas nos congressos, pois a dinâmica organizativa dos comunistas, com o princípio do "centralismo democrático", só permite vir à tona a posição política momentaneamente vitoriosa no Congresso. Além disso, essa militância resistente à política defendida pelo núcleo dirigente estagnado encontrava-se na base partidária, no movimento de massas e não dispunha de forças dentro do aparelho partidário para fazer prevalecer suas posições críticas às posturas assumidas até então pelo partido.

Com essa perspectiva de "signo" político para operar na transição, o partido entendeu que a negociação resolveria o problema da crise na economia brasileira. A partir dessa postura, propõe um amplo pacto entre burguesia e os trabalhadores para construir um programa nacional que modificasse os rumos da crise. A questão era saber quem seria privilegiado dentro dessas propostas, e a realidade deu a resposta: a burguesia. O PCB estava subsumido na ideologia do capital, distanciado do seu projeto histórico e integrado no apoio à ordem burguesa que operava a transição para a democracia formal. No entanto, como exercício retórico para animar o ambiente interno, o documento do VIII Congresso informava que o partido venceu: foi vitorioso porque a ditadura acabou e o Brasil estava caminhando para a democracia.

> Os comunistas brasileiros alcançaram êxitos importantes no período que estamos avaliando (de fins de 1983 a meados de 1987).
> Dentre eles, cumpre ressaltar sua contribuição à derrota do regime ditatorial e à conquista das liberdades democráticas, tarefas centrais colocadas pelo nosso VI Congresso. A contribuição dos comunistas à transição democrática tem se revelado valiosa, particularmente no plano das articulações no plano político-institucional.[55]

Conclui-se, portanto, que a centralidade da luta na trilha para a democracia era a retirada da legislação autoritária. Passo importante, nesse mesmo sentido, seria destruir os planos econômicos vinculados ao FMI e democratizar as instituições da legalidade burguesa.

A permanência da crise econômica e social

A transição não conseguiu estancar o processo de crise. A inflação, já elevada, se transformou numa hiperinflação crônica, não debelada nem mesmo após cinco planos econômicos cuja finalidade exclusiva era a estabilidade monetária; as contas externas entraram em colapso, em decorrência do brutal aumento das taxas de juros dos títulos do governo norte-americano, o que levou o país a decretar a moratória da dívida externa; houve grave estagnação econômica, com as mais baixas taxas de crescimento da produção dos últimos cinquenta anos, cuja consequência para os trabalhadores foi um alto nível de desemprego prolongado; a dívida externa teve também como consequência a escalada da dívida pública interna e alimentou a "ciranda financeira" que beneficiou os rentistas em detrimento do capital produtivo; este último aspecto deu início a um processo de reestruturação produtiva, cujos impactos foram sentidos pelos trabalhadores por mais de duas décadas[56].

---

[55] Ibidem, p. 46.

[56] Sofia Pádua Manzano, *Diagnóstico das condições de trabalho nas montadoras do ABC e no Paraná: um estudo sobre a modulação da jornada de trabalho e a PLR* (Campinas,

A partir desse cenário econômico em profunda crise, o bloco de forças no poder se articulou para intervir na disputa constitucional. Essa agitada conjuntura econômica e política desvelou a subalternidade da postura do partido, que sucumbiu às propostas da Aliança Democrática. Essa posição ficou bem definida nas eleições de 1986, quando os comunistas disputaram as eleições com legenda própria – após quase quarenta anos de dura clandestinidade – em completa articulação com o bloco de forças políticas que transitavam na base de apoio da aliança governista.

Em linguagem historicamente usada pelos próprios comunistas, tratava-se do reformismo e da conciliação de classe no comando da política partidária. O PCB foi derrotado dentro do próprio campo que escolhera para atuar, elegeu apenas três deputados federais e outros poucos deputados estaduais. Mesmo assim, o partido marcava posição ao lado do PMDB e desenvolvia uma dura crítica contra o PT. Com o decorrer desse processo de transição, após vários rearranjos internos do governo Sarney, o PCB, tardiamente e mais uma vez, considerou que o governo havia mudado de posição. O partido não queria entender que a transição era conservadora e cumpria o próprio papel contra os trabalhadores – era o preço pago pelo profundo apego à luta pelo Estado de direito da democracia formal. Começou a se esfacelar o discurso projetado pela pedagogia da negociação. Mesmo nesse campo o PCB não vislumbrou a ideia de que a burguesia não iria negociar com quem já não tinha força social e política. Os trabalhadores e os lutadores populares tinham feito outra opção.

Na conjuntura de crise em que o PCB se encontrava durante o VIII Congresso, as resoluções apresentaram uma avaliação sobre os partidos que atuavam na cena política, discorrendo sobre o comportamento conservador do PFL, sugerindo bandeiras para o PMDB e uma séria crítica aos partidos de centro-esquerda – particularmente ao campo brizolista (PDT) –, para reafirmar a defesa da aliança democrática como um instrumento diferenciado, agora, do bloco de forças governistas, por conter segmentos mais progressistas do que aqueles do governo e por avaliar que o governo fazia uma inflexão à direita para rearticular forças que integraram o bloco no poder durante a ditadura. Mais uma vez, de acordo com as resoluções, o antigo bloco de

---

Instituto de Economia da Universidade Estadual de Campinas, 2005, dissertação de mestrado; Nilson Araújo de Souza, *Economia brasileira contemporânea. De Getulio a Lula* (São Paulo, Atlas, 2007).

forças queria se beneficiar das políticas do Estado brasileiro. Ainda assim o partido continuava com uma conduta dúbia em relação ao governo Sarney e tinha apoiado integralmente o conjunto de forças do bloco no poder, tendo à frente o PMDB, que teve uma vitória expressiva nas eleições de 1986.

Assim, o partido apoiou e participou de governos estaduais com substantiva presença de setores conservadores da política brasileira, a exemplo dos De Moreira Franco no Rio de Janeiro, Orestes Quércia em São Paulo, Newton Cardoso em Minas Gerais, Carlos Bezerra no Mato Grosso e Álvaro Dias no Paraná[57].

O governo Sarney aprofundou a crise econômica brasileira e entrou, paulatinamente, em contradição com o partido. Era nítido o compromisso daquele governo com a direita, por meio das ações que foram desenvolvidas para beneficiar frações de classe da burguesia e, ao mesmo tempo, aplicar uma política recessiva que prejudicava os trabalhadores. Contudo, a vitória do bloco burguês nas eleições de 1986, de certo modo, motivou o PCB a acreditar que tal articulação fosse realmente a do bloco de forças que iria restabelecer a democracia e retirar o chamado "entulho autoritário" das instituições brasileiras. Desse modo, passou a defender um processo constituinte que fosse representativo da frente policlassista, balizada pela presença dos setores conservadores burgueses, inclusive reacionários, liberais progressistas e até os comunistas – portanto, sempre lutando para que a transição não tivesse nenhum abalo político e a estabilidade do processo fosse preservada.

O partido não deixava de ver, pelo foco na história pretérita, as crises políticas do passado e considerava que era o sistema político brasileiro que alimentava a instabilidade que regularmente atingia a democracia. Contudo, se equivocou seriamente ao não analisar que era a burguesia quem regularmente, na defesa de seus próprios interesses, atacava o Estado da democracia formal para aprimorar o processo de exploração.

Com uma ação pautada pelos impasses da cena política, o PCB apresentou uma proposta para a Constituinte, intitulada *Novos rumos: Constituição nova para o Brasil*. Tratava-se de uma plataforma de unidade para o bloco de forças que havia dirigido a transição, que contemplava os mais vastos interesses, desde o bloco no poder aos trabalhadores que faziam uma combativa pressão na luta política e corporativa. No entanto, mantinha sucateada uma premissa tática: a negociação por um pacto político social.

---

[57] *Voz da Unidade*, 1986.

O projeto de reformas contido no programa era um vago plano de emergência, que acenou para a possibilidade de a burguesia sair da crise pela tática proposta, que submetia o movimento de massas e os trabalhadores ao processo de transição, pregava a unidade das forças burguesas e progressistas e afirmava ser necessária a estabilidade do governo Sarney e da frente democrática, de modo que a esquerda não poderia atacar o governo nem o bloco de forças da frente. Essa política de acordo e conciliação de classes introduziu o partido na vala comum do pacto social, da ilusão de classe e da integração – mais uma vez, na ordem social capitalista.

No entanto, seguiram-se as avaliações baluartistas: as resoluções consideraram exitosa a intervenção do PCB entre 1983 a 1987. Mais uma vez o PCB apontava que havia sido vitorioso na transição política, mesmo a transição sendo controlada pelo bloco liberal-burguês. Tal afirmação fica explícita na medida em que o partido considerava que suas formulações políticas e seu empenho pela negociação pautaram o processo de transição, independentemente de quem tenha sido o operador político e da classe social que conquistou a hegemonia no poder de Estado. Ao lado do baluartismo, mais uma vez se afirmou a retórica discursiva de que o partido tinha desenvolvido esse papel para defender os interesses da classe operária, "enquanto força política que se propõe a contribuir para a articulação da frente democrática e a lutar pelos objetivos históricos do proletariado"[58].

No entanto, concretamente, o que se efetivou foi a derrota política do partido que também se deu no campo ao qual ele se integrou como linha auxiliar e ao qual imaginava dar orientação, ou seja, na frente policlassista que realizou a transição. Isso foi determinante para a crise político-orgânica do PCB, e as debilidades vieram a público numa célere movimentação de problemas. Pressionado internamente pelas bases que contestavam essa política e a ação subalterna do partido, a direção despertou para a possibilidade de alianças no movimento de massas e sindical. No entanto, continuou procurando forças atrasadas e pelegas (CGT) para responder ao questionamento interno. Era muito pouco, boa parte da militância acossada pela presença do PT, da CUT e até do PCdoB, que havia preservado sua presença no movimento operário-sindical e popular, e cobrava mudanças na orientação do partido em várias frentes e bases. "Para José Paulo Netto, o partido apresentava muitas possibilidades de

---

[58] Partido Comunista Brasileiro, *VIII Congresso (extraordinário) do Partido Comunista Brasileiro*, cit., p. 3.

êxito para superar seus problemas e assumir sua posição devida na conquista de uma sociedade socialista; porém, ele assinala, 'também nunca foi tão forte a pressão (externa e interna) para convertê-lo num partido da ordem'."[59]

Para preservar a estabilidade da transição, o instrumental teórico-político tinha colocado o partido na mais completa subordinação. E, a fim de concretizar essa postura, criou uma correia de transmissão da própria linha política para a atuação no sindicalismo brasileiro. Tentando tornar o sindicalismo subordinado à frente democrática, como processo de transição, o PCB procurou movimentar os setores envelhecidos e atrasados da estrutura sindical na tentativa de modificar a contínua perda de sua influência na sociedade.

Essa política havia modificado radicalmente a estrutura interna do partido. No entanto, militantes resistiam ao fim do partido como operador político dos trabalhadores e procuraram disputar internamente os destinos do PCB. Tarefa das mais complexas, posto o avançado estágio de subalternidade ideológica a que o partido fora colocado e diante da sua estrutura interna de funcionamento bastante rígida, em decorrência de ter passado a maior parte da sua história na clandestinidade.

O partido perdeu um grande patrimônio quando afiançou uma perspectiva de luta contra a ditadura burgo-militar, optando por uma transição sem protagonismo dos trabalhadores. Contudo, é correto afirmar que mesmo com essas vicissitudes políticas o partido dos comunistas brasileiros – que foi massacrado pela ditadura com prisões, torturas, assassinatos e exílio forçado – entregou seu patrimônio histórico e seu futuro político às jornadas de luta pela busca constante das liberdades democráticas. Essa ação não conseguiu preservar o protagonismo do partido e, ao contrário, criou dificuldades para sua sobrevivência. No entanto, ao se contar a história desse processo histórico, o PCB sempre será uma fonte inesgotável de pesquisa, a fim de que possamos entender o passado com os olhos voltados para o futuro.

---

[59] Marco Aurélio Santana, *Homens partidos*, cit., p. 256.

A NATUREZA DE CLASSE DO ESTADO BRASILEIRO[1]

João Quartim de Moraes

A luta ideológica e a hegemonia do capital

Uma classe social se torna ideologicamente dominante quando consegue fazer com que seus interesses particulares se identifiquem, aos olhos da maioria da população, com os interesses gerais da sociedade. Para que tal operação possa ser bem-sucedida, é necessário que os interesses particulares-dominantes encontrem uma forma adequada de expressão ideológica, isto é, que encontrem sua *forma de universalidade*. Quando a classe em questão tem um papel revolucionário a desempenhar, essa forma de universalidade,

---

[1] Devo ao amigo e camarada Cesar Mangolin, que tomou a iniciativa de traduzi-lo para nosso idioma, o encorajamento para publicar de novo o artigo "La nature de classe de l'État brésilien", escrito originalmente em francês para a revista *Les Temps Modernes*, Paris, n. 304, v. 27, nov. 1971, p. 651-75, e n. 305, v. 28, dez. 1971, p. 853-78. O artigo foi traduzido para o espanhol como "La naturaleza de clase del Estado brasileño", na revista *Ideologia y Sociedad*, Bogotá, n. 8, dez. 1973, p. 50-84, e entre nós, por estudantes da USP, que o fizeram circular clandestinamente. Cheguei a ter em mãos essa primeira tradução brasileira, mas não consta que algum exemplar tenha atravessado incólume aqueles anos sombrios.

O interesse que o texto possa suscitar parece-me inseparável do contexto em que foi escrito: tratava-se, quando a fração mais combativa e audaciosa da esquerda estava ainda engajada na luta armada, de trazer ao debate político que então se travava no movimento revolucionário, especialmente entre os marxistas brasileiros, uma interpretação sintética das origens, condições e significado histórico da ditadura militar. Por isso, ao fazer a revisão da tradução de Mangolin, abstive-me de introduzir qualquer modificação de fundo na versão original. Apenas introduzi mais quatro intertítulos visando facilitar a respiração do leitor e procurei tornar mais claro e conciso o presente texto, notadamente na tradução de expressões idiomáticas francesas.

mesmo se não corresponder ao conteúdo real da transformação social que será efetivamente realizada, não se reduz a um puro embuste.

Sabemos como Marx descreveu, no início de seu *18 de brumário de Luís Bonaparte*, a inadequação entre o conteúdo real da revolução burguesa e "os ideais e as formas artísticas, as autoilusões" de que necessitavam seus ideólogos "para ocultar de si mesma a limitação burguesa do conteúdo das suas lutas e manter o seu entusiasmo no mesmo nível elevado das grandes tragédias históricas"[2]. A inadequação entre ideologia e realidade não corresponde aqui a uma propaganda enganosa. Os "gladiadores" da burguesia precisam primeiro dissimular para *si próprios* a limitação histórica de suas lutas. Isso é necessário, como colocou Marx, "para manter o seu entusiasmo no mesmo nível elevado das grandes tragédias históricas". Não devemos entender essa observação num sentido puramente subjetivo. A revolução burguesa cumpriu tarefas progressistas e apresentou, em certos países (na Inglaterra de Cromwell, na França de 1789), um caráter fortemente democrático. A inadequação entre realidade e ideologia decorre, então, principalmente da diferença entre o conteúdo burguês da revolução e o caráter democrático de suas palavras de ordem. Essa "diferença" é na verdade uma contradição. Mas as premissas históricas para sua resolução estavam ausentes. Por isso a liberdade seria, sobretudo, a liberdade de comércio, a igualdade se reduziria à identidade formal dos cidadãos diante da lei, abstração feita de sua situação real em relação aos meios sociais de produção, e a fraternidade, compreendida em termos de nação e não de classe, só se manifestaria, desvendando seu conteúdo burguês, nos campos de batalha, quando as massas populares de cada país beligerante se fariam massacrar para decidir à qual país capitalista deveria caber a hegemonia sobre o mercado mundial.

Constatando a separação entre a ideologia da revolução burguesa e os interesses efetivos do capital, não fazemos mais que retomar a análise do *18 de brumário*. Para nós, tal constatação significa um ponto de partida. Com efeito, a distância entre as aspirações das massas populares e o alcance real da transformação burguesa da sociedade exprime a contradição entre as forças motrizes da revolução e a classe social em favor da qual essa revolução se efetiva. O próprio conceito de república democrática burguesa é a expressão contraditória desse ardil da história que coloca as massas em movimento para instaurar o poder do capital. Queremos com isso dizer que:

---

[2] Karl Marx, *O 18 de brumário de Luís Bonaparte* (São Paulo, Boitempo, 2011), p. 27.

1º – a democracia burguesa é a unidade de dois contrários, a democracia e a burguesia; portanto, um Estado capitalista é tanto mais democrático quanto seu proletariado é mais forte e vice-versa;

2º – a burguesia não tem nenhum compromisso de princípio com a democracia; lutando contra a ordem feudal, ela não se batia pela revolução *democrático*-burguesa, mas tão somente pela *revolução burguesa*. Que sua realização se dê "pelo alto" (Alemanha) ou através de uma insurreição popular (França) é secundário para o capital. O caráter contraditório da democracia burguesa permite compreender que as diferentes espécies de autocracia burguesa (falando apenas do século XX: o fascismo, os Estados militares nos países capitalistas dependentes etc.) não são "exceções" a uma pretensa "vocação democrática" do Estado burguês, mas o resultado histórico concreto da luta entre as diferentes classes e camadas sociais de um dado país capitalista.

Mesmo nos quadros da república burguesa, a democracia é o grau de organização, de consciência e de força política das classes populares, e notadamente da classe operária, para a qual ela constitui necessidade fundamental, não apenas para desenvolver sua luta econômica de todos os dias. Apenas esquecendo a dialética materialista é que se pode sustentar "a incapacidade característica da burguesia de dirigir politicamente sua revolução de democracia política, a revolução democrático-burguesa" e "a não tipicidade, através da originalidade conjuntural, das diversas revoluções burguesas"[3]. Falar de *não tipicidade* da revolução burguesa é afirmar um vínculo "típico" da burguesia à democracia, impedindo-se de analisar o Estado burguês em geral e cada Estado burguês em particular como resultados históricos das lutas sociais. Mais precisamente, a luta de classes na perspectiva de Poulantzas só modifica *exteriormente* a estrutura "típica" do Estado burguês, tornando-a "atípica"[4].

Claro que não se pode negar a ligação objetiva entre a dominação das relações capitalistas de produção e um tipo determinado de Estado, o Estado burguês. Mas é necessário colocar corretamente a questão da natureza

---

[3] Nicos Poulantzas, *Pouvoir politique et classes sociales* (Paris, Maspero, 1971), p. 197. Aqui em tradução livre.

[4] Deve-se juntar esta interpretação à crítica que faz Poulantzas ao que ele chama de "historicismo". Na realidade, o que se esconde por trás de tal crítica é a recusa pura e simples da dialética, como o mostra suficientemente a definição que ele deu do materialismo dialético: "teoria da história da produção científica"; ver ibidem, p. 7.

desses vínculos. E isso Marx já fez: "É sempre na relação imediata entre o proprietário dos meios de produção e o produtor direto [...] que é preciso procurar o segredo mais profundo, o fundamento oculto de todo o edifício social e por consequência da forma política que assume a relação de soberania e de dependência, em suma, a base da forma específica que o Estado reveste em um período dado"[5].

Trata-se então de distinguir as condições políticas mínimas de que necessitam as relações capitalistas de produção para se desenvolver e a forma política *concreta* que "a relação de soberania e dependência assume" em um dado momento e num dado país. A democracia constitui uma condição necessária para o desenvolvimento das relações capitalistas de produção? A experiência histórica tem mostrado que não. Sem dúvida, a supressão das relações pessoais de dependência e das diferentes formas de poder local (que se opuseram à formação e à consolidação do Estado nacional-burguês) configuram condições necessárias para o desenvolvimento do capitalismo. Porém, nenhuma das tendências fundamentais desse desenvolvimento (separação entre o produtor direto e os meios de produção, socialização do processo produtivo, acumulação do capital, elevação de sua composição orgânica e baixa tendencial da taxa de lucro, formação do mercado mundial, posterior luta pelo seu controle etc.) teve ligação com a democracia. Poderia se dizer o mesmo da chamada "autonomia específica do político no modo de produção capitalista". Essa autonomia, como se sabe, deve-se ao fato de que no capitalismo as relações extraeconômicas (políticas, ideológicas) de dominação não constituem os meios através dos quais os produtores diretos são explorados. Em outros termos, a separação do econômico e do político no modo capitalista de produção é determinado pelo caráter econômico da apropriação do sobretrabalho social pelas classes exploradoras (capitalistas e proprietários rurais). A exploração do trabalho se realiza no interior do processo produtivo, e pode haver, no âmbito das relações sociais não econômicas, uma igualdade formal entre os cidadãos. Mas justamente a condição da "igualdade" política é a desigualdade econômica. Isto porque tal igualdade é abstrata, formal, e dissimula seu contrário: a igualdade política é, nos países capitalistas, uma tese ideológica; é a ideologia burguesa, e não a política burguesa, que é igualitária.

---

[5] Karl Marx, *O capital: crítica da economia política*, Livro III, *O processo global de produção capitalista*, v. VI (Rio de Janeiro, Civilização Brasileira, 2008), p. 1047.

Já que a democracia não figura entre as condições necessárias para o desenvolvimento do capital, qual seria seu papel no Estado burguês? Acabamos de ver que, do ponto de vista dos interesses de classe da burguesia, ela constitui a expressão *ideológica* da *separação efetiva* entre o político e o econômico no modo capitalista de produção. Mas, visto que a democracia é uma *categoria política*, não é necessário apenas constatar (e descrever) o uso ideológico que faz dela a burguesia. É necessário, sobretudo, determinar o conteúdo político da contradição entre burguesia e democracia. Mais precisamente, sabemos que essa contradição pode se exprimir sob a forma de uma separação entre as duas categorias (a burguesia nega a democracia, tornando-se fascista ou simplesmente autocrática). Pode também se exprimir por sua síntese (a democracia burguesa). Mas o que decide entre a síntese e a separação entre democracia e burguesia? A luta de classes, evidentemente. Isto porque toda análise que não se situe de imediato sobre o terreno dessa luta, a partir de um ponto de vista de classe, está condenada a permanecer formal e abstrata, e a distinguir as "tipicidades" e as "atipicidades" sem penetrar, portanto, no movimento histórico concreto.

Se colocarmos a questão do conteúdo de classe da democracia nos países capitalistas, chegamos a uma resposta geral: ela exprime os interesses e as aspirações das classes dominadas. Do ponto de vista das classes dominantes, configura uma concessão; do ponto de vista das classes dominadas, uma conquista. Evidentemente, a democracia assume um sentido mais concreto para cada uma das classes dominantes e dominadas: para os camponeses, aparece sob a forma de propriedade da terra; para o proletariado, sob a forma de liberdade de organização e propaganda etc. Que a burguesia de um dado país seja mais ou menos democrática depende da relação de forças entre as classes dominantes e as dominadas. As relações de aliança entre a classe dos capitalistas e a dos proprietários rurais, de um lado, e entre o proletariado e os camponeses, de outro, constituem o eixo principal em torno do qual tem lugar e se desenvolve a luta pela democracia. Se a burguesia consegue isolar o proletariado cooptando os camponeses, um regime autocrático burguês se torna historicamente possível; se o proletariado consegue isolar os proprietários rurais, ganhar os camponeses e neutralizar a burguesia, é a democracia burguesa que se desenvolve e, por meio de seu desenvolvimento, coloca na ordem do dia o problema da supressão do Estado burguês, a superação das relações capitalistas de produção e a democracia proletária. Nesta segunda hipótese, o desenvolvimento *contínuo* da democracia burguesa (desenvolvimento cujas forças motrizes são as classes dominadas e principalmente o proletariado), se bem-sucedido, só pode tender à passagem (descontínua, revolucionária) à democracia proletária.

Essas considerações gerais não têm outro objetivo além de situar a questão da democracia e da luta ideológica num caso contemporâneo de autocracia burguesa: aquele que chamamos Estado oligárquico e militar brasileiro.

Ditadura e fascismo

A ditadura militar no Brasil é muitas vezes definida como fascista, o que confirma uma advertência situada no início do *18 de brumário*: "a tradição de todas as gerações passadas é como um pesadelo que comprime o cérebro dos vivos"[6]. Certamente existem pontos em comum entre o fascismo europeu e o regime militar instalado no Brasil pelo golpe de Estado de 1964. Ambos liquidaram a república burguesa porque ela se mostrou pouco capaz de fazer frente ao avanço da "subversão". E são responsáveis pela transformação terrorista e policialesca do Estado burguês. Os dois procuraram colocar o foco de sua propaganda sobre as "conquistas" materiais e "morais" do regime, por não poder fazê-lo sobre a liberdade e o bem-estar dos cidadãos. Finalmente, ambos representam as formas autocráticas e militaristas do Estado burguês na época do imperialismo e da revolução proletária. No entanto, as diferenças entre os dois tipos de autocracia burguesa são também muito importantes. No Brasil, o regime não dispõe de um *partido de massa*; tampouco suscitou o *complemento dialético* de tal suposto partido, a saber, o *chefe*, que pode se chamar *duce*, *Führer* ou *caudillo*. Com efeito, é o *aparelho militar* enquanto instituição que se encarrega (auxiliado, certamente, pelos "tecnocratas" e políticos burgueses) da gestão do aparelho de Estado e do setor público da economia. Donde temos uma dupla consequência: o Exército desempenha, à sua maneira, o papel de "partido político da burguesia" e o chefe de Estado exerce o poder enquanto expressão do consenso entre os oficiais superiores das Forças Armadas. A prova é a maneira pela qual são escolhidos os diferentes generais-presidentes dos Estados militares sul-americanos, notadamente os do Brasil (a eleição de Garrastazu Médici por um Colégio Eleitoral composto, no "primeiro turno", de 107 generais e, num segundo

---

[6] Karl Marx, *O 18 de brumário de Luís Bonaparte*, cit., p. 25.

turno, por dez generais pertencentes ao alto comando das Forças Armadas constitui o exemplo mais recente e mais expressivo).

Note-se também que, quando ocorreu a ascensão do fascismo e do nazismo, as contradições interimperialistas desempenhavam ainda um papel dominante no cenário político mundial. Os países onde o nazismo e o fascismo tomaram o poder eram colonialistas e imperialistas; a luta pelo controle do mercado mundial e pela hegemonia mundial constituía uma das condições determinantes da transformação "nacional-socialista" desses Estados capitalistas. A situação atual, pelo contrário, se caracteriza pela integração imperialista e pela mudança da contradição dominante na cena política mundial. Essa contradição é, hoje, aquela que opõe o sistema imperialista ao sistema socialista (não podemos examinar aqui as contradições internas de cada um desses dois sistemas; consideramos, entretanto, que elas são muito importantes e que, por consequência, a palavra "sistema" deve ser compreendida no sentido dialético de *unidade de contrários*).

Vimos anteriormente que o elemento essencial da luta ideológica repousa na forma de universalidade que uma classe social consegue dar aos seus interesses particulares, às suas aspirações hegemônicas. Ela justifica, assim, sua "capacidade" para dirigir a sociedade. Como disse Marx em *A ideologia alemã*,

> toda nova classe que toma o lugar de outra que dominava anteriormente é obrigada, para atingir seus fins, a apresentar seu interesse como o interesse comum de todos os membros da sociedade, quer dizer, expresso de forma ideal: é obrigada a dar às suas ideias a forma da universalidade, a apresentá-las como as únicas racionais, universalmente válidas. A classe revolucionária, por já se defrontar desde o início com uma classe, surge não como classe, mas sim como representante de toda a sociedade; ela aparece como a massa inteira da sociedade diante da única classe dominante.[7]

À luz deste texto, podemos precisar nossa questão. Tanto no *18 de brumário* quanto em *A ideologia alemã* Marx analisa a luta ideológica do ponto de vista da classe ascendente: seus exemplos históricos são as grandes revoluções burguesas dos séculos XVII e XVIII, depois as primeiras revoluções proletárias do século XIX. Ora, trata-se, para nós, de compreender como a burguesia desenvolve hoje (na época do imperialismo e da revolução proletária, e na fase dessa época em que as contradições interimperialistas

---

[7] *A ideologia alemã* (São Paulo, Boitempo, 2007), p. 48-9.

não desempenham mais o papel dominante na cena política mundial) sua luta pela hegemonia. Hoje, em que nada, exceto o apego dos possuidores ao que possuem (apego que é uma força de inércia da história), parece justificar sua sobrevivência? Enganam-se, no entanto, os que creem que o poder do capital está por toda parte na defensiva. Isto é verdade na cena mundial e na escala de todo um período histórico. Mas sabe-se que a revolução proletária torna-se socialmente necessária muito tempo antes de tornar-se politicamente possível, e que nesse longo intervalo o capitalismo continua a desenvolver suas contradições e a burguesia, a mandar. Cada uma das ocasiões malogradas da vitória internacional do socialismo foi paga por catástrofes cuja amplitude jamais poderá ser medida. O antagonismo entre o caráter cada vez mais social das forças produtivas e o caráter privado de sua apropriação não significa que as primeiras "parem" de se desenvolver. O capitalismo, tendo atingido, como dizem alguns, seu estágio monopolista de Estado, é capaz, sob certas condições (que cumpre determinar), não somente de promover o "crescimento econômico" e até a chamada "revolução científica", mas também de renovar seus métodos de luta política e ideológica para manter a subordinação dos produtores e das grandes massas da população às exigências da concentração monopolista e da reprodução ampliada do processo de produção.

Sabemos como esses métodos se renovaram na Alemanha de Hitler. Mais recentemente, vimos como a *great society* que Johnson prometeu aos estadunidenses se transformou no *big* genocídio da Guerra do Vietnã. No entanto, a despeito da perversidade dessas e de outras mistificações ideológicas, a "maioria silenciosa" continua a sofrer a influência das ideias dominantes. Tal é o paradoxo que temos presente ao espírito estudando o caso particular do Brasil. Mas só compreenderemos a natureza desse paradoxo se não reduzirmos a explicação da longa duração do crepúsculo do capitalismo e do imperialismo à "crise da direção revolucionária". Que ela possua, como explicação, um momento de verdade, parece-nos claro. Por isso só recusamos suas aplicações dogmáticas, entre as quais a que consiste em subestimar o papel das lutas operárias e anticapitalistas nas metrópoles imperialistas e – no caso particular da América Latina – aquelas que teorizam o desprezo pelas lutas de massa em proveito da ação de "vanguarda" (um ideólogo de uma organização de resistência brasileira sustenta, por exemplo, que durante a "primeira etapa da revolução" as massas populares não têm outro papel além do de um espectador passivo).

Por outro lado, há muitos que negam o próprio paradoxo, sustentando que nos países semicoloniais e dependentes as tarefas revolucionárias consistem na reforma agrária antilatifundiária e na libertação nacional. Essa concepção, que foi e continua sendo a da maior parte dos PC pró-soviéticos na América Latina, é normalmente baseada em dois postulados: (i) a alternativa para os países da América Latina é o desenvolvimento nacional e democrático do capitalismo, ou a estagnação econômica; (ii) a burguesia nacional é uma das classes objetivamente revolucionárias. Consequência prática dessas teses: os comunistas se colocam a reboque do movimento espontâneo da luta de classes; no Brasil de 1964, ligaram seu destino ao governo nacional-trabalhista de João Goulart e, assim, foram incapazes de mobilizar a resistência ao golpe de Estado reacionário. Na raiz dessa prática oportunista havia uma concepção mecanicista das relações entre as classes sociais e seus "interesses históricos objetivos", ou, em outros termos, a afirmação da existência de uma ligação unívoca e fixada de uma vez por todas entre tal classe e tais "tarefas históricas".

Mas, por ter feito da denúncia do PCB uma questão de política imediata, a nova esquerda brasileira não foi capaz de buscar a origem teórica de um revés cujos efeitos práticos ela criticava. Ou então, quando tentou buscá-la, seu esforço foi insuficiente, contentando-se com fórmulas gerais, que, embora persuasivas, não chegavam a ultrapassar o nível da polêmica. É assim que o tema da "burguesia nacional", que efetivamente encerra um dos problemas cruciais da teoria revolucionária no Brasil, tem sido tratado de *modo metafísico*: tornou-se hábito raciocinar como se o erro do PCB fosse sustentar a existência de uma burguesia nacional, e pretende-se resolver essa questão declarando que ela *não existe*. O que, evidentemente, não a impediu de existir, nem de constituir, por intermédio de políticos tais como Getulio Vargas e João Goulart, uma das grandes forças políticas do Brasil até o golpe de Estado de 1964.

É necessário esclarecer bem esse ponto. Ocorre com o caráter nacional duma burguesia dependente o mesmo que com o caráter democrático da burguesia em geral. O predicado *nacional* não é uma propriedade intrínseca do sujeito *burguesia dependente*. Que a burguesia de um país dependente seja mais ou menos consequente em sua luta pelo desenvolvimento nacional do capitalismo, que ela capitule em um momento dado e venha jogar a fundo a carta da associação (com o duplo conteúdo de integração e subordinação) com o imperialismo, isso depende das relações de força na escala da sociedade e do desenvolvimento concreto da luta de classes. No caso do Brasil, a primeira hipótese se chamou Getulio Vargas, João Goulart etc. A segunda, Castelo Branco, Roberto Campos, Carlos Lacerda. Veremos adiante em que ponto se encontram, no momento atual, cada uma dessas duas correntes. Mais precisamente, tentaremos mostrar o que elas se tornaram, após sete anos de ditadura oligárquica e militar. No momento, nos contentaremos em frisar que o falso problema da burguesia nacional (de sua existência ou inexistência) esconde o verdadeiro problema da possibilidade, da natureza e da dinâmica do desenvolvimento do capitalismo no Brasil.

A posição do PCB consistia, *grosso modo*, em sustentar que embora estejamos na época do imperialismo e da revolução proletária, nos países submetidos à opressão imperialista, a tarefa histórica revolucionária é a libertação nacional e a reforma agrária democrática, que constituem a condição prévia do desenvolvimento das forças produtivas sociais. O conteúdo desse desenvolvimento? O alargamento do mercado interno através do desenvolvimento da pequena produção camponesa e do melhoramento das condições de existência e de trabalho do proletariado agrícola; o crescimento horizontal da produção industrial; o reforço do setor público da economia (nacionalização dos serviços públicos, dos setores-chave da indústria pesada, monopólio estatal do comércio exterior, política financeira e orçamentária democrática etc.), enfim, o desenvolvimento nacional e democrático do capitalismo. Então essa classe teria ainda um papel revolucionário a desempenhar, com a *condição* de que a classe dos latifundiários e os setores ligados ao imperialismo (ao grande capital monopolista) fossem derrotados. O crepúsculo do capitalismo estaria ocorrendo apenas nos países imperialistas. Nos países dominados pelo imperialismo, a sobrevivência das ideias burguesas se explicava naturalmente pelo caráter progressista do nacionalismo burguês.

Nada disso é difícil de compreender. Menos fácil, porém, é explicar, a partir das hipóteses do PCB, a derrota de 1964. Num artigo publicado na *Nouvelle Revue Internationale*, o então secretário-geral do PCB, Luís Carlos Prestes, apresentando a guerrilha urbana, tal como se desenvolve hoje no Brasil, como a "sarna do revolucionarismo pequeno-burguês" e como uma aventura que causa grandes danos à revolução, proclama que a única atitude correta depois de 1964 seria admitir a derrota e retomar o trabalho paciente de propaganda no seio das massas. Que Prestes aconselhe aceitar ativamente a derrota, que ele frise que "para os marxistas-leninistas [...] as formas de luta devem-se definir em função das forças das classes e das possibilidades reais do movimento de massa em um momento determinado", parece-nos razoável. Mas ele não estava bem colocado para dar conselhos. Na luta ideológica e na luta política, as tomadas de posição não têm valor senão em relação à prática que elas explicam ou preparam. Ora, não é inútil relembrar que o mesmo Prestes se gabava, às vésperas do golpe de Estado de 1964, de "já estar no governo", que em 1966-1967, ele deu seu apoio e até estimulou a criação de uma Frente Ampla, reagrupando inimigos do povo da estatura do histórico Carlos Lacerda, e que aplaudiu a invasão da Tchecoslováquia em 1968. Como falar então de luta de massas, como fazer chamamento à aceitação de uma derrota para a qual ele mesmo contribuiu?

Compreender essa derrota é compreender a vitória da contrarrevolução em 1964; é, sobretudo, compreender, sem as ilusões que os gladiadores da contrarrevolução burguesa bem souberam utilizar, o conteúdo real da política militar-burguesa no Brasil da tortura – o qual, parece, é também o Brasil do crescimento econômico, visto que, segundo estatísticas da ditadura, a taxa de crescimento do PIB em 1969 e em 1970 foi de 9%.

Particularidades ideológicas do golpe de Estado de 1964

As características gerais da luta ideológica, tais como as descreveu Marx, correspondiam a uma época em que o capital lutava para conquistar e consolidar sua hegemonia, varrendo da cena histórica todas as velhas classes que entravavam seu pleno desenvolvimento. Um século depois, em 1964, o capital lutava para não ser ele próprio varrido. Não é a decadência histórica da burguesia que constitui problema para os marxistas, visto que ela resulta do desenvolvimento da contradição fundamental do capitalismo. O problema está, antes, nos fenômenos que se opõem a essa tendência geral. A especificidade – e o interesse teórico – do golpe de Estado de 1964 e do regime burguês-militar ao qual ele deu lugar reside nas formas novas que assumiu a contrarrevolução burguesa. Num país capitalista dependente como o Brasil, a luta de classes se travava (veremos até que ponto ela se trava ainda) em torno de duas contradições: aquela entre a cidade e o campo e aquela entre a nação e o imperialismo. As necessidades da prática impõem frequentemente simplificações, que jamais são politicamente inocentes. A esquerda brasileira habituou-se a tratá-las como se fossem apenas uma única e mesma contradição, a saber, a que opõe o imperialismo e seus aliados internos (oligarquia agrária e todos os setores da burguesia ligados ao grande capital monopolista internacional) à grande maioria da população. Essa concepção, com todas as suas variantes de direita e de esquerda, mostrou-se tenaz, influenciando muitos daqueles que pretendiam criticá-la.

No âmbito ideológico, ela apresentava o inimigo como vindo do passado (o campo) e do exterior (o imperialismo). A reação respondeu pela dupla corrupção-subversão, acusando respectivamente os "populistas" (Getulio Vargas e seus herdeiros políticos) e os comunistas (às ordens de Moscou). Mas em definitivo foi a esquerda que obteve a vitória na luta ideológica dos anos 1961-1964, como provou o referendo de 6 de janeiro de 1963, no qual 84% dos votos expressos concederam os plenos poderes presidenciais a João Goulart, portanto, à aliança da burguesia nacional com o movimento popular. Também a reunião das forças reacionárias que constituíram a base social do golpe de Estado de 1964 se fez em torno das palavras de ordem as mais arcaicas e pró-estadunidenses. "Os católicos não poderão receber, sem ofender gravemente a moral cristã, as terras eventualmente expropriadas pelo poder público", proclamaram os bispos Castro Meyer e Proença Sigaud, dirigindo-se a camponeses pobres, culpados de pretender receber os frutos de uma distribuição de terras que o governo Goulart não se cansava de prometer, embora não ousasse colocá-la em prática. "Aceitando-as", prosseguem os dois religiosos, "eles estarão na situação moral de possuidores de bens roubados e não poderão receber os sacramentos da confissão, da comunhão e da extrema unção, a não ser que estejam firmemente decididos a restituir a seus legítimos proprietários os bens adquiridos através da violação do direito de propriedade e dos Mandamentos sobre os quais se funda esse direito".

Os dois bravos bispos certamente eram apenas os porta-vozes do que havia de mais raivoso na oligarquia agrária e nas camadas da pequena burguesia rural que viviam à sua sombra. Mas bem depressa, no espaço de um ano (1963), uma frente de classes proprietárias se agrupou em torno dessas vozes medievais. A Sociedade Rural Brasileira, órgão de classe dos latifundiários, tornou-se um verdadeiro quartel-general paralelo da contrarrevolução: ali se conspirava tão abertamente quanto no Estado maior das Forças Armadas. Os senhores de terra, duma ponta a outra do país, se prepararam para "esmagar a subversão". Na cidade, as vozes do passado se juntaram tão rapidamente quanto no campo. Os pequenos proprietários, os pequenos comerciantes, as velhas beatas histéricas e os eunucos da reação ultraclerical, estimulados por múmias teóricas – nomeadamente, os velhos fascistas Plínio Salgado e Gustavo Corção (este último, alguns anos mais tarde, ousou elogiar, em artigos que publicou em *O Estado de S. Paulo*, a moderação da polícia e do exército brasileiro) –, prepararam as tristemente célebres Marchas da Família com Deus pela Liberdade, que fariam soar o sino da república liberal no Brasil.

O avanço da esquerda em 1961-1963 foi puramente ideológico. Nem de longe bastou para evitar a derrota política de 1964. Parecem claras as causas fundamentais dessa brusca virada da correlação de forças. A irradiação das ideias progressistas e revolucionárias excedeu incomparavelmente o nível de organização e o grau de mobilização do proletariado e do conjunto do povo. O fato mesmo de que havia um governo burguês nacional-democrático (Goulart) e que, ao menos formalmente, as forças contrarrevolucionárias constituíam a oposição contribuiu para ampliar o fosso que separava a influência ideológica da força política real do movimento popular. Na medida em que interpretou a aliança com a burguesia nacional como inscrita na natureza mesmo da etapa, o PCB se ocupou principalmente de ampliar sua penetração no aparelho de Estado burguês. Não havia demonstrado que a única via possível para o desenvolvimento econômico do Brasil era o programa nacional-democrático, que correspondia aos interesses de todas as classes populares e da burguesia nacional? Como então poderia prever a formação de um sólido bloco reacionário, incluindo as forças que afirmavam dever estar no campo da revolução? Nelson Werneck Sodré, em *Introdução à revolução brasileira*, livro publicado em 1963 pela editora Ciências Humanas, proclamou que só poderemos subsistir como nação ultrapassando a contradição entre a burguesia nacional e os trabalhadores. Segundo o autor, o maior obstáculo ao nosso desenvolvimento seriam as forças estrangeiras; "seus aliados internos resistem cada vez menos, e não controlam mais o país". Vê-se de que maneira o marxismo do PCB preparou as massas populares para fazer frente à contrarrevolução. Que Luis Carlos Prestes possa falar da sarna do revolucionarismo pequeno-burguês até nos parece um fato normal, sobretudo se levarmos em conta que efetivamente, a partir do momento em que as concepções militaristas se tornaram dominantes no seio da resistência armada à ditadura, levando os guerrilheiros urbanos a voltar as costas às bases sociais da revolução, a repressão ditatorial não cessou de acumular vitórias nas sucessivas campanhas de tortura e aniquilamento que empreendeu. Mas, à luz de textos como os já citados, vê-se de onde vinha a apreciação errada que fazia a esquerda brasileira de suas próprias forças às vésperas do golpe de Estado de 1964.

Cumpre acrescentar que o processo objetivo da luta de classes e, particularmente, o desenvolvimento desigual do movimento revolucionário desempenharam um papel importantíssimo na brusca virada da conjuntura política de 1963-1964. Na base dessa desigualdade de desenvolvimento estava a falta de uma experiência sólida de organização sindical independente. O movimento operário era por demais ligado ao sindicalismo de Estado, que, no Brasil, tinha uma estrutura inspirada na *Carta del lavoro*, outorgada por Mussolini. Ela enquadrava verticalmente os trabalhadores por profissão e por setor produtivo, e proibia toda forma de coordenação horizontal entre os sindicatos, impedindo assim qualquer programa de lutas que interessasse a mais de uma categoria profissional. Entretanto, essa estrutura de inspiração fascista foi sempre manipulada por Vargas e Goulart num sentido favorável às reivindicações imediatas das massas trabalhadoras *urbanas* (a restrição é importante, como se verá mais adiante). Notadamente durante seu segundo governo (1951-1954), Vargas buscou satisfazer os assalariados da cidade, mesmo com o risco de se chocar com sua classe de origem e à qual ele permanecia ligado. Concedeu um aumento salarial de 100%, anunciado no 1º de maio de 1954, num discurso que terminou com uma fórmula que, para um burguês como ele, era bastante radical: "Hoje", disse aos trabalhadores, "vocês apoiam o governo. Amanhã, vocês serão o governo". Sabemos que isso não ocorreu e que, acuado pela reação e pelos militares golpistas, Vargas preferiu o suicídio. Isso demonstra, no entanto, até que ponto o chamado "populismo", levado a se apoiar cada vez em maior grau sobre as massas urbanas para desenvolver uma política anti-imperialista que os grandes partidos burgueses eram incapazes de acompanhar, pôde se implantar solidamente na consciência dos trabalhadores, habituando-os a esperar do alto a solução de seus problemas. (Um fenômeno parecido, o do peronismo na Argentina, teve outra saída histórica. Num trabalho ainda inédito, Perry Anderson fez um estudo comparativo desses dois tipos de "populismo".)

Compreendendo a força do getulismo no movimento operário brasileiro e até que ponto essa penetração ideológica entravou o desenvolvimento de uma luta operária independente, seremos menos tentados a reduzir a crítica ao PCB à questão do stalinismo e, portanto, a fazer uma crítica stalinista desse stalinismo, bem como a negar por princípio a análise comunista da sociedade brasileira[8]. Seja como for, a fraqueza organizacional do movimento operário e sua falta de experiência de luta independente estão na raiz da brusca virada das relações políticas de força que tornou possível o golpe de Estado.

A luta pela hegemonia no seio das classes dominantes

Em 15 de julho de 1964, o ministro da Agricultura da ditadura colocou na direção da Superintendência da Reforma Agrária (Supra) o grande fazendeiro José Gomes da Silva. (O órgão havia sido, durante o governo Goulart, um dos alvos preferidos da reação.) A nova direção, em sua primeira declaração à imprensa, explicou, não sem certa ingenuidade, que, para que a Supra não se tornasse mais um "órgão de agitação e desordem", o governo a confiou "a um proprietário rural". O que parece confirmar a análise do PCB (retomada ademais por numerosos setores da "esquerda revolucionária") sobre a composição do bloco hegemônico do regime militar resultante do golpe de Estado: os grandes proprietários rurais ("latifundiários") e os agentes do grande capital monopolista internacional.

No nível da ideologia, tal análise volta a apresentar as classes dominantes sob a dupla face do estrangeiro e do arcaico. As forças da reação seriam aquelas do passado e do exterior. Como bem sublinhou Roberto Schwarz, "gastando dinheiro e ciência publicitária", a direita "obteve êxito em ativar politicamente os sentimentos arcaicos da pequena burguesia"[9]. Isto porque, prossegue Schwarz, "no conjunto de seus efeitos secundários, o golpe de Estado se apresentou como o grande retorno de tudo o que a modernização havia descartado: a revanche da província, dos pequenos proprietários, dos ratos de missa, dos virtuosos, dos bacharéis em direito etc.". Essa pesada persistência da "tradição de todas as gerações mortas" no seio mesmo do presente dissimulava, contudo, o motivo real do enfrentamento das classes antagônicas. E dissimulava-a não somente aos olhos dos "maltratados pelo

---

[8] Conferir a polêmica sobre a "existência" ou a "inexistência" da burguesia nacional, ou aquela, mais recente, sobre a "dualidade" da economia brasileira, que Gunder Frank tentou resolver de modo superficial, através de seu "modelo" mecanicista "metrópole-satélite" e seus conceitos barrocos de "involução capitalista ativa", "involução capitalista passiva" etc.

[9] Roberto Schwarz, "Culture et politique au Brésil, 1964-1968", *Les Temps Modernes*, n. 288, jul. 1970.

capital", que engrossaram as fileiras da Marcha da Família com Deus (a qual, como já dissemos, mobilizou, na véspera e no dia seguinte ao golpe de Estado, nas principais cidades do país, a pequena burguesia passada para a reação), mas também aos olhos da própria esquerda. Da esquerda comunista, por causa do equívoco a que aludimos anteriormente: o PCB pretendia, com efeito, conhecer melhor que a própria burguesia a fórmula correta para o desenvolvimento do capitalismo no Brasil (a saber, a fórmula "nacional-democrática"). Considerava desde então que o revés da aliança das forças sociais determinantes e decisivas para o desenvolvimento nacional e democrático do capitalismo (burguesia nacional, camadas médias, proletariado) levaria à estagnação econômica, senão ao caos econômico. Mais particularmente, negava a possibilidade de um desenvolvimento monopolista do capitalismo brasileiro e de uma reforma agrária "prussiana" (que completaria no campo a transformação monopolista da economia).

As correntes revolucionárias que mais tarde deixaram o PCB mantiveram essa análise e não a contestaram senão num ponto preciso, a saber, que o desenvolvimento nacional e democrático do capitalismo tornava-se impossível na medida em que a burguesia nacional estava associada (ou integrada, ou subordinada) ao imperialismo *yankee* e que, por consequência, a *libertação nacional* não correspondia mais a seus interesses. Malgrado a importância *política e ideológica* dessa mudança de posição em relação ao papel da burguesia brasileira – e, notadamente, em relação à burguesia industrial (a base objetiva da associação com o imperialismo é justamente o *tipo de industrialização* que se tornou dominante a partir de Kubitschek, 1955-1960, e foi acelerado pelo primeiro governo da ditadura, Castelo Branco/Roberto Campos, 1964-1967) –, os comunistas que deixaram o PCB pela esquerda conservaram a mesma concepção mecanicista do desenvolvimento do capitalismo e, portanto, a mesma análise da dinâmica interna do regime resultante do golpe de Estado de 1964. Em outros termos, tirando no nível da tática as conclusões opostas (luta armada), eles continuaram acreditando que, com a via nacional do desenvolvimento capitalista bloqueada, o país marchava inevitavelmente para a estagnação, ou até mesmo para a crise econômica. A esquerda não comunista e notadamente os nacionalistas revolucionários partilharam esse erro; também identificaram as contradições da sociedade brasileira (em lugar de as conceber como uma totalidade complexa com um fator dominante), reduzindo-as todas àquela que opõe a nação ao imperialismo *yankee*. Raciocinavam, pois, em função de um sistema monocórdio de identidades: nação *versus* imperialismo = operários *versus* burguesia associada = camponeses *versus* latifundiários etc.

Ora, nós sustentamos que a história do regime militar é principalmente a da transformação monopolista do capitalismo no Brasil, tal qual ela pôde objetivamente se verificar em nossa época num país capitalista dependente. Tal é a verdadeira natureza do processo que os "economistas do desenvolvimento", esses grandes fabricantes de perífrases, intitulam o "esgotamento do processo de industrialização por substituição de importações". Infelizmente, não podemos aprofundar aqui a discussão desse problema. Contentar-nos-emos em indicar muito esquematicamente as principais etapas do desenvolvimento histórico do capitalismo no Brasil, assim como as transformações que cada nova etapa provocou na composição do bloco no poder.

Até 1930, a oligarquia fundiária e, notadamente, os setores da oligarquia rural que produzia para o mercado mundial, era a classe hegemônica da sociedade brasileira. Num artigo publicado na década de 1960 em *Temps Modernes*[10], o economista Celso Furtado colocou em relevo alguns aspectos determinantes da evolução histórica dessa classe social depois do último quarto do século XIX, quando "se produziu a grande expansão do café, cuja demanda aumentou rapidamente em razão do crescimento das cidades nos Estados Unidos e na Europa". Furtado conclui (utilizando-se de uma terminologia que nós consideramos equivocada) que, devido ao aumento da importância relativa do café na economia nacional, "a transformação da classe dirigente se acentuou: os grupos feudais da região setentrional do país que detinham o controle do aparelho de Estado cederam o lugar à burguesia do café, cuja imagem era a de uma classe interessada na modernização do país". O deslocamento das relações de força no seio da oligarquia rural, arrastando a transferência da hegemonia aos fazendeiros do café, é a base

> da evolução política que se produziu no fim do século XIX, com a eliminação da monarquia e a instituição de uma república oligárquica controlada pelos interesses do café. O governo central [...] transforma-se em importante centro de decisões econômicas. Esse fenômeno é acompanhado paradoxalmente por um processo de descentralização federal que dá enormes poderes aos

---

[10] Celso Furtado, "Brésil: de la république oligarchique à l'État militaire", *Temps Modernes*, n. 257, out. 1967.

governadores dos Estados e que faz do governo central o reflexo e o instrumento dos governos dos Estados produtores de café.[11]

A análise de Furtado nos parece justa, salvo ao considerar paradoxal o processo de descentralização política. Na verdade, o enfraquecimento do poder central era a própria condição da afirmação do poder local e regional sobre os quais o conjunto da oligarquia agrária sempre baseou seu poder político em escala nacional. Como o próprio autor bem observou, o governo central, fora suas tarefas administrativas e policiais, foi reduzido ao papel de gerente dos interesses coletivos dos plantadores de café. Nada de menos paradoxal, então, que a organização do Estado obedecesse aos interesses dominantes. A maior autonomia regional era uma das principais reivindicações dos latifundiários, que se preparavam havia já um século para derrubar a monarquia: "O regime da Federação, baseado na independência recíproca das províncias, que deveriam ser consideradas como Estados no sentido próprio do termo, ligadas exclusivamente por pertencerem à mesma nacionalidade e pela solidariedade dos grandes interesses da representação e da defesa do país, é o que nós adotamos em nosso partido", proclamaram os fundadores do Partido Republicano.

A dominação da agricultura sobre a indústria e da agricultura de exportação sobre a agricultura produtora para o mercado interno exigiam, portanto, um poder central capaz de coordenar o comércio internacional num sentido favorável aos grandes plantadores e um poder regional e local bastante poderoso para que os senhores do campo mantivessem o controle político das cidades.

Com a revolução de 1930, a oligarquia rural teve de abandonar o monopólio do poder central. Essa revolução só foi possível porque os senhores de terra estavam divididos. Os plantadores de café de São Paulo haviam descontentado os outros setores da oligarquia rural, que se aliaram à burguesia e às camadas médias urbanas para derrubar a república oligárquica. Em outubro de 1930, Vargas, à frente da Aliança Liberal, tomou o poder. Não iria abandoná-lo antes de 1945, numa conjuntura totalmente diferente. Fundado sobre o equilíbrio entre as diferentes classes dominantes da cidade e do campo, tendo à frente a aliança da oligarquia rural e da burguesia industrial em ascensão, o eixo do governo Vargas (e o cimento que religou os

---

[11] Idem.

interesses distintos da terra e do capital, do campo e da cidade) não poderia ser senão o desenvolvimento nacional do capitalismo. A necessidade objetiva dessa aliança de classes vinha do fato de que o desenvolvimento capitalista do Brasil era constantemente ameaçado, colocado em causa e "deformado" por um duplo gargalo: a estreiteza do mercado interno e a dependência em relação ao grande capital monopolista internacional.

Somente uma revolução democrática e anti-imperialista poderia suprimir os entraves e promover o crescimento equilibrado (tanto quanto isso é possível sobre a base das relações capitalistas de produção) da economia nacional. Inútil insistir na ideia de que a revolução de 1930 não teve esse caráter e que a "Frente Nacional" na qual Vargas se apoiou era uma aliança heteróclita, incapaz de se transformar em um "bloco histórico", transformando a sociedade à sua imagem. No lugar da hegemonia consequente e coerente das forças sociais em ascensão, tiveram lugar no Brasil, e continuam a ter, as formas "bonapartistas" do poder de Estado, que por sua própria natureza são incapazes de realizar até o fim o projeto hegemônico de uma classe social.

Em suas notas sobre Maquiavel, Gramsci disse mais de uma vez que o protagonista do novo *Príncipe* não poderia ser na época moderna um herói individual, mas o partido político. O fato de que a burguesia industrial brasileira, as modernas camadas médias urbanas e a classe operária tenham se contentado em seguir o príncipe Getulio Vargas em sua luta pelo desenvolvimento das forças produtivas sociais, pelo monopólio estatal do petróleo, pela produção de energia elétrica (cuja distribuição continua a ser controlada, com grandes lucros, pelo capital monopolista internacional) e pela construção de uma siderurgia estatal mostra claramente suas limitações políticas, sobretudo no caso da burguesia industrial, classe historicamente ascendente e principal beneficiária, ao menos no plano econômico, da política de Vargas.

A fraqueza relativa das organizações políticas das classes urbanas e notadamente das duas classes principais, burguesia e proletariado, exprimia-se, no vocabulário funcionalista, em termos de "baixo nível de institucionalização" da luta política. Combinado à aceleração do desenvolvimento industrial e aos fenômenos sociais que ele provoca (por exemplo, a urbanização), esse "baixo nível de institucionalização" aumenta compensatoriamente a importância relativa das instituições e das forças organizadas no nível da superestrutura. Pensamos particularmente nas instituições que Althusser designou pela expressão "aparelhos ideológicos de Estado". O próprio aparelho de Estado e seu "destacamento especial de homens armados" encontram aí as condições para se tornarem árbitros da política. Na falta de um partido burguês, o exército não poderia deixar de ficar cada vez mais tentado a ampliar seu papel "extramilitar".

Enquanto a conjuntura política internacional favoreceu Vargas, cuja tática consistia em jogar com as contradições imperialistas (apesar de certas simpatias, pelos aspectos "nacionalistas" do fascismo, ele não hesitou em declarar guerra às potências do Eixo no momento em que os estadunidenses consentiram em cooperar na instalação da siderurgia estatal de Volta Redonda, que se tornaria a base da indústria pesada brasileira), sua "Frente Nacional" pôde se manter, malgrado suas fraquezas organizacionais e suas contradições internas. Mas, assim que terminou a Segunda Guerra Mundial e a hegemonia *yankee* se afirmou sobre o conjunto do sistema capitalista, a possibilidade de jogar com as contradições interimperialistas, baseando nisso uma política estrangeira nacionalista e independente, desapareceu. O novo equilíbrio de forças no plano mundial não atravessava mais o sistema capitalista, mas o colocava em bloco em oposição ao sistema soviético. As classes dominantes do Brasil, sobretudo com o agravamento da Guerra Fria, não podiam mais tolerar e muito menos apoiar um nacionalismo que supunha ser possível se manter equidistante dos Estados Unidos e da União Soviética. O "partido americano", no qual os militares representavam a força decisiva, não encontrou muitas dificuldades para derrubar Vargas.

O período 1946-1964 configura, em relação à ditadura de Vargas (1930-1945), uma mudança na forma de governo: ressurgem as instituições republicanas liberais, definidas pela constituição de 1946. O bloco no poder não se altera: a partilha, ou melhor, o compromisso entre a oligarquia rural e a burguesia industrial foi mantido. A fração pró-americana das classes dominantes não conseguiu, no entanto, afirmar sua hegemonia; como já visto, Vargas seria reconduzido ao poder pelo voto popular, em 1950. E lá ficaria até sua morte.

Algumas observações complementares são necessárias para que se possa melhor determinar as particularidades históricas da luta pela hegemonia na sociedade brasileira:

1 – Os camponeses pobres (tanto os que vivem em regime de economia natural quanto os que são submetidos às formas pré-capitalistas de exploração, tal como se pratica nos latifúndios do Brasil) e os proletários

agrícolas, que são a grande maioria dos trabalhadores rurais, não se beneficiaram em nenhum sentido do getulismo. Contrariamente a uma ideia largamente disseminada na esquerda brasileira, a fraqueza essencial do nacionalismo burguês e, particularmente, do de Vargas, não estava em suas relações com o imperialismo estadunidense, mas em sua recusa de se aliar com os camponeses contra os latifundiários. Aqui se manifesta uma das características essenciais do desenvolvimento do capitalismo no Brasil: não tendo liquidado a oligarquia rural em 1930, as forças que se bateram pela industrialização conservaram em sua retaguarda uma classe social sempre disposta a fazer alianças com o imperialismo *yankee*. A "Frente Nacional", tal qual a praticou Vargas, só pôde se opor ao imperialismo na medida em que abdicou de todo e qualquer programa de reforma agrária, o que afetou o próprio conteúdo do processo de industrialização: em vez de se estender para o campo e para as pequenas e médias cidades da zona rural, ampliando em profundidade o mercado nacional e aumentando o peso social específico da burguesia industrial e do proletariado, ele se concentrou nas grandes cidades do Centro-Sul, notadamente em São Paulo, desenvolvendo-se sobre uma base bem estreita.

A neutralidade da oligarquia rural no enfrentamento da burguesia industrial brasileira com o grande capital monopolista internacional tinha então como condição necessária (mas não suficiente) a manutenção do *status quo* rural. Na conjuntura de 1961-1964, quando Goulart, impulsionado pelas lutas de classe no campo (notadamente a das Ligas Camponesas pela terra e a do proletariado agrícola pela sindicalização) e pela dialética do nacionalismo (o qual se tornava mais revolucionário à medida que a burguesia se tornava menos nacionalista), levantou a bandeira da reforma agrária, conduzindo simultaneamente uma política nacionalista burguesa na frente internacional, o equilíbrio de forças sobre o qual repousava não somente a República de 1946, mas o bloco das classes que de uma maneira ou de outra (nacionalista, desenvolvimentista ou pró-imperialista) detinha o poder depois de 1930, se rompeu do alto a baixo.

2 – Assim, pois, os camponeses e o proletariado agrícola arcaram sempre com os custos da aliança de classes entre o nacionalismo burguês, os democratas pequeno-burgueses e o reformismo operário. Com efeito, o preço dessa frágil aliança, que repousava sobre a neutralidade da oligarquia rural, era, seguramente, a opressão das massas camponesas. A fraqueza política relativa das classes urbanas, impedindo-as de fazer alianças sólidas com o

conjunto dos trabalhadores do campo e, portanto, de constituir uma frente nacional antioligárquica e anti-imperialista suscetível de realizar o programa "nacional-democrático", está na origem do fenômeno que numa linguagem funcional se pode chamar de o "baixo nível de institucionalização da sociedade brasileira". Como consequência da fraqueza relativa das instituições e das organizações políticas das classes sociais urbanas, produziu-se um aumento relativo da força social e política dos aparelhos e, em geral, das coletividades, cuja razão de ser não procede, em primeira instância, de sua relação com os meios sociais de produção. Não podemos desenvolver aqui este tema; apenas indicamos que ele explica (ou pelo menos constitui um dos elementos que permitem explicar) não somente a tomada do poder pelas Forças Armadas *enquanto aparelho*, mas também, no campo das forças populares, a importância política do movimento estudantil. A "cisão vertical" da Igreja Católica resulta, em parte, da mesma situação.

A falta de um grande partido operário impediu que se reunissem as condições históricas concretas para a formação de um bloco operário e camponês capaz de levar a cabo a transformação nacional e democrática da sociedade, isto é, não somente de isolar as forças antinacionais e antidemocráticas, mas de dar um conteúdo anticapitalista à luta anti-imperialista e um conteúdo socialista à luta democrática.

O regime militar e o grande capital

Uma coisa é explicar como o golpe de Estado de 1964 foi possível; outra é mostrar por que e como um regime oligárquico e militar pôde se consolidar no lugar da República burguesa de 1946. Conhecemos os dados do problema: para derrubar o governo de Goulart, uma vasta frente das classes dominantes, cuja oligarquia rural e seus satélites constituíam o centro mais sólido e mais agressivo, conseguiu mobilizar nas principais cidades do país os imensos cortejos nos quais os maltratados do capital cercavam a juventude elegante e a financiava, tornando-a, rapidamente, brava ativista. Mas essa massa reacionária estava longe de ser politicamente homogênea: a unidade dos vencedores de 1964 não repousava sobre algum programa efetivo de governo; nenhuma classe, nenhuma fração de classe expressava claramente suas aspirações hegemônicas, nenhuma dentre elas tinha condições de transformar a sociedade à sua imagem, apresentando seus interesses particulares como se fossem os interesses gerais de toda a sociedade. Donde a contradição entre as palavras de ordem defendidas pela reação (defesa da democracia contra o "comunismo totalitário", defesa da liberdade de empresa contra a "estatização", defesa da Constituição republicana de 1946 contra a "subversão" etc.) e o regime instalado pelo golpe de 31 de março de 1964 (Estado policial e militar, liquidação da pequena e média empresa industrial, Constituições autocráticas de 1967 e de 1969 etc.). Tais contradições determinaram os limites da unidade das classes dominantes diante da elevação dos movimentos de massas, a radicalização dos sub-oficiais e marinheiros, e a "tolerância" do governo Goulart em relação a eles. Em suma, as classes dominantes não se reuniram a não ser na medida em que o governo nacional burguês parecia incapaz de "manter a ordem". No entanto, a ordem que queriam manter era inseparável da "desordem" que denunciavam. Foi no respeito absoluto à Constituição de 1946 que Vargas, em 1950, e Goulart, em 1961, chegaram à presidência da República. A República, a ordem burguesa republicana, se manifestava então aos próprios olhos da burguesia como uma desordem. A derrubada do governo nacional-burguês estava, nesse sentido, necessariamente ligada à criação de uma ordem burguesa de novo tipo. As frações, os setores e as camadas das classes possuidoras que participaram do golpe de Estado e da contrarrevolução crendo ingenuamente que a oligarquia rural e o grande capital iriam, efetivamente, salvar a democracia, foram as primeiras a serem jogadas para fora da cena política. Descrevi em outro lugar[12] o processo de instauração da nova ordem burguesa, que conduziu progressivamente à Constituição autocrática de 1967 (ainda que um dos pretextos do *putsch* de 1964 fosse a defesa da Constituição de 1946 contra os "comunistas totalitários"), às Leis de Segurança Nacional, "legitimando" o terrorismo de Estado e o enquadramento policial do conjunto da vida social etc., em suma, ao regime militar tal qual existe hoje.

Trata-se então de saber quem, no seio das classes possuidoras, ganhou a vitória de 1964. Nossa tese é que as oligarquias rurais não a obtiveram. As forças do passado, os velhos oráculos da "vocação essencialmente agrícola" do Brasil só foram úteis para derrubar Goulart e para dar ao golpe de Estado uma base social, ativando politicamente os "sentimentos arcaicos da pequena-burguesia". Elas não tinham papel hegemônico a desempenhar; no

---

[12] João Quartim de Moraes, *Dictatorship and Armed Struggle in Brazil* (Londres, New Left Books, 1971).

limite, sequer pretendiam isso. Seu único propósito: eternizar o presente, fazendo do futuro uma simples repetição do passado. A dissolução das Ligas Camponesas, a prisão e o assassinato dos dirigentes camponeses mais em evidência era suficiente: uma classe decadente é modesta em suas aspirações.

A dominação da indústria sobre a agricultura era um dado irreversível da sociedade brasileira. Essa constatação, que representou uma grande descoberta na época em que se efetuava a justa crítica às teses "antifeudais" do PCB, deve ser compreendida dialeticamente; do contrário, ela se torna uma tomada de posição abstrata, útil para que certos porta-vozes autonomeados da classe operária justifiquem sua própria passividade em relação à resistência armada à ditadura e ao imperialismo. Com efeito, essa dominação é uma tendência geral do modo capitalista de produção; ela se torna uma tendência irreversível a partir do momento em que as relações capitalistas de produção se tornam dominantes na sociedade brasileira. Sem, contudo, esquecer as tendências que obstaculizam a dominação da indústria sobre a agricultura e notadamente o fato de que a indústria tem necessidade, para adquirir no mercado mundial o capital-mercadoria que ela não pode procurar no Brasil (equipamentos e matérias-primas que não produz ou, ao menos, que não produz ainda), das divisas obtidas pela exportação de produtos agrícolas. A dominação da indústria sobre a agricultura se torna uma frase oca se não é completada pela dominação da agricultura de exportação sobre a indústria. Evidentemente, o desenvolvimento da indústria permite reduzir progressivamente os tipos de equipamentos e de matérias-primas importadas do estrangeiro, diversificando a composição das exportações brasileiras e notadamente aumentando a importância relativa das exportações de manufaturados.

A comparação entre o valor global das exportações, o valor das exportações de café e o dos manufaturados constitui um critério útil para medir a relação econômica de forças entre a agricultura e a indústria no Brasil. As vendas de café que em 1961 representavam 50,7% do total das exportações brasileiras (ou seja, 710 milhões de dólares de um total de 1.402 milhões), não constituíam mais que 42,2% em 1965. Em 1969, elas caíram a 36,5% (845 milhões de um total de 2.311 milhões). Neste cálculo, é necessário distinguir o café em grãos e o café solúvel, cuja importância não tem deixado de crescer. Ora, ele faz parte dos produtos manufaturados e exprime, no interior da produção agrícola, a dominação da indústria sobre a agricultura. A evolução das exportações de manufaturados foi a seguinte: em 1961 seu valor não ultrapassava 37 milhões de dólares; em 1965, ela atingiu 109,5 milhões de dólares, passando assim de 2,6 a 6,8% do valor total das exportações. Para 1970, as estimativas oficiais falam em 450 milhões de dólares num total de 2,7 bilhões de dólares; daí se infere que os manufaturados compõem 16,6% do valor global das exportações brasileiras. As exportações de café só representarão, segundo as mesmas estimativas, 34,5% do total. A dependência da indústria em relação à agricultura de exportação, que obstaculiza a dominação da indústria sobre a agricultura como tendência geral do desenvolvimento do capitalismo no Brasil, diminui cada vez mais. A esperança de transformar o Brasil numa grande potência capitalista povoa os sonhos da grande burguesia brasileira e do regime militar.

A exportação de minério de ferro constitui outro elemento "dinâmico" da balança comercial brasileira. Em 1961, as vendas de minério de ferro ao estrangeiro foram de 60,1 milhões de dólares; em 1965, elas passaram a 102,9 milhões, para atingir, em 1970, 190 milhões de dólares, ou seja, 7% do valor global das exportações. A diversificação das exportações agrícolas acompanha a diminuição de sua importância relativa. O valor das exportações de algodão em 1970 foi de 158 milhões de dólares, a de açúcar de 125 milhões e a de cacau de 79 milhões. Seguiram o milho (76 milhões) e a carne (70 milhões). Estão terminados os tempos em que as relações comerciais do país com o estrangeiro estavam mediatizadas por um ou dois produtos agrícolas. Como sublinhou um observador francês, a expansão da exportação de manufaturados deve ser ligada ao progresso das trocas comerciais do Brasil com seus parceiros da Associação Latino-Americana de Livre Comércio (Alalc). Com efeito, é sobretudo graças a esses "parceiros" que se desenvolvem as vendas de veículos e de bens de produção, que passaram de 10,6 milhões de dólares em 1961 a 28,8 em 1965 e a 60,1 em 1969. Mas a vitória da corrente nacional-burguesa no Peru, a do nacionalismo democrático na Bolívia e, sobretudo, a da Unidade Popular no Chile trazem nuvens obscuras nas perspectivas expansionistas da grande burguesia brasileira e das grandes corporações monopolistas internacionais que operam no Brasil. Essas vitórias põem em risco e podem bloquear a expansão das exportações de veículos e bens de produção. Daí a característica cada vez mais imperialista da política brasileira na América do Sul: ameaças de intervenção no Uruguai, Bolívia e Chile; campanha histérica da imprensa contra a Unidade Popular no Chile e contra as recentes vitórias operárias e populares na Bolívia. Nem mesmo o general Velasco Alvarado é poupado: o *Estado de S. Paulo* o apresenta como um novo Fidel Castro etc. Daí também a característica cada vez mais colonialista da política estrangeira brasileira na África; defende-se abertamente a guerra colonialista portuguesa e se intensificam as trocas comerciais com a União Sul-Africana e com Angola (as importações brasileiras provenientes da União Sul-Africana passaram de 3,5 a 22,5 milhões de dólares de 1968 a 1969, e Angola, que não tinha vendido ao Brasil mais que o equivalente a mil dólares em 1968, passou a 1.238.000 no ano seguinte).

O papel do capitalismo de Estado e a militarização do poder político

Em seu artigo "A crise brasileira", que constitui o principal fundamento teórico da resistência armada à ditadura tal qual se desenvolveu no Brasil a partir de 1968, Carlos Marighella definiu as condições históricas concretas que estão na base do papel determinante do capitalismo de Estado em nosso país:

> O Brasil chegou no limiar de sua própria expansão industrial no momento em que a revolução industrial já estava realizada nos principais países do mundo e quando a época atual tinha já adquirido suas características essenciais. É este fenômeno que explica por que a burguesia brasileira não tinha as forças nem os capitais acumulados para implantar uma indústria no Brasil a partir da iniciativa privada. Para implantar a indústria de base, ela precisou abandonar às mãos do Estado, que criou a siderurgia e tomou como sua tarefa explorar o petróleo e desenvolver a produção de eletricidade. *O monopólio do Estado aparece assim como uma categoria do capitalismo nacional*, uma vez que foi provada a incapacidade da burguesia brasileira de construir a indústria de base a partir da empresa privada.[13]

Tentamos mostrar que o varguismo foi a expressão política e ideológica desse fenômeno. É possível hoje precisar a diferença entre o papel que o trabalhismo nacionalista de Vargas atribuiu ao capitalismo de Estado e aquele que lhe é hoje atribuído pelo regime oligárquico e militar. Na época de Vargas, o desenvolvimento capitalista estava ainda longe de alcançar, no interior da formação social brasileira, seu estágio monopolista. A burguesia brasileira era fundamentalmente uma pequena e média burguesia industrial,

---

[13] Carlos Marighella, "A crise brasileira" (1966), em *Escritos de Carlos Marighella* (São Paulo, Livramento, 1979); grifos meus.

bancária e comercial. A reforma agrária democrática poderia criar uma classe sólida de camponeses médios e ricos, reforçando o papel econômico e social do proletariado agrícola e industrial. A história do Brasil teria sido outra e a revolução proletária e socialista se realizaria, provavelmente, no lugar da transformação oligárquica e militar do Estado burguês no Brasil, tal qual se produziu em 1964. O curso efetivo da história foi, como vimos, extremamente diferente: a concentração monopolista da produção se efetua sob o controle das grandes corporações monopolistas internacionais, a reforma agrária foi adiada *sine die* e em seu lugar se desenvolve um processo de transformação das velhas oligarquias rurais em moderna grande burguesia rural.

O capitalismo de Estado que, na época de Vargas, aparecia como alternativa nacional e democrática do desenvolvimento capitalista, se manifesta hoje como um instrumento fundamental para a transformação monopolista da economia nacional. Segundo dados recentes, ele controla 57,5% do sistema bancário, 64% dos serviços públicos, 65% da siderurgia, 100% dos caminhos de ferro e 62% da indústria de mineração. As duas maiores empresas do país (Petrobras e Centrais Elétricas de São Paulo) são empresas do Estado. Isto porque o Estado se coloca em condições de assumir os setores econômicos indispensáveis do ponto de vista da base técnica da produção (produção de energia elétrica, sistema de transportes e, em geral, os investimentos em infraestrutura) e pouco rentáveis do ponto de vista do lucro médio. É necessário acrescentar que os investimentos que produzem o lucro médio ou maior eram e ainda são muito pesados em relação às possibilidades dos capitalistas brasileiros.

Evidentemente, a orientação dos investimentos do setor do Estado e, em geral, a política econômica do setor público têm um conteúdo de classe determinado, que exprime os interesses da classe, bloco de classes ou fração de classes hegemônicas. Que o Estado assuma o conjunto da indústria pesada, ou estimule por mecanismos tributários e financeiros a pequena e média empresa industrial e agrícola, ou "venda" às grandes corporações monopolistas internacionais os ramos mais rentáveis da indústria pesada e liquide a pequena e média empresa nacional depende das relações de forças na sociedade e particularmente no seio das classes dominantes. A primeira política foi a do populismo nacionalista; a segunda é a da ditadura oligárquica e militar, sobretudo no período de Roberto Campos, agente preferido, no Brasil, dos grupos monopolistas americanos. O papel e a estrutura do capitalismo de Estado e do setor público da economia podem variar em função das relações de forças no seio das classes dominantes, mas sua própria existência é uma *necessidade objetiva* da etapa atual do desenvolvimento histórico do capitalismo e *a fortiori* num país capitalista dependente, no qual a acumulação do capital sempre esteve ligada a uma intervenção considerável do Estado. Dados os níveis atuais das forças produtivas sociais e a elevação da composição orgânica do capital nos principais ramos produtivos, podemos observar as hipóteses seguintes sobre as relações possíveis entre o setor privado e o setor público da economia nas formações sociais capitalistas.

A oligarquia monopolista é a fração hegemônica da burguesia: ela coloca a seu serviço o setor público, apresentando-o (e *se* apresentando) como a expressão dos interesses gerais da sociedade. Essa situação constitui a regra geral nos países capitalistas metropolitanos.

A oligarquia monopolista não tem o controle do aparelho do Estado: é, por exemplo, a situação que se segue à vitória de uma Frente Popular e, em menor medida, aquela que caracteriza os governos reformistas do gênero do "socialismo sueco". Produz-se um compromisso entre as diferentes classes sociais e, notadamente, entre as classes sociais fundamentais da sociedade. A oligarquia monopolista guarda, no entanto, o essencial de suas posições.

Trata-se de uma classe estrangeira: este é o caso dos países capitalistas dependentes. A regra geral é que as oligarquias metropolitanas não podem dirigir diretamente as nações dependentes, não podem se apresentar diretamente como classe hegemônica, não podem assumir a organização do Estado nesses países (salvo, certamente, nas situações críticas, em que o Estado é reduzido a uma corja de fantoches que representam o imperialismo, como é o caso do Vietnã do Sul e do Camboja, entre outros). Elas devem, consequentemente, aliar-se com as classes dominantes internas, ou pelo menos com alguns de seus setores, criando uma camada de gerentes e outros empregados, entre os quais os diretores e quadros superiores das empresas estrangeiras, os advogados e outros servidores jurídico-ideológicos do grande capital (no Brasil, os grandes advogados das empresas estrangeiras são igualmente professores titulares das faculdades de direito; alguns, aliás, sintetizam as diversas especialidades tornando-se ministros da Justiça ou ocupando postos importantes em outros setores do aparelho do Estado). Seja como for, a grande indústria monopolista nos países capitalistas dependentes se caracteriza pelo fato de que a apropriação real do processo produtivo é objetivamente antinacional e que a classe social que se apropria (a saber, a oligarquia monopolista metropolitana) é uma *classe estrangeira*.

A nacionalização dos principais meios de produção corresponde aqui, por consequência, a uma dupla necessidade histórica: a do desenvolvimento das forças produtivas nacionais e a da supressão da propriedade privada dos meios de produção. Mas a interdependência destas duas contradições (nação-imperialismo; trabalho-capital) não significa que não se pode resolver uma sem resolver a outra. É o que sustentam ultrarradicais da frase, como o escritor Ricardo Letts, que só enxergou no Peru uma "caricatura de revolução". A superação da contradição entre a nação e o imperialismo só é uma caricatura na cabeça de intelectuais de ultraesquerda que, invertendo em sentido idealista o velho preceito do realismo tomista, consideram que o conhecimento deve caminhar do pensamento para a realidade.

Situação especial é a do Peru, onde o regime Velasco está levando a autodeterminação nacional o mais longe possível *sobre a base das relações capitalistas de produção*. Não se pode pedir que faça mais. Esse não é seu papel, mas dos revolucionários marxistas, do proletariado e de todas as forças interessadas na transformação socialista da sociedade. O fato de que a hegemonia da luta anti-imperialista permaneça ainda, no Peru, nas mãos das classes médias e do exército nacional-burguês é um fenômeno histórico concreto: não é uma caricatura nem uma fatalidade. Certamente, a nacionalização dos meios de produção só chega às últimas consequências através da *socialização*, ou seja, da hegemonia do proletariado. Será preciso repetir que é a relação concreta das forças, o curso efetivo da luta de classes quem decide, em última instância, se a nacionalização será também uma socialização?

A oligarquia monopolista internacional se choca com uma oligarquia monopolista nacional. Não pensamos aqui na simples concorrência entre os diferentes monopólios dos diferentes países, mas na contradição entre o desenvolvimento *nacional* e o desenvolvimento *internacional* do capitalismo monopolista. Esta contradição opõe a oligarquia de um dado país à oligarquia monopolista hegemônica sobre a cena mundial, a saber, a dos Estados Unidos. É sobretudo esta hipótese que permite compreender o que ocorre no Brasil. A concentração monopolista da produção é doravante uma necessidade objetiva e irreversível do desenvolvimento capitalista; a principal questão que se coloca é saber a quais camadas ou frações das classes dominantes pertencerá a hegemonia dessa transformação. A autonomia relativa do setor público da economia, ainda mais importante quando ela se completa pelo controle militar do aparelho do Estado (o Exército se torna o "partido político" da burguesia), é um dado essencial dessa questão.

Pode-se compreendê-la estudando as contradições no seio das classes dominantes no Brasil. Para tanto, é necessário primeiro determinar mais precisamente o que significa a militarização do aparelho do Estado.

Aqui é necessário distinguir o fenômeno geral do bonapartismo, no qual o "Estado parece tornar-se completamente independente" e se reduz ao "poder executivo, com sua imensa organização burocrática e militar, com seus mecanismos estatais complexos e artificiais, seu exército de funcionários" e que tolamente Guizot qualificou de "triunfo completo e definitivo do socialismo", do fenômeno mais particular e mais contemporâneo do papel "extramilitar" das Forças Armadas nos países capitalistas dependentes. No âmbito deste artigo não podemos aprofundar a questão; trataremos apenas de enunciá-la.

Há certa conexão entre o aumento do papel extramilitar e a redução do papel militar das Forças Armadas sul-americanas. O general Castelo Branco, primeiro chefe de Estado da ditadura de 1964, explicou, com sua linguagem empolada, que "na conjuntura atual de um afrontamento do poder bipolar com um divórcio radical político e ideológico entre os dois centros respectivos, a preservação da independência supõe a aceitação de um determinando grau de interdependência, tanto no plano militar quanto no plano político"[14]. Poderia ser menos pernóstico, mas não mais claro. O mundo encontrava-se dividido entre a esfera norte-americana e a soviética. O Brasil, para o ilustre general, pertencia à esfera norte-americana. É então lógico que ele aceitasse "certo grau de interdependência". As implicações práticas de tal aceitação são bem conhecidas. No "centro do poder norte-americano", trata-se de garantir a segurança global do sistema imperialista. *No interior desse sistema*, os exércitos nacionais dos diferentes países capitalistas têm por tarefa a preservação do *status quo*. Eles não possuem mais do que um papel localizado numa zona bem precisa do planeta. A capacidade operacional tática desses exércitos e seu grau de fidelidade ao centro hegemônico determinam sua posição nesse papel. O Exército brasileiro participou, em 1965, da intervenção imperialista em São Domingos. Mas a função principal das Forças Armadas brasileiras (e em geral a dos exércitos dos países capitalistas dependentes) é de tipo policial. O inimigo que elas devem vigiar, reprimir e, se possível, aniquilar, é interno e não mais estrangeiro (ou, se é estrangeiro, age por intermédio de seus aliados internos).

---

[14] Discurso de 31 de julho de 1964 no Itamaraty, citado e comentado por Vivian Trias, *Imperialismo y geopolitica en America Latina* (Montevideu, El Sol, 1967), p. 342.

Essa teoria encontrou sua forma jurídica na Constituição autocrática de 1967 e na Lei de Segurança Nacional como "a garantia da realização dos objetivos nacionais contra os agentes da oposição, tanto internos quanto externos". O artigo 3º da lei acrescenta que os meios essenciais para a "preservação da segurança externa e interna" compreendem notadamente "a prevenção e a repressão da guerra psicológica adversa e da guerra revolucionária e subversiva". Ainda que a lei de segurança fale de segurança "interna e externa", o peso dado à "guerra psicológica" e à "guerra revolucionária" demonstra bem a prioridade real concedida à "segurança interna". A utilização sistemática da tortura e do terrorismo de Estado estava implicitamente prevista e "juridicamente" fundamentada na Lei de Segurança.

A determinação dos "objetivos nacionais", cuja realização deve ser garantida pela Segurança Nacional (artigo 2º da lei), é da competência das Forças Armadas *enquanto instituição*. O Conselho de Segurança Nacional, composto pelos ministros militares, os comandantes dos diferentes regimentos das Forças Armadas, do chefe do Serviço Nacional de Informação e do chefe de Estado – por acaso um militar – tornou-se um Superexecutivo, encarregado de vigiar a aplicação do dogma burguês-militar e, de modo geral, a gestão do aparelho de Estado e do setor público da economia. Ora, 50% dos investimentos de capitais no Brasil eram feitos, direta ou indiretamente, pelo setor do Estado.

O papel extramilitar das Forças Armadas no Brasil tornou-se historicamente uma militarização do aparelho do Estado. A burocracia militar participa, *enquanto tal*, no poder do Estado. Contrariamente ao totalitarismo nazifascista, no qual a direção do partido controla a polícia política, quem controla o partido é o Exército e é o comando dele que controla a polícia política (cujo organismo superior era o Serviço Nacional de Informação, que não era outra coisa senão a polícia secreta do Exército; o ditador Garrastazu Médici, por exemplo, foi durante um longo tempo chefe do SNI). A transformação militar e oligárquica da república burguesa no Brasil é *resultado histórico* da crise econômica e política de 1961-1964 e da solução que a contrarrevolução de março-abril de 1964 pôde dar a esta crise.

Essa solução passava pela eliminação do nacional-populismo. Este era, contudo, ideologicamente mais forte (mesmo porque a transformação monopolista de uma economia capitalista dependente implicaria sacrifícios duríssimos para as grandes massas da população) e era evidente que o funcionamento espontâneo da legalidade burguesa-republicana faria com que ele retornasse ao poder. A contrarrevolução de 1964 não teria servido para nada. Eis o que explica a necessidade da manutenção de uma autocracia militar-burguesa no Brasil. Essa observação nos conduz à última questão que nos propusemos a examinar neste artigo.

A dinâmica das contradições no seio das classes dominantes

O tempo do desenvolvimento histórico de dada formação social é uma unidade sintética de tempos próprios de cada um dos processos particulares que se desenvolvem em seu interior. Assim, no âmbito das instituições políticas e jurídicas, a ditadura militar brasileira apresenta dois períodos distintos. O primeiro foi aquele em que os vitoriosos de 1964 continuaram a se apresentar como os defensores da Constituição de 1946, sustentando a tese do caráter puramente "preventivo" do golpe militar de março-abril de 1964 – a saber, a de que o golpe de Estado militar teria impedido um golpe de Estado populista-comunista. O que caracteriza esse período é a luta entre a burguesia liberal e a burguesia militarista. A primeira (que iria em 1967 se reagrupar em torno da Frente Ampla) queria preservar o regime de 1964 e não hesitaria, nesse sentido, em fazer alianças com o que havia restado do nacional-populismo. A segunda sustentava que a transformação monopolista da economia nacional supunha, pelo menos por um período relativamente longo, um Estado autocrático e militar. O papel determinante do setor do Estado na acumulação do capital deveria caminhar em conjunto, segundo essa corrente, com o papel determinante da burocracia militar na gestão do aparelho do Estado.

As eleições para governadores de outubro de 1965 constituíram, malgrado as múltiplas troças e notadamente as novas cassações dos direitos políticos dos líderes mais evidentes da oposição liberal burguesa, uma verdadeira derrota política para a ditadura. Os militares "duros" responderam com o restabelecimento dos "poderes excepcionais" concedidos a Castelo Branco, então presidente da República. O Ato Institucional n. 2, que dissolveu os partidos políticos e forçou a oposição a se reagrupar num anódino movimento democrático brasileiro, constituiu uma reviravolta na luta política no seio das classes dominantes. A burguesia militarista revelou-se a corrente dominante; ela voltou definitivamente as costas à Constituição de 1946 e tratou de converter o "regime de exceção" em regime normal. A "tripartição dos poderes" (Executivo, Legislativo e Judiciário) tornou-se letra morta. A onipotência do executivo, tanto mais efetiva porque foi acompanhada por uma radical centralização do aparelho do Estado, tornou-se o eixo principal da estrutura organizacional do novo regime. O sufrágio universal foi suprimido nas eleições presidenciais e para governadores, as únicas que contavam efetivamente na tradição política brasileira, onde o parlamentarismo jamais pôde se implantar solidamente. Em suma, a corrente militarista da burguesia mostrou, através da promulgação do Ato Institucional n. 2 (recordemos que o Ato Institucional n. 1, promulgado logo após o golpe de Estado de 1964, adotou medidas de exceção que permitiram à reação ajustar suas contas com o nacional-populismo e o movimento popular, mas não configuravam ainda um regime totalitário de "tipo novo"), que ela era forte o bastante para transformar as instituições políticas nacionais à imagem dos interesses do grande capital monopolista. Assim, esse ato marcou o fim do primeiro período da história política da ditadura militar. Um período de transição, durante o qual foram promulgados dois novos atos institucionais, terminou quando entraram em vigor a Constituição de 1967 e a Lei de Segurança Nacional, às quais já nos referimos. A normalização do regime parecia daí por diante definitiva, e o novo chefe de Estado, o general Costa e Silva, parecia destinado, até por sua mediocridade, a desempenhar o papel de pacificador nacional. Se as coisas ocorreram de outro modo, não foi culpa dele.

Na política econômica, encontramos igualmente dois períodos coincidentes, no essencial, com as duas etapas da história institucional da ditadura. A primeira foi aquela de Roberto Campos, o ministro da Fazenda do ditador Castelo Branco (1964-1967). Ela se caracteriza, por um lado, pela completa submissão da economia nacional aos interesses dos grandes monopólios internacionais e notadamente dos grandes monopólios estadunidenses. Cabe precisar o conteúdo dessa "submissão", sem o que o salto econômico dos últimos anos (a partir de 1969) torna-se inexplicável (e então, em lugar de compreender e de mostrar as contradições novas que ele engendra, contenta-se em negá-las...). Em 1964 o poder do Estado foi tomado pelos setores e as camadas *mais avançadas* das classes dominantes, e não pelos setores e camadas *mais atrasados*. Evidentemente, o fato de a aliança de classes que derrubou o governo de Goulart compreender a classe mais atrasada da sociedade brasileira (a oligarquia latifundiária) não deixou de colocar problemas a Roberto Campos. Mas esses problemas eram menos difíceis do que se pode crer. A derrota do nacional-populismo, depois o da burguesia liberal (apesar, ou antes, por causa de seu sucesso eleitoral de outubro de

1965) permitiram à burocracia militar e à burguesia militarista afirmar sua completa dominação sobre a cena política brasileira. Ora, a vitória política do militarismo burguês não era senão a expressão, no nível da luta de classes, da vitória econômica do grande capital monopolista sobre a grande propriedade fundiária. Esta tese pode parecer paradoxal, mas é facilmente demonstrável. A dominação da indústria sobre a agricultura estava obstaculizada, no Brasil, pela dominação da agricultura de exportação sobre a indústria. Vimos que o papel estratégico do café, como principal fornecedor de divisas sem as quais a indústria brasileira não pode obter, nos países capitalistas avançados, o capital-mercadoria de que necessita para assegurar a reprodução ampliada do processo produtivo (e, portanto, a acumulação do capital), foi questionado pela política econômica da ditadura. A erradicação dos cafezais, que permitiu a redução do número de pés de café brasileiros de 4,5 milhões para 2,6 milhões em 1967, constitui um exemplo importante da subordinação dos interesses particulares dos plantadores de café aos interesses gerais da classe dos capitalistas. Com efeito, ela diminuiu a oferta brasileira de café para o mercado mundial e constituiu assim um esforço para conter a baixa contínua dos preços desse produto agrícola. Mais, ela aumentou a produtividade do ponto de vista qualitativo e quantitativo, só deixando subsistir os cafezais de melhor qualidade. Finalmente, ela adianta a transformação "prussiana" da velha oligarquia rural em moderna empresa capitalista agrícola. A propriedade do capital tomou o lugar da propriedade da terra como principal meio de extorquir sobretrabalho dos produtores diretos.

Para melhor entender as relações entre a derrota da oligarquia fundiária e a derrota da burguesia republicana no período 1964-1967, é necessário lembrar quão ligados estavam os senhores da terra ao *sistema federativo* (ver o já citado manifesto do Partido Republicano) e à autonomia municipal (base de seu "poder local"). A centralização do aparelho de Estado contrariou então frontalmente os interesses políticos dos proprietários fundiários. Aliás, o único ponto em que a Constituição de 1967 foi mais democrática que a de 1946 concerne justamente às condições de expropriação de terras para "causas sociais". A Constituição de 1946 não permitia esse tipo de expropriação senão através de indenização prévia e em espécie. A Constituição de 1967, pelo contrário, não exige mais que uma indenização prévia em títulos da dívida pública (artigo 157, n. VI, §1). Há aí uma ironia da história e uma astúcia do capital. Não exatamente no sentido que descreveu Marx no *18 de brumário*, como "a frase que excede o conteúdo", que exagera "na imaginação a tarefa a cumprir". Nas grandes revoluções burguesas do passado a tarefa ideológica do capital era fazer as massas populares, forças motrizes da revolução, acreditarem que a transformação da realidade existente corresponderia a suas aspirações. A relação entre tal frase e seu conteúdo era metonímica. A burguesia tinha, efetivamente, necessidade das massas populares, visto que a supressão das relações pessoais de dependência era um objetivo histórico que agrupou contra a aristocracia todas as outras classes da sociedade. Na época da revolução socialista, pelo contrário, o capital é conduzido a fazer alianças com as forças mais arcaicas da sociedade, para desembaraçar-se delas logo que forem vencidas as forças revolucionárias da sociedade contemporânea. Antes, o capital exagerava aos olhos das massas revolucionárias o alcance real das transformações a cumprir. Atualmente, ele deve dissimular aos olhos das forças arcaicas o fato de que certas transformações (que as levarão à desaparição) são inevitáveis – por exemplo, a liquidação da pequena e média empresa industrial, a subordinação da agricultura à indústria etc. Foi assim que somente na cidade de São Paulo a média mensal de falências passou de 69 em 1963 a 307 em 1967. Nessa mesma cidade, o número total de falências, de 1964 a 1967, foi de 9.163. Entre os que pediram falência, a maior parte tinha engrossado as fileiras da Marcha pela Família em 1964.

Para que se possa compreender as razões que conduziram o governo Castelo Branco/Roberto Campos a atacar, numa conjuntura política difícil, seus aliados de ontem, não é suficiente proclamar que ele era pró-imperialista e que, portanto, queria desnacionalizar a indústria brasileira. Os agentes do imperialismo não são tão burros assim. Eles não queriam e não podiam admitir que se alargasse sem razão o campo de seus inimigos, que já eram bastante numerosos. Em 1964, a crise econômica brasileira atingia seu auge até então. A taxa de crescimento do PIB havia passado de 10,3% em 1961 para 1,5% em 1963. O processo inflacionário não parava de se agravar: aproximava-se de 90% em 1964. Nenhum governo poderia se manter sem conter o processo inflacionário e relançar o crescimento econômico. Os dois alvos eram interdependentes: para esse relançamento eram necessários investimentos maciços de capitais estrangeiros, mas, para atrair esses capitais, era necessário garantir a reconversão em divisas dos lucros que conseguissem reunir no Brasil. Isto explica a natureza do combate à inflação, tal qual o conduziu Roberto Campos. Com a interdição do direito de greve e a "limpeza" do movimento sindical, foi fácil para o regime fazer cair sobre a classe operária e a massa dos assalariados os custos do "saneamento" econômico. A baixa real dos salários durante o governo Castelo Branco/Roberto Campos chegou a 40%, segundo estimativas moderadas. E, conforme os dados elaborados pelo sindicalismo de Estado, ao passo que em 1965 (momento no qual a política salarial de Campos começou a ser aplicada) um trabalhador médio deveria trabalhar 1 hora e 18 minutos para ganhar o equivalente a um quilo de pão, em 1969 (após cinco anos de ditadura), ele deveria, para obter o mesmo quilo de pão, trabalhar 2 horas e 27 minutos. No mesmo período, um quilo de feijão preto, que representava em 1965, 1 hora e 35 minutos de trabalho, passou a representar, em 1969, 3 horas e 19 minutos de trabalho. Uma regressão parecida se produziu no valor da maior parte das mercadorias de consumo diário dos trabalhadores. Os funcionários civis também foram duramente castigados pelo "combate à inflação". A pequena e média burguesia participou igualmente dos custos da concentração monopolista, através da política dita de "saneamento das finanças públicas", que consistiu na restrição draconiana de créditos às pequenas e médias empresas. Somente um regime forte poderia aplicar essas medidas. Por isso é tão forte o vínculo entre a concentração monopolista acelerada e as investidas policiais.

A "repatriação dos lucros" do grande capital internacional era assim assegurada e o fluxo de investimentos estrangeiros rumo ao Brasil retomava seu curso. Não se tratava somente de capitais privados. O alinhamento político aos Estados Unidos, com a "estratégia da interdependência", tinha uma contrapartida financeira. Como ressaltou um observador francês em 1967:

> os créditos oficiais provenientes de governos estrangeiros ou de organismos internacionais foram concedidos em grande parte no final de 1964, vindo aumentar as reservas em divisas do país e sustentar a moeda nacional. A ampliação e a diversidade dessa ajuda foi suficiente para demonstrar que o Brasil desfrutava, há quase dois anos, de um forte crédito internacional. Segundo certas estimativas, os créditos abertos, mas não desembolsados, tinham atingido mais de 500 milhões de dólares em 1965. Para 1966, as perspectivas de permanência de um elevado nível de ajuda externa pareciam estar confirmadas.[15]

O afluxo de capitais privados, os créditos oficiais e o uso do porrete proporcionaram as condições da reativação do crescimento econômico,

---

[15] Jean Jacques Jouvin, "Brésil, la situation économique actuelle". *Notes et Études Documentaires*, Paris, La Documentation Française, n. 3383, 19 abr. 1967, p. 48.

cujos efeitos se fariam sentir mais tarde, a partir de 1969. Na medida em que a burguesia brasileira se enfraquecia diante da nova ofensiva dos monopólios estrangeiros, o setor estatal da economia se reforçava tanto mais se restringiam os créditos públicos e o aumento dos impostos, diretos e indiretos, eram acrescidos aos recursos provenientes do exterior. O reforço combinado das posições do capitalismo de Estado e do capitalismo estrangeiro conduziu a burguesia brasileira a um impasse. Ela corria o risco de perder sua base própria de dominação, malgrado o soerguimento financeiro. Mas a derrocada da burguesia e das camadas médias não deixaria de repercutir sobre a própria oligarquia monopolista, que por sua vez não podia exercer sua hegemonia sem essa aliança, sobretudo na medida em que sua política contrariava os interesses dos proprietários rurais, em particular da oligarquia latifundiária.

As contradições da ditadura

Esse impasse da burguesia marcou o início do segundo governo militar, do general Costa e Silva. Ele poderia tentar resolvê-lo de duas maneiras: voltando a uma política de conciliação com a burguesia liberal e os setores arcaicos das classes dominantes, de modo a reconstituir a "frente das classes possuidoras" que havia formado a base social do golpe de Estado de 1964, ou então definindo um projeto nacional de tipo novo, fundado na transformação monopolista da economia nacional, dando prosseguimento à "reforma agrária prussiana", no reforço contínuo do setor público da economia (no âmbito de um "capitalismo monopolista de Estado") e numa política externa de grande potência (o Brasil se tornando uma espécie de Japão da América do Sul). Em suma, tratava-se de saber se a "normalização" institucional do regime se faria em torno da bandeira da "democracia" ou do "nacionalismo".

As contradições da democracia

A neutralização da classe operária suporia concessões importantes também no terreno das liberdades sindicais, assim como no das reivindicações econômicas dos trabalhadores. Mas isso colocaria em questão a militarização do Estado (e mais geralmente o regime autocrático que acabara de adquirir uma fachada jurídica, com a Constituição de 1967 e a Lei de Segurança Nacional) e a acumulação capitalista acelerada.

As contradições do nacionalismo

Como bem observou Robert Decio de Las Casas,

> na medida em que as empresas estrangeiras se implantam nos próprios mercados dos países dependentes, elas tendem a sustentar políticas econômicas e financeiras diferentes das que sustentavam quando apenas exportavam seus produtos manufaturados desde a metrópole. Eles se colocam na defesa de uma política de expansão do mercado, identificando-se em geral com os setores capitalistas locais mais dinâmicos. Isso não significa [...] que a concorrência entre essas empresas e as empresas nacionais seja eliminada [...]. No entanto, nada autoriza a afirmação de que o poder de decisão passa ao governo imperialista. Uma empresa multinacional pode perfeitamente ter interesse em exportar para certas regiões que ela controla, a partir de uma de suas filiais, mesmo que isso não coincida com os interesses do país onde se encontram seus maiores interesses e seu centro de controle. Para uma decisão desse gênero deverão antes contar os diferentes custos de produção, da capacidade de importação diversificada do país em questão em direção a um ou outro mercado etc.[16]

As contradições entre os interesses de um grande monopólio e os do país onde ele tem seu "centro de controle", entre os interesses de uma sucursal de empresa multinacional e os interesses gerais do Estado capitalista onde se encontra sua matriz, se combinam com as contradições entre a burguesia dependente e a burguesia metropolitana, entre o setor público e o setor privado de uma economia capitalista dependente, para formar um sistema complexo de contradições que definem, por sua vez, a unidade e as divergências entre as diferentes correntes, frações, camadas e setores das classes dominantes de um país como o Brasil.

A unidade se fez em torno do "desenvolvimento econômico" e das medidas adotadas para garanti-lo e acelerá-lo. A principal dessas medidas era o reforço do setor público da economia, que deveria ser capaz de assegurar os investimentos de infraestrutura e em geral nos ramos produtivos nos quais a composição orgânica do capital era muito elevada ou pelo menos nos quais os investimentos iniciais eram demasiado importantes em relação às possibilidades dos grupos capitalistas privados. Mesmo os setores tradicionalmente liberais estavam de acordo em reconhecer a utilidade e a necessidade de

---

[16] Robert Decio de Las Casas, "L'État autoritaire: essai sur les formes actuelles de domination impérialiste", *L'Homme et la Société*, n. 18, 1970, p. 99-111. Originalmente, o ensaio foi escrito como uma comunicação para o Congresso de Varna, na Bulgária, 14-19 set. 1970.

tal intervenção do Estado na vida econômica. As contradições no seio das classes dominantes manifestavam-se em outro nível. Admitindo que o bloco hegemônico no Brasil é constituído pelo conjunto das forças interessadas na transformação monopolista da economia nacional, tratava-se de saber se o Brasil devia contentar-se com a condição de satélite privilegiado dos Estados Unidos na América do Sul ou se ele podia tornar-se uma potência capitalista.

No primeiro caso, seria necessário renunciar a toda política protecionista em relação aos capitalistas nacionais e à pequena e média empresa agrícola. No plano internacional, seria necessário manter o alinhamento incondicional em relação ao imperialismo *yankee*. No segundo caso, caberia jogar com as contradições das empresas multinacionais, estimular as fusões e concentrações das empresas privadas nacionais, acelerar a "reforma agrária prussiana", aumentando os impostos sobre a propriedade fundiária, facilitando o crédito aos proprietários e aos arrendatários que se dispuserem a modernizar suas culturas, garantindo preços mínimos por determinados produtos agrícolas (como o trigo) etc. No plano internacional, o regime voltaria, embora sobre bases diferentes, à "política estrangeira independente" preconizada pelo nacional-populismo antes do golpe de Estado. A recusa brasileira de participar da "força interamericana de polícia" e de interromper as pesquisas nucleares para fins pacíficos e a substituição de Roberto Campos por Delfim Netto no Ministério da Fazenda e a subida dos tecnocratas ligados ao setor público da economia (por exemplo, Reis Velloso, que seria o ministro do Planejamento do governo de Garrastazu Médici) constituíram sinais de um novo curso da política da ditadura militar. Mas o governo Costa e Silva não foi mais longe. A depressão econômica estava quase terminando; seria então muito arriscado, sobretudo para um homem como ele, que jamais deixou de raciocinar como um pequeno burocrata que se tornou chefe do Estado graças a uma série de acasos e de manobras medíocres, introduzir novas clivagens no seio das classes dominantes, fazendo passar à oposição os pró-americanos incondicionais (que são também os livre-cambistas incondicionais). Não podendo ou não ousando promover a hegemonia do grande capital por meio de uma política de grande potência (ou, para empregar a linguagem do grande capital, de um nacionalismo fiel aos valores do Ocidente), Costa e Silva voltou-se para a "abertura" e a "normalização democrática" (menos perigoso, pois se faria tendo por base a Constituição autocrática de 1967).

Mas na medida em que a "abertura" implicava certas concessões aos setores mais atrasados das classes dominantes e menos porrete nas relações do Estado com as classes dominadas, ela trazia o risco do retorno "à situação anterior a 1964". O avanço das lutas populares, de março a outubro de 1968, o início da resistência armada à ditadura no primeiro semestre de 1968, a reorganização da burguesia liberal e a formação, em torno do general Albuquerque Lima, de uma corrente militar nacionalista, frustraram completamente os projetos de Costa e Silva e arruinaram sua imagem de "pacificador nacional". O Ato Institucional n. 5, de 13 de dezembro de 1968, novo salto em direção à centralização e militarização do aparelho de Estado, ao terrorismo policial e à tortura, marca a bancarrota da tática da "abertura democrática", que se converteu em fechamento totalitário. A falta de projeto hegemônico se resolveu com a repressão mais selvagem contra o movimento popular e a resistência armada.

O período que vai de 13 de dezembro de 1968 até o fim de outubro de 1969 configura uma crise política permanente do regime. Não seria possível descrevê-lo e analisá-lo aqui. Dizemos somente que foi uma série de golpes de Estado, alguns falhos e outros com êxito, através dos quais cada grupo militar ensaiava sua própria fórmula de "saneamento nacional", buscando arranjos e compromissos com os grupos rivais. Mas ao lado dessa dança confusa dos donos das armas, o aparelho militar demonstrou certa solidez. O resultado (a saída provisória) da crise é mais conhecida pelo público do que suas peripécias[17]. Em outubro de 1969, Garrastazu Médici tornou-se o terceiro chefe de Estado do regime militar. A Constituição de 1967 foi reformada pela junta militar, que deteve o poder em setembro e outubro de 1969. Seu conteúdo autocrático e militar foi ainda mais reforçado. O que não impediu o então chefe de Estado de manter em vigor o Ato Institucional n. 5, que lhe concedia todos os poderes possíveis e imagináveis. Isso dá a medida da crise institucional do regime. Mas determinadas opções parecem estar agora tornando-se fatos. Tentaremos resumi-las:

1 – O definhamento da oligarquia latifundiária manteve-se irreversível. O imposto fundiário, que até 1964 era recolhido pelos municípios e que voltava às mãos dos proprietários fundiários, visto que o poder local era o poder do grande latifundiário, é pago, atualmente, ao governo federal, que

---

[17] Pode-se encontrar interessantes informações em Carlos Chagas, *113 dias de angústia* (Porto Alegre, L&PM, 1979), narração minuciosa do período mais agudo da crise, notadamente os meses de setembro e outubro de 1969; Chagas foi assessor de imprensa de Costa e Silva.

chegou a mandar seus agentes fardados encarar os latifundiários recalcitrantes. A hipercentralização do aparelho do Estado (até os prefeitos das cidades consideradas estratégicas eram nomeados pelo chefe de Estado) constitui um golpe mortal para a velha propriedade fundiária. Sua transformação em moderna empresa agrícola capitalista modifica completamente a posição relativa das classes dominantes, assegurando, com a vitória da cidade sobre o campo, os interesses do capital sobre os da propriedade fundiária. De imediato, essa vitória tornará ainda mais terrível a situação das massas rurais. O aumento da produtividade nas grandes empresas agrícolas capitalistas acelera a ruína dos camponeses médios e pobres. Do campesinato médio porque aprofunda o abismo que separa o caráter atrasado dos meios de produção dos quais ele pode se servir e o caráter avançado dos meios de produção dos quais se serve o capital. Do campesinato pobre porque, não podendo sequer assegurar a reprodução simples de sua produção, ele é forçado, para sobreviver, a trabalhar nas terras e plantações dos latifundiários. No momento em que estes são substituídos pelos grandes grupos capitalistas e que se eleva o nível das forças produtivas, produz-se uma proletarização do campesinato pobre, numa situação de "excedente estrutural" de mão de obra. (Sabemos que um dos sinais mais evidentes da decadência histórica de dado modo de produção é sua incapacidade crescente de empregar produtivamente a força de trabalho que ele mesmo gerou. As correntes não marxistas do movimento revolucionário brasileiro manifestam uma particular incompreensão do fato de que um modo de produção pode assegurar o desenvolvimento das forças produtivas a despeito de seu conteúdo antissocial. Por isso teimam em negar o próprio fato do crescimento econômico do Brasil, só conseguindo ver na burguesia brasileira um prolongamento puro e simples do imperialismo *yankee*.)

As linhas que seguem, tiradas da imprensa burguesa, ilustram o processo atual de transformação da oligarquia rural em grande burguesia rural e de proletarização dos camponeses. Em 1964, a erradicação do café fez desaparecer, somente no estado do Paraná, 526 milhões de pés dessa cultura, liberando 150 mil trabalhadores rurais. Teoricamente essa mão de obra deveria ser absorvida por outras culturas. Mas 50% da área dos antigos cafezais foram transformados em pastagem, e, como diz o provérbio camponês, "onde entra o boi, o homem deve partir". Em 1967, com a promulgação do Estatuto do Trabalhador Rural, os fazendeiros foram convidados a pagar aos trabalhadores o salário mínimo, o 13º salário, as férias, as horas extras e a previdência social. Seria ridículo acreditar que tais medidas tenham sido efetivamente aplicadas. O próprio regime fez a experiência do "irrealismo" do Estatuto do Trabalhador Rural quando, em 1970-1971, após uma sequência de secas catastróficas, teve de improvisar "frentes de trabalho" para impedir que os camponeses famintos continuassem ocupando as cidades do Nordeste, saqueando mercados. Ora, o salário diário nas "frentes de trabalho" era de 2 cruzeiros, quer dizer, muito menos que o salário mínimo fixado pelo próprio governo. Isso mostra que a aplicação do Estatuto do Trabalhador Rural não visou melhorar as condições de existência e de trabalho das massas rurais, mas simplesmente fazer pressão sobre a oligarquia rural que vivia da exploração "extensiva" da terra e da força de trabalho. Em outros termos, o governo investiu-se dos meios para intervir em certos setores produtivos agrícolas em que a base técnica da produção era muito atrasada em relação às necessidades gerais da economia capitalista, aumentando "artificialmente" o preço da terra (pelo imposto fundiário) e o preço do trabalho. Não se trata, pois, para o grande capital, de liquidar com um só golpe a oligarquia rural, mas conduzi-la a ceder lugar ao próprio grande capital. Onde o Estatuto do Trabalhador Rural foi efetivamente aplicado, os grandes plantadores se tornaram grandes pecuaristas, e os bois tomaram o lugar dos homens.

2 – O bloco hegemônico abandonou toda veleidade "redemocratizante". Assumindo abertamente o caráter autocrático e militar do regime, o ditador Garrastazu Médici se livrou da burguesia liberal tanto mais facilmente que o Congresso. Desacreditado por toda sorte de capitulações e de baixas manobras, constituía a última tribuna dos senhores de terra.

3 – A onipotência do Executivo aparece como manifestação da consolidação da hegemonia do grande capital. A contradição entre o capital e a propriedade fundiária foi resolvida em favor do primeiro, e a contradição principal no seio das classes dominantes permanece a que opõe o desenvolvimento *nacional* ao desenvolvimento *sub-imperialista* do capitalismo monopolista de Estado no Brasil. O nacionalismo militar de tipo "velasquista" não sobrepujou no Brasil as consequências dos expurgos de 1964 (que cassaram nas Forças Armadas toda uma geração de militares anti-imperialistas e democratas) e foi incapaz de aproveitar a única ocasião que a história lhe ofereceu para ocupar o poder, a saber, a crise política de setembro-outubro de 1969. Perdida essa oportunidade, o governo Garrastazu Médici pôde se consolidar e adaptar aspectos superficiais do programa "velasquista". A recusa de assinar o tratado de não proliferação de armas nucleares, o decreto

estendendo a duzentas milhas as águas territoriais brasileiras, certo endurecimento dos negociadores brasileiros na questão das exportações do café solúvel e de têxteis para os Estados Unidos etc., constituem alguns exemplos desse esforço de recuperação perversa do nacionalismo, que representa o elemento fundamental da propaganda do regime – basta lembrar os *slogans* "Brasil: ame-o ou deixe-o", "Brasil ano 2000" etc.

4 – O projeto hegemônico do regime implica uma nova avaliação das Forças Armadas. Elas se apresentam, mais do que nunca, como o equivalente, numa autocracia burguesa, dos partidos políticos da democracia burguesa. Mas na medida em que o nacionalismo da grande burguesia, exprimindo a confiança do bloco hegemônico na sua própria capacidade de levar até o fim a transformação monopolista da economia nacional, se exprime na prática como um chauvinismo de grande potência (sobretudo em relação ao restante da América do Sul, mas também em relação à África), a questão da capacidade militar do Brasil retorna à ordem do dia. É ainda muito cedo para tirar as consequências dessa situação nova, mas é certo que ela não deixará de produzir novas cisões no seio da burocracia militar.

A hegemonia econômica do grande capital, a hegemonia política da autocracia militar-burguesa e a hegemonia ideológica do chauvinismo de grande potência parecem, pois, ser o resultado histórico do período aberto pelo golpe de Estado de 1964. É necessário que os revolucionários marxistas do Brasil sejam capazes de tirar as conclusões programáticas e táticas dessa tríplice constatação, não somente afirmando que a luta anti-imperialista no Brasil não tem conteúdo proletário se não for também uma luta anticapitalista, mas, sobretudo, compreendendo que a palavra de ordem central da tática revolucionária deve ser a derrubada do Estado autocrático, sem o qual a hegemonia do grande capital, nas condições históricas concretas do nosso país, é impossível.

AS FRAÇÕES DA CLASSE DOMINANTE NO CAPITALISMO: UMA REFLEXÃO TEÓRICA

Décio Azevedo Marques de Saes

Nos anos 1960-1970, as análises políticas de Nicos Poulantzas difundiram entre os cientistas políticos marxistas o modelo teórico segundo o qual a classe capitalista, ao mesmo tempo em que mantinha a unidade política diante de seu adversário histórico – o proletariado –, diferenciava-se internamente em segmentos ligados a interesses econômicos específicos. Tais interesses produziriam efeitos pertinentes no plano político, uma vez que os referidos segmentos – nomeados "frações", conforme a tradição marxista – consistiriam em coletivos dotados de base econômica (interesses materiais específicos) e expressão política (posicionamento prático diante da ação implementada pelo Estado capitalista). Na obra de Poulantzas, o tema das frações da classe capitalista não se apresentava, de modo isolado, pois fazia parte de um conjunto teórico integrado pelos conceitos complementares de "bloco no poder" e "hegemonia política". Nas décadas mencionadas, muitas análises políticas oriundas do ambiente universitário, sobretudo na América Latina, recorreram a esse sistema de conceitos[1].

Poulantzas faleceu no fim da década de 1970 e não teve tempo de assistir à difusão, sobretudo a partir dos anos 1990, de um modelo alternativo de análise política marxista, segundo o qual o capitalismo, em sua atual fase de mundialização (ou "globalização"), determina a reunificação econômica e política de todas as frações da classe capitalista e a conversão dessa classe

---

[1] Ver, de Nicos Poulantzas, as obras *A crise das ditaduras* (Rio de Janeiro, Paz e Terra, 1978); *Fascisme et dictature* (Paris, François Maspero, 1970); *Hegemonia y dominación en el Estado moderno* (Córdoba, Cuadernos de Pasado y Presente, 1969); *Les classes sociales dans le capitalisme aujourd'hui* (Paris, Seuil, 1974); e *Pouvoir politique et classes sociales* (Paris, François Maspero, 1968), 2 v.

num grupo multifuncional, confrontado unitariamente com o Estado capitalista. Tal modelo dispensa, por entendê-los inúteis, não apenas o conceito de "fração de classe" como também os complementares "bloco no poder" e "hegemonia política" (este último poderia permanecer no novo modelo, desde que devidamente redefinido na perspectiva gramsciana).

É provável que esse novo modelo predomine nos dias atuais. Mas sua predominância acadêmica não é sinônimo de justeza teórica. A perspectiva teórica subjacente à tese da classe capitalista indiferenciada é a da sociologia empirista dos grupos sociais. Os pesquisadores orientados por esse modelo supõem que não se pode analisar o fracionamento da classe capitalista na atualidade, pelo fato de as frações capitalistas, diferenciadas no plano do sistema econômico, não estarem politicamente presentes em todas as conjunturas; isto é, por não constituírem, de uma vez por todas, grupos politicamente organizados, dotados de capacidade de ação independente diante de outras frações capitalistas e do Estado. Ora, na perspectiva poulantziana, o funcionamento do sistema econômico produz objetivamente uma diferenciação interna na classe capitalista, e essa diferenciação produz efeitos politicamente pertinentes, mas não necessariamente a constituição de grupos politicamente organizados e ativos. Os efeitos politicamente pertinentes da diferenciação interna da classe capitalista são variáveis: comportamentos ativos ou puramente reativos, inação conveniente (isto é, aquilo que o marxismo analítico convencionou nomear "pegar carona" com outro agente) etc.

É preciso, portanto, descartar toda concepção essencialista das frações da classe capitalista. Esses segmentos não devem ser pensados como grupos que teriam se organizado politicamente desde o início da sociedade capitalista, lutando a partir daí e de modo incessante pela conquista de uma influência predominante sobre a política do Estado capitalista. O processo político capitalista é bem mais complexo do que supõem os essencialistas. Em muitas conjunturas, alguma fração capitalista, perfeitamente detectável no plano econômico, não se exprime de modo aberto no plano político (para Poulantzas, isso significa que essa fração capitalista, a despeito de poder ser identificada no plano econômico, é ainda carente de "autonomia" no plano político). Cabe observar que essa ausência de expressão pode ser o modo politicamente mais conveniente de esse segmento se colocar perante as demais frações capitalistas e o próprio Estado capitalista, na conjuntura em questão. Tal ausência se configura, nesse caso, como o efeito pertinente de uma inserção particular de certos agentes dentro do sistema econômico capitalista.

Noutras conjunturas, a emergência de uma fração capitalista como grupo politicamente organizado se delineia como uma reação a determinada orientação da política de Estado, seja porque esta fere seus interesses econômicos (no caso, a fração em questão emerge de modo organizacional, a fim de fazer oposição a certa política do Estado), seja porque a política de Estado, ao satisfazer tais interesses econômicos, suscita uma reação oposicionista de outras frações, o que compele a primeira fração a agir politicamente para neutralizar essas manifestações (é claro que, nessa situação particular, não opera o mecanismo da inação conveniente; ou seja, seria perigoso para a fração capitalista favorecida "pegar carona" na ação de um terceiro). Aqui, é a ação do Estado capitalista que induz a emergência, por reação, da fração capitalista como grupo politicamente organizado. A irrupção dessa fração na cena política não resulta, portanto, neste caso, de um processo gradual e evolutivo de "tomada de consciência" da particularidade de certos interesses econômicos.

A diferenciação política interna da classe capitalista não é, portanto, um processo único e irreversível. A emergência organizacional das frações capitalistas é um processo intermitente, com idas e vindas, que depende não só das fases do capitalismo como da evolução da política de Estado.

Este texto pretende reafirmar a legitimidade teórica do tema das frações de classe dominante no capitalismo, mas sem se limitar a repetir as fórmulas contidas nas obras de Nicos Poulantzas. As formulações teóricas de Poulantzas são o ponto de partida deste trabalho; nossa intenção, contudo, não é a de fazer uma revisão, ponto por ponto, do tratamento teórico que Poulantzas dá ao tema. O objetivo principal deste ensaio é o de fazer avançar, por pouco que seja, a apresentação do esquema teórico poulantziano. O cumprimento de tal tarefa implica não só ampliar a sistematicidade da exposição como também reforçar a integridade do corpo teórico poulantziano pela via da resolução de problemas teóricos subsistentes.

A pluralidade dos sistemas de fracionamento da classe dominante no capitalismo

No conjunto de sua obra, Poulantzas indicou – infelizmente, nem sempre com a clareza necessária – que a classe capitalista pode se segmentar de diferentes modos no plano do sistema econômico. Cabe ao pesquisador, portanto, utilizar diferentes critérios para caracterizar exaustivamente o fracionamento da classe capitalista no plano do sistema econômico.

O fracionamento da classe capitalista segundo as funções do capital: capital bancário, capital industrial, capital comercial

O ciclo econômico no capitalismo exige do capital que ele preencha três funções: a) monetária; b) produtiva; e c) mercantil. No início do ciclo, um agente social detentor de um montante de moeda financia a produção (compra de máquinas e matéria-prima); a seguir, um segundo agente social organiza a produção, combinando meios de produção e força de trabalho; finalmente, um terceiro agente social converte concretamente o produto final em mercadoria, destinando-o à venda. Teoricamente, seria possível supor que um único agente social – o capitalista em geral – desempenharia sozinho as três funções do capital. Historicamente, contudo, essa concentração de funções se revelou pouco viável, pois isso desaceleraria o ciclo econômico do capital e, como consequência, encareceria o processo global. A classe capitalista teve, portanto, de se diferenciar em agentes sociais distintos: o banqueiro, o industrial, o comerciante. Essa diferenciação social implicava a diferenciação dos interesses econômicos dos diferentes agentes sociais do capital: cada um deles procuraria, no seio da classe capitalista, aumentar o seu quinhão no processo de repartição do mais-valor total, gerado no processo de produção. Para o capital bancário, a ampliação dos ganhos tinha de ser feita através da elevação da taxa de juros (remuneração dos empréstimos em dinheiro); para o capital industrial, tal ampliação se faria através da elevação da margem de lucro industrial, e o capital comercial, por sua vez, procuraria ampliar os ganhos realizados na fase de comercialização (lucro comercial).

No plano político, os distintos interesses econômicos dos diferentes agentes sociais do capital se convertem na aspiração de que a política de Estado os favoreça no processo de repartição do mais-valor total. Esses interesses têm um caráter permanentemente relacional: cada fração quer aumentar seu percentual às custas das demais, seja qual for o montante do mais-valor total. Não há possibilidade de conquista de um equilíbrio entre as frações, pois a luta pela satisfação dos interesses de fração equivale a uma relação de poder "soma-zero". Dado o caráter relacional dos interesses de fração, a política do Estado capitalista dificilmente é capaz de produzir efeitos sobre os interesses econômicos de uma única fração capitalista; a operação de qualquer instrumento de política econômica produz efeitos simultaneamente sobre os interesses econômicos de todas as frações capitalistas, favorecendo mais os interesses de uma fração que os de outras. Sucintamente: não é possível uma partilha igualitária da política de Estado entre as frações capitalistas.

Qual é a relação entre a implementação da política de Estado e o modo de expressão política das frações capitalistas? Em certas conjunturas, a política de Estado incide sobre um terreno ocupado por frações capitalistas politicamente organizadas[2]. Noutras conjunturas, a política de Estado pode produzir o efeito de "despertar" politicamente alguma fração capitalista; isso ocorre, por exemplo, quando esse segmento percebe que a política governamental está desfavorecendo, em termos relativos, seus próprios interesses econômicos. Nessa situação, a fração em questão pode se manifestar politicamente, à luz do dia, através da imprensa, de associações etc. Há ainda a possibilidade de a política de Estado, ao favorecer os interesses econômicos de uma fração capitalista, mantê-la numa inação conveniente (ou "carona"), especialmente no caso de o ímpeto oposicionista das frações desfavorecidas ser mais frágil.

A análise da classe capitalista segundo o critério das funções do capital nos permitiria detectar a possibilidade de outras frações capitalistas? No século XX, autores marxistas como Hilferding e Lenin apontaram para a tendência de fusão do capital industrial com o bancário, formando-se assim um novo segmento capitalista, típico da etapa imperialista de desenvolvimento do capitalismo: o capital financeiro. Hilferding esclareceu que esse novo grupo capitalista pode surgir por duas vias: por alto ou por baixo. No primeiro caso, bancos tornam-se acionistas de empresas industriais, assumindo o controle delas através de *holdings*. Esse fenômeno é típico da fase "madura" do capitalismo, quando as empresas industriais deixam de ser estritamente familiares para se tornarem sociedades por ações. No segundo caso, empresas industriais que ampliaram consideravelmente o seu capital deliberam criar seu próprio braço financeiro, que não só financiará as atividades industriais internas como também poderá atuar como banco de investimentos ou sociedade financeira. Conforme a via encetada por essa

---

[2] Atualmente, no Brasil, a Federação das Indústrias do Estado de São Paulo (Fiesp) representa o capital industrial, enquanto a Federação dos Empregados no Comércio do Estado de São Paulo (Fecesp) representa o capital comercial e a Federação Brasileira de Bancos (Febraban), o bancário.

fusão, recorda Poulantzas, será maior ou menor o poderio das duas frações dentro do capital financeiro. O mais importante, de todo modo, é que Poulantzas reconhece, implicitamente, que o capital financeiro não é uma fração capitalista dotada de uma função específica, distinta das demais funções do capital. Para o autor, o capital financeiro é um *grupo multifuncional*, em cujo posicionamento perante a política de Estado pode preponderar uma das duas dimensões – industrial ou bancária.

Encampar essa colocação não implica simplificar a análise da ação política dos grupos capitalistas. Uma unidade individual do capital financeiro pode pressionar o Estado para que este decrete alguma medida particular que contemple o conjunto de seus interesses. Porém, quando colocada diante do conjunto da política de Estado (política tributária, cambial, monetária, creditícia etc.), essa unidade vai ter de optar por defender os interesses econômicos de uma fração capitalista ou outra, e essa decisão dependerá, fundamentalmente, de qual dimensão for predominante em sua ação econômica global. Muitos dos grandes bancos detêm o controle sobre indústrias de médio porte, por exemplo. Nesses casos, o banco procurará obter do Estado, prioritariamente, certa política financeira (taxa de juros, mercado de capitais, taxa Selic etc.), deixando em segundo plano a pressão por certa política industrial, sobretudo na medida em que esta implique perdas relativas para o capital bancário – o que, na visão dos banqueiros, ocorre quase sempre.

O analista político deve, portanto, sempre ter em conta essa segunda dimensão do jogo político interno à classe capitalista. Nas formações sociais capitalistas atuais, encontramos muitos grupos capitalistas multifuncionais, que atuam ao mesmo tempo como empresas industriais, comerciais e bancárias. A atuação concreta de grupos capitalistas multifuncionais não anula a diferenciação interna do processo econômico capitalista, tampouco, consequentemente, a segmentação da classe capitalista em diferentes frações. Em qualquer situação, a política de Estado continua atingindo, positiva ou negativamente, interesses econômicos gerais das diferentes frações capitalistas. Ao mesmo tempo, a política estatal pode contemplar interesses particulares de alguns grupos multifuncionais (isenções de impostos ou tarifas, subvenções a atividades específicas etc.). Entretanto, não é possível que haja uma política estatal capaz de contemplar os interesses gerais dos grupos multifuncionais, pois tais interesses não existem: cada grupo multifuncional define seu interesse particular a partir de uma combinação específica, não reiterável, de interesses próprios às frações capitalistas que o compõem.

A classe dominante, numa formação social capitalista concreta, não se reduz à classe capitalista. Esta deve conviver e se relacionar, nesse espaço, com uma classe proprietária legada por modos de produção historicamente anteriores ao capitalismo: a propriedade fundiária. Essa classe dominante rural, cuja prática econômica central é a extração da renda da terra, também disputa um quinhão do mais-valor total gerado na economia capitalista, através da fixação dos preços de produtos que cede à economia urbano-industrial: alimentos (destinados especialmente à massa dos trabalhadores) e matérias-primas (destinadas à indústria). Na repartição do mais-valor total, o latifúndio entra em disputa com: a) o capital comercial, que busca regularmente aumentar a margem de lucro obtida na comercialização da produção agrícola; b) o capital bancário, que oferece crédito à produção agrícola e procura manter elevada a taxa de juros (valendo-se, para tanto, do argumento dos riscos inerentes à agricultura, como más colheitas, doenças e pragas, catástrofes naturais etc.); e c) o capital industrial, que pressiona a agricultura a reduzir o preço de alimentos de consumo popular e das matérias-primas. Como no caso da classe capitalista, a presença do latifúndio na cena política é variável; ela depende, essencialmente, da configuração geral da conjuntura política (orientação da política de Estado, políticas de aliança implementadas ou não pelas frações capitalistas etc.).

O fracionamento da classe capitalista segundo a escala do capital: o grande e o médio capitais

A análise dos conflitos políticos em torno da política do Estado capitalista revela que ocorrem divergências constantes dentro de um mesmo tipo de capital (bancário, industrial ou comercial), em função da escala ou magnitude dos negócios em jogo. Pode-se distinguir, portanto, no plano da análise política, o grande capital e o médio capital. Essa distinção está ancorada em diferenciações objetivamente registráveis no processo econômico capitalista: as empresas capitalistas operam com diferentes quantidades de mão de obra, volumes de capital e tecnologias. Clássicos do marxismo apontaram a tendência para a centralização/concentração crescentes do capital, o que parece equivaler ao prognóstico de declínio progressivo da pequena e da média empresa. Mas, como bem sugeriu o arguto E. Bernstein, "declínio" não equivale a "desaparição": existem setores da economia capitalista nos quais a implantação da grande empresa se mostraria antieconômica (certos tipos de comércio, produção de alguns tipos de insumo industrial etc.). É claro que o grande capital impõe um confinamento ao médio capital, o que instaura um conflito potencial entre ambos: grandes oligopsônios *versus* cadeias comerciais de tipo intermediário; indústrias de alta densidade de capital *versus* indústrias tradicionais; grandes bancos resultantes de políticas de fusão (espontâneas ou induzidas pelo Estado) *versus* pequenas casas bancárias. Esse conflito tende a se concretizar, na medida em que o Estado capitalista atua na direção do que lhe parece ser a lógica de funcionamento do capitalismo: a concentração/centralização do capital. Um dos motivos principais do conflito entre grande capital e médio capital é a política creditícia. A legislação e a política governamental sobre crédito dificilmente partem de intenções compensatórias ou buscam o reequilíbrio das frações capitalistas. De um modo geral, a política de crédito atua no sentido contrário da desconcentração e da descentralização do capital. E, a fim de se legitimar, os governos invocam o princípio segundo o qual o crédito deve ser proporcional aos ativos detidos por cada empresa; obviamente, essa "justiça proporcional", claramente anti-igualitária e ostensivamente anticompensatória, condena os pequenos capitalistas a terem pouco crédito e recompensa os grandes capitalistas com recursos financeiros volumosos.

A política creditícia a favor do grande capital tende a ser complementada por outras políticas que premiam esse segmento: isenções, subvenções etc. O médio capital tem pouca força econômica. Mas, quando a política de Estado se inclina abertamente para os interesses econômicos do grande capital e ameaça a sobrevivência econômica do médio capital, este tem de se tornar presente na cena política. No regime militar brasileiro (1964-1988), a política econômica estava globalmente voltada para o favorecimento do grande capital: estímulo oficial à concentração/centralização bancária, concessão de facilidades ao grande capital industrial estrangeiro etc. Nessas condições, o MDB, partido oposicionista de centro, acabou atraindo uma parcela do médio capital industrial, vitimado pela política governamental de apoio à grande empresa. Na França do pós-guerra, duas organizações profissionais se converteram em representantes políticos do médio capital, então ameaçado pelo avanço econômico progressivo do grande capital, representado pela Confederação Nacional do Patronato Francês (CNPF): a Confederação Nacional das Pequenas e Médias Empresas (CCPME), em 1944, e a Confederação Intersindical de Defesa e União dos Trabalhadores Independentes (CID-Unati), em 1969. O caráter reativo da fundação dessas duas entidades é evidenciado pela declaração de um de seus dirigentes: as pequenas e médias empresas "estão condenadas a serem assassinadas por um grande estabelecimento ou por uma empresa estatal".

Neste ponto, coloca-se uma nova questão: a condição de grande ou médio capital engendra posicionamentos próprios no mercado? A esse respeito, Poulantzas esclarece que não se deve amalgamar "grande capital" e "capital monopolista", nem "médio capital" e "capital não monopolista". E isso porque, em setores mais tradicionais e menos estratégicos da economia industrial, o médio capital pode se alçar à condição de agente detentor de um monopólio. De qualquer modo, dificilmente os capitalistas detentores de um monopólio poderiam atuar politicamente como uma fração capitalista, pois é inviável a definição, por parte desses agentes ou do aparelho de Estado, de interesses gerais capazes de unificar todos os capitalistas detentores de monopólio. Nesse terreno, o máximo de intervenção estatal possível seria a decretação de medidas que contemplariam os interesses particulares de um ou outro capitalista detentor de monopólio – por exemplo, o favorecimento de uma cadeia específica de supermercados mediante a concessão de financiamento estatal. Não é possível, portanto, que uma política de Estado voltada para a concretização dos interesses de uma suposta "fração monopolista" seja implementada. Isso não significa, entretanto, que uma política inclinada para os interesses do grande capital não possa contribuir para a conversão de certas unidades do grande capital em grupos monopolistas. Ao subvencionar a instauração de uma unidade produtora de fios para centenas de tecelagens, por exemplo, o Estado pode estar contribuindo para converter essa fiação na única fornecedora de fios em toda uma área econômica do país.

Uma política estatal que defenda os interesses de *todos* os grupos monopolistas é tecnicamente inviável, dada a enorme multiplicidade das situações de monopólio e, consequentemente, dos interesses delas decorrentes. Mas a implementação de tal política também enfrenta obstáculos ideológicos e políticos, já que o Estado capitalista tem de se nortear, oficialmente, pelo princípio da concorrência. Ao defender os interesses do grande capital, o aparelho de Estado pode apresentar tal política como uma exigência do princípio da *racionalidade*, que lhe cabe compatibilizar operacionalmente com o princípio da concorrência. Mais difícil é invocar elementos da ideologia capitalista que justifiquem abertamente o favorecimento estatal aos monopólios.

O fracionamento da classe capitalista segundo o modo de inserção do capital no sistema econômico capitalista internacional

Um último tipo de fracionamento capitalista é abordado na obra de Poulantzas: ele é fundamentalmente resultante da diferenciação dos modos de inserção do capital no sistema econômico capitalista internacional. Em Poulantzas, esse fracionamento parece ter um fundamento estritamente político. A nosso ver, o fundamento dessa diferenciação é novamente econômico, ainda que esse processo engendre efeitos pertinentes no plano político – isto é, exprima-se politicamente no plano da relação de forças entre classes sociais, das alianças de classe etc.

Para analisarmos esse último tipo de fracionamento, devemos levar em conta que o modo de produção capitalista, na sua realização concreta, extravasa as fronteiras dos Estados nacionais e que as economias capitalistas se relacionam de diferentes modos (compra e venda de mercadorias, exportação e importação de capitais etc.). Dito de outro modo: a espacialização ampla e supranacional do modo de produção capitalista é uma implicação da teoria desse modo de produção. O sistema capitalista mundial instaura uma relação entre as classes capitalistas das diferentes formações sociais que o compõem, e a diferenciação dos tipos de relação entre as classes capitalistas dos diversos países que compõem o sistema capitalista mundial produz efeitos pertinentes no plano político; desse modo, o fracionamento da classe capitalista em função do posicionamento do capital diante do sistema capitalista mundial ganha uma existência objetiva.

Um primeiro segmento do capital se associa ao capital estrangeiro e defende internamente os seus interesses. Esse segmento pode se formar na esfera industrial (empresas mistas nas quais o interesse predominante é o da matriz), na esfera comercial (é o caso dos importadores, que exercem pressão contra a produção interna de bens importados de alto valor) e na esfera bancária (bancos e sociedades financeiras voltados para o financiamento de empreendimentos do capital estrangeiro, descompromissados com o fortalecimento do mercado interno ou do setor público). Em Poulantzas, esse segmento do capital é nomeado "burguesia compradora" (expressão portuguesa usada na China pré-comunista, inclusive pelos militantes comunistas). Preferimos, contudo, adotar a expressão "burguesia associada" – encontrada, por exemplo, nos trabalhos de Peter Evans –, já que essa fração não emerge apenas na esfera comercial, mas pode se constituir também nas esferas bancária e industrial.

Um segundo segmento é composto pelos capitalistas voltados para a exploração do mercado interno. Esse grupo concebe o desenvolvimento do capitalismo como um processo centrado nesse mercado; tende, portanto, a defender políticas de redistribuição de renda e reformas capazes de aumentar o poder aquisitivo das massas, por meio de políticas de distribuição de terras, habitação popular, emprego etc. Esse segmento do capital é dotado de uma inclinação nacionalista e democrática, estritamente ligada ao seu modo de inserção no sistema econômico capitalista. Sendo, em geral, produtores de bens de consumo leves, ou de bens de consumo duráveis de baixo valor, esses capitalistas tendem a valorizar o Estado nacional: encaram-no como o agente capaz de executar programas e projetos que levam à formação e ao crescimento de um mercado de massas. Fortalecimento da nação, progresso social e desenvolvimento capitalista independente parecem estar ligados para essa fração, que poderá atuar politicamente como *burguesia nacional* conforme a) o estado da relação de forças da classe capitalista com as classes populares; e b) o grau de pressão do capital estrangeiro e da burguesia associada sobre o Estado nacional. Numa situação de estabilidade política, esse segmento pode integrar uma frente nacional ou mesmo celebrar uma aliança com as classes populares em torno de um projeto de desenvolvimento capitalista independente. Num contexto em que se conjugam a ascensão política acelerada das classes populares e a pressão crescente dos interesses estrangeiros sobre o Estado nacional, a burguesia nacional pode, teoricamente, encaminhar-se para duas posições políticas alternativas. De um lado, ela pode "recuar", isto é, ausentar-se da cena política, por temer, ao enfrentar o capital estrangeiro e seus aliados, fortalecer involuntariamente o movimento político das classes populares (essa foi, por exemplo, a posição política da burguesia industrial brasileira no fim do período populista). De outro lado, ela pode "avançar", adotando uma atitude de combate ao capital estrangeiro e seus aliados, mesmo que esse posicionamento implique se integrar objetivamente a uma frente política da qual participam as classes populares (como foi a linha de ação do empresariado nacional nicaraguense em 1979, ao participar da Frente Sandinista de Libertação Nacional; essa fração acabou contribuindo, assim, para a deflagração da luta armada que levou à derrubada do governo de Anastácio Somoza).

O terceiro segmento do capital é composto por aqueles grupos que ocupam uma posição dependente dentro do sistema econômico capitalista internacional, subordinando-se ao capital estrangeiro, de uma ou outra forma. A primeira forma de subordinação se estabelece quando o capital nativo se encaminha para a prestação de serviços permanente ao capital estrangeiro instalado no país. É o caso das empresas que fornecem insumos para as indústrias montadoras de origem estrangeira. A segunda forma de subordinação emerge quando o capital nativo se volta preferencialmente para a exploração do mercado externo, colocando em segundo plano o desenvolvimento do mercado interno. É o caso da burguesia industrial exportadora, por exemplo. Embora esse segmento possa ser de origem nacional, ele não possui, pelas razões econômicas apontadas, vocação nacional. Seu modo de presença na cena política é ambíguo e oscilante. Defende políticas que consolidem sua posição e assegurem sua sobrevivência, potencialmente ameaçada pela mera presença econômica do capital estrangeiro – essa é sua dimensão nacional. Ao mesmo tempo, esse segmento, servindo o capital estrangeiro e o mercado mundial, sente-se obrigado a tomar posições cautelosas diante dos interesses externos – essa é sua dimensão antinacional. A posição ambivalente dessa fração perante o capital estrangeiro contribui, obviamente, para que ela assuma uma atitude reticente perante propostas de frente ou de aliança com as classes populares. Faz-se necessário, portanto, distinguir teoricamente tal fração da burguesia nacional: para nomeá-la, Poulantzas cunhou a expressão *burguesia interna*.

A burguesia interna pode surgir em países capitalistas centrais, como França, Itália etc. Esse surgimento resulta da internacionalização crescente de economias capitalistas que já eram industrializadas, mas ainda assim passaram por processos de desnacionalização e privatização. Ela também pode emergir em países capitalistas periféricos, onde se concretiza um modelo de industrialização dependente. No caso brasileiro, a crise do populismo e o golpe militar determinaram a desaparição política da burguesia nacional. O período político então iniciado foi marcado pela emergência política da burguesia associada, cujo auge político foi atingido na Nova República, durante os governos Collor e Fernando Henrique Cardoso. Já a emergência política da burguesia interna se tornou visível a partir da vitória do PT nas eleições presidenciais de 2002. O governo de centro-esquerda que se constituiu a partir de então tomou medidas amplamente favoráveis a esse segmento: proteção aos bancos nativos, estímulo à exportação de produtos industriais, congelamento do processo de privatização etc. O caso brasileiro comprova que a hegemonia política da burguesia associada, instaurada a partir da crise final do populismo e da implantação do regime militar, não era um processo irreversível. Essa hegemonia pode ter se mostrado mais durável e resistente em países cuja economia industrial era mais fraca que a do Brasil, como a Argentina. Mas sendo o Brasil uma das dez maiores economias industriais do mundo, era inevitável que o espaço econômico fosse partilhado entre a burguesia associada e a burguesia interna – e que, consequentemente, emergissem de modo intermitente situações de disputa política envolvendo essas duas frações. Assim, o processo eleitoral nacional tem sido desde 2002 o palco principal dessa modalidade de disputa política.

A formação de sistemas hegemônicos de classe dominante nas formações sociais capitalistas concretas

Em sua obra, Poulantzas abordou de modo esparso os três diferentes modos de fracionamento da classe capitalista. E sua análise implica reconhecer que, dentro de cada sistema de fracionamento, apenas uma fração capitalista exercerá a hegemonia política, isto é, logrará conformar prioritariamente a política do Estado capitalista aos seus interesses específicos (o que não significa, obviamente, que o Estado se descuide dos interesses gerais de toda a classe dominante). Entretanto, faltou a Poulantzas tirar todas as consequências do fato de que, no processo político real, as diferentes modalidades de fracionamento podem ocorrer simultaneamente, o que torna mais complexa a questão teórica da hegemonia política de fração. A implementação da política de Estado se confronta com três modalidades de fracionamento de interesses capitalistas. Isso quer dizer que a política de Estado favorece, ao mesmo tempo, uma primeira fração segundo o critério das funções do capital; uma segunda fração segundo o critério da escala do capital; e uma terceira fração segundo o critério do modo de inserção no sistema econômico capitalista internacional.

O entrecruzamento concreto dos processos de fracionamento da classe capitalista significa, portanto, que o segmento prioritariamente beneficiado pela política de Estado corresponda à intersecção de frações pertencentes aos três diferentes sistemas de fracionamento da classe capitalista. Logo, seria incorreto sustentar que a política de Estado beneficia prioritariamente apenas uma fração de um único sistema de fracionamento da classe capitalista de cada vez. Por exemplo: o capital industrial (primeiro sistema) *ou* o grande capital (segundo sistema) *ou* o capital associado (terceiro sistema). Na verdade, a política de Estado beneficia prioritariamente um conjunto articulado de interesses heteróclitos do tipo "grande capital industrial associado" ou "grande capital bancário interno". Medidas econômicas tomadas pelo Estado capitalista dificilmente poderão deixar de incidir sobre o conjunto das frações capitalistas resultantes da operação das diferentes modalidades de fracionamento. Daí ser quase impossível a hegemonia política de uma fração capitalista simples, que não conjugue atributos resultantes da operação das três modalidades de fracionamento.

Na realidade social, forma-se, portanto, um sistema hegemônico, que resulta da conjugação de interesses de segmentos fracionados segundo diferentes critérios. Os três processos de fracionamento são fenômenos objetivos, inerentes ao processo econômico capitalista. Por isso, dificilmente a política de Estado pode deixar de incidir, ao mesmo tempo, sobre os interesses em jogo nos diferentes sistemas de fracionamento.

Poulantzas mencionou, em sua obra, casos concretos de entrecruzamento dos processos de fracionamento, localizando políticas de Estado que favoreciam o grande capital industrial ou a grande burguesia bancária associada. Mas faltou-lhe concluir, no plano teórico, que a hegemonia política de fração não pode ser exercida apenas por uma fração capitalista ligada a um único sistema de fracionamento. Tal hegemonia é um processo mais complexo: ela incumbe, caso a caso, a um segmento que combina atributos resultantes da operação simultânea de três modalidades de fracionamento da classe capitalista. Recorramos ao exemplo brasileiro: os dois primeiros governos de centro-esquerda (2003-2010) concretizaram, através da política de Estado, a hegemonia política de um grupo capitalista plurifracional: o grande capital bancário interno. Os interesses desse segmento foram priorizados pela política governamental, o que não significa que outros interesses de fração (burguesia industrial exportadora, *agrobusiness*) tenham sido totalmente desconsiderados. O conceito de sistema hegemônico de frações da classe dominante permite aos cientistas políticos marxistas, portanto, uma análise mais complexa do processo político das sociedades capitalistas.

LUIZ CARLOS PRESTES E A LUTA PELA DEMOCRATIZAÇÃO DA VIDA NACIONAL APÓS A ANISTIA DE 1979

Anita Leocádia Prestes

Prestes participa da vida política nacional

Em agosto de 1979, com a decretação da anistia aos presos e perseguidos políticos, Luiz Carlos Prestes, após oito anos de exílio forçado, pôde regressar ao Brasil.

Convencido do abandono por parte da direção do Partido Comunista Brasileiro (PCB) de seus objetivos revolucionários consagrados nos documentos partidários, Prestes divulgou a *Carta aos comunistas*[1], na qual anunciava sua ruptura com o partido em que até então havia sido secretário-geral. Tendo compreendido que não havia condições para organizar de imediato um partido revolucionário no Brasil, Prestes iria dedicar os últimos dez anos de sua vida a difundir suas ideias, principalmente junto aos trabalhadores e aos jovens. Ao mesmo tempo, procuraria participar, ao lado de seus correligionários, da vida política nacional, com o objetivo de acumular forças e contribuir para a criação das condições propícias ao surgimento de organizações efetivamente revolucionárias, habilitadas a conduzir a realização das transformações necessárias ao advento do socialismo em nossa terra. Prestes iria percorrer todo o Brasil a convite das mais diversas entidades sociais, de trabalhadores, de estudantes, de intelectuais, de políticos e de numerosos admiradores. Participaria das principais campanhas eleitorais, procurando sempre dar apoio aos candidatos comprometidos com as causas populares e dispostos a contribuir para o avanço real da democratização do país.

Ao empenhar-se na luta pela efetiva democratização do Brasil, ao denunciar a permanência do regime ditatorial durante o governo Figueiredo –

---
[1] Luiz Carlos Prestes, *Carta aos comunistas* (São Paulo, Alfa-Ômega, 1980).

repelindo as teses dos liberais e da direção do PCB de que se estaria atravessando um período de "transição" para a democracia –, Prestes insistia na continuidade do "poder militar", ao qual voltaria a referir-se repetidas vezes durante aqueles anos.

Em editorial de *Voz Operária*[2] de dezembro de 1981, denunciava-se a condenação de Lula e de mais dez sindicalistas do ABC paulista a penas que variavam de dois a três anos e meio de prisão, assim como o enquadramento de dois padres franceses e treze posseiros da região de São Geraldo do Araguaia, com base na Lei de Segurança Nacional. Condenava-se também o "pacote eleitoral" de Figueiredo, que vinculava todos os votos e proibia coligações, com a consequente "municipalização" do pleito marcado para 1982. Dessa forma, garantia-se a maioria do partido governista, o Partido Democrático Social (PDS), em todos os níveis. Esses fatos revelavam que o regime fascista não havia sido superado, que a "abertura" havia parado[3].

O jornal alinhado com as posições de Prestes afirmava: "Quem detém o poder de fato no país é a oligarquia financeira, que o exerce através do *grupo militar* de sua confiança, encastelado no alto comando das Forças Armadas"[4]. Eram lembradas palavras de Florestan Fernandes a respeito da "fascistização localizada de certas áreas do aparelho de Estado", o que repeliria qualquer "transição democrática", mantendo viva a contrarrevolução "por todo e qualquer meio possível". O sociólogo paulista escrevia: "Esse fascismo oculto e mascarado [...] é capaz de passar do Estado de exceção para a 'normalidade constitucional' sem permitir que se destrua o elemento autocrático que converte o Estado no bastião da contrarrevolução"[5]. Em outras palavras, tratava-se do "poder militar", a respeito do qual Prestes diria:

> As Forças Armadas constituem hoje o chamado *poder militar* que, a serviço dos monopólios, tutelam os três poderes; as Forças Armadas que hoje constituem uma casta anticomunista, cujos quadros foram, nos últimos vinte anos, rigorosamente selecionados pelo anticomunismo comprovado, mais bárbaro e retardatário [...]. E esse *poder militar* não

---

[2] Jornal clandestino editado pelos "comunistas que se alinhavam com as posições revolucionárias de L. C. Prestes", publicado de 1980 a 1983.

[3] "Regime tira a máscara e mostra seu caráter fascista", *Voz Operária*, n. 175, dez. 1981, p. 1-2, 11.

[4] Idem; grifos meus.

[5] Florestan Fernandes, *Poder e contrapoder na América Latina* (Rio de Janeiro, Jorge Zahar, 1981), p. 31-2.

virá abaixo através de eleições, mesmo diretas, mas somente graças à força de um vigoroso movimento de massas.[6]

Em março de 1982, *Voz Operária* reproduzia um importante documento, representativo das posições defendidas por Luiz Carlos Prestes, no qual afirmava-se: "Apesar de considerarmos que as soluções definitivas e duradouras para os grandes e graves problemas sociais do Brasil são incompatíveis com a estrutura capitalista, nunca deixamos de lutar por medidas parciais, que possam melhorar, mesmo que temporariamente, a situação econômica, política e cultural dos trabalhadores"[7].

Após apresentar um conjunto de medidas voltadas para o encaminhamento de soluções de emergência para a situação das grandes massas populares naquele momento, o documento destacava:

> Uma atuação política efetivamente comunista deve identificar-se com os mais profundos interesses e as reivindicações concretas das classes oprimidas, o que, hoje, significa apoiar as bandeiras mais inadiáveis dos que passam fome, dos desempregados, de todo o povo, impiedosamente esmagado pelos capitalistas e pelo Estado, tendo, ao mesmo tempo, consciência de que estes só farão concessões quando se sentirem pressionados pela luta unitária das classes exploradas e oprimidas.[8]

Ao analisarmos hoje, retrospectivamente, a repercussão limitada desse documento, podemos afirmar que tal desfecho se explica pela desorganização do movimento popular no Brasil e, em especial, pela ausência de um partido revolucionário capaz de mobilizar e dirigir grandes massas na luta por objetivos tanto parciais quanto de longo alcance. Até o fim de sua vida, Prestes continuou a lutar por esse partido revolucionário.

Em 1982 seriam realizadas eleições gerais no país. A posição de Prestes era de que as eleições constituíam "uma forma de luta secundária, diante da questão fundamental que é a nossa luta permanente pelas massas", conforme o *Voz Operária*. O jornal ainda afirmava que "devemos atuar junto aos três

---

[6] Luiz Carlos Prestes, "Carta a Aloyzio Neiva Filho", Rio de Janeiro, 7 maio 1984, arquivo particular da autora; grifos do original.

[7] Idem, *Proposta para discussão de um programa de soluções de emergência contra a fome, a carestia e o desemprego: por ocasião do 60º aniversário de fundação do PCB*, mar. 1982, folheto impresso, 12 p.; e *Voz Operária*, n. 178, mar. 1982, p. 1-11. Ver ainda Edgard Carone, *O PCB (1964 a 1982)*, v. 3 (São Paulo, Difel, 1982), p. 339-52.

[8] Luiz Carlos Prestes, *Proposta para discussão de um programa*, cit.

partidos oposicionistas (PT, PMDB, PDT), sem, contudo, pretender que através apenas de eleições se possa efetivamente derrotar o regime ditatorial", acrescentando mais adiante:

> Com o "pacote eleitoral" de novembro, que instituiu o voto vinculado, a posição dos comunistas inevitavelmente terá de ser diferente em cada estado, tendo, porém, sempre em vista qual a melhor maneira de derrotar o regime nas urnas, através da derrota de seus candidatos a governador, a senador, a prefeito ou mesmo a deputados e vereadores, conforme cada caso específico.[9]

A seis meses do pleito, marcado para 15 de novembro de 1982, o jornal dos comunistas alinhados com as posições de Prestes esclarecia que "dentre os três partidos que podem ser considerados de oposição", o PMDB[10] era "a organização mais forte e que por contar com as tradições dos resultados das eleições de 1974 e 1978, em que o MDB praticamente derrotou a ditadura nos principais estados", havia acumulado "melhores condições" para, nas eleições de 1982, "derrotar em numerosos estados os candidatos da ditadura". Entretanto, no Rio de Janeiro, a situação era distinta, pois o PMDB, com a incorporação do Partido Popular, de Chagas Freitas, havia perdido as características oposicionistas, sendo "engolido" pelo "chaguismo"[11]. *Voz Operária* escrevia: "Neste estado, o principal objetivo político das verdadeiras forças de oposição só pode ser um: derrotar o 'chaguismo' e, através dele, o regime ditatorial"[12].

Prosseguindo na análise da situação fluminense, *Voz Operária* esclarecia que, para votar contra a ditadura, naquele estado a escolha ficara reduzida a dois partidos: o Partido Democrático Trabalhista (PDT) e o Partido dos Trabalhadores (PT), sendo este último eleitoralmente débil no Rio. Restava, portanto, como única opção o PDT de Leonel Brizola. Mas esse partido ainda não era capaz de alcançar uma audiência significativa, devido principal-

---

[9] *Voz Operária*, n. 176, jan. 1982, p. 9.

[10] Com a reorganização partidária promovida no governo Figueiredo, o Movimento Democrático Brasileiro (MDB) transformou-se no Partido do Movimento Democrático Brasileiro (PMDB) e a Aliança Renovadora Nacional (Arena), no Partido Democrático Social (PDS).

[11] Corrente liderada por Chagas Freitas, que atuava como "cavalo de Troia" da ditadura no PMDB do Rio de Janeiro.

[12] *Voz Operária*, n. 180, maio 1982, p. 1-4.

mente "à prudência e tibieza" que vinha sendo demonstrada por Brizola, ao "não poupar ocasiões para elogiar o sr. Figueiredo e não se manifestar com a necessária energia contra a desastrosa política econômico-financeira" do seu governo, "de consequências nefastas para os trabalhadores, reduzidos a uma situação de miséria, fome e desemprego", conforme *Voz Operária*. O jornal ainda escrevia: "Se o PDT pretende transformar-se numa real alternativa de oposição à ditadura e ao 'chaguismo' – no caso do Rio de Janeiro –, essa orientação deve ser substituída por outra, efetivamente combativa, de luta pelos interesses das massas trabalhadoras, abertamente contra a ditadura e suas leis repressivas, pelas liberdades democráticas"[13].

Em julho, o jornal dos comunistas alinhados com Prestes denunciava o "fechamento" que vinha sendo promovido pelo governo, com a aprovação no Congresso, no final de junho daquele ano eleitoral, do chamado "emendão" de certas reformas constitucionais, um expediente destinado a garantir a continuidade do regime ditatorial, evitando que se repetissem as derrotas governistas nas urnas de 1974 e 1978. Entre tais reformas estava a do Colégio Eleitoral – que iria eleger ainda por via indireta o futuro presidente da República –, o qual passava a ser composto pelos membros do Congresso Nacional e mais seis delegados por Assembleia Legislativa, indicados pelo partido majoritário. Dessa forma, o governo poderia "hibernar" tranquilamente, pois sua continuidade estaria supostamente assegurada[14]. Em setembro, *Voz Operária* dirigia sua denúncia contra a manutenção da chamada "Lei Falcão"[15], mais um fato revelador de que a tendência geral da evolução política no país não estava sendo a da "abertura", e sim a do "crescente e cada vez mais acentuado 'fechamento' do regime político"[16].

Somente a 21 de outubro de 1982, quando faltava menos de um mês para as eleições, Prestes lançou um boletim contendo sua *Declaração* de apoio à candidatura de Leonel Brizola ao governo do estado do Rio de Janeiro. Destacava que "a pressão das massas e da opinião pública" contribuíra para

---

[13] Idem.
[14] Ibidem, n. 182, jul. 1982, p. 1-3.
[15] A "Lei Falcão" proibia a propaganda eleitoral paga e eliminava a propaganda gratuita, substituindo-a pela ridícula exibição de retratinhos com os respectivos nome e número dos candidatos.
[16] *Voz Operária*, n. 184, set. 1982, p. 1-2; cf. noticiário da imprensa nacional de junho a novembro de 1982.

que Brizola, "que a princípio mantinha frente ao governo federal uma posição vacilante e tíbia, fosse compelido a modificar, pouco a pouco, seu discurso, no sentido de maior clareza e firmeza na oposição à ditadura". Prestes dizia que restava desejar que até 15 de novembro Brizola viesse a "dar mais alguns passos nessa direção de maior consequência oposicionista", acrescentando que era de se esperar também que, diante do apoio popular com que já contava, soubesse Leonel Brizola contribuir para que o povo trabalhador se organizasse e se mobilizasse, a fim de que, uma vez vitorioso nas urnas, contasse com o apoio e o respaldo de massas, "indispensáveis para levar à prática os pontos fundamentais de seu programa, contra a já previsível, e mesmo declarada, resistência das forças mais reacionárias às medidas de caráter democrático e popular que serão reclamadas pelo povo vitorioso"[17].

Em sua *Declaração*, Prestes denunciava "os arautos da catástrofe", aqueles que anunciavam uma suposta ameaça de que Brizola, caso fosse eleito, não poderia tomar posse ou, se empossado, seria impedido de governar. Tratava-se, na realidade, da substituição do "voto útil" pelo que o povo já estava chamando de "voto covarde", ou seja, "votar nos candidatos consentidos pelo regime". Prestes acrescentava:

> É nesse sentido que se somam os esforços desenvolvidos nos últimos dias por uma série de velhos e novos defensores da camarilha chaguista, como Rafael de Almeida Magalhães (antigo e conhecido lacerdista), Hércules Correia (do autodenominado Coletivo de Dirigentes comunistas, que mais uma vez está comprovando que traiu os verdadeiros interesses do povo e da classe operária) e alguns outros, assim como organizações abertamente de direita, apelando para todo tipo de provocações, algumas das quais chegam a ter caráter tipicamente policial.[18]

Ao explicar seu apoio à candidatura de Brizola, Prestes declarava:

> É particularmente diante dessa ofensiva provocadora e claramente antipopular que considero necessário, nesta oportunidade, tomar posição clara e firme ao lado de todos aqueles que veem, neste momento, a vitória da candidatura do sr. Leonel Brizola como a única saída efetivamente viável para derrotar as candidaturas comprometidas com o regime ditatorial, tanto a do sr. Miro Teixeira como a do sr. Moreira

---

[17] Luiz Carlos Prestes, *Declaração*, 21 out. 1982, boletim impresso original, arquivo particular da autora, 4 p.; *Voz Operária*, n. 185, out. 1982, p. 1-2; *Folha de S.Paulo*, 22 out. 1982.

[18] Idem.

Franco, candidatos respectivamente do governo estadual e federal, do chaguismo e do PDS.[19]

Encerrando sua *Declaração*, Prestes afirmava: "A derrota, no estado do Rio de Janeiro, da ditadura e das forças com ela mancomunadas será um acontecimento de repercussão nacional que poderá contribuir para a unidade e o fortalecimento, em todo o país, das forças que lutam contra o atual regime, pela democracia e pelo progresso social em nossa Terra".

Uma vez declarado o apoio à candidatura de Brizola e inscritos no PDT alguns candidatos comprometidos com as posições de Prestes para concorrer a cargos eletivos no estado do Rio de Janeiro, chegara o momento de participar ativamente da campanha eleitoral. Prestes não pouparia esforços nesse sentido, falando perante variadas plateias, inclusive em portas de fábrica, como, por exemplo, frente a quatrocentos trabalhadores do estaleiro Caneco[20]. No Rio, Prestes elegeu candidatos às Câmaras Municipais, à Assembleia Legislativa e à Câmara Federal. Viajaria também por diversos estados do Brasil, concedendo seu apoio a numerosos candidatos inscritos na legenda do PMDB[21].

A vitória de Brizola no Rio de Janeiro foi esmagadora. Também a vitória das oposições no âmbito nacional revelou-se significativa, pois a soma nacional de votos da oposição – do PMDB e, no Rio de Janeiro, do PDT – foi no mínimo duas vezes superior aos votos recebidos pelos candidatos eleitos pelo partido governista, o PDS. Em entrevista concedida no final de novembro de 1982, Prestes assinalava que, "apesar de todas as medidas casuísticas tomadas pela ditadura para tentar encobrir o caráter plebiscitário das eleições, este continua presente e revela a esmagadora derrota do governo federal nas eleições de 15 de novembro"[22].

Quanto à vitória de Brizola no Rio de Janeiro, Prestes destacava que se tratava de "acontecimento de repercussão nacional de enormes proporções, que não pode deixar de contribuir para acelerar a elevação do nível político da luta de todo nosso povo pelas liberdades democráticas e pelo progresso

---

[19] Idem.

[20] Cf. as edições de *Tribuna da Imprensa, Última Hora, Jornal do Brasil* e *Folha de S.Paulo* do dia 28 out. 1982.

[21] Arquivo particular da autora.

[22] "O momento político e as eleições vistos por Luiz Carlos Prestes", *Tribuna da Imprensa*, 30 nov. 1982; *Voz Operária*, n. 186, nov. 1982, p. 4-7.

social". Considerava ainda que, dada a vitória conquistada por Brizola, o PDT poderia vir a tornar-se o "principal centro aglutinador das forças efetivamente dispostas a lutar contra o atual regime dominante". Frisava que tudo dependeria do êxito que alcançasse "na solução dos problemas mais permanentes do povo o governo de Leonel Brizola no Rio de Janeiro"[23].

Para atingir tal objetivo, Prestes não deixaria de insistir na necessidade de dirigir todos os esforços para organizar e mobilizar as massas na luta por suas reivindicações e na concretização de seus legítimos anseios. Insistia também na ideia de que os comunistas, "naqueles estados onde a oposição venceu", deveriam "saber utilizar as posições conquistadas para se ligarem às massas, visando mobilizá-las, organizá-las e uni-las"[24]. A ausência de um partido revolucionário no Brasil contribuiria, entretanto, para que os objetivos apontados por Prestes não fossem atingidos.

Ao pronunciar-se, mais uma vez, sobre a convocação de uma Assembleia Constituinte, que vinha sendo proposta insistentemente por alguns setores da oposição, Prestes afirmava que esta só seria útil se pudesse contar com "uma maioria representativa das forças efetivamente contrárias ao atual regime dominante, tutelado pelos militares", acrescentando que seria necessário, "previamente, conquistar um regime democrático, livre das manobras casuísticas da ditadura". Para Prestes, a convocação de uma Assembleia Constituinte, "capaz de aprovar uma nova Constituição democrática", exigia a prévia substituição do regime vigente e a conquista de um governo democrático. E isto, segundo ele, "só se conseguirá por meio de um poderoso movimento de massas. E é partindo da luta pela democracia para as massas que lá chegaremos"[25].

Em dezembro de 1982, a Polícia Federal, cumprindo "ordens superiores", invadiu a sede do jornal *Voz da Unidade* em São Paulo, desbaratando uma reunião do PCB (na realidade, uma assembleia do seu VII Congresso). Na ocasião, foram presas cerca de cem pessoas – os membros do coletivo de dirigentes comunistas e os delegados ao VII Congresso do PCB[26]. Segundo o boletim *Relatório Reservado*, publicação destinada a informar o empresariado, a decisão do governo federal de prender toda a direção do

---

[23] Idem.
[24] Idem.
[25] Idem.
[26] *Folha de S.Paulo*, 14 dez. 1982; *Jornal do Brasil*, 14 dez. 1982.

PCB e oitenta membros do partido que estavam reunidos em São Paulo era "explicada por funcionários do Itamarati como um gesto político para agradar a dois públicos: o governo dos Estados Unidos e grupos militares de extrema-direita do Brasil"[27].

A posição de Prestes diante disso foi de protesto contra o ato arbitrário do governo Figueiredo, de solidariedade às vítimas da repressão e, ao mesmo tempo, de condenação da irresponsabilidade da direção do PCB, que expôs "à sanha da repressão inúmeros militantes comunistas, alguns jovens, que confiaram inadvertidamente nessa direção"[28]. Prestes escrevia na época: "Protestei contra a violência, mas, simultaneamente, chamei a atenção para a irresponsabilidade com que procederam [os dirigentes do PCB] [...]. Essa gente é de opinião de que a "abertura" de Figueiredo já é plena democracia, quando não passa de concessões feitas, de caráter secundário, para manter o essencial, quer dizer, o *poder militar* e sua Lei de Segurança Nacional"[29].

Adiante, Prestes escrevia: "Agora, o PCB deles é um partido político que já não luta mais pelo poder, luta apenas por uma Assembleia Constituinte que elabore, dentro mesmo do atual regime, uma outra Constituição. Quanto ao socialismo, fica relegado para as calendas gregas...".

Pouco depois da prisão de dirigentes e militantes do PCB em São Paulo, Prestes foi chamado para depor na Polícia Federal, com o intuito evidente de transformá-lo em testemunha de acusação contra o Comitê Central, papel que ele repeliu energicamente. Prestes declarava, na ocasião, que se negara a discutir com a polícia as divergências existentes entre ele e o CC, dizendo que estas eram questões internas dos comunistas[30].

Durante o ano de 1983, Prestes empreenderia viagens a muitos estados do Brasil, sempre a convite de diversos setores da vida nacional, interessados em conhecer sua orientação política. Em abril, durante um encontro em Salvador, na qualidade de convidado ao Congresso dos Trabalhadores e Petroquímicos da Bahia, Prestes faria declarações sobre a sucessão do general

---

[27] *Relatório Reservado*, n. 839, citado em *Voz Operária*, n. 187, dez. 1982-jan. 1983, p. 8.

[28] *Voz Operária*, n. 187, dez. 1982-jan. 1983, p. 8.; *Tribuna da Imprensa*, 19 e 20 fev. 1983.

[29] Luiz Carlos Prestes, "Carta a Aloyzio Neiva Filho", Rio de Janeiro, 16 jan. 1983, arquivo particular da autora; grifos meus.

[30] Ver as edições de *Jornal do Brasil*, *Jornal do Comércio*, *Tribuna da Imprensa* e *Última Hora* do dia 5 mar. 1983.

Figueiredo por um presidente civil, assunto que vinha sendo discutido nos meios políticos. Diante da aventada candidatura de Tancredo Neves, Prestes dizia que o considerava "traidor do eleitorado"; era o "candidato preferido dos militares" e, sendo "civil e pertencente à oposição", estava "com condições, portanto, de dar ao sistema falsa ideia de liberalidade"[31]. Perguntado sobre a "abertura" de Figueiredo, ele lembraria que a mesma vinha desde o governo Geisel. Tratava-se "de concessões secundárias, limitadas, para conservar o essencial. E o que é essencial no Brasil é o *poder militar*, é a tutela militar sobre os poderes do Estado"[32].

No final de abril daquele mesmo ano, Prestes viajaria a Manágua, na Nicarágua, convidado a participar da Conferência Continental pela Paz e a Soberania na América Central e no Caribe, onde discursou em nome dos Partidários da Paz do Brasil e do Centro Brasileiro de Defesa da Paz e da Ecologia, constituído havia pouco tempo em nosso país. Na oportunidade, apresentou um quadro da situação política existente no Brasil, lembrando que a ditadura passara, entre 1968 e 1974, por "uma fase caracteristicamente militar-fascista, de terror contra o povo". Mas destacava:

> Diante da grande modificação havida na arena internacional, com a substituição, no início da década de 1970, da política de "guerra fria" pela distensão internacional, e também do evidente crescimento das manifestações de oposição interna à ditadura, viu-se esta compelida a fazer algumas concessões de caráter político e econômico, no sentido de uma "abertura democrática" e de pequenas correções na distribuição da renda nacional, que chegara a ser uma das mais injustas do mundo. Concedeu então anistia limitada aos presos e condenados políticos e exilados, assim como cedeu à exigência popular de eleições diretas de governadores estaduais.[33]

A seguir Prestes explicava:

> Mas as referidas concessões que, graças à intensa e dispendiosa propaganda realizada pela ditadura no exterior, criou para esta uma imagem de efetiva democracia, na verdade não atingiu *a essência do regime, que*

---

[31] Ver as edições de *Tribuna da Bahia* e *A Tarde* do dia 16 abr. 1983 e as de *Jornal da Bahia* de 16 e 17 abr. 1983.

[32] *Jornal da Bahia*, 17 abr. 1983; grifos meus.

[33] Luiz Carlos Prestes, *Intervención na Conferencia Continental por la Paz y la Soberania en Centroamérica y Caribe*, Manágua (Nicarágua), 22 abr. 1983, documento datilografado, 4 p., arquivo particular da autora.

continua sob a tutela de um poder militar (como acontece em todos os países do cone sul da América do Sul) que garante aos monopólios nacionais e estrangeiros, muito especialmente às multinacionais, a extração do lucro máximo à custa da miséria crescente da maioria esmagadora da população do país, da conservação de uma *legislação fascista* – com a Lei de Segurança Nacional – e de inclusão na Constituição de preceitos que permitem ao ditador, de surpresa, com sua simples firma, a decretação do estado de sítio, a eliminação de todos os direitos e liberdades democráticas.[34]

Durante toda a década de 1980, Prestes não perderia oportunidades de insistir na denúncia da *tutela do poder militar* sobre os três poderes da República brasileira, tema que era evitado tanto por liberais quanto pelos dirigentes do PCB. Em entrevista concedida em junho de 1983, Prestes reafirmava:

> Quem governa o Brasil não é o sr. Figueiredo. O sr. Figueiredo é uma figura de proa, um general de plantão na presidência da república. Quem governa é o *alto comando do Exército*, com o apoio da Marinha e da Aeronáutica. Isso quem diz é o próprio ministro do Exército, general Walter Pires. Numa entrevista que ele deu à *Folha de S.Paulo*, em agosto de 1981, ele diz que o Exército, com as outras forças singulares, assim ele chama a Marinha e a Aeronáutica, têm a tarefa de assegurar aos poderes do Estado – quer dizer que eles estão acima dos poderes de Estado – a ordem e a tranquilidade para o desenvolvimento da economia e da democracia. Então o ministro do Exército não dá uma palavra sobre a defesa da soberania nacional. Só trata de dominar os poderes do Estado. Isso é o que eu chamo de *tutela* até hoje.[35]

A partir da segunda metade de 1983, a questão do *voto direto* para as eleições presidenciais, marcadas para o início de 1985, tornava-se central tanto na imprensa quanto no debate político. Fazendo a ressalva de que "somos todos partidários do voto direto do povo em todas as eleições e que nos interessamos pela escolha do futuro sucessor do atual ditador", Prestes considerava que os comunistas não deveriam deixar-se enganar "pelos politiqueiros a serviço dos privilegiados", que, consciente ou inconscientemente, procuravam "desviar a atenção do povo do quadro de miséria e da própria fome, para convencê-lo, nessa hora, a preocupar-se apenas com a escolha do

---

[34] Idem; grifos meus.
[35] Idem, entrevista concedida à Cristina Serra, *Resistência*, Belém do Pará, n. 56, 1º-15 jun. 1983, p. 6; grifos meus.

futuro presidente da República ou a lutar pelo voto direto para as eleições presidenciais"[36]. Em outra ocasião, ele reafirmaria que "voto direto não livra o país da crise [...] o debate do tema serve apenas para desviar a atenção do povo de seus problemas fundamentais: fome, miséria e falta de trabalho"[37].

Diante de tal situação, Prestes se pronunciava, afirmando que "não podemos ser insensíveis aos sofrimentos do povo, nem podemos nos conformar a morrer de fome, sem lutar", acrescentando:

> É através da luta contra a miséria e a fome, contra a falta de trabalho, contra as leis de arrocho salarial, contra a carestia do custo de vida que poderemos agora acelerar a organização dos trabalhadores, elevar o nível de sua consciência política e revolucionária, mobilizá-lo e levá-lo [sic] a que se una para lutar contra a ditadura dominante, contra o atual regime, pelas liberdades democráticas, contra as leis fascistas, tais como a Lei de Segurança Nacional, a lei contra a greve e outras.[38]

Ainda no final de 1983, Prestes dava seu apoio à Chapa 2, de oposição, que então concorria às eleições para a diretoria do Sindicato dos Metalúrgicos do Rio de Janeiro. Em suas falas perante os trabalhadores dos estaleiros Caneco e Emaq, Prestes insistia em dizer que a combatividade dos sindicatos dependia "da organização e da luta dos trabalhadores a partir das fábricas"[39]. Da mesma forma, Prestes continuaria participando de eleições sindicais, apoiando sempre as chapas comprometidas com os interesses mais legítimos dos trabalhadores.

No VII Congresso do PCB, realizado em janeiro de 1984, em São Paulo, seria aprovado documento em que se afirmava que a oposição deveria negociar com "setores do governo, do regime e do PDS", a fim de que o Brasil pudesse superar a crise política, econômica e social que enfrentava[40]. A direção do PCB declarava aceitar negociar o apoio à eleição presidencial indireta se não houvesse condições de aprovar as eleições diretas e, inclusive, conceder um possível apoio ao nome de Tancredo Neves para sufrágio no

---

[36] Idem, "Mensagem aos meus amigos de Ribeirão Preto", Rio de Janeiro, 19 set. 1983, documento datilografado, 2 p., arquivo particular da autora.

[37] Idem, entrevista concedida a Maria Carolina Falcone, *Tribuna da Imprensa*, 23 nov. 1983.

[38] Luiz Carlos Prestes, "Mensagem aos meus amigos de Ribeirão Preto", cit.

[39] *Folha de S.Paulo*, 8 dez. 1983.

[40] "Uma alternativa democrática para a crise", *Jornal do Brasil*, 12 fev. 1984.

Colégio Eleitoral[41]. Na mesma ocasião, tendo alcançado grande repercussão a notícia de que Prestes teria sido expulso do PCB durante o VII Congresso, Giocondo Dias, reeleito secretário-geral, declarava que não havia expulsão, mas sim que Prestes apenas fora considerado "afastado das fileiras dos comunistas brasileiros", pois ele próprio se autoexpulsara[42]. Para o grupo vitorioso no Congresso partidário[43], não interessava consagrar a ruptura definitiva com Prestes, atitude que repercutiria negativamente para o PCB.

Em carta a um amigo, comentando o momento político brasileiro naquele início de 1984, Prestes escrevia:

> A vida política está praticamente morta em nosso país. [...] [A] "abertura" do Figueiredo já conseguiu o consenso de todas as organizações políticas, muito especialmente as de "esquerda". Em artigo na *Folha de S.Paulo*, o Giocondo[44] já lançou uma frase que certamente supõe que ficará célebre: "lutar para negociar, negociar para mudar"[45]. Trata-se pois de negociar com a ditadura... E assim estão todos os "esquerdistas", mesmo os mais extremados, do PCdoB, do MR-8 etc. Agora, segundo essa gente, tudo vai se resolver com uma campanha de massas pelas eleições diretas para a presidência da República.[46]

Prestes frente às Diretas Já e à "Nova República"

Prestes seria muito crítico quanto à forma como estava sendo conduzida a campanha pelas eleições diretas: "Não há nenhuma medida de organização. Então, o povo sai dos comícios, vai para casa e acabou tudo", acrescentando que a "abertura democrática" não passava de uma farsa[47]. Considerava importante, contudo, participar das Diretas Já, denunciando a manipulação

---

[41] Ibidem, p. 7.

[42] *Folha de S.Paulo*, 11 fev. 1984; *Jornal do Brasil*, 12 fev. 1984.

[43] Os "renovadores", afastados do PCB desde setembro de 1983, criticaram publicamente as decisões do VII Congresso; cf. "Entrevista de A. Guedes", *A Esquerda*, 1º-15 mar. 1984.

[44] Trata-se de Giocondo Dias.

[45] O título do artigo de Giocondo Dias era "Negociar é preciso, mudar é preciso", *Folha de S.Paulo*, 16 jul. 1983, p. 3.

[46] Luiz Carlos Prestes, "Carta a Aloyzio Neiva Filho", Rio de Janeiro, 21 jan. 1984, arquivo particular da autora.

[47] *Diário do Povo*, Campinas, 10 mar. 1984.

das massas pelas elites liberais, assim como sua postura conciliadora com a ditadura; considerava importante também alertar as massas populares para a necessidade de se organizarem em torno de suas reivindicações, entendendo que as eleições diretas, embora pudessem ser uma conquista democrática, por si só não resolveriam os graves problemas do país.

Prestes participou da enorme passeata pelas Diretas Já, realizada no Rio de Janeiro, em março de 1984. Segundo a imprensa, foi o principal orador no palanque montado na Cinelândia – embora os organizadores do ato não quisessem conceder-lhe a palavra, da qual fez uso por exigência do público presente[48]. Entretanto, Prestes não compareceu ao comício que reuniu um milhão de pessoas, na Candelária, pois seu organizador, o governador Leonel Brizola, o convidou para participar sem direito a voz, condição para ele inaceitável[49]. Em Porto Alegre, segundo o *Correio do Povo*, Prestes "empolgou a multidão" em comício pelas Diretas Já com mais de 100 mil pessoas[50].

Às vésperas da votação da emenda Dante de Oliveira[51] no Congresso Nacional, Prestes concedeu ao *Pasquim* uma entrevista, na qual opinava sobre as possibilidades de sua aprovação:

> Até agora tudo indica que o poder militar, no seu anticomunismo primário e anacrônico, continua insensível às grandes manifestações de massas em prol das eleições Diretas Já para a presidência da República e, como o *quorum* para a aprovação de uma reforma constitucional é de dois terços do número total de parlamentares, tudo indica que a emenda Dante de Oliveira não poderá ser aprovada. Qual será, então, a posição a ser assumida pelos partidos de oposição? Tudo indica que seus dirigentes deixarão de lado as massas populares que mobilizaram para a campanha das eleições Diretas Já, e que tratarão de participar das eleições indiretas, através desse ilegítimo "Colégio Eleitoral", procurando chegar a um candidato de conciliação, como tem sido tradicional em nosso país. Procurarão os dirigentes dos diversos partidos políticos de oposição chegar a um consenso com a ditadura, separadamente das massas trabalhadoras, à custa delas, sem a participação delas.[52]

---

[48] Ver as edições de *O Globo*, *Última Hora*, *Jornal do Comércio*, *Jornal do Brasil*, *Tribuna da Imprensa*, e *Folha de S.Paulo* do dia 22 mar. 1984.

[49] *Tribuna da Imprensa*, 10 abr. 1984; *O Estado de S. Paulo*, 11 abr. 1984.

[50] *Correio do Povo*, Porto Alegre, 14 abr. 1984.

[51] Emenda à Constituição que decretava a adoção de eleições diretas para a presidência da República, que acabou sendo derrotada no Congresso Nacional em 25 abr. 1984.

[52] *Pasquim*, 26 abr. a 2 maio 1984; grifos do original.

As previsões feitas por Prestes seriam cumpridas, pois, com a derrota das Diretas Já, os partidos de oposição trataram de chegar a um acordo com a ditadura. Liderados pelo PMDB, se aliaram a dissidentes do PDS – o partido do governo, que havia escolhido Paulo Maluf como candidato –, formando a Aliança Democrática, que apresentou Tancredo Neves e José Sarney como candidatos indiretos, respectivamente, a presidente e vice-presidente da República. Somente o PT, como rejeição à manutenção das eleições indiretas, orientou seus congressistas a não comparecerem ao Colégio Eleitoral[53].

Diante da derrota da emenda Dante de Oliveira, Prestes divulgava declaração ao povo, pronunciando-se contra a conciliação com a ditadura:

> Enquanto a burguesia, mais uma vez, como sempre tem acontecido, após utilizar-se do povo como massa de manobra, diante da primeira derrota dá-lhe as costas e passa a conciliar com a ditadura, [...] a classe operária e demais trabalhadores saberão prosseguir sem vacilações na luta pelos seus interesses mais imediatos, quer dizer, pelas liberdades democráticas, contra a miséria e a fome e a falta de trabalho, como também pelo voto direto-já nas eleições presidenciais, sem ilusões, mas com redobrada firmeza e energia, e organizando suas forças, certos de que só assim hão de transformar as derrotas de hoje na vitória de amanhã.[54]

Quando faltavam apenas dois meses para as eleições no Colégio Eleitoral, marcadas para 15 de janeiro de 1985, Prestes voltava a condenar o "pacto social" pregado por Tancredo Neves, apontando o reacionarismo da sua tese, pois pretendia assim "acabar com a luta de classes, pregando um pacto entre a burguesia e o proletariado". Prestes denunciava a conciliação de Tancredo com a ditadura, afirmando que não havia diferença fundamental entre ele e Paulo Maluf, pois "quem vai continuar governando é o poder militar"[55].

Prestes orientara os congressistas eleitos com seu apoio e comprometidos com suas posições políticas a não comparecerem ao Colégio Eleitoral, abstendo-se de votar em Tancredo Neves. Diante do fato de os deputados

---

[53] Cf. Alzira Alves de Abreu, Israel Beloch et al. (orgs.), *Dicionário histórico-biográfico brasileiro pós-1930* (Rio de Janeiro, Fundação Getulio Vargas, 2001), 5 v.

[54] Luiz Carlos Prestes, *Luiz Carlos Prestes ao povo. Contra a conciliação com a ditadura! Diretas já!*, manuscrito original, 23 jul. 1984, 1 folha; folheto impresso, 23 jul. 1984, 4 p., arquivo particular da autora.

[55] Luiz Carlos Prestes, "Declarações em Belo Horizonte", *Jornal do Brasil*; *Folha de S.Paulo*, 14 nov. 1984.

do PDT fluminense Jacques Dornellas (federal) e Eduardo Chuahy (estadual) terem votado em Tancredo Neves, Prestes divulgou uma *Nota*, na qual dizia discordar da posição por eles tomada, uma vez que o voto no Colégio Eleitoral não era obrigatório e ambos haviam assumido compromissos políticos com ele por ocasião das eleições de 1982. Na *Nota* afirmava: "Como sempre fiz em minha atividade política, jamais me prestei a enganar o povo, prometendo-lhe, como agora tão abundantemente se faz, o fim da ditadura militar, a conquista de um regime democrático e, até mesmo, uma Nova República, capaz de assegurar trabalho e um salário digno para todos os trabalhadores"[56].

Após a eleição indireta de Tancredo Neves, Prestes concedia entrevista à imprensa, em que reafirmava: "O poder militar ainda governará o país, mesmo com a eleição de Tancredo", acrescentando que o novo presidente estava "a serviço do poder militar, e o Brasil vai continuar a ser governado por um general, à paisana". Frisava a "continuidade do poder militar", destacando: "Como os militares estavam desgastados, o alto comando achou que devia se manter no poder através de um candidato civil e de preferência oposicionista". Dizia ainda que Paulo Maluf, o candidato oficial do partido governista, atuara apenas como "boi de piranha"[57].

Em seu *Manifesto* lançado por ocasião do 1º de maio de 1985, Prestes denunciava "os dirigentes de todos os partidos políticos, desde o PDS ao PMDB, até os chamados de 'esquerda' (PCB, PCdoB e MR-8)", que pretendiam "enganar o povo ao afirmarem que foi reconquistada a democracia, foi suprimido o militarismo e, até mesmo, alcançada uma 'Nova República'. Com o sr. José Sarney, agora no poder, em nada se modifica esse quadro"[58]. Em um ato público realizado na Quinta da Boa Vista, no Rio de Janeiro, em celebração ao Dia do Trabalhador, Prestes foi reconhecido pela imprensa como "o único orador aplaudido por todos os grupos políticos", oportunidade em que voltou a criticar a Nova República[59].

---

[56] Ver as edições de *Jornal do Brasil, Última Hora, Tribuna da Imprensa* e *Jornal do Comércio* de 17 jan. 1985.

[57] Ver as edições de *Jornal do Brasil, Jornal do Comércio, Última Hora, Tribuna da Imprensa* de 18 jan. 1985.

[58] Luiz Carlos Prestes, *Manifesto*, 1º maio 1985, panfleto impresso, arquivo particular da autora.

[59] Ver as edições de *Jornal do Brasil, Última Hora* e *Tribuna da Imprensa*, 2 maio 1985.

Perguntado por uma jornalista se a aprovação por unanimidade da emenda das eleições diretas enviada pelo presidente Sarney ao Congresso Nacional não teria sido uma vitória do povo[60], Prestes respondia: "O povo queria eleições diretas logo. Essa emenda por ora nos dá apenas a garantia do voto direto para a presidência da República, mas não diz quando. Sem dizer a data, não acrescenta muito. Sarney cumpriu o compromisso assumido pelo presidente Tancredo Neves. Mas as eleições deviam ser imediatamente. Por que em 1988?"[61].

A seguir, Prestes reafirmava a tese sobre o *poder militar*, lembrando que quem disse a verdade foi o ministro do Exército, quando declarou: "Com o governo Tancredo Neves, a revolução de 1964 não acaba. Ela se eterniza"[62].

Prestes prosseguiria cumprindo o objetivo por ele mesmo traçado desde o rompimento com o PCB de levar sua palavra a todos os brasileiros que quisessem ouvi-lo. Continuaria viajando por todo o país até o final da vida, divulgando suas ideias e levantando críticas tanto ao governo quanto ao adesismo das oposições e, em particular, dos partidos considerados de "esquerda".

Em julho/agosto de 1985, realizou-se em Havana a Conferência sobre a Dívida Externa, convocada por Fidel Casto e para a qual Prestes foi convidado. No discurso por ele pronunciado, ao lembrar que, em 1975, na reunião dos Partidos Comunistas e Operários da América Latina e do Caribe, realizada também em Havana, já se havia chegado à conclusão de que os problemas do continente não poderiam ser solucionados enquanto perdurasse o regime capitalista, e Prestes destacava que a revolução socialista estava na ordem do dia para os povos latino-americanos. Sobre a situação no Brasil, dizia:

> Se achamos que o acertado, nas atuais condições brasileiras, é lutar pela revolução socialista, ou, melhor, por aquela que abra caminho para o socialismo (antilatifundiária, anti-imperialista e antimonopolista), também sabemos que a revolução não pode se realizar quando se quer. Ela só poderá eclodir e ser vitoriosa quando existirem as condições objetivas e subjetivas para tanto indispensáveis. E tudo indica que em nosso continente se crescem cada vez mais as condições objetivas; as subjetivas ainda se retardam. Estamos longe também da indispensável organização e unidade da maioria esmagadora da classe operária, faltam-nos ainda

---

[60] Naquele momento cogitava-se nos meios políticos realizar as Diretas em 1988; como é sabido, aconteceram somente em 1989.

[61] Luiz Carlos Prestes, entrevista a Lenira Alcure, *Fatos*, 27 maio 1985.

[62] Idem.

partidos revolucionários efetivamente ligados às grandes massas trabalhadoras e populares.[63]

Prestes apresentava sua proposta para soluções parciais e viáveis no curto prazo:

> Se ainda não é possível a revolução, *isto não significa que fiquemos de braços cruzados*. No Brasil, temos chamado os trabalhadores a lutarem por medidas de emergência, de caráter limitado ou reformista, contra a fome, a falta de trabalho, por um subsídio-desemprego, contra a inflação e a carestia do custo de vida, afirmando que é dever dos governantes tomar medidas que minorem os sofrimentos do povo.[64]

No início do governo Sarney continuava-se a discutir nos meios políticos a possibilidade de um "pacto social", assim como a convocação da Constituinte. Prestes criticava o "pacto social", uma "aliança do leão com a ovelha", já se sabendo "quem vai ser comido". Em 15 de maio de 1985, era aprovada a emenda constitucional que determinava a convocação de Assembleia Constituinte formada pelos componentes do Congresso Nacional, que se reuniria a partir de 1º de fevereiro de 1987. Prestes também criticava tal solução, declarando que a Constituinte deveria ser exclusivamente Constituinte, "separada do Congresso Nacional, sem suas funções parlamentares". Reafirmava que a convocação da Assembleia Constituinte deveria ser precedida da remoção do "lixo fascista": a Lei de Segurança Nacional, a Lei de Imprensa, a proibição às greves e a Lei dos Estrangeiros, entre outras. Considerava ainda que a nomeação de um grupo de pessoas para elaborar um anteprojeto de Constituição havia sido uma intervenção indébita de Sarney[65].

Tendo em vista as eleições municipais de 15 de novembro de 1985, Prestes daria especial atenção ao pleito no município do Rio de Janeiro, apoiando para a prefeitura carioca o nome de Saturnino Braga, candidato de Brizola e do PDT. Em sua *Declaração*, divulgada com mais de um mês de antecedência, Prestes destacava a importância do governo Brizola no estado do Rio de Janeiro, "o único no Brasil de hoje que tem realmente tentado fazer alguma coisa pelo trabalhador". Esta era a razão, segundo Prestes, da

---

[63] Idem, *Discurso na Conferência sobre a Dívida Externa*, Havana, 3 ago. 1985, documento datilografado, 6 p., arquivo particular da autora; PRESTES – *Dívida externa*, folheto impresso, arquivo particular da autora.

[64] Idem; grifos meus.

[65] *O Estado*, Florianópolis, 4 e 5 set. 1985; *Jornal de Santa Catarina*, 4 set. 1985.

campanha raivosa movida contra Brizola⁶⁶. Prestes participou ativamente da campanha eleitoral, o que ficou registrado na imprensa da época, tendo reconhecidamente contribuído para a eleição de Saturnino Braga. Prestes participou também da campanha de vários candidatos comprometidos com as causas populares, no Rio de Janeiro e em outros estados.

Convidado a falar na Câmara Municipal de Duque de Caxias (RJ), Prestes aproveitaria a oportunidade para pronunciar-se sobre a Constituinte e a chamada "Nova República", contestando a legitimidade da comissão formada para estudar a elaboração da nova Carta Magna, que considerava "elitista" por não incluir em seus quadros nenhum representante das classes populares. Prestes afirmava: "Uma Constituição feita sem a participação do povo só serve para atender aos interesses de pequenos grupos e para consolidar o poder da burguesia, dos grandes trustes internacionais, que querem continuar no comando dos destinos do país às custas do sacrifício da classe trabalhadora, esta sim a grande força responsável pelo progresso da nação"[67].

Quanto à "Nova República", Prestes destacava que ainda não dissera a que viera, nem promovera "qualquer modificação substancial nas velhas estruturas política, social e econômica", pois continuava em vigor "a mesma legislação fascista, criada nos 21 anos de governos dos generais". Exemplo disso, "as ressalvas constitucionais, a Lei de Segurança Nacional e a Lei contra greves". Persistia, portanto, "o poder militar, que tutela os três poderes do Estado"[68].

Em março de 1986, o governo Sarney edita o decreto-lei 2283[69], um "pacote" econômico cujo objetivo, segundo seus autores, seria acabar definitivamente com a inflação. Prestes imediatamente se pronunciaria, mostrando que, com tais medidas, se pretendia acabar com a inflação às custas do povo, além de "ludibriar o povo em benefício das classes dominantes". Enquanto o PCB apoiava Sarney e a Aliança Democrática, após ter votado em Tancredo no Colégio Eleitoral[70], Prestes ressaltava "a posição firme e

---

[66] Luiz Carlos Prestes, *Declaração*, 10 out. 1985, volante impresso, 2 p., arquivo particular da autora; ver ainda as edições de *Jornal do Brasil*, *Última Hora*, *Tribuna da Imprensa* e *Folha de S.Paulo*, 12 out. 1985.
[67] *Jornal de Hoje*, Duque de Caxias, 18 jan. 1985.
[68] Idem.
[69] Juntamente com outros decretos editados naquele período, ficou conhecido como "Plano Cruzado".
[70] *Folha de S.Paulo*, 10 fev. 1986.

desassombrada" assumida por Brizola, o único governador de estado que havia ficado ao lado dos trabalhadores e do povo, desmascarando o caráter antipopular do "pacote" lançado pelo presidente Sarney. Prestes declarava: "Só os trabalhadores organizados poderão derrotar a política econômica de arrocho salarial imposta pelo governo do sr. Sarney"[71].

Durante o governo Sarney (1985-1990), Prestes, até seu falecimento[72], manteria o empenho no combate pela criação das condições para a fundação de um partido revolucionário no Brasil, objetivo a que decidira dedicar seus últimos anos de vida. Nesse sentido, dirigiu seus esforços nas direções que considerou viáveis naquele momento histórico.

Em primeiro lugar, procurou manter contato permanente com os mais diversos setores dos trabalhadores, dos movimentos populares, dos jovens, dos estudantes, dos intelectuais e dos políticos progressistas, no sentido de divulgar e debater suas posições políticas. Durante todos aqueles anos, por ocasião do Primeiro de Maio, Dia do Trabalhador, Prestes divulgara um *Manifesto* dirigido aos trabalhadores e fazia questão de comparecer e falar nas comemorações organizadas pelos sindicatos[73]. Em 1986, mesmo tendo sido vetada sua fala pela comissão organizadora do citado evento na Quinta da Boa Vista, composta pelos dirigentes das duas centrais sindicais existentes na época (CGT e CUT)[74], Prestes conseguiu arrebatar o microfone e dirigir-se aos presentes[75]. No *Manifesto* divulgado na ocasião, Prestes criticava a política econômica em vigor, destacando:

> Não basta congelar preços no nível a que já haviam chegado em 28 de fevereiro; é indispensável elevar os salários, a partir de um salário mínimo capaz de assegurar a cada trabalhador e sua família uma vida digna.

---

[71] Luiz Carlos Prestes, *Contra a fome, a carestia e o desemprego*, Rio de Janeiro, 15 mar. 1986, panfleto impresso, 1 p., arquivo particular da autora; ver também as edições de *Jornal do Brasil, Jornal do Comércio* e *Gazeta de Notícias*, 16 mar. 1986.

[72] Prestes faleceu no Rio de Janeiro, a 7 mar. 1990.

[73] Luiz Carlos Prestes, *Manifesto – Centenário do 1º de Maio, Dia de Luta!*, Rio de Janeiro, 1º maio 1986, volante impresso, 1 p.; *Manifesto – 1º de Maio, Dia de Luta!*, 1º maio 1987, volante impresso, 1 p.; *1886-1988 – 1º de Maio, Dia de Luta!*, 1º maio 1988, volante impresso, 1 p.; *1º de Maio, Dia de Luta!*, Rio de Janeiro, 1º maio 1989, volante impresso, 1 p., arquivo particular da autora.

[74] Embora Prestes, naquele momento, apoiasse a CUT, a direção da central cedeu à exigência da CGT de vetar sua fala no ato público.

[75] Ver as edições de *Jornal do Brasil, Folha de S.Paulo* e *Última Hora* de 2 maio 1986.

Chegou a hora, pois, de reforçar as organizações sindicais e populares. E também de prestigiar e de apoiar a Central Única dos Trabalhadores, por ser a única central sindical que efetivamente luta contra a atual estrutura sindical, por um sindicalismo independente do Estado, do patrão e dos partidos políticos.⁷⁶

Três anos mais tarde, Prestes denunciava, em *Manifesto* tornado público, que, embora a nova Constituição, promulgada em 1988, assegurasse o direito de greve aos trabalhadores, esse direito estava ameaçado pelo governo Sarney, que, em nome da sua regulamentação, solicitara ao Congresso nacional, na verdade, a sua limitação, acrescentando: "Contra uma tal ameaça, reacionária e anticonstitucional, é indispensável despertar e organizar os trabalhadores e mobilizar o movimento sindical para impedir que se consuma com essa ameaça arbitrária e anticonstitucional"⁷⁷.

Prestes procurou aproximação com os setores mais combativos do movimento sindical, participando ativamente das articulações para a criação da Central Única dos Trabalhadores (CUT) e lhe concedendo todo apoio. Naquele momento, a CUT aglutinou as lideranças do chamado novo sindicalismo, contribuindo para o combate aos "pelegos" concentrados na Central Geral dos Trabalhadores (CGT). Prestes participou de eleições sindicais, apoiando candidatos comprometidos com o novo sindicalismo, como era o caso da chapa de oposição nas eleições para a diretoria do Sindicato dos Metalúrgicos de São Paulo, controlada pelos pelegos "Joaquinzão" e Luís Antônio Medeiros⁷⁸.

Quando da eleição para a direção do Sindicato dos Bancários do Rio de Janeiro, em 1988, Prestes dirigiu-se a esses trabalhadores conclamando-os a votar contra a Chapa 2, que pautava sua atuação pela orientação "oportunista de direita" do PCB. Em panfleto divulgado entre os bancários, Prestes escrevia que a direção do PCB realizava "uma política de traição à classe operária", que negava "a luta de classes e o marxismo-leninismo, política sintetizada na afirmação insensata de que pretendem chegar ao socialismo 'através do governo do sr. Sarney' (como escreve a *Voz da Unidade*)"⁷⁹. Embora tivesse "profundas discordâncias com a orientação aventureira do agrupamento político que tem maioria na Chapa 1", Prestes considerava que, naquelas

---

⁷⁶ Luiz Carlos Prestes, *Manifesto – Centenário do 1º de Maio, Dia de Luta!*, cit.
⁷⁷ Idem, *1º de Maio, Dia de Luta!*, cit.
⁷⁸ *Jornal do Brasil*, 7 jul. 1987.
⁷⁹ Cf. *Folha de S.Paulo*, 10 fev. 1986.

circunstâncias, o fundamental era derrotar a Chapa 2, pois uma eventual vitória sua, com a conquista da Direção do Sindicato dos Bancários, contribuiria para abalar a influência da CUT no município do Rio de Janeiro[80].

Em julho de 1988, o PCB realizava seu VIII Congresso e elegia Salomão Malina presidente nacional do partido, o qual teria ido, imediatamente após o encerramento do Congresso, cumprimentar o presidente José Sarney. No documento encaminhado ao Congresso pela direção do Partido, considerava-se que a "transição" estava "chegando ao fim" e estaria "encerrada com a promulgação da nova Constituição, as próximas eleições presidenciais e o novo sistema de governo", pois o PCB apoiava o parlamentarismo. Era proposto "um novo bloco político para mais democracia e justiça social"[81]. Prestes combateria enfaticamente tais posições, negando a existência de uma suposta "transição" para a democracia. Desmascarava o reformismo do PCB, cujos dirigentes afirmavam que chegariam ao socialismo "através do presidente Sarney"[82]. Dizia que "os partidos que se chamam de comunistas [...] só são comunistas de nome, não tem mais nada de comunistas; PCB, PCdoB, MR-8, isso não tem mais nada a ver. Eles estão colocando a classe operária a reboque da burguesia, por que eles dizem que é através do governo do sr. Sarney que vai se chegar ao socialismo. Imagine [...] Sarney socialista?"[83].

Ainda em 1986, Prestes argumentava sobre os motivos por que a composição da Constituinte iria ser mais reacionária do que a de 1946: em vez "de ser convocada uma Assembleia Constituinte exclusiva, elege-se um Congresso", em que há também o problema da representação, pois no Acre um deputado era eleito com 10 mil votos e em São Paulo seriam necessários 132 mil. Também destacava, mais uma vez, o elitismo da comissão de notáveis nomeada por Sarney para elaborar o anteprojeto de Constituição. Prestes alertava para o fato de que toda a legislação fascista continuava de pé, perguntando como era possível dizer que se tratava de uma Constituinte democrática[84].

Em 1987, ao analisar a situação brasileira, Prestes afirmava:

---

[80] Luiz Carlos Prestes, *Aos companheiros bancários, meus amigos e correligionários*, Rio de Janeiro, 13 abr. 1988, volante impresso, 1 p., arquivo particular da autora.

[81] Cf. *Jornal do Brasil*, 21 jul. 1987, 12 mar. 1988 e 26 jul. 1988.

[82] *Folha de S.Paulo* e *O Globo*, 3 jan. 1988.

[83] Luiz Carlos Prestes, "Entrevista", *Tribuna de Minas*, 7 jun. 1987.

[84] Idem, "Entrevista", *Jornal do Comércio*, 9 jun. 1986; "Entrevista", *Folha Macaense*, Macaé, 11 abr. 1986; "Entrevista", *Folha de S.Paulo*, 4 maio 1986, p. 14; *A Gazeta*,

O Brasil está, depois de 21 anos de uma ditadura militar, com um governo civil. Chamam a isso Nova República. Mas [...] nenhum general fascista foi afastado, os assassinos que torturavam, matavam presos políticos não foram punidos. Nenhum deles. [...] A legislação fascista continua toda de pé: Lei de Segurança Nacional, lei contra as greves, lei contra os estrangeiros, tudo isso continua da mesma forma, não houve modificação. [...] A tal República Nova já nasceu velha. Porque, em vez de uma solução radical, que o povo desejava, o que tivemos foi uma conciliação geral.[85]

Prestes acrescentava que a Constituinte fora eleita "sem que nenhuma lei dos generais tivesse sido revogada", concluindo que, em tais condições, não poderia ser "soberana e livre". Lembrava também que se tratava da eleição mais cara na história do Brasil, pois para eleger um deputado foram necessários "bilhões de cruzeiros, ou milhares e milhares de cruzados". Era, portanto, uma Constituinte dos grandes empresários, que haviam financiado a eleição. "A minoria, mais radical, tem homens honestos, homens sérios, [...] como Florestan Fernandes, por exemplo [...]. Mas não passam de quarenta, em uma Constituinte de 550. Então, o que eles podem fazer?"[86]

Às vésperas da promulgação da Constituição, marcada para 5 de outubro de 1988, Prestes voltava a abordar, de forma circunstanciada, sua tese do *poder militar*, ao escrever um artigo assinalando que "todos os que se têm manifestado para exaltar o trabalho realizado pelos senhores constituintes e, muito particularmente, eles próprios, muito significativamente silenciam a respeito do artigo 142, que se refere às Forças Armadas". Prestes frisava que nesse artigo lhes são atribuídas "funções evidentemente incompatíveis com um regime efetivamente democrático", explicando:

> Trata-se de preceito que constituiu uma das maiores ou mesmo a maior vitória dos generais na Constituinte, na qual, segundo a opinião do professor Eurico Lima Figueiredo, citado pela revista *Senhor/IstoÉ*, na qualidade de "conhecido especialista em assuntos militares", o qual afirma que "Eles (os militares) ganharam (na Constituinte) todas as batalhas".[87]

Vitória, 16 abr. 1986"; e "Entrevista na rádio Roquete Pinto", *Diário Oficial do Estado do Rio de Janeiro*, 8 set. 1986.
[85] Idem, "Entrevista", *Tribuna de Minas*, 7 jun. 1987.
[86] Idem, "Entrevista", *Tribuna de Minas*, 9 jun. 1987.
[87] Idem, "Um 'poder' acima dos outros", *Tribuna da Imprensa*, 28 set. 1988.

Prestes citava o artigo 142, de acordo com o qual às Forças Armadas, ("quer dizer, aos generais") é concedida a atribuição constitucional de "garantirem [...] a lei e a ordem". Prosseguindo em sua análise, afirmava: "Atribuição constitucional que nem ao presidente da República ou aos outros dois poderes do Estado é tão expressamente concedida". Ressaltava, contudo, que a inclusão da afirmação de que "aquela atribuição dependerá da 'iniciativa' de um dos poderes de Estado" não passava de uma "reserva evidentemente apenas formal, já que será sempre fácil aos donos dos tanques e metralhadoras imporem a 'um dos poderes do Estado' que tome a referida iniciativa". Prestes escrevia ainda que o artigo 142 contraria "conhecido preceito da tradição constitucional de nosso país, que sempre afirmou serem os três poderes do Estado autônomos, mas harmônicos entre si, não podendo, portanto, nenhum deles tomar qualquer iniciativa isoladamente"[88].

A seguir, Prestes tratava de não deixar dúvidas quanto à essência do artigo 142 da Constituição de 1988:

> Em nome da salvaguarda da lei e da ordem pública, ou de sua "garantia", estarão as Forças Armadas colocadas acima dos três Poderes do Estado. *Com a nova Constituição, prosseguirá, assim, o predomínio das Forças Armadas na direção política da nação*, podendo, constitucionalmente, tanto depor o presidente da República, como os três Poderes do Estado, como também intervir no movimento sindical, destituindo seus dirigentes, ou intervindo abertamente em qualquer movimento grevista, como vem se fazendo desde os decretos de Getulio Vargas, de 1931, ou mesmo voltando aos tempos anteriores, em que a questão social era considerada uma questão de polícia, segundo o senhor Washington Luís.[89]

Na argumentação desenvolvida por Prestes, encontra-se a explicação para o silêncio a respeito do artigo 142:

> Todos os preceitos da nova Constituição, na verdade, por melhores que sejam, a nada serão reduzidos, em virtude do artigo 142, com a atribuição conquistada pelos generais de "garantir [...] a lei e a ordem". O silêncio feito a respeito daquele artigo é explicável – trata-se de encobrir para o povo o preceito mais reacionário ou ditatorial da nova Constituição, a qual, na prática, pode a qualquer momento ser anulada ou rasgada constitucionalmente...[90]

---

[88] Idem.
[89] Idem; grifos meus.
[90] Idem.

Concluindo seu artigo, Prestes escrevia: "Muito ainda precisaremos lutar [...] para nos livrarmos dessa interferência indébita e nefasta dos generais, para conquistarmos um regime efetivamente democrático".

Na realidade, o artigo 142 da Constituição de 1988 continua vigente. Confirma-se a tese defendida por Prestes do *poder militar e de sua tutela sobre a nação*. Conforme é lembrado pelo diretor do Instituto de Estudos sobre a Violência do Estado (Ieve), o professor Edson Teles, "na Constituição de 1988, seu artigo 142 aponta a ingerência militar nos assuntos civis", questionando a seguir: "Como podem os militares se submeterem aos 'poderes constitucionais' (Executivo, Legislativo e Judiciário) e ao mesmo tempo garanti-los?". Teles assinala ainda que, na Constituição atual, "a relação entre militares e civis ficaram quase idênticos (*sic*) à Constituição outorgada de 1967", concluindo:

> Em uma democracia plena o poder não pode ser garantido por quem empunha armas, mas pelo conjunto da sociedade, por meio de eleições, da participação das entidades representativas da sociedade e dos partidos políticos. Ao instituir as Forças Armadas como garantidoras da lei e da ordem, acaba-se por estabelecê-las como um dos poderes políticos da sociedade.[91]

Na luta pela democracia no Brasil, Prestes entendia a importância dos processos eleitorais, embora continuasse a considerar que esse não deveria ser o principal meio de mobilização e organização dos trabalhadores e das massas populares. Seu apoio à eleição do governador Leonel Brizola em 1982 revelara a justeza de sua posição. Apesar das limitações do governo Brizola, sempre apontadas por Prestes, o saldo de sua política não poderia deixar de ser considerado positivo. Ao engajar-se, em 1986, no estado do Rio de Janeiro na campanha pela vitória dos candidatos majoritários do PDT[92], sob a liderança de Brizola[93], Prestes destacava:

> Leonel Brizola, dos candidatos a governador eleitos em 1982, foi o único que, de fato, voltou-se para o povo e que, apesar das dificuldades

---

[91] Edson Teles, "Restos da ditadura: por que as Forças Armadas de hoje temem a punição dos torturadores de ontem", *O Globo*, 30 jan. 2010, p. 5.

[92] Os candidatos eram Darcy Ribeiro para governador, Cibilis Vianna para vice-governador e Marcelo Alencar e Doutel de Andrade para senadores. Antes, Prestes lançara, também pelo PDT, as candidaturas de dois companheiros seus: Bolivar Meirelles para deputado federal e Accacio Caldeira para deputado estadual; cf. Luiz Carlos Prestes, *Prestes indica e apoia Bolivar Meirelles e Accacio Caldeira*, Rio de Janeiro, 5 jun. 1986, panfleto impresso, 2 p., arquivo particular da autora.

[93] *Tribuna da Imprensa*, 23 e 24 ago. 1986.

financeiras causadas pelo sistema tributário do país, que limita drasticamente os orçamentos estaduais e de todos os municípios, tratou de resolver problemas que exigem medidas mais imediatas no sentido de minorar os sofrimentos do povo.[94]

Em *Manifesto* eleitoral, Prestes esclarecia sua posição:

Lutar [...] para assegurar a vitória, neste Estado, ao PDT, significará derrotar as forças reacionárias, não só em nível estadual como também em nível federal. Será uma derrota do projeto reacionário e antipopular do governo federal que tem, nos decretos-lei do "Plano Cruzado" o mais escandaloso exemplo de atentado aos legítimos interesses da maioria da população, já seguido do mais recente decreto-lei sobre os "empresários recuperáveis", verdadeiro confisco que atinge amplos setores da população assalariada e das camadas médias mais pobres.[95]

Nas eleições de 1986, Prestes avaliava PDT e PT como os únicos partidos de oposição ao governo Sarney naquele momento, pois o PMDB havia se transformado em partido governista. Por essa razão, no plano nacional, Prestes emprestou seu apoio a candidatos comprometidos com os interesses populares, inscritos nas legendas seja do PDT, seja do PT. Em São Paulo, por exemplo, o sociólogo Florestan Fernandes elegeu-se deputado federal constituinte pelo PT, contando com o apoio de Prestes e de seus correligionários nesse estado[96].

Ao fazer um balanço das eleições de 1986, Prestes escrevia:

Diante do resultado eleitoral, tanto no Estado do Rio de Janeiro, onde as forças coligadas em torno do governador Leonel Brizola foram derrotadas, como também no país inteiro, onde os partidários do governo federal, com o PMDB à frente, alcançaram uma ampla vitória, cabe reconhecer, sem subestimar os demais fatores que para isto contribuíram, que grandes contingentes eleitorais de nosso povo deixaram-se enganar pela demagogia do senhor Sarney.[97]

---

[94] Luiz Carlos Prestes, *Prestes indica e apoia [seguem os nomes de todos os candidatos]*, Rio de Janeiro, 1º set. 1986, panfleto impresso, 2 p., arquivo particular da autora; *Jornal do Brasil*, 26 out. 1986.

[95] Idem.

[96] Luiz Carlos Prestes, *Por que votar em Florestan Fernandes (PT)*, Rio de Janeiro, 17 set. 1986, panfleto impresso, 2 p., arquivo particular da autora.

[97] Idem, *Ao povo fluminense! Aos meus companheiros e amigos!*, Rio de Janeiro, 9 dez. 1986, panfleto impresso, 2 p., arquivo particular da autora.

A seguir, Prestes analisava os resultados do pleito em São Paulo:

> Se a maioria da população também votou sob o impacto da política demagógica do senhor Sarney, [...] é de ressaltar a vitória obtida pelo Partido dos Trabalhadores. Além da grande votação obtida por Luiz Inácio Lula da Silva – seu principal dirigente –, o PT dobrou o número de votos em relação às eleições anteriores. E seus candidatos mais votados foram precisamente os que defenderam posições mais avançadas e combativas. Tendência esta que foi confirmada pela derrota esmagadora dos partidos que se denominam comunistas, mas que, como é sabido, praticam uma política de traição à classe operária, levando-a a reboque do governo reacionário, antipopular e antinacional do senhor Sarney.[98]

Prestes assinalava que, dos quatro candidatos por ele apoiados em São Paulo, três haviam sido eleitos, incluindo o sociólogo Florestan Fernandes[99]. No que diz respeito ao estado do Rio de Janeiro, Prestes escrevia que, "em vez de uma campanha eleitoral, enfrentamos [...] uma verdadeira guerra, cientificamente preparada e que teve início muitos meses antes do próprio pleito", explicando:

> Contra o governo de Leonel Brizola uniram-se todas as forças reacionárias sob a direção aberta do governo federal e do próprio presidente da República, o qual usou ostensivamente a força e o prestígio do seu cargo contra a livre manifestação popular. Desde a pressão econômica e financeira contra o governo do estado até a proibição do uso da TV pelo governador, todos os recursos foram empregados, chegando o senhor Sarney a transformar-se em cabo eleitoral, ao enviar ao jornal *O Dia* uma carta em que solicitava abertamente votos para o candidato oficial.[100]

Coerente com suas posições de respeito ao bem público e aos princípios de democracia e de justiça social, Prestes, em 1987, às vésperas de completar 90 anos, recusava pensão vitalícia de dez salários mínimos que lhe seria concedida pelos cofres do município do Rio de Janeiro, no governo do prefeito Saturnino Braga. Na ocasião, Prestes divulgou *Declaração*, em que agradecia a homenagem que lhe estava sendo prestada, afirmando não poder aceitá-la, uma vez que a "autoridade executiva do município"

---

[98] Idem.
[99] Os outros dois foram Eduardo Jorge e Roberto Gouveia.
[100] Luiz Carlos Prestes, *Ao povo fluminense!*, cit..

vinha "demitindo um número crescente de funcionários, muitos deles chefes de família, pela simples razão [...] da falta de recursos financeiros nos cofres municipais"[101].

Nas eleições municipais de 1988, Prestes também marcaria presença, concedendo apoio a candidatos comprometidos com os anseios populares e, em particular, contribuindo para o fortalecimento eleitoral do PDT e de Leonel Brizola. Em declarações à imprensa, Prestes enfatizava o fato de Brizola ser "o único político que é atacado pelos generais", lembrando que "o povo quer uma solução pacífica para a grave crise. O povo não quer uma solução armada, o que traria fatalmente uma nova ordem militar ao país. O povo tem horror que os generais voltem novamente a dirigir a nação [...]"[102].

Na defesa de uma possível candidatura de Brizola à presidência, Prestes frisava que ele fora o único governador de estado que tivera coragem de nacionalizar duas empresas estrangeiras. Fora o homem que assegurara a posse de João Goulart com a sua "Cadeia da Legalidade" em seguida à renúncia de Jânio Quadros e à entrega por este do poder a uma junta militar. Por tudo isso, Prestes atribuía grande importância às eleições municipais de 1988, pois uma vitória do PDT nos municípios facilitaria a eleição de Brizola em 1989.

Em viagem ao México, a convite do Centro Cultural Lombardo Toledano, Prestes externaria sua opinião sobre a candidatura de Leonel Brizola:

No Brasil de hoje, não existe mais nenhum partido político de esquerda, já que os dois partidos comunistas apoiam abertamente o governo reacionário do sr. Sarney, que vai tratando de descarregar todas as dificuldades da crise nas costas dos trabalhadores. Até 1985, existiam apenas dois partidos políticos não comprometidos com o governo federal. O Partido dos Trabalhadores, dirigido pelo líder sindical Luís Inácio Lula, e o PDT (Partido Democrático Trabalhista), dirigido pelo sr. Leonel Brizola, que foi governador do Estado do Rio de Janeiro. O líder do PT, que se apresenta candidato à presidência da República, já mudou de posição e hoje defende a mesma orientação do PCB, quer dizer, luta pela conquista de um governo capitalista democrático que, segundo ele, assegurará o

---

[101] Idem, *Declaração*, Rio de Janeiro, 14 jun. 1987, fotocópia de documento datilografado, 1 p., arquivo particular da autora; *Tribuna da Imprensa*, *Última Hora* e *O Dia*, 17 jun. 1987.

[102] Idem, "Entrevista", *Correio Brasiliense*, 30 out. 1988.

bem-estar para as massas populares... Por isso, hoje, *as grandes massas populares voltam-se para o sr. Leonel Brizola, como a única esperança de um governo capaz de melhorar a situação das massas.*[103]

Em fevereiro de 1989, Prestes lançava uma *Carta* contra mais um "pacote" econômico do governo Sarney, em que denunciava o fato de os banqueiros, numa só noite, terem se apoderado de mais de 5 milhões de dólares graças à desvalorização da moeda nacional em relação ao dólar americano. Prestes esclarecia que "a pretexto de conter o processo inflacionário", o "pacote" de 15 de janeiro de 1989 provocava "a recessão da economia nacional" e, com a redução dos salários, agravava ainda mais "a situação de miséria e fome em que se veem debatendo os trabalhadores, em consequência da política salarial do governo Sarney, desde que chegou ao poder, em março de 1985"[104].

Prestes assinalava que fora contra essa política e que o voto popular se pronunciara nas eleições municipais, tanto em São Paulo, com a grande votação que obtiveram os candidatos do PT – o único partido que nesse estado lutava contra a política salarial do governo –, quanto no resto do Brasil, os candidatos dos dois partidos, PT e PDT, que "participaram e participam igualmente da mesma luta"[105].

Diante da ofensiva das classes dominantes, revelada pelo "pacote" de Sarney, também chamado de "Plano Verão", e da proposta de greve geral, que vinha sendo discutida pelo movimento sindical, Prestes considerava necessário preparar a greve "com seriedade e o mais profundo sentimento de responsabilidade, não poupando esforços para tornar cada dia mais vigorosa a organização sindical e mais estreita a unidade das fileiras sindicais". Frisava que "através da greve geral" seria possível reunir mais corretamente "as forças do movimento operário e as grandes massas trabalhadoras", como seria igualmente com a luta que mais facilmente se elevaria "o nível de consciência política e ideológica da classe operária". Dizia ainda que as

---

[103] Idem, *Discurso no Centro Cultural Lombardo Toledano*, Cidade do México, 8 set. 1998, fotocópia de manuscrito, 12 p., arquivo particular da autora; grifos meus.

[104] Idem, *Carta aos meus amigos e companheiros – Contra o terceiro "pacote" do governo Sarney*, fev. 1989, fotocópia de documento datilografado, 4 p., arquivo particular da autora.

[105] Idem.

eleições presidenciais de 1989 seriam certamente influenciadas pela luta operária contra o "Pacote de Verão"[106].

Em junho de 1989, Prestes declarava publicamente o apoio à candidatura de Brizola às eleições diretas para a presidência da República, afirmando que se tratava da única que merecia seu apoio, por ser aquela que contava com "a confiança de parte considerável da população trabalhadora", a qual tinha em Leonel Brizola "a única personalidade política" em que ainda depositava suas esperanças. Prestes ressaltava algumas características dessa candidatura que justificavam seu apoio:

> Os trabalhadores distinguem no sr. Brizola as qualidades que mais admiram – a integridade moral de quem, embora continuamente atacado e até mesmo insultado pelos reacionários, conquanto já tenha exercido cargos como o de prefeito de Porto Alegre e de governador dos estados do Rio Grande do Sul e do Rio de Janeiro, não conseguiram chamá-lo de corrupto ou ladrão dos cofres públicos. Nos referidos cargos revelou-se também Brizola um administrador capaz, terminando por isso o seu período de governo – ao contrário do que em geral acontece – com crescente prestígio popular. É de assinalar ainda sua obra benemérita no sentido de afastar a criança da rua, com a construção de mais de trezentas escolas de tempo integral. É também admirado pela sua valentia, tendo tido a coragem de defender a Constituição Nacional e, portanto, a posse de João Goulart na presidência da República, quando da crise da renúncia de Jânio e das ameaças públicas do ministro do Exército, de mandar bombardear o Palácio Piratini. Foi, também, o único governador estadual que nacionalizou duas empresas imperialistas, a Bond and Share e a ITT.[107]

Frente à situação crítica que o país atravessava, consequência da política econômica do governo Sarney, Prestes considerava que a candidatura de Brizola era a única em torno da qual seria possível unir todos que eram contra esse governo, contra a Nova República e os generais, a todos que sofriam as consequências da carestia da vida, a todos que almejavam "por um governo capaz de enfrentar com coragem e decisão os graves problemas"[108] que afetavam as grandes massas populares.

---

[106] Idem.

[107] Idem, *A meus amigos e companheiros! Ao povo brasileiro!*, Rio de Janeiro, 10 jun. 1989, panfleto impresso, 2 p., arquivo particular da autora.

[108] Idem.

Prestes, mais uma vez, participou de uma campanha eleitoral, viajando por todo o Brasil, levando sua palavra de "comunista revolucionário" aos trabalhadores e ao povo brasileiro. Com o resultado eleitoral de 15 de novembro de 1989, desfavorável a Brizola no primeiro turno, tendo ficado a opção para o segundo turno limitada à disputa entre Lula e Fernando Collor de Mello, Prestes tomava a decisão de apoiar o candidato do PT. Sua argumentação estava baseada na tese de evitar o mal maior:

> Teremos de contribuir com nosso voto para derrotar nas urnas de 17 de dezembro, no segundo turno, a candidatura do representante das forças mais reacionárias e fascistas. Participando, portanto, desse pleito em que a maioria do eleitorado poderá eleger o candidato que, *por falta de outra alternativa*, passou a encarnar as forças progressistas e democráticas de nosso país – o sr. Luís Inácio Lula da Silva.[109]

A seguir, Prestes explicava que, "muito embora sempre tenhamos feito restrições à candidatura do sr. Lula", diante do fato concreto que nos é colocado e, principalmente, visando combater as vacilações dos "democratas e progressistas que tendem a negar-se a votar no candidato sr. Luís Inácio Lula da Silva", formulava seu apelo a favor do voto em Lula, "a fim de conseguirmos derrotar o candidato das forças reacionárias e do fascismo – o candidato que conta com o apoio aberto, político e monetário, dos monopólios internacionais, dos latifundiários, dos militares golpistas e ainda do Sistema Globo de Televisão".

Prestes novamente participaria ativamente da campanha pela eleição de Lula, cujo desfecho, como é sabido, foi a derrota no pleito de 17 de dezembro. A 7 de março de 1990, poucos dias antes de Fernando Collor de Mello assumir a presidência da República, Prestes falecia no Rio de Janeiro.

Passados mais de vinte anos do desaparecimento de Luiz Carlos Prestes, a desigualdade social no Brasil não diminuiu, apesar dos avanços ocorridos, o que é confirmado pelos dados oficiais, ao apontarem a crescente concentração da renda nacional e o imenso desnível dos indicadores relativos à educação, à saúde e a outros aspectos da vida da população brasileira, se comparados com os dos países desenvolvidos. O Brasil de hoje, pela situação do seu povo, pouco difere daquele em que Prestes viveu e pelo qual lutou.

---

[109] Idem, *Apelo a meus amigos, companheiros e ao povo brasileiro!*, Rio de Janeiro, 23 nov. 1989, panfleto impresso, 1 p., arquivo particular da autora.

Continua também a tutela do "poder militar" sobre a nação, o que se evidencia hoje com a existência de documento produzido pelo Estado Maior do Exército, intitulado "Manual de Campanha – Contrainteligência". Segundo *CartaCapital*[110], trata-se de um conjunto de normas e orientações que reúne "todas as paranoias de segurança herdadas da Guerra Fria", a começar pela prática dos generais de "espionar a vida dos cidadãos comuns". O manual lista "como potenciais inimigos" praticamente "toda a população não fardada do país e os estrangeiros", incluindo "movimentos sociais, ONGs e os demais órgãos governamentais", de "cunho ideológico ou não".

Da mesma maneira a tutela do "poder militar' é revelada pelo fato de a Comissão da Verdade, aprovada na Câmara e sancionada pela presidenta da República, não passar de uma Comissão "para inglês ver", ou seja, para dar uma satisfação à opinião pública mundial, expressa através das exigências apresentadas pela Corte Interamericana de Direitos Humanos da Organização dos Estados Americanos (OEA). Como disse a então deputada Luiza Erundina, "o objetivo expresso do texto do projeto é resgatar a memória para ver a verdade histórica e fazer a reconciliação nacional. Sem tocar em justiça. É incrível, pois todos os países que sofreram ditaduras tiveram comissões da verdade com perspectiva de fazer justiça: Argentina, Uruguai, África, Alemanha"[111]. Na realidade, o "poder militar" continua impedindo a apuração dos crimes cometidos pelo Estado durante a ditadura e, principalmente, a punição dos torturadores.

Como Prestes sempre destacava, tal situação só poderá ser modificada com a mobilização e a organização dos setores populares.

---

[110] *CartaCapital*, n. 668, 19 out. 2011.
[111] Idem.

INTELECTUAIS DE ESTADO E A GESTÃO DA POLÍTICA ECONÔMICA NO REGIME DITATORIAL BRASILEIRO[1]

Adriano Codato

Introdução

Durante o regime ditatorial militar, um dos temas mais discutidos pelos círculos dirigentes no Brasil foi o da estrutura administrativa do Estado. Mais especificamente, o problema básico dizia respeito ao arranjo ideal para organizar o processo de tomada de decisões econômicas.

O ponto central desse debate, algumas vezes explícito, outras não, mas quase nunca público, era estabelecer qual seria o formato mais eficaz da distribuição das funções e dos recursos políticos de governo pelo organograma federal. Isso envolvia, para além de questões meramente burocráticas, a definição da posição – mais próxima ou mais distante – das diversas agências em relação aos centros de poder efetivos da ditadura e a hierarquia entre os vários níveis decisórios. Para tomarmos um caso como exemplo, a formulação das estratégias de desenvolvimento estava sob a responsabilidade de algum ministério (em geral o do Planejamento) e a implementação de políticas macroeconômicas encontrava-se sob o controle de outro (em geral o da Fazenda). Isso quando essas duas etapas não ficavam concentradas em um único decisor, e a consequente personalização do processo decisório daí decorrente era geralmente desculpada em nome da rapidez, eficácia e agilidade que essa diminuição da quantidade de arenas e do encurtamento

---

[1] A primeira versão deste trabalho foi apresentada no XXIII Simpósio Nacional de História, em julho de 2005, com o título: *Quando falam os documentos: análise das concepções de Estado, política e planejamento da ditadura militar brasileira*. Gostaria de agradecer a generosidade do jornalista e pesquisador Elio Gaspari que cedeu para esta pesquisa alguns documentos do Arquivo Privado de Golbery do Couto e Silva/ Heitor Ferreira (APGCS/HF).

das rotinas garantiria. Em todo caso, o ideal de "modernização" do sistema administrativo federal era tomado como o meio para assegurar a coerência do sistema decisório (a unidade em torno de certos objetivos estratégicos), a lógica de seus procedimentos (sua "racionalidade") e a qualidade dos resultados (o "desenvolvimento").

Este artigo analisa dois documentos reservados do Arquivo Privado de Golbery do Couto e Silva/Heitor Ferreira que avaliam e discutem a eficiência do desenho do sistema de decisões econômicas durante o regime ditatorial militar no Brasil. O primeiro documento, de 1973, está intitulado *Estrutura de governo, notadamente quanto à área econômica*; o segundo, de 1979, é composto de três partes, *Secretaria de Planejamento (SEPLAN), Ministério da Fazenda* e *Diretrizes gerais de política econômica (SEPLAN e MiniFAZ)*. Nesses papéis, os ministros Reis Velloso e Mário Henrique Simonsen recomendam fórmulas distintas para a disposição dos aparelhos econômicos. Mais do que verificar se as propostas ali contidas foram de fato postas em prática, o que se espera aqui é, através delas, ressaltar alguns dos motivos dos conflitos burocráticos do período ditatorial. Nossa suposição é que esse material permite ler, em suas entrelinhas, não as diferenças de concepção entre civis e militares acerca do tamanho do poder de cada uma dessas alas no regime, mas, antes, as disputas tanto políticas como teóricas entre os círculos dirigentes civis do regime pelo comando global da economia nacional.

O entendimento sobre como era e, especialmente, como deveria ser o sistema estatal, qual a quantidade de poder controlável pelos *State managers* e, por extensão, quais seriam as condições políticas para implementar o respectivo plano econômico estão na base dos diferentes desenhos institucionais propostos pela "área econômica" dos dois últimos governos militares – Geisel (1974-1979) e Figueiredo (1979-1985). As concepções e o sentido preciso que cada facção da elite estatal quer dar aos arranjos burocráticos são, em alguma medida, reveladores da lógica implícita que orienta o duelo invisível das cúpulas ministeriais por recursos financeiros e institucionais no interior do Estado ditatorial. Essa batalha exprime as constantes disputas não só pela liderança política entre os ministérios, mas também a autoridade sobre a formulação da agenda de governo, o poder de comando sobre uma parte do Estado e sobre o conteúdo global da política econômica. A peculiaridade aqui é que os redatores dessas propostas – Simonsen e Reis Velloso – falam não como parte interessada nessa guerra pelo máximo poder de iniciar e/ou vetar uma decisão, mas como desenhadores de instituições. Assumem, assim, a função de pensadores do Estado ditatorial. Seu papel político é travestido de uma função intelectual, e toda essa retórica burocrática justifica a organização formal do governo com base na ideologia da eficiência dos meios e da eficácia dos resultados. Assim, é menos como decisores que os dois ex-ministros da ditadura interessam aqui e mais como "intelectuais de Estado".

Compreenderemos esses documentos, até então inéditos, a partir de três pontos de vista: sua *autoria*, o *conteúdo* e o *contexto* em função do qual foram produzidos. O objetivo específico aqui é explicitar a lógica política dos condutores econômicos, lógica essa que comanda as opções "técnicas" que deveriam orientar a estrutura organizacional do Estado ditatorial.

O capítulo está dividido em três itens. No primeiro, "Política e burocracia", observa-se a importância da discussão sobre o arranjo interno do aparelho do Estado e as implicações desses "formalismos" para a distribuição do poder burocrático. O segundo e o terceiro itens são uma tradução do documento redigido por Reis Velloso e dos de autoria de Simonsen com base nas três variáveis de interpretação propostas anteriormente. Na explicação desse material, pretende-se especificar, em primeiro lugar, as reprovações de Reis Velloso ao método de Delfim Netto de comando da política econômica, destacando o sentido e o alcance do novo esquema proposto pelo primeiro em fins de 1973 e que deveria ser adotado na então futura administração Geisel, no âmbito de uma grande reforma institucional da ditadura. Em seguida, resumimos as críticas formuladas por Simonsen em princípios de 1979, antes da posse do general Figueiredo, à disposição institucional concebida por Reis Velloso e assumida, com alguns ajustes, durante o governo de Ernesto Geisel. As propostas de Simonsen – que viria a ser o ministro-chefe da Secretaria do Planejamento do governo Figueiredo – para redefinir a cadeia de comando da economia nacional serão comentadas tendo em vista os principais conflitos político--burocráticos da fase final do período ditatorial.

Política e burocracia

Concebido e implementado (ainda que parcialmente) o decreto-lei n. 200/67, a organização da administração pública federal, que parecia ter enfim assumido um aspecto mais "moderno" e uma forma mais definitiva, sofreu uma série de modificações. Esses ajustes começaram já em 1969², e os sucessivos governos militares a partir de então procuraram adequar as ordenações da chamada reforma administrativa do governo Castelo Branco (1964-1967) às exigências impostas por duas outras variáveis no lugar das pretendidas racionalidade e eficiência: *poder* e *interesse*.

Como é esperável, a distribuição do poder pelos diversos ramos do aparelho do Estado e a capacidade de impor interesses de acordo com a força/influência dos diferentes grupos políticos, militares e sociais sobre os centros decisórios variaram na exata medida dos resultados concretos dos conflitos intra e extraburocráticos, ao longo de cada conjuntura política. Daí o fato de a evolução institucional – os períodos e as fases em que se dividiu o regime político ditatorial – responder, de um lado, às repetidas arrumações do *sistema político* (ora mais "fechado", ora mais "aberto") e, de outro, às sucessivas reorganizações do *sistema estatal* (mais ou menos centralizado em determinado aparelho e/ou decisor).

No caso específico dos conflitos intraburocráticos, a oposição entre as diversas facções da burocracia civil, ao menos no que diz respeito à área econômica, cumpriu um papel mais decisivo para a compreensão da evolução e da transformação institucional do Estado ditatorial do que as disputas entre civis e militares pelas finalidades essenciais do "movimento de 1964". Por isso, as relações entre o Executivo, seus aparelhos e centros de poder, de um lado, e as Forças Armadas, ou melhor, seus grupos e facções rivais, de outro, são bem mais complexas do que poderia supor uma hipótese que sustentasse, por exemplo, que o controle sobre os principais recursos institucionais do *sistema político* pelo estabelecimento militar deveria, necessariamente, submeter o conjunto do processo decisório do Estado à influência estrita das "doutrinas de segurança" ou dos "projetos de potência nacional"³.

---

[2] Para todas as alterações do decreto-lei n. 200 de 25 fev. 1967, ver a página da Subchefia para Assuntos Jurídicos do governo federal, disponível em: <www.planalto.gov.br/ccivil_03/Decreto-Lei/Del0200.htm>, acessada em 12 dez. 2012. Robert T. Daland, em seu *Exploring Brazilian Bureaucracy: Performance and Pathology* (Washington, D. C., University Press of America, 1981), enfatiza que as mudanças promovidas pelo decreto-lei n. 200 foram insuficientes para redefinir tanto as relações horizontais entre os órgãos da administração direta e indireta quanto as relações verticais entre os centros de poder.

[3] Para uma discussão mais detalhada, ver Suzeley Kalil Mathias, *A militarização da burocracia: a participação militar na administração federal das comunicações e da educação: 1963-1990* (São Paulo, Editora da Unesp, 2004).

Há se não uma lógica própria, uma dinâmica – não obrigatoriamente militar, embora em alguma medida responda a ela – que comanda a discussão, o debate e a polêmica em torno do desenho assumido pelo sistema decisório, e que é determinada, em primeiro lugar, pela competição entre "burocracias" civis de médio e (principalmente) alto escalão em torno da quantidade de instrumentos de política econômica sob controle de determinada repartição governamental. Os sucessivos rearranjos no primeiro escalão a cada governo militar, desde a substituição de ministros até os deslocamentos de dominância de um centro de poder para outro, são, na verdade, uma resposta à impossibilidade de separar, de um lado, a racionalidade abstrata da ação estatal e, de outro, os objetivos políticos e estratégicos dos governantes militares somados às – e é o que parece mais decisivo pelos documentos a serem discutidos – aspirações políticas e ideológicas dos tecnocratas civis.

Nesse contexto, a discussão tradicional sobre a relação entre "Estado e economia" – ou, mais especificamente, a relação entre a organização do aparelho central do Estado e o processo decisório de política econômica – adquire um sentido estratégico para entender três aspectos não rituais do regime: a grande autonomia do Estado diante da "sociedade", a tutela militar sobre o sistema político e o poder político dos tecnocratas. Esses "tecnocratas", para utilizar o vocabulário corrente da época, parecem converter-se numa espécie de elite dirigente com grande liberdade de ação, seja para definir o desenho do sistema estatal, seja para eleger os aparelhos burocráticos com os quais precisam contar (bancos estatais, fundos financeiros, comissões governamentais, conselhos interministeriais etc.) a fim de implementar "suas" políticas econômicas.

Como foi dito, este artigo aborda essas questões, ainda que indiretamente, a partir da análise de dois documentos do Arquivo Privado de Golbery do Couto e Silva/Heitor Ferreira (APGCS/HF). O primeiro texto será referido de agora em diante como "documento Reis Velloso" e o segundo, como "documento Simonsen". Mais concretamente, trata-se, no diagnóstico desse material, de decodificar as ambições políticas das cúpulas civis do Estado ditatorial, encobertas pela retórica burocrática e expressas na mais monótona linguagem administrativa em torno do problema, tal como posto nessa correspondência reservada entre o presidente e os futuros ministros, do formato "racional" e equilibrado que deveria assumir o sistema decisório e, por extensão, da funcionalidade ou da disfuncionalidade da ordem executiva do regime ditatorial.

A novidade ou o ineditismo dos documentos do Arquivo Privado GCS/HF estão longe de ser irrelevantes do ponto de vista historiográfico, mas o mais importante aqui é que seus enunciados podem ser tomados como uma chave para interpretar as relações postuladas entre as diferentes partes da cúpula do Estado. Permitem tratar, daí seu interesse especial, de uma série de assuntos interligados, que por sua vez, em função da natureza secreta do processo decisório do regime ditatorial, nunca ficou muito clara aos analistas. Por exemplo: a quantidade de poder controlado pela presidência (como aparelho burocrático), o tipo de poder exercido pelo presidente-militar (como decisor soberano) e a ascendência de um *centro político* específico, ora dentro, ora fora do círculo palaciano, dotado de razoável autonomia operacional no interior do sistema institucional do Estado ditatorial.

O documento Reis Velloso e o desenho da política econômica

O documento reservado *Estrutura de governo, notadamente quanto à área econômica* consiste em oito folhas datilografadas, sem data nem assinatura. Possivelmente foi entregue por João Paulo dos Reis Velloso ao então futuro presidente Geisel em novembro de 1973[4]. Um dos assuntos em pauta na área econômica durante as discussões para a formação do novo gabinete ministerial era o da repartição do poder decisório entre cada pasta. Por isso, esses papéis permitem, de um lado, reconstruir o diagnóstico sobre o modelo de administração anterior, comandada de forma centralizada por Delfim Netto[5], e, de outro, traduzir os novos propósitos e as concepções dos principais assessores do governo Geisel diante da dificuldade não do conteúdo, e sim da gestão da política econômica[6].

---

[4] A informação é de Elio Gaspari. Ver seu livro *A ditadura derrotada: o sacerdote e o feiticeiro* (São Paulo, Companhia das Letras, 2003), p. 297, nota 83.

[5] Antônio Delfim Netto foi ministro da Fazenda dos governos Costa e Silva (1967--1969) e Médici (1969-1974), ministro da Agricultura (1979) no início do governo Figueiredo (1979-1985) e, posteriormente, ministro-chefe da Secretaria de Planejamento da presidência da República (1979-1985). Durante o governo Geisel (1974-1979), foi embaixador do Brasil na França (1975-1978), tendo sido também secretário da Fazenda do Estado de São Paulo (1966-1967).

[6] Para uma visão geral desses pontos e o seu contexto, ver os depoimentos de Ernesto Geisel e Reis Velloso ao CPDOC em Maria Celina D'Araújo e Celso Castro (orgs.), *Ernesto Geisel* (Rio de Janeiro, Fundação Getulio Vargas, 1997) e *Tempos modernos:*

Sem evasivas, o registro começa colocando o problema da maneira mais direta possível: "como pode o presidente da República dispor de uma organização administrativa que assegure [...] a preservação de uma orientação geral de política econômica e social?"[7]. Em outras palavras: como pode o presidente exercer, de fato, poder de decisão sobre a área econômica, alterando o padrão de governo de Costa e Silva e de Médici, os dois presidentes que haviam delegado essa função ao então todo-poderoso ministro da Fazenda?

A ampliação das funções ordinárias, a conquista de poder sobre todos os temas de política econômica por parte do titular da Fazenda entre 1967 e 1974 (política comercial, agrária, cambial, monetária, orçamentária, de desenvolvimento, de preços, de abastecimento etc.) e a ascensão da pasta à condição de coordenadora máxima da política de governo compuseram o acontecimento burocrático mais notável da história administrativa da ditadura militar. O controle exercido pelo comandante do Ministério da Fazenda sobre o Conselho Monetário Nacional (CMN) tinha, nesse contexto, uma dupla utilidade: ao ampliar a composição do CMN, trazendo para a agência todos os presidentes dos bancos oficiais (Banco Central, Banco do Brasil, BNDE, BNH, CEF), além dos ministros do Planejamento e Coordenação Geral, Indústria e Comércio, Interior e Agricultura, Delfim Netto trazia junto as funções desses aparelhos e podia superintender suas respectivas áreas de atuação; ao controlar tantas agendas e, por extensão, os interesses dos setores privados conectados a elas, o superministro passou a controlar também a política de seleção de prioridades políticas do Estado militar, selecionando, estratificando, hierarquizando e elegendo os interesses específicos das várias clientelas empresariais[8].

Conforme esse arranjo, entre fins dos anos 1960 e início dos anos 1970 o sistema institucional do Estado ditatorial encontrava-se dividido

---

João Paulo dos Reis Velloso, memórias do desenvolvimento (Rio de Janeiro, Fundação Getulio Vargas, 2004).

[7] *Estrutura de governo, notadamente quanto à área econômica*, em Arquivo Privado de Golbery do Couto e Silva/Heitor Ferreira (APGCS/HF), p. 1.

[8] Para uma explicação do processo de conquista de poder do ministro da Fazenda sobre as demais pastas, ver Celso Lafer, *O sistema político brasileiro: estrutura e processo* (São Paulo, Perspectiva, 1975), p. 89-117, e Maria Lucia Teixeira Werneck Vianna, *A administração do "Milagre": o Conselho Monetário Nacional (1964-1974)* (Petrópolis, Vozes, 1987), p. 110-80.

em dois blocos. Em obra de 1975, Fernando Henrique Cardoso sustenta que havia dois circuitos decisórios diferentes funcionando em paralelo: um conjunto de aparelhos repressivos e outro de aparelhos encarregados da gestão econômica. A presidência da República ficava situada entre essas duas estruturas burocráticas, exercendo, portanto, um papel moderador e tutelar. A peculiaridade do Estado militar brasileiro nesse período é que a presidência não era o lugar do exercício da autoridade pessoal do líder político do regime ditatorial, mas, antes de tudo, um centro de poder que exprimia a correlação de forças entre as diferentes facções das Forças Armadas nacionais[9].

Na virada do governo Médici para o governo Geisel, começarão a surgir algumas propostas alternativas para refazer o organograma e redistribuir o poder de decisão. Eugênio Gudin desde o início da década de 1970 defendia a criação de um grande "Ministério da Economia" que coordenasse de fato todos os temas de política interdependentes. Na sua visão, o fundamental era garantir unidade de orientação da economia nacional. Para não inflacionar demais o poder político desse possível ministro da Economia, fazendo dele uma espécie de primeiro-ministro do governo ou um "ditador da economia" do setor público, Gudin imaginou que bastaria criar um conselho econômico composto por secretários de Estado, assessores especializados não do presidente, como nos Estados Unidos, mas do próprio titular da Economia, convocando eventualmente outros ministros, "quando se tratasse de assuntos de suas pastas". De forma alguma essa função deveria caber ao presidente da República, devido à falta de tempo e mesmo a falta de especialização em economia. Nesse desenho, o Ministério do Planejamento seria suprimido[10]. Hélio Beltrão, ex-ministro do Planejamento e Coordenação Geral do governo Costa e Silva, bateu-se por uma "Secretaria Geral da Presidência da República", que estivesse situada acima dos ministérios ordinários, a fim de "imprimir unidade e perfeita sintonia" aos diversos

---

[9] Para a análise da estrutura decisória do governo Médici, ver Fernando Henrique Cardoso, *Autoritarismo e democratização* (Rio de Janeiro, Paz e Terra, 1975), p. 201-12.

[10] Cf. os artigos "A reforma administrativa", 8 fev. 1971, e "Reorganização da cúpula de governo no setor da economia", 4 fev. 1972, publicados originalmente no jornal *O Globo* e depois reunidos em Eugênio Gudin, *O pensamento de Eugênio Gudin* (Rio de Janeiro, Fundação Getulio Vargas, 1978), p. 290-1 e p. 217-9. Para mais referências sobre essa discussão, ver Adriano Codato, *Sistema estatal e política econômica no Brasil pós-64* (São Paulo/Curitiba, Hucitec/Anpocs/UFPR, 1997), p. 81-5.

ramos e ao processo decisório como um todo¹¹. Essa pretensão era, como se vê, oposta à de Gudin, pois se não fazia do presidente militar o *centro* do sistema de decisões do Estado, impedia que um ministro subordinasse os demais. Numa linha diferente dessas duas primeiras, Reis Velloso insistirá que o conflito de funções e competências que havia prevalecido entre o Ministério da Indústria e Comércio (MIC), o da Fazenda (MiniFAZ) e o do Planejamento e Coordenação Geral (MPCG) nos últimos governos só se resolveria "por ação direta do presidente da República"¹².

As questões fundamentais desse debate podem ser resumidas da seguinte forma: dado que havia, em razão do desenho do sistema administrativo Costa e Silva-Médici, uma *fragmentação* da política econômica em várias direções, muitas vezes com objetivos contraditórios, e que era preciso *coordenar* as tomadas de decisão nesse domínio, qual seria a estrutura mais adequada? A quem deveria caber a organização da política econômica? Resposta do documento Reis Velloso: ao general Geisel em pessoa. "Salvo por ação direta do presidente da República, [é] possível melhorar a estrutura existente."¹³ Embora essas questões fossem postas como um grande problema administrativo (trata-se da "eficiência" do sistema), a solução parece derivar das características pessoais do titular do cargo e das recomendações do documento feitas por encomenda. O presidente Geisel era centralizador, cioso de sua autoridade e não pretendia delegar quaisquer funções mais importantes de comando da economia nacional.

Havia basicamente, segundo o documento Reis Velloso, cinco grandes distorções que comprometiam a eficiência do sistema decisório ditatorial. Em primeiro lugar, os instrumentos de implementação da política econômica estavam mal repartidos entre o MPCG, o MiniFAZ e o MIC. Essa questão da divisão de poderes entre as pastas ministeriais principais conduzia a uma segunda dificuldade: o Ministério do Planejamento concentrava certos instrumentos para a operação da política econômica somente na área governamental (orçamento, por exemplo); já a Fazenda, na área empresarial (incentivos fiscais); e o Ministério da Indústria e Comércio administrava, por sua vez, as taxações sobre

---

[11] Citado em Eugênio Gudin, "O Ministério da Economia" (14 jan. 1974), em *O pensamento de Eugênio Gudin*, cit., p. 339. Sobre a posição de Beltrão, ver "Presidente fica ainda mais forte", *O Estado de S. Paulo*, 20 mar. 1974, p. 6.

[12] *Estrutura de governo, notadamente quanto à área econômica*, em APGCS/HF, p. 3.

[13] Idem.

os projetos e produtos industriais. A questão aqui não era somente de definição de *áreas de atuação* (público/privado), mas também conduzia a problemas de fixação de objetivos comuns ao governo como um todo: o MF ou o MIC, por exemplo, poderiam divergir quanto "à orientação geral de governo" e daí perseguirem "seus objetivos próprios" autonomamente. Uma quarta disfunção dessa estrutura era que o Conselho Monetário Nacional, "nos últimos quatro anos" – isto é, entre 1970 e 1973 –, havia assumido um "grande número de novas atribuições" e ampliado sua composição "consideravelmente", como já se referiu[14]. O CMN centralizou em demasia a política financeira durante o governo Médici, fazendo com que Planejamento, Indústria e Comércio e Interior perdessem quase todas as prerrogativas. Nesse contexto institucional, que papel era possível dar a esses aparelhos?

A solução de Gudin – criar um "Ministério da Economia" que reunisse as agendas típicas do Planejamento, Fazenda, Indústria e Comércio, Agricultura e Interior numa pasta – só abriria, na visão de Reis Velloso, uma concorrência explícita com os poderes do presidente da República. Um superministério com tantas capacidades, comandado por um superministro, "dificilmente seria compatível com um regime autenticamente presidencial"[15], tampouco se ajustaria ao figurino que o general Geisel gostaria de imprimir ao seu governo.

Conforme as sugestões do documento, a "solução natural do problema seria colocar" o Ministério do Planejamento "como unidade da presidência da República". O futuro ministro "extraordinário" do Planejamento teria o mesmo nível dos ministros-chefe da Casa Militar, da Casa Civil, do Gabinete Militar e do Serviço Nacional de Informações. Isso porque o órgão de planejamento era, "por excelência, mecanismo assessor do presidente da República para a preservação da visão global e orgânica da atuação do governo". Além do mais, esse ministro "extraordinário" poderia inclusive acumular "sua posição com a de secretário-geral de um eventual Conselho de Desenvolvimento". Há três elementos importantes nessas propostas. O novo ministério teria como atribuição principal a ação de *coordenação* geral do governo (o que por si só já significava razoável poder) e de planejamento global do desenvolvimento econômico, distinguindo-se da ação de *execução* de políticas setoriais, atribuições essas dos ministérios ordinários. Ao separar esses dois níveis, seria possível pôr fim, conforme se acreditava, à competição

---

[14] Ibidem, p. 2, 3 e 6, respectivamente.
[15] Ibidem, p. 3.

política entre os ministérios – mesmo porque é evidente que o novo ministro "extraordinário" do Planejamento "teria funções nitidamente técnicas"[16]. E a instituição de um suposto Conselho de Desenvolvimento poderia substituir o tal Ministério da Economia com uma vantagem: esse comitê seria mais um órgão à disposição do presidente – e não uma agência, como o CMN, controlado por um ministro incontrolável.

Mas o que, afinal, estava em jogo nessa discussão do sistema decisório da ditadura e quais as consequências desse rearranjo? Primeiro, aumentaria significativamente a proximidade desse ministro "extraordinário" do Planejamento com o núcleo do poder num contexto em que a presidência deixaria de exercer um papel meramente arbitral. Segundo, mas não menos importante, tudo isso implicava no aumento do poder do próprio Reis Velloso, o inventor da ideia. Reis Velloso havia sido o titular do MPCG da Junta Governativa Provisória de 1969 e durante toda a administração do general Médici com poucas funções reais. Conforme esse apontamento, o Planejamento e Coordenação Geral se transformaria num superministério, já que além do orçamento global da União, que deveria permanecer subordinado ao novo MP, cogitou-se também a incorporação do MIC pelo Planejamento ou a fusão do Ministério do Interior com esse novo MPCG. Para coroar, haveria uma nova divisão do trabalho no sistema financeiro com a readequação do papel do CMN e seu retorno às funções oficiais, e uma especialização do sistema bancário público tanto em termos de fontes de financiamento como de operações de crédito[17]. Antecipando-se às possíveis objeções, o redator do documento apressou-se em dizer que todas essas alternativas eram imaginadas tão somente para "ajudar o presidente da República a preservar uma orientação geral" para a economia, e não para criar um ministério "autossuficiente, que desequilibraria toda a estrutura administrativa"[18].

Na prática, o que ocorreu? A lei 6.036, de 1º de maio de 1974, criou um Conselho de Desenvolvimento Econômico (CDE) e transformou o

---

[16] Ibidem, p. 3-4.

[17] Por exemplo: o capital à disposição do BNDE seria consideravelmente aumentado se ele pudesse gerir os fundos PIS e Pasep e, com isso, financiar a expansão do setor siderúrgico, de indústrias de base e da infraestrutura nacional. O Banco do Brasil financiaria o capital de giro e o capital fixo do setor agrícola e a Caixa Econômica Federal, o capital de giro de curto prazo das firmas privadas. Ver ibidem, p. 8.

[18] Ibidem, p. 4, 6 e 5, respectivamente.

Ministério do Planejamento na Secretaria de Planejamento da Presidência da República (Seplan), modificando os artigos 32, 35 e 36 do decreto-lei n. 200/67. Os dois aparelhos seriam, a partir de então, "órgãos de assessoramento imediato do presidente da República" (art. 1º). De acordo com esse documento, a função essencial do CDE era, basicamente, auxiliar "o presidente da República na formulação da política econômica e, em especial, na coordenação dos ministérios" afins, conforme a orientação macroeconômica definida pelo II Plano Nacional de Desenvolvimento (art. 3º). Esse conselho, presidido diretamente por Geisel, seria integrado pelos Ministérios da Fazenda (Mário Henrique Simonsen), Indústria e Comércio (Severo Gomes), Agricultura (Alysson Paulinelli) e Interior (Rangel Reis), além do ministro-chefe da Seplan, Reis Velloso, que cumpriria as funções de secretário-geral do CDE (art. 4º). À Seplan, por sua vez, caberia auxiliar diretamente o presidente da República na coordenação, revisão e consolidação dos programas setoriais e regionais, e na elaboração da programação geral do governo (art. 5º, par. 1º). Essas funções de coordenação se estenderiam também sobre o sistema de planejamento e orçamento federal, inclusive no tocante ao acompanhamento da execução do plano de desenvolvimento, sobre as medidas de política econômica, científica, tecnológica e social, e sobre os assuntos afins ou interdependentes que interessassem a mais de um ministério (art. 7º). Por isso, outros ministros de Estado poderiam ser convocados a participar das reuniões do CDE, se fosse o caso (art. 4º, par. 1º).

O alcance desse rearranjo no arcabouço administrativo do Estado ditatorial não ficou restrito às modificações do organograma de governo, e repercutiu também sobre as relações interburocráticas e a distribuição de funções e competências no sistema estatal. A adoção de uma estrutura muito particular de decisão, quando comparada com a dos governos anteriores, e a fixação de novas leis de operação, métodos de trabalho e hierarquias decisórias permitiram fazer do presidente da República o funil obrigatório da política estatal. Durante o governo do general Geisel, esse poder arbitral entre as pastas econômicas e, mais exatamente, a prerrogativa do presidente para intervir no processo decisório, ao contrário de militarizar o sistema, cumpriu a função de afastar o alto e o médio oficialatos das rotinas de governo, desmilitarizando, ou melhor, evitando a influência direta das Forças Armadas sobre a política econômica. Outro ganho considerável da centralização das agendas e prerrogativas ministeriais e da concentração do poder na presidência foi o de dificultar a presença ostensiva do grande empresariado nos centros de poder, bloqueando o padrão de barganha seguido durante a gestão do antigo ministro da Fazenda[19]. Esses dispositivos burocráticos implicaram o acréscimo da autonomia da presidência da República e o reforço do poder do Estado ditatorial. Quando se considera o governo Geisel, este deve ser um elemento-chave para entender seu projeto de governo e os meios que o tornaram possível.

O documento Simonsen e a migração do centro decisório

O documento Simonsen reúne três folhetos: *Secretaria de Planejamento (SEPLAN)*, com cinco páginas datilografadas; *Ministério da Fazenda*, com quase três páginas completas; e *Diretrizes gerais de política econômica (SEPLAN e MiniFAZ)*, de uma página. Sem data nem assinatura, há grande probabilidade de terem sido ditadas por Mário Henrique Simonsen em janeiro de 1979 para serem entregues ao então presidente eleito, João Baptista Figueiredo[20]. Simonsen permaneceria na área econômica do governo, mas trocaria de pasta, deixando a Fazenda para comandar o Planejamento.

A ideia básica do futuro ministro do general Figueiredo pode ser resumida numa frase. Entre todas as medidas listadas para, a partir de 1979, redirecionar a política econômica (conter a inflação, ajustar o balanço de pagamentos, reduzir a taxa de juros, estimular a poupança interna etc.), o item 9 das *Diretrizes gerais de política econômica (SEPLAN e MiniFAZ)* estabelece a seguinte meta: "descentralizar o poder de decisão sobre as atividades econômicas"[21]. Isto é: retirar do presidente da República o poder de iniciativa e veto nessa matéria.

Na linguagem cifrada do primeiro escalão da burocracia econômica do regime militar, "descentralizar" era uma forma condensada de se dizer no mínimo três coisas: i) o Conselho de Desenvolvimento Econômico, enfim criado em 1974 como órgão subsidiário da presidência e todo-poderoso até então, deveria perder o desproporcional poder de agenda exibido durante o

---

[19] Cf. Adriano Codato, *Sistema estatal e política econômica no Brasil pós-64*, cit.

[20] Citado em Elio Gaspari, *A ditadura derrotada*, cit., p. 444, nota 37.

[21] Cf. *Diretrizes gerais de política econômica (SEPLAN e MiniFAZ)*, em APGCS/HF, p. 1. Redigidas em janeiro ou fevereiro de 1979, dessas diretrizes constam doze pontos, em forma de tópicos, que reúnem os objetivos fundamentais da estratégia macroeconômica do governo Figueiredo.

governo de Geisel até se tornar uma câmara mais consultiva que deliberativa; ii) a influência e a autoridade do novo general-presidente sobre as decisões econômicas de curto e médio prazos seriam sensivelmente diminuídas; e iii) haveria, conforme o grande empresariado demandava, mais "diálogo" com o Estado militar, isto é, mais participação da classe na formação da agenda do governo (em menor medida) e mais receptividade dos gestores da economia a pressões de grupos privados para atender reivindicações setoriais (em maior medida).

Desses textos redigidos por Mário Henrique Simonsen, os dois primeiros em especial tocavam naquilo que os *State managers* consideravam então o ponto essencial: como equacionar as disputas intragovernamentais pelo poder de deliberar sobre as questões-chave da economia nacional, uma vez que o organograma imaginado em 1973-1974 havia deixado isso em aberto? Ou: uma vez diminuído novamente o poder do presidente militar e deslocada a centralidade da presidência, qual seria a pasta mais importante no circuito das decisões do Estado, o Planejamento, criado pelo governo anterior como uma *secretaria* da presidência (e do presidente), ou o habitual Ministério da Fazenda? Na realidade, tanto a reunião de recursos orçamentários na Seplan quanto o acesso diário de seu titular (Reis Velloso) ao presidente da República durante a administração Geisel[22] deixaram claro que parte da agenda e da capacidade decisória havia migrado da antiga e todo-poderosa Fazenda para o Planejamento, e as disputas, públicas ou veladas, entre as prioridades sustentadas por Mário Henrique Simonsen (Fazenda) e Reis Velloso (Planejamento) impediam uma orientação mais uniforme e unidirecional, permanecendo a política econômica com duas sedes (ou três, se contarmos o CDE) e operando quase sempre entre duas alternativas conflitantes: o controle da inflação e do balanço de pagamentos, sob a responsabilidade do MiniFAZ, e o crescimento econômico, como atribuição da Seplan. A demarcação clara de papéis (e não de prioridades, que deveria ser uma só) entre um aparelho e outro que o documento Simonsen reivindicava, além da necessidade do "mais perfeito entrosamento entre os titulares das duas pastas"[23], restabeleceria a pretensa harmonia perdida quando se criou o Conselho de Desenvolvimento em 1974, uma "superagência" que inflacio-

---

[22] Cf. Adriano Codato, *Sistema estatal e política econômica no Brasil pós-64*, cit.

[23] *Ministério da Fazenda*, APGCS/HF, p. 7. Na expressão eufemística do documento, "é indispensável uma ligação fraternal entre os titulares da Fazenda e da Seplan, quer

nou o poder e a influência do secretário do Planejamento sob a proteção da presidência da República.

Em termos bem específicos, havia quatro objetivos no documento Simonsen: redefinir de uma vez por todas (ou mais uma vez) as atribuições da Seplan e da Fazenda; coordenar suas ações respectivas; restaurar o poder da Secretaria do Planejamento através do controle de um CMN reforçado e do seu poder sobre o orçamento restaurado; e, por fim, "reduzir os poderes discricionários do Ministro da Fazenda"[24].

O diagnóstico que estava na base dessas intenções era o seguinte: "Sob o ponto de vista da unidade e coerência de comando, o sistema [decisório] atual é provavelmente pior do que aquele que funcionou até março de 1964", durante os governos dos populistas. Mais exatamente: "A divisão das responsabilidades da condução da política econômica geral entre dois ministérios, a Seplan e o Ministério da Fazenda, é uma peculiaridade da estrutura administrativa brasileira que não encontra paralelo na maioria dos países dignos de imitação"[25]. Isso porque, entre outras razões, a transformação do MPCG em Secretária do Planejamento da Presidência da República não implicou em mudanças na estrutura, na organização interna e nas atribuições do antigo ministério. Ao contrário do que Reis Velloso previra em 1973, "a Seplan passou a misturar as funções de 'Estado-Maior' com as de ministério executivo, dividindo a direção da economia nacional com [...] a Fazenda por contornos nebulosos e frequentes conflitos" entre seus titulares[26]. Esses conflitos foram se aprofundando ao longo do governo Geisel, porque se assumiu implicitamente que a Secretaria do Planejamento era responsável pelos grandes programas de investimento público e por garantir o crescimento econômico. Já o ministro da Fazenda deveria concentrar suas decisões no combate à inflação e no ajuste do balanço de pagamentos, então deficitário em função da crise do petróleo. "O resultado é o descompasso entre a autoridade monetária e a fiscal."[27]

---

em termos de objetivos e concepções, quer em termos de relacionamento pessoal", em *Secretaria de Planejamento (SEPLAN)*, APGCS/HF, p. 2.

[24] *Ministério da Fazenda*, APGCS/HF, p. 8.

[25] *Secretaria de Planejamento (SEPLAN)*, APGCS/HF, p. 1.

[26] Ibidem, p. 1.

[27] *Ministério da Fazenda*, APGCS/HF, p. 7.

Reunindo essas e outras tantas atribuições em período de crise econômica, o Ministério da Fazenda, que deveria ser o executor da política econômica de Estado, tornou-se, na prática, seu formulador e coordenador. Também isso acabou por gerar conflitos entre a Fazenda e as demais pastas setoriais – Interior, Agricultura, Transportes etc. Enfim, "no sistema atual", concebido e gerido por Reis Velloso, "não diminuíram os poderes do Ministro da Fazenda, mas a Seplan tratou de aumentar os seus"[28]. Além disso, na avaliação de Simonsen durante a gestão de Geisel, "o Ministro da Fazenda" passou a possuir um "enorme poder discricionário" diante do empresariado[29].

Esses papéis, com base nesse diagnóstico severo sobre as disfuncionalidades do Estado ditatorial, fazem então uma série de recomendações para ajustar o sistema decisório de política econômica. Esses pontos tocam na questão da diferença entre o poder formal e o poder real detido pelas agências do aparelho do Estado e por seus ocupantes. A manutenção dos dois aparelhos político-burocráticos em questão, Planejamento e Fazenda, só seria aceitável caso se decidisse exatamente quais seriam as competências de cada um. No caso, a Seplan deveria honrar o nome e "planejar", ou melhor, definir prioridades, deixando à Fazenda a execução das decisões macroeconômicas. Uma vez fixada essa divisão do trabalho, os objetivos da política econômica deveriam ser congruentes e uniformes. Um dos modos de se conseguir isso seria, todavia, não por expedientes formais, burocráticos, mas graças à "ligação fraternal" que deveria existir "entre os titulares da Fazenda e da Seplan"[30]. Desse entrosamento pessoal e das mesmas concepções econômicas sairiam os mesmos objetivos, claros e realistas.

Isto posto, seria necessário que o presidente tomasse algumas medidas específicas, a fim de redimensionar o poder da nova Secretaria do Planejamento. Do ponto de vista político, seu ministro-chefe não deveria falar aos jornalistas, participar de reuniões com empresários, dispor de assessoria de imprensa, ter uma atuação pública etc. Essa despolitização do órgão combinaria com uma reformulação na sua composição e no seu escopo. A Seplan teria sua estrutura diminuída, seu quadro recomposto com técnicos de alto nível e atuaria voltada para dentro do governo, e não "para fora", isto é, segundo as expectativas do mercado. Do ponto de vista orçamentário, o

---

[28] *Secretaria de Planejamento (SEPLAN)*, APGCS/HF, p. 1.

[29] *Ministério da Fazenda*, APGCS/HF, p. 7.

[30] *Secretaria de Planejamento (SEPLAN)*, APGCS/HF, p. 2.

ministro do Planejamento continuaria elaborando a peça orçamentária, mas não teria mais o poder de execução financeira. Os recursos seriam alocados por ministério já na proposta de orçamento. Também, a Seplan fixaria os totais máximos de gastos dos ministérios e das empresas estatais, mas não os projetos prioritários de cada agência[31].

Para Simonsen, a maneira de conseguir redesenhar o organograma do Estado ditatorial – e, com isso, redefinir o poder dos aparelhos de cúpula responsáveis pela política econômica – passava não por recomendações genéricas, baseadas em preferências orientadas para a eficiência da máquina, mas por decisões específicas. O Banco Nacional de Desenvolvimento Econômico deveria sair da órbita do Planejamento, onde fora colocado em 1974, e passar para o Ministério da Indústria e Comércio, mas o titular da Seplan deveria assumir o comando de um aparelho estratégico conforme o antigo figurino do governo Médici: o Conselho Monetário Nacional. O CMN, nesse caso, deveria ter todo o seu poder de agenda restaurado. As funções que foram amputadas pela reforma de Reis Velloso e os aparelhos que ele superintendia seriam recuperados. O novo CMN absorveria as atribuições do Conselho Nacional de Abastecimento (a fim de monitorar melhor a política anti-inflacionária); da Coordenação Nacional de Crédito Rural e de outros tantos conselhos setoriais (de preços, de comércio exterior, e assim por diante). Os Ministros da Agricultura e do Interior voltariam a ter assento no plenário do CMN e, com isso, as decisões dessas pastas seriam monitoradas pelo ministro-chefe da Seplan. O aspecto fundamental dessa manobra e sua consequência prática eram basicamente os seguintes: controlar a presidência do CMN permitiria à Secretaria do Planejamento comandar, além de tudo, dois orçamentos que corriam paralelos, o fiscal e o monetário[32]. Uma vez à frente da nova Seplan e do Conselho Monetário, Simonsen assumiria o papel delegado por Figueiredo de superministro sem precisar reportar-se, como Reis Velloso, ao presidente.

Na prática, como ficou o desenho do sistema estatal? Simonsen permaneceu como ministro-chefe da Secretaria do Planejamento do Brasil apenas entre março e agosto de 1979, quando se demitiu. Foi substituído por Delfim Netto. Naqueles cinco meses, ele emplacou todas as propostas avançadas nos citados papéis.

---

[31] Ibidem, p. 2-4.

[32] Ibidem, p. 3.

Conclusões

Tanto a economia política do regime ditatorial-militar (*i.e.*, suas concepções) quanto a política econômica (*i.e.*, seus resultados práticos) foram já bastante estudadas. Além daqueles trabalhos que se dedicaram a analisar o conteúdo das medidas tomadas pelos *decision-makers*, há na literatura seis "famílias de estudos" que se ocuparam de temas diferentes, ainda que interligados: i) avaliações dos processos decisórios, recursos, objetivos, desempenho e modos de administração dos planos de desenvolvimento; ii) narrativas históricas sobre a relação entre as macrodecisões dos governos militares e o comportamento global da economia brasileira; iii) estudos de caso sobre medidas setoriais de política econômica; iv) diagnósticos das estruturas (formais e informais) de representação de interesses empresariais junto aos aparelhos de governo; v) mapeamento dos órgãos públicos conectados à regulação da economia; e, por fim, vi) as várias monografias sobre o perfil, a função e as transformações institucionais das agências de política econômica. Mas não há propriamente uma história político-administrativa dos cinco governos militares centrada nas motivações dos decisores, nas suas racionalizações, nos seus projetos de poder e nos seus combates dentro do circuito restrito da burocracia econômica em nome do aumento das respectivas áreas de influência e capacidades decisórias. A exposição dessas evidências acima e o comentário desses documentos é uma colaboração nesse sentido. O estudo da materialidade institucional do Estado não pode prescindir da investigação sobre os decisores públicos (a origem e o perfil social, a carreira burocrática e os valores ideológicos dessa elite estatal), muito menos sobre os círculos dirigentes com capacidade para desenhar as instituições de governo.

Os documentos de circulação restrita e secreta entre os presidentes Geisel e Figueiredo e seus colaboradores evidenciaram a luta por desenhos distintos – e, no limite, opostos – para ordenar e hierarquizar o sistema de decisões econômicas. Seu maior interesse, dado que não se trata aqui de simples rivalidade pessoal entre figuras públicas influentes, é que eles podem, a partir das avaliações e críticas às soluções adotadas pelas administrações anteriores, autorizar o analista a construir a morfologia do sistema estatal diferentemente da que aparece nos organogramas oficiais. Essa é uma condição prévia para se estudar a fisiologia do sistema estatal, muitas vezes só apreensível a partir dos resultados práticos das políticas públicas, e não por seus processos deliberativos e conflitos internos. Isso posto, pode-se então refazer a história das disputas entre o primeiro escalão do Executivo federal durante o regime ditatorial para colocar algumas questões nem um pouco triviais: quem comanda e quem administra? Com que grau de autonomia? De onde vem o seu poder próprio? Como o Estado autoritário se arma para processar as demandas sobre o governo? Essa é uma agenda de pesquisas ainda em aberto.

TRABALHADORES, SINDICATOS E REGIME MILITAR NO BRASIL

Marco Aurélio Santana

Introdução

A década de 1950 ficou marcada como um período de extrema importância para os trabalhadores brasileiros. O movimento sindical, capitaneado pela aliança das militâncias comunista e trabalhista, logrou grande avanço em termos de organização e mobilização, o que resultou em uma forte participação dos trabalhadores no seio da sociedade e na vida política nacional. Pode-se dizer que viveu-se um período de ouro.

Malgrado isso, menos de duas décadas depois desse intenso crescimento e atividade, toda a estrutura organizacional dos trabalhadores brasileiros, na base e na cúpula, foi duramente atingida pelo golpe de Estado de 1964. Os golpistas apresentavam como uma de suas justificativas exatamente impedir a implantação de uma "república sindicalista" no país. A intervenção nas entidades, a prisão e perseguição de lideranças e militantes, bem como a desestruturação do trabalho nos sindicatos e nas fábricas, desmontaram atividades que levariam bastante tempo para ser recompostas. Em termos do movimento operário, o que restou, como tradicionalmente ocorre em períodos como este, foi o trabalho pequeno e silencioso no chão de fábrica. Era preciso recompor forças e somar esforços para enfrentar a ditadura.

No que diz respeito aos grupos militantes, a implantação do regime militar abriu, no seio da esquerda em geral e, em particular, no interior do até então partido hegemônico da esquerda, o Partido Comunista Brasileiro (PCB), um duro e sério debate acerca dos caminhos percorridos antes e depois do golpe. Como se havia chegado até ali? Como explicar tão fragorosa derrota? Quem seriam os responsáveis? Da crítica e da autocrítica resultaram a aparição de uma série de outros grupos e concepções sobre os novos rumos a serem trilhados. A terra entrara em transe.

O PCB, diante das posturas assumidas pré e pós-golpe (com sua política de alianças com a burguesia nacional e de frente pela democracia), era responsabilizado e colocado em uma posição como que à margem do processo de luta das esquerdas. Ao passo que o partido clamava pela organização de base e pela via pacífica de luta contra a ditadura e pela democracia, entrava em voga a via da luta armada enquanto opção única de oposição ao regime. Um dado importante é que, contrabalançando a opção quase geral dos grupos de esquerda pela luta armada, o PCB optou por uma tentativa de penetrar na estrutura sindical da qual havia sido defenestrado.

Ao longo desse período vão se radicalizar algumas tendências, em termos de economia, que produzirão uma intensa transformação na face do país como um todo – e principalmente de sua classe operária. A intensificação da introdução de plantas industriais modernas e sua concentração geográfica (processo que se inicia em fins dos anos 1950) vão possibilitar o surgimento do que se convencionou chamar de "nova classe operária". Ainda que não exclusivamente, serão estes os atores que despontarão mais tarde, auxiliando na crise final da ditadura militar.

A história dos trabalhadores brasileiros e de suas organizações tem sido alvo, em seus mais diferentes períodos, de já farta literatura. Contudo, deve-se dizer que ainda há muito para ser feito quando se trata das análises dos movimentos dos trabalhadores no período da ditadura militar, sejam eles os mais subterrâneos até aqueles de maior aparição na cena pública. Por diversos – e compreensíveis – fatores, o período de abertura e redemocratização recebeu uma atenção muito maior que outros, a contar do marco da greve de 1978 no ABC paulista e o posterior ressurgimento, a céu aberto, do movimento dos trabalhadores. Cabe agora um esforço de pesquisa mais sistemático e aprofundado sobre o período que vai de 1964 até 1978.

Sempre que se constrói uma retrospectiva ou comemora-se uma efeméride, obviamente, faz-se uma escolha. Fatos são selecionados como característicos desse ou daquele momento. Acaba-se mesmo firmando certas ideias e/ou, na passagem do tempo, destituindo outras.

Quando das atividades realizadas dentro e fora das universidades brasileiras acerca dos cinquenta anos do golpe civil-militar, viu-se uma importante e densa discussão sobre diversos temas, tais como militarismo, luta armada, imprensa, estudantes, Parlamento etc. Sobressai-se aí a quase completa ausência dos trabalhadores e de seus sindicatos como tema dos debates, talvez alimentada ainda pela ideia corroída da "culpa" dos mesmos por suas ações no pré-1964 ou pela distorcida visão de que eles nada teriam feito no pós-golpe. Esquematicamente, teriam se "equivocado" no pré-1964, sido "derrotados" em 1964 e permanecido "imobilizados" no pós-1964. O dado é que se conseguiu fazer uma releitura dos acontecimentos sem que um de seus principais atores estivesse presente de forma mais efetiva.

Pode-se dizer que muito há para ser feito no que tange aos impactos dos governos ditatoriais pós-1964 sobre o trabalho e os trabalhadores brasileiros[1]. A forte repressão não facilitou acessos às fontes remanescentes, dentre tantas que foram destruídas. Só mais recentemente alguns acervos estão sendo abertos, o que já tem favorecido uma série de achados acerca de outros setores sociais, embora ainda não tenham sido explorados plenamente no que tange ao mundo do trabalho. Da mesma forma, sob a repressão, a dificuldade de produção e a análise de documentação oral não estiveram mais facilitadas, só se tornando possível nos momentos mais finais do regime de exceção.

Este artigo visa, na tentativa de somar-se ao esforço de recuperação da história do período, sob uma perspectiva particular, analisar a trajetória do movimento sindical brasileiro naqueles anos, dando ênfase aos fatores internos à vida desse movimento, entre os quais figuram as suas forças constitutivas e as disputas internas existentes em seu seio, as orientações político-ideológicas e suas influências na organização e nas práticas do movimento, bem como as formas de luta empreendidas. Estarão em tela também os fatores condicionantes externos, tais como as conjunturas polí-

---

[1] Um conjunto de trabalhos pode ajudar o leitor com referências às diversas visões acerca do período de ditadura. Entre outros, ver Caio N. de Toledo (org.), *1964: visões críticas do golpe: democracia e reformas no populismo* (São Paulo, Unicamp, 1997); Gláucio Ary Dillon Soares e Maria Celina D'Araújo (orgs.), *21 anos de regime militar: balanços e perspectivas* (Rio de Janeiro, Fundação Getulio Vargas, 1994); Daniel Aarão Reis Filho, Marcelo Ridenti e Rodrigo P. S. Motta (orgs.), *O golpe e a ditadura militar: 40 anos depois, 1964-2004* (Bauru, Edusc, 2004); Maria P. N. Araújo et al. (orgs.), *1964-2004: 40 anos do golpe. Ditadura militar e resistência no Brasil* (Rio de Janeiro, 7 Letras/Faperj, 2004); Carlos Fico e Maria P. N. Araújo (orgs.), *1968, 40 anos depois: história e memória* (Rio de Janeiro, 7 Letras, 2009); Carlos Fico, *Além do golpe: versões e controvérsias sobre 1964 e a Ditadura Militar* (Rio de Janeiro, Record, 2004).

ticas e econômicas, que servem de cenário para a ação do ator sindical, ao mesmo tempo modificando e sendo por este modificado.

A ditadura e os sindicatos

Após o golpe de Estado de 1964, a extensão das intervenções perpetradas pelo governo do general Castelo Branco (1964-1967) teve um alcance bastante grande, podendo ser sentida em todas as esferas da vida sindical, principalmente naqueles setores liderados pelos sindicalistas progressistas[2].

Além de trabalhar nesse ataque direto às entidades, castrando-as de forma imediata, a ditadura vai também buscar atacar em termos do longo prazo, atuando sobre a legislação[3]. O governo passa, então, através de uma série de medidas, a reforçar o caráter de controle sobre o movimento sindical, já presente previamente na Consolidação das Leis do Trabalho (CLT). Assim, se estabelecem regras estritas para a ocupação do espaço sindical – por exemplo, com candidatos ao pleito sindical sujeitos à avaliação pelo Ministério do Trabalho e pela polícia política, e a restrição do uso e do acesso aos recursos dos institutos de previdência, agora centralizados no Instituto Nacional da Previdência Social (INPS). A direção desses institutos, agora, não se faria mais parcialmente sob o controle dos trabalhadores, como nos antigos institutos de pensão, e sim com a indicação direta pelo governo. No que diz respeito às mobilizações, apesar de uma suposta regulamentação e garantia do direito à greve, o que se deu de fato foi a proibição de qualquer greve política e/ou de solidariedade, quase que limitando a possibilidade dessas movimentações de cobrar salários atrasados.

---

[2] "De fato, o governo interveio em 67% das confederações, em 42% das federações e em apenas 19% dos sindicatos. Organizações sindicais de bancários e trabalhadores em transportes figuraram de modo proeminente nas greves políticas, entre 1960 e 1964, e foram atingidas com maior intensidade, proporcionalmente, que os outros setores. E, significativamente, os grandes sindicatos sofreram mais que os pequenos: o Ministério interveio em 70% dos sindicatos com mais de 5 mil membros; em 38% daqueles com mil a 5 mil membros; e em apenas 19% daqueles com menos de mil membros. O governo militar simplesmente decapitou o movimento trabalhista radical"; cf. Kenneth P. Erickson, *Sindicalismo no processo político no Brasil* (São Paulo, Brasiliense, 1979), p. 209.

[3] Ver Maria Hermínia T. de Almeida, "O sindicato no Brasil: novos problemas, velhas estruturas", *Debate e Crítica*, São Paulo, n. 6, jul. 1975.

O primeiro governo militar vai implantar o Fundo de Garantia por Tempo de Serviço (FGTS). Esse dispositivo, que punha fim à estabilidade no emprego, incentivava diretamente a alta rotatividade de mão de obra por parte dos patrões e, correlatamente, dificultava uma ação sindical mais aguerrida a partir dos locais de trabalho.

Outro polo de ataque da ditadura foi a tentativa de controle da inflação via uma dura política de contenção salarial, chamada pelo movimento dos trabalhadores de "arrocho salarial". A partir daí, os aumentos salariais dependeriam de um índice definido pelo governo. Este seria o limite da negociação, que não poderia ultrapassar tal índice. Tal política foi sendo estabelecida aos poucos, de forma a quebrar gradativamente a resistência encontrada entre setores da Justiça do Trabalho.

De certa forma, serão essas duas perspectivas que marcarão os embates do movimento sindical nos anos vindouros. O Estado passa a alterar sua posição, no tocante tanto às questões trabalhistas como às questões sindicais. Ainda que também se pautando pelo lastro da CLT, passava-se agora a dar realce aos seus ditames repressivos e de controle. Por não se propor a manter relações próximas aos sindicatos – e relegando estes ao papel de controle sobre os trabalhadores –, o Estado corta o canal de acesso em termos políticos que os sindicatos vinham tendo no período anterior e reforça a lógica assistencial naquelas entidades.

Com isso, não se visa propriamente enfraquecer os sindicatos; antes, busca-se dar-lhes outro tipo de força. A ideia era fortalecer os sindicatos e o sistema corporativo para seu papel na construção da nação e da coesão social. Não é por acaso, portanto, que através dos dirigentes impostos aos sindicatos, visou-se tornar atrativa a filiação sindical, fornecendo mais benesses do que as já dispostas na CLT[4]. A expansão do sistema corporativo vai atingir a área rural, onde, com o fechamento das Ligas Camponesas e intervindo nos sindicatos mais atuantes, o governo espalha sindicatos oficiais, sob o controle de líderes previamente aprovados.

---

[4] Com isso, os associados passavam também a ter, entre outras coisas, "preferência em indicações para o serviço público, se ficam desempregados; em crédito no Banco Nacional de Habitação ou outras instituições oficiais para compra de sua casa própria; [...] na compra ou aluguel de apartamentos sob o controle do governo, quando vagos por decisão judicial; [...] e em bolsa de estudo para educação secundária ou treinamento técnico, para eles próprios ou para os filhos"; cf. Kenneth P. Erickson, *Sindicalismo no processo político no Brasil*, cit., p. 214.

Quanto às questões trabalhistas, as intervenções governamentais diretas em termos de definições salariais fazem com que o Estado se transforme no centro do conflito. Claro que a batalha dos trabalhadores se dava, ainda, no confronto com o patronato para soluções de seus problemas. Porém, como passa a determinar os limites dos aumentos salariais, o Estado atrai para si parte dos conflitos antes direcionados aos patrões. Dessa forma, e mantendo os sindicatos sob controle, o Estado passa a ser visto pelos trabalhadores não como um centro próximo, com o qual se pode ter contato imediato e travar negociações, mas como mais um empecilho a ser vencido.

A militância sindical e suas novas tarefas

Nas fábricas, os operários enfrentavam como podiam a política de "arrocho salarial" e controle sindical da ditadura militar. Como já assinalamos, em termos concretos, a ditadura visava a uma reestruturação da vida sindical. Para tanto, ela tenta cortar os elementos e mecanismos do funcionamento anterior. Além de intervir nas cúpulas sindicais, atacava duramente a estrutura de organizações nos locais de trabalho que podiam servir de pilar para a recomposição do movimento sindical "combativo".

Visando dificultar ainda mais o caminho de recomposição do sindicalismo mais aguerrido, o ministro do Trabalho de Castelo Branco, Arnaldo Sussekind, após autorizar a realização de eleições em centenas de sindicatos, elabora a portaria de n. 40, que buscava limitar o acesso às direções dos órgãos sindicais por indivíduos alheios à vontade do governo. Ela instruía os interventores a iniciar processos contra as direções depostas pelo golpe por supostas irregularidades, impedindo-os, pelo exposto na portaria, de tentarem retornar ao sindicato via eleição.

Por todo o país, chapas independentes vão ter de lutar para serem criadas, além de vencer os interventores e conseguir assumir depois. Essa mobilização em termos da cúpula sindical tinha como lastro as mobilizações, ainda que surdas, nos locais de trabalho.

A visão de ocupação dos espaços, impedindo que os sindicatos fossem colocados, pura e simplesmente, a serviço do regime militar, assume lugar importante na preocupação de alguns grupos de esquerda, principalmente na da militância do PCB. O partido então conclama os militantes a participar de forma organizada das eleições sindicais, de reuniões, convenções e congressos, impedindo, juntamente com outras forças, a colaboração com a ditadura. Eles deveriam atuar nas entidades sindicais, mas tendo como centro a atividade nos locais de trabalho, levantando com ações unitárias a luta pelas reivindicações econômicas, políticas e sociais dos trabalhadores[5].

O PCB, que de certa forma vê no espaço sindical o elemento-chave de reativação do movimento operário, trabalha no sentido desse retorno aos sindicatos, apesar dos limites a que estavam submetidos. Nessa luta, os comunistas, como já haviam feito em outras conjunturas, também travarão batalhas contra os setores mais conservadores do movimento sindical. Além disso, trabalharão pela recuperação das entidades intersindicais que possam articular de forma geral a luta dos trabalhadores.

No caso do enfrentamento com os setores conservadores, os comunistas atacam as posições da diretoria de interventores da Confederação Nacional dos Trabalhadores na Indústria (CNTI). Em setembro de 1965, a direção do órgão se pronuncia contra a revisão dos níveis do salário mínimo, argumentando que isso acarretaria um aumento generalizado do custo de vida. Diante do suporte que a entidade vai concedendo às políticas do regime militar, o PCB definiu como prática de contra-ataque que seus militantes sindicais organizassem os trabalhadores de forma a "desmascarar" esses elementos, os verdadeiros "traidores" da classe.

Nessa sua luta contra os setores conservadores, os comunistas vão denunciar as pressões e as tentativas de aliciamento que os dirigentes sindicais "mais combativos e honestos" vinham sofrendo. Segundo eles, no plano da pressão atuavam o Departamento de Ordem Política e Social (Dops) e o Serviço Nacional de Informação (SNI). A ação desses órgãos vinha no sentido de coagir com ameaças as atividades sindicais[6].

No plano do aliciamento, entravam as entidades sindicais internacionais ligadas ao sindicalismo norte-americano, que instalaram vários departamentos no Brasil, no período pós-golpe. Uma dessas entidades, a Confederação Internacional de Operários e Sindicatos Livres (CIOSL), por exemplo,

---

[5] Na verdade, essa visão do PCB acerca da ocupação dos espaços sindicais e da constituição das organizações por local de trabalho estava presente também nas preocupações de outros setores da esquerda. Podemos indicar aqui pelo menos duas dessas posições já atuantes desde o pré-1964: uma defendida pela Política Operária (Polop) e a outra pela Ação Popular (AP). Ver Celso Frederico, *A esquerda e o movimento operário 1964--1984*, v. 1 (São Paulo, Novos Rumos, 1987), e Edgard Carone, *O PCB: 1964-1982*, v. 3 (São Paulo, Difel, 1982).

[6] Ver Celso Frederico, *A esquerda e o movimento operário 1964-1984*, cit., p. 80.

ofertava benesses aos interessados, tais como "diárias, passagens e outras vantagens aos dirigentes sindicais que desejarem ir aos Estados Unidos, ao México e a outros países onde lhes serão ministrados cursos cujas aulas estão impregnadas do anticomunismo"[7].

Na visão do PCB, tais ações tinham como objetivo esvaziar as entidades sindicais, enfraquecê-las e transformá-las em simples órgãos de caráter assistencial. De órgão de unidade e de luta dos trabalhadores por seus direitos e reivindicações, a ditadura desejava transformar as entidades sindicais dos trabalhadores em agências de "paz social".

A esquerda em tempos de redefinição

Essas características estabelecidas pelo regime militar serão importantes na conformação das identidades que o movimento sindical e suas tendências buscarão constituir durante o período. Outro elemento importante na constituição dessa identidade seriam as orientações seguidas pelos grupos de esquerda que, embora por caminhos diferentes, tentaram estabelecer relações com o movimento dos trabalhadores.

Se ao longo de toda a conjuntura 1945-1964 o PCB desfrutou da hegemonia em termos da representação não só dos trabalhadores, mas também dos setores de esquerda, esse quadro se alteraria bastante a partir de meados dos anos 1960. Não estamos esquecendo aqui a contribuição que outros setores já vinham dando, de longa data, em termos da luta dos trabalhadores, como grupos trotskistas, socialistas, trabalhistas[8] etc. Porém, apesar de sua importância, nenhum desses agrupamentos atingiu o patamar conseguido pelo PCB. Seria só mais tarde, com os impactos do "racha" que deu origem ao Partido Comunista do Brasil (PCdoB), em 1962, e de muitas outras defecções, bem como do surgimento e/ou reforço de propostas alternativas externas ao partido no pós-golpe, que o PCB começaria a perder o posto de principal referência na esquerda brasileira.

---

[7] Ibidem, p. 81.

[8] Maiores informações acerca dos grupos de esquerda no Brasil, nesta e em outras conjunturas, podem ser encontradas em Jorge Ferreira e Daniel Aarão Reis (orgs.), *As esquerdas no Brasil* (Rio de Janeiro, Civilização Brasileira, 2007), 3 v.

Como foi dito, com o golpe de Estado a esquerda inicia uma longa discussão em busca de responsáveis pela derrota dos setores progressistas[9]. Devido à sua posição proeminente no período pré-1964, recai sobre o PCB, crítica e autocriticamente, toda a carga de responsabilidade acerca dos erros cometidos.

A esquerda se fragmentaria no pós-1964, com rebatimentos no campo sindical. Ainda que de forma esquemática, pode-se dizer que duas posições se confrontavam pelos corações e mentes dos trabalhadores. Isto porque o PCB, até então hegemônico no sindicalismo nacional, vai se enfronhar cada vez mais – devido a sua estratégia de ocupação de espaços na estrutura sindical oficial – em sua relação com as direções sindicais conservadoras, e os setores mais radicais vão intensificar a busca de caminhos alternativos, seja no meio sindical ou na política mais ampla. A lógica de ação do PCB, na *grande política*, era a conformação da frente democrática contra a ditadura. Já os setores mais à esquerda, com raras exceções, se definiam pelo ataque frontal ao regime, baseados em ações de luta armada.

Mesmo que, devido às suas concepções políticas, muitas dessas organizações não mantivessem laços estreitos com o movimento operário – e menos ainda com o sindicalismo oficial – alguns desses grupos, fosse por definição, fosse porque ainda não haviam se envolvido de corpo e alma na luta armada (o que, contudo, fariam mais tarde, em escala crescente), terminariam por desenvolver um trabalho que, a partir do interior das empresas e das *oposições sindicais* alcançou diretorias de sindicatos e promoveu movimentos grevistas de impacto no período. Marcado por ações arrojadas e radicais, o sindicalismo desenvolvido por esses grupos buscou romper, na prática, com as orientações tanto dos tradicionais "pelegos" quanto dos "reformistas" do PCB, e por isso granjeou suas críticas.

A divergência de concepções nas lutas desenvolvidas no pós-1964 ficou estampada nos encaminhamentos das movimentações contra o "arrocho salarial" e contra a ditadura. O movimento operário e sindical no pós--1964 vai travar uma árdua luta contra essa política. Muitas vezes, essa luta,

---

[9] Segundo Daniel Aarão Reis Filho, "Nos anos 1960 desenvolveu-se toda uma linha de reflexão sobre a 'culpa' dos comunistas, que seriam os grandes responsáveis pelos erros e desacertos e derrotas do movimento popular"; "Questões históricas (exposição)", em Marco Aurélio Garcia (org.), *As esquerdas e a democracia* (Rio de Janeiro, Paz e Terra/Cedec, 1986), p. 52.

que explodiu isoladamente em fábricas ou setores, não conseguiu evitar a repressão militar, tampouco alterar significativamente o quadro vigente. Em termos gerais, os encontros intersindicais propunham a mudança geral da lei do "arrocho", encaminhando abaixo-assinados como forma de luta.

Arrocho salarial e luta sindical

É nesse quadro de luta mais geral que surgem, por exemplo, a Frente Intersindical Antiarrocho (Rio de Janeiro), o Comitê Intersindical Antiarrocho (Minas Gerais) e o Movimento Intersindical Antiarrocho, o MIA (São Paulo). Embora de forma limitada e tímida, essas serão as mais importantes tentativas intersindicais desenvolvidas pelos trabalhadores nesse período. Herdeiras de uma já longa história desse tipo de organização no Brasil, elas decorrem dos sucessivos encontros regionais que se desenvolveram a partir da Campanha Nacional de Proteção Contra a Política de Arrocho Salarial, definida pelo II Encontro Nacional de Dirigentes Sindicais, de 1967. Essa conferência foi realizada sob o fogo cerrado da pressão da ditadura e contou, como sempre, com a oposição das direções da CNTI e da Confederação Nacional dos Trabalhadores no Comércio (CNTC), que se negaram a participar do encontro.

O caso mais expressivo e simbólico das distintas posições que se faziam sentir no movimento foi o MIA. Segundo os relatos de José Barbosa, em 1966 começou-se "a discutir sobre o [...] que se poderia fazer contra a lei do arrocho. O movimento intersindical antiarrocho foi criado, pensado e articulado em São Bernardo. Nossa ideia primeira era reunir os dirigentes sindicais mais progressistas do ABC para um movimento conjunto contra a lei salarial"[10].

A adesão de outros líderes sindicais à ideia do MIA se deveu às supostas indicativas dadas pelo coronel Jarbas Passarinho, então ministro do Trabalho do recém-empossado governo Costa e Silva (1967-1969), que substituíra Castelo Branco na presidência, de que se opunha às leis de compressão salarial. Passarinho propunha, em termos sindicais, o que ele chamava de "renovação sindical". Com isso, vários setores mais conservadores também puderam se integrar ao MIA, supondo que haveria tolerância por parte do

---

[10] Guido Mantega (org.), "Greves operárias (1968-1978)", *Cadernos do Presente*, Belo Horizonte, Aparte, n. 2, 1978, p. 23.

Estado[11]. Diante de uma conjuntura tendente à radicalização, na qual seria difícil prever controles sobre os movimentos, como já vinha acontecendo, e sem querer pôr em risco seus postos na estrutura sindical, os "pelegos" passam a trabalhar para que as ações do MIA não tomem vulto.

Além disso, outros fatores iriam contribuir para colocar a intersindical em dificuldades. Primeiro, a ação da vigilância policial, sempre alerta aos passos seguidos pela entidade. Segundo, havia desconfiança entre os diversos setores que compunham sua linha de frente. Terceiro, com a não aproximação das confederações e federações mais importantes, ficou limitado o alcance da entidade. Por último, a forte pressão do movimento estudantil "que insistia em participar das reuniões sindicais para convocar os trabalhadores para a luta aberta contra a ditadura militar", aumentava a tensão interna[12].

Contagem em movimento

A chegada do ano de 1968 trará momentos marcantes para o movimento sindical. Como assinala Gorender, este "já é um ano de franco ascenso econômico, o primeiro do 'Milagre Brasileiro', porém, a classe operária continua a sofrer os efeitos do arrocho salarial e de outras medidas compressivas do nível de vida"[13].

No dia 16 de abril daquele ano, em um contexto de muitas demissões, falências de empresas e atrasos no pagamento dos salários, os operários da siderúrgica Belgo Mineira, situada em Contagem (MG), paralisaram suas atividades e concentraram-se na sede de seu sindicato. A ação grevista reivindicava um reajuste salarial acima do teto de 17% proposto pelo governo. Pode-se perceber claramente o trabalho "clandestino" dos grupos de esquerda, principalmente da Ação Popular (AP), da Corrente Revolucionária e do Comando de Libertação Nacional (Colina). A chapa identificada com esses setores ganhou as eleições sindicais em meados de 1967; mas alguns nomes – entre eles o cabeça de chapa Enio Seabra, presidente da entidade cassado em 1964 – foram vetados pelo Ministério do Trabalho. Ainda assim, as organizações citadas continuaram influenciando as atividades do sindi-

---

[11] Kenneth P. Erickson, *Sindicalismo no processo político no Brasil*, cit.
[12] Celso Frederico, *A esquerda e o movimento operário 1964-1984*, cit., p. 56.
[13] Jacob Gorender, *Combate nas trevas* (São Paulo, Ática, 1987), p. 142.

cato e começaram a desenvolver intenso trabalho de agitação nas fábricas. Sempre que puderam, utilizaram-se da estrutura do órgão nessa tarefa, sem que ficasse muito aparente, camuflando deliberadamente a participação do sindicato nas ações.

O trabalho da oposição foi sentido ao longo de todo o período após o golpe. Ela vai combater o interventor e avançar no trabalho de organização dentro das empresas, formando comissões. Essas, por sua vez, chamadas "comissões de cinco", surgiram após o dissídio de 1967. Depois de sucessivos dissídios, nos quais os metalúrgicos haviam saído frustrados com o índice recebido, buscou-se dar caráter mais orgânico ao movimento, animado pelas organizações de esquerda.

A proposta das comissões se espalhou por várias fábricas, entre elas a citada Belgo Mineira, onde a greve foi deflagrada[14]. Nos primeiros dois dias, os operários ocuparam a empresa. Mas, ainda que preparados para resistir à intervenção militar, diante de tal possibilidade, retiraram-se da fábrica. Com três dias começaram as adesões, tais como a dos trabalhadores da Mannesmann, da unidade de João Monlevade da Belgo Mineira e da Sociedade Brasileira de Eletrificação (SBE). Assim, o movimento inicial de 1200 operários passou a contar com mais de 15 mil trabalhadores. O ministro Passarinho, após pronunciamento contra a "agitação" na greve, se deslocou para a cidade em busca da resolução do problema, chegando a falar com grevistas na assembleia. Sua proposta garantia um abono salarial de 10%, via um decreto de emergência, o que, apesar das discordâncias, possibilitaria o fim da greve[15].

Na verdade, após a resistência de alguns setores na aceitação do abono, e já em um tom de guerra, uma demonstração de força foi feita na cidade por parte da polícia, que proibiu as reuniões sindicais e efetuou prisões, criando um clima pesado de repressão. Esse tipo de intervenção, conjuga-

---

[14] A organização da greve estava preparada para o duro embate que se daria em outubro, época da campanha salarial. Contudo, a dinâmica da conjuntura e dos grupos políticos acabou precipitando o movimento já em abril.

[15] Para mais detalhes sobre a greve, ver Francisco Weffort, *Participação e conflito industrial: Contagem e Osasco, 1968* (São Paulo, Cebrap, 1972); Kenneth P. Erickson, *Sindicalismo no processo político no Brasil*, cit.; Jacob Gorender, *Combate nas trevas*, cit.; e Marco A. Santana, "Entre a ruptura e a continuidade: visões da história do movimento sindical brasileiro", *Revista Brasileira de Ciências Sociais*, São Paulo, Anpocs, n. 41, 2001.

do à "proposta de conciliação" do ministro e à pressão patronal sobre os trabalhadores, fez refluir o movimento grevista.

O movimento de Osasco

Se esse movimento refluía, outros já estavam a caminho. Nas comemorações do 1º de maio de 1968 na Praça da Sé, em São Paulo, a atenção nacional se voltou novamente para o movimento dos trabalhadores brasileiros. O evento assinalaria outro confronto entre os setores mais radicalizados do movimento e os que buscavam uma ação mais institucional.

No processo organizativo das festividades do Dia do Trabalhador, já despontavam as divergências simbolizadas nas posições defendidas pelo Sindicato dos Metalúrgicos de Osasco e pelas lideranças sindicais do MIA. O Sindicato dos Metalúrgicos de Osasco vai ser uma peça importante não só nesse episódio como também na organização do processo grevista, que seria um dos marcos do período.

Em 1967, a chapa de oposição venceu as eleições para a direção do sindicato. O presidente seria José Ibrahim. De modo geral, ele tinha sustentação de dois blocos: o chamado grupo de Osasco e a Frente Nacional do Trabalho. As raízes desse movimento de oposição remontam ao período pré-1964. A FNT foi criada em 1962 e tinha como base operários cristãos congregados na Ação Católica Operária (ACO) e na Juventude Operária Católica (JOC). Ela se opunha às diretivas do sindicato dirigido pelo PCB e buscava realizar um trabalho, no interior das empresas, que julgava abandonado pelo sindicato, com suas preocupações de agitação política. Em 1963, um grupo de militantes do PCB, discordando das ações que consideravam "cupulistas" do partido e de seu sindicato, resolveu deles se afastar e ir realizar um intenso trabalho de organização na base. Começando pela empresa Braseixos, de onde eram egressos, acabaram exercendo influência em outras empresas de porte e importância, como, por exemplo, a Cobrasma. O trabalho desse grupo era a constituição de "comitês clandestinos de fábrica".

Assim, o grupo ligado à FNT organizou, dentro da Cobrasma, uma comissão semilegal de trabalhadores que pleiteou, inicialmente, o seu reconhecimento pela empresa, que por sua vez respondeu com a dispensa dos mais engajados. Ao longo do processo, o grupo clandestino aproximou-se dessa comissão semilegal. Mas mesmo a ação do grupo clandestino era a de atuar dentro do sindicato, ainda que reconhecendo seus limites como instrumento de luta.

É só após o golpe, e depois de embates com a direção da empresa, que os operários da Cobrasma conquistam o direito de eleger uma comissão de fábrica reconhecida pelos patrões e com imunidade para seus representantes. Membros do grupo clandestino foram eleitos, mas mantiveram seu trabalho enquanto grupo clandestino, tendo em vista a possibilidade de retrocesso nas ações da comissão e dos patrões. A força majoritária era a FNT e, ao longo do tempo, as divergências acabaram por aparecer, à medida que, para o grupo clandestino, a comissão se enredara nas negociações de "cúpula" com a direção da empresa, "servindo de amortecedor entre patrões e operários". Intensificando seu trabalho e se aproveitando do desgaste da FNT, o grupo clandestino vai ganhando cada vez mais espaços, até conseguir eleger grande parte dos membros da segunda comissão.

O trabalho de oposição à direção sindical vai se intensificando. Eles trabalham pelo fim da intervenção no sindicato e depois continuam a oposição à chapa eleita com os auspícios do interventor, que agrupara também membros da FNT. Segundo Ibrahim, "nosso trabalho na Cobrasma nos deu uma grande autoridade para atuar nas assembleias sindicais e atrair para nossas posições os elementos de outras fábricas"[16].

O trabalho cresceu, e a oposição se credencia para uma chapa nas eleições sindicais de 1967. Como a visão do grupo clandestino era a de manutenção do trabalho na base, ele não pretendia se diluir no interior do sindicato. Só Ibrahim fará parte da chapa, como presidente. A posição de "confronto" defendida pela oposição na Cobrasma e a posição "legalista" da direção sindical marcariam as linhas do processo. A oposição conseguiu a vitória na eleição.

---

[16] Guido Mantega, "Greves operárias (1968-1978)", cit., p. 10. Esse trabalho vai consolidar o chamado grupo de Osasco Segundo Espinosa; cf. ibidem, p. 42-3, esta era apenas uma expressão criada posteriormente para designar "o conjunto de operários, operários-estudantes e estudantes que viviam em Osasco e atuavam nos movimentos locais. As relações que uniam o grupo eram informais, ou seja, ele não tinha caráter partidário. Um conjunto de definições vagas, entretanto, dava-lhe certa unidade". Entre essas concepções estavam as comissões de empresa, o uso legal de todas as formas de organização, uma simpatia pela Revolução Cubana e pela luta armada. Este grupo acabou por se identificar com a organização guerrilheira Vanguarda Popular Revolucionária (VPR).

Em termos gerais, a direção do sindicato buscava se articular com as lutas mais amplas do movimento operário e sindical brasileiro. É a partir dessa perspectiva que o sindicato de Osasco passa a integrar o MIA. A participação do sindicato sempre se deu de forma crítica e tensa. A tensão entre Osasco e o MIA ficou patente em várias oportunidades. A principal delas se deu nas citadas comemorações do 1º de maio de 1968 na Praça da Sé, em São Paulo. A posição majoritária do MIA era fazer um evento com a participação de figuras públicas e autoridades, convidando, entre outras, o então governador do estado, Abreu Sodré. Para o grupo de Osasco, contudo, deveriam tomar parte apenas trabalhadores, para que não se descaracterizasse a solenidade e não se identificasse as lideranças com o governo. Como a posição de Osasco não foi aceita, uma articulação se inicia no sentido de "tomar de assalto" o evento. E foi o que aconteceu. O ato *oficializante*, como boa afluência de trabalhadores, foi "tomado" por grupos de manifestantes que colocaram o governador do estado para fora, sob uma chuva de paus e pedras, tendo incendiado o palanque. Dali saíram em passeata até a Praça da República, onde um comício foi realizado.

Os efeitos posteriores demonstram a ditadura tentando reverter o jogo. Muitos dos participantes não conseguiram permanecer nas fábricas onde atuavam. Alguns deles, que até então tinham vida legal, necessitaram passar à vida clandestina, paralisando os trabalhos na esfera em que vinham realizando. O clima imperante era de certa euforia com os desdobramentos que a conjuntura ia sofrendo, aparentemente indicando um enfraquecimento da ditadura e um ascenso dos movimentos de oposição.

Esse tipo de clima vai ter repercussão no meio operário. Novamente Osasco se tornará centro de precipitação de turbulência. Segundo relatos de Ibrahim[17], nos momentos seguintes ao primeiro de maio, a radicalização se espalhou por fábricas de Osasco. Era o início do processo que levaria a um dos mais importantes desafios operários no quadro de ditadura.

A greve de Osasco[18], como ficou conhecida, foi bastante estruturada e planejada, ainda que se possa questionar algumas de suas avaliações. A perspectiva era ocupar fábricas de forma sucessiva, estendendo para toda

---

[17] Guido Mantega, "Greves operárias (1968-1978)", cit.
[18] Ver mais detalhes sobre a greve em Francisco Weffort, *Participação e conflito industrial*, cit.; Jacob Gorender, *Combate nas trevas*, cit.; e Marco A. Santana, "Entre a ruptura e a continuidade", cit.

Osasco; e depois para São Paulo. A visão dos planejadores era de que a repressão ao movimento demoraria um pouco levando-se em conta as ações do governador Abreu Sodré com relação aos movimentos dos estudantes e a posição assumida pelo governo quando da greve de Contagem. Não foi o que aconteceu. Diante do crescimento das manifestações populares e do recuo que significou sua aceitação, ainda que relativa, das condições em Contagem, a ditadura reage rápido conjugando negociação e repressão. Apesar do clima de entusiasmo reinante, ao fim do primeiro dia uma forte repressão se abateu sobre a cidade. Fábricas cercadas, prisões e tensão imperaram em Osasco. Na Cobrasma, foco maior de tensão, apesar dos apelos operários para que os soldados não invadissem a empresa, os militares o fizeram no final da noite daquele mesmo dia.

No segundo dia, apesar de toda a ocupação policial na cidade, outras fábricas tentaram parar, o que, diante da repressão, tornara-se bastante difícil. Naquela noite, o sindicato sofreu a ação da polícia, que desocupou o prédio para que o interventor pudesse assumir seu papel, o que havia sido impedido pelos operários que ocupavam o sindicato. As lideranças que ainda não estavam detidas são caçadas pela polícia. A partir do quarto dia, já não se tinha mais controle sobre o movimento. Embora já sem lideranças, o movimento se arrasta. As prisões se estendem pelas igrejas, bairros etc. Já no sexto dia, as fábricas de Osasco funcionavam normalmente.

Tempos sombrios

Seriam de grande monta os impactos da greve e dos destinos de suas lideranças sobre o movimento de Osasco. Mesmo tendo mantido núcleos dentro das empresas, a articulação da oposição seria dificultada devido à atenção jogada cada vez mais para o interior da organização de esquerda armada à que pertenciam, o que também faz com que muitos dos militantes mudem da cidade e/ou sejam presos por conta de ações do grupo.

Esse tipo de impacto se verá também no segundo movimento de Contagem, deflagrado em outubro de 1968, tendo como base os grupos de esquerda dentro das empresas. Em uma escala repressiva da ditadura já em marcha, a segunda greve de Contagem sofreu dura repressão e resultou na intervenção no sindicato, encerrando o que seria o 1968 operário.

Ao fim de 1968 os passos do endurecimento do regime estavam dados, e se consolidam com a decretação, em dezembro, do Ato Institucional

n. 5[19]. O "milagre econômico" ia deslanchando, os grupos de esquerda, com raras exceções, se engolfavam cada vez mais nas ações armadas, que o regime replicava com mão de ferro. Para o movimento operário e sindical, começa mais um momento de espera e ações subterrâneas. A situação se agravaria com a chegada à presidência do general Emílio Médici (1969-1970). Seriam necessários mais dez anos para que o movimento operário viesse à tona novamente, abrindo uma de suas mais luminosas etapas.

É importante ressaltar que apesar da repressão feroz, com a prisão e a tortura como práticas correntes, que visava alcançar os manifestantes em todas as partes, os militantes operários fizeram da fábrica seu *locus* privilegiado de ação. Esse tipo de alteração atingiu diversos setores envolvidos no trabalho sindical, e pôde ser sentida mesmo na prática dos militantes cristãos do ABC paulista. Para Martins[20], isto significou a "volta ao trabalho de fábrica, ao trabalho de bairro, procurando organizar equipes e levar adiante não só o movimento, mas, principalmente, a resistência ao sistema".

No cenário sindical, a ditadura utiliza de todos os mecanismos para barrar os avanços ainda que tênues de qualquer posição mais contestadora. As tentativas de prosseguimento da luta sindical sempre esbarravam nos limites estreitos da ditadura militar. Até os eventos de cunho oficioso, organizados por lideranças pouco ou nada "combativas", podiam ser palco das ações e da violência policial. Assim, os militantes sindicais trabalhavam em um território extremamente minado.

No plano dos encontros sindicais, os trabalhadores tentaram maior articulação de suas demandas. Observando-se atas e pautas decorrentes dos vários encontros sindicais de categorias profissionais, podemos verificar que o enfrentamento da questão do "arrocho salarial" se encontra ainda na ordem do dia. Os trabalhadores visavam intensificar a luta por melhores condições salariais e de vida, organizando, notadamente, os encontros nacionais dos metalúrgicos, como o encontro da CNTI, em novembro de 1970, e o da Confederação dos Trabalhadores em Estabelecimentos de

---

[19] O ato, entre outras medidas, decretava o fechamento do Congresso Nacional e a cassação de mandatos de senadores, deputados, prefeitos e governadores, intervindo também no Poder Judiciário. Decretava-se, assim, estado de sítio, com a interdição de qualquer reunião, o aumento da censura e a suspensão do *habeas corpus* para "crimes" políticos.

[20] Heloisa de Souza Martins, *Igreja e movimento operário no ABC* (São Paulo/Santa Catarina do Sul, Hucitec/Prefeitura de Santa Catarina do Sul, 1994).

Crédito (Contec), ocorrido logo depois. Os avanços sentidos em termos do trabalho no interior dessas confederações, por exemplo, serão também alvo de ação do regime que, após vetar sucessivos nomes à direção da Contec, intervém na organização em 1972.

Todo este trabalho silencioso e acobertado, que articulava diversos grupos em diversos setores, vai mantendo a chama do movimento operário-sindical brasileiro, apesar dos sucessivos ataques desfechados pelo regime. É em fins da década de 1970 que toda uma série de movimentações ganha visibilidade, rompendo os limites impostos pela ditadura aos trabalhadores. Isto ocorrerá com as mobilizações dos metalúrgicos do ABC paulista.

Trabalhadores em alta, ditadura em baixa

O quadro de ascensão do movimento dos trabalhadores vai encontrar o regime militar repensando suas estratégias. O esgotamento do "Milagre Brasileiro" – catapultado pela alta internacional dos preços do petróleo – no plano econômico e as sucessivas derrotas eleitorais, com destaque para a de 1974, impuseram à ditadura um momento de inflexão e de alteração de rota. Vencida a luta armada, ainda que os resquícios da máquina repressiva tenham ficado expostos em ações que provocaram mortes e desaparecimentos, o governo militar a partir de 1974 – com a chegada do general Ernesto Geisel (1974-1979) à presidência – se propõe a estratégia da "abertura" política. Este processo, garantindo a sobrevivência do regime, se daria de forma "lenta e gradual".

Mas o movimento dos trabalhadores traria mais complexidade ao quadro. Como que um elemento-surpresa, irrompeu à cena, fazendo estremecer os arranjos que se pensavam sem os trabalhadores. A sociedade brasileira vai assim reconquistando seus espaços de participação política. Vivendo um ambiente de efervescência, ela verá surgirem inúmeros movimentos sociais que irão pavimentando o caminho para o processo de redemocratização, acelerando a crise do regime militar[21]. Dentre esses movimentos, podem ser listados o estudantil, o de mulheres, o de bairros e o contra a carestia. Articulados ou não ao movimento sindical, os movimentos sociais, em seu conjunto, engrossarão a luta democrática do período. Esta luta terá nos trabalhadores um sólido sustentáculo.

---

[21] Paulo Krischke, *Brasil: do "milagre" à "abertura"* (São Paulo, Cortez, 1982), e Emir Sader, *Quando novos personagens entraram em cena* (Rio de Janeiro, Paz e Terra, 1988).

Quando os metalúrgicos do ABC paulista entraram em greve em 1978, abrindo caminho para a paralisação que se seguiu em outras categorias, eles rompiam com os limites estreitos estabelecidos pela lei antigreve, com o "arrocho salarial" e o silêncio geral ao qual havia sido forçada a classe trabalhadora. Com isso, eles impactaram alguns dos pilares de sustentação política e econômica da ditadura militar.

Um dos fatores importantes para a deflagração do movimento foi, sem sombra de dúvida, a denúncia de que o regime militar, em 1973 e 1974, maquilara os índices de inflação, mascarando o verdadeiro patamar do custo de vida[22]. Isto levou a que os trabalhadores fossem penalizados em 34,1%. O sindicato dos metalúrgicos de São Bernardo do Campo, sob a presidência de Luiz Inácio da Silva, o Lula, começa uma campanha pela reposição salarial em busca daquilo que lhes havia sido retirado. Ainda que experimentasse o pouco interesse dos patrões e do governo pela reposição, esta campanha semeará o terreno para as mobilizações futuras.

A campanha salarial de 1978 se nutrirá desse solo fértil. A campanha daquele ano não trazia em si nenhuma novidade, e termina como as anteriores, homologando-se os índices oficiais. Porém, o sindicato tinha como estratégia desmascarar todo o processo. É por isso que ele se recusa à negociação tutelada pela Justiça do Trabalho, abrindo mão de sua participação no dissídio.

A política do sindicato, então, era trazer a público o que seria uma farsa de participação gerada pelo governo e deixar um vazio em termos da parte referente à representação dos trabalhadores. O sindicato, que ao longo da campanha de reposição que precedeu a campanha salarial de 1978 já vinha batendo na tecla do roubo efetuado pelo governo, preparava o caminho para uma desilusão ainda maior ao término desta campanha.

Em fins de março, os trabalhadores da Mercedes-Benz já haviam paralisado o trabalho por não terem recebido o aumento que a empresa costumava conceder. O desenvolvimento da paralisação em vários setores da fábrica levou à demissão de dezessete operários, fazendo o movimento refluir. A própria postura da empresa posteriormente indicava certa alteração nos padrões de negociação. O endurecimento era sensível.

Em 12 de maio de 1978, os trabalhadores da Saab-Scania entraram em greve. Na verdade, a Scania já havia passado, em fins de 1977, por tensões

---

[22] John Humphrey, *Fazendo o milagre* (Petrópolis, Vozes/Cebrap,1982).

internas entre a direção da empresa e seus empregados, o que resultara na demissão de alguns operários. O sindicato reverteu as demissões na Justiça, mas elas acabaram prevalecendo na prática.

A greve de 12 de maio de 1978 pegou o sindicato um tanto de surpresa. O movimento se estendeu por quatro dias, findos os quais a diretoria do sindicato arranca um acordo "de boca" da direção da empresa, acordo que, depois pressionada pelos outros setores da indústria automobilística, a Scania não cumpriu, trocando os 20% das reivindicações por meros 6,5%. Nova mobilização é tentada, mas, mediante as práticas repressivas da empresa, não é efetivada.

Contudo, as mobilizações por fábrica já se alastravam pelo ABC paulista. No dia 15 de maio paralisava-se a Ford, e no dia 16, a Volkswagen. Apesar da posição do TRT de considerar as greves ilegais, este foi o início de uma onda mobilizatória que alcançou grandes, médias e pequenas empresas, desenvolvendo tipos variados de greve e com duração diversa, alcançando outros municípios como Osasco e São Paulo. A mobilização atinge também outros setores da economia[23], trazendo preocupação para todo o patronato e para o governo militar.

Anos 1980: década sindical e transição democrática

Esta greve foi de grande relevância para o movimento dos trabalhadores, em particular, e para a sociedade, em geral, já que demonstrava sua capacidade de organização, mobilização e disposição de luta, ainda que frente ao temível regime militar. Após a greve de 1978, tornaram-se possíveis outras mobilizações, em um processo que se consolida e se amplia com as greves de metalúrgicos em 1979 e 1980, às quais, em volume ainda maior que na anterior, se incorporam outras categorias (bancários, petroleiros, professores etc.) em todo o país, em uma verdadeira ascensão reivindicativa da classe trabalhadora no Brasil do período[24].

A riqueza deste ressurgimento dos trabalhadores no cenário político nacional pode ser constatada, entre outras coisas, na fundação de um partido político, o Partido dos Trabalhadores (PT), em 1980; e na criação, pouco

---

[23] Ricardo Antunes, *A rebeldia do trabalho* (Campinas, Unicamp/Ensaio, 1988).
[24] Marco A. Santana, "Entre a ruptura e a continuidade", cit.

tempo depois, de importantes entidades intersindicais de cúpula, organizadas nacionalmente. O retorno dos trabalhadores foi marcado, também, pelo aparecimento do que se convencionou chamar de "novo sindicalismo", supostamente caracterizado por práticas que indicariam sua novidade na recente história sindical brasileira[25]. Desta forma, os trabalhadores foram escrevendo seu nome na luta pelo retorno do regime democrático ao Brasil.

Deve-se assinalar, contudo, que apesar de seu sentido enfraquecimento, a ditadura ainda tentou conter a emergência do movimento dos trabalhadores da forma que pôde. Por exemplo, em breve o governo do general João Figueiredo (1979-1985) promoveria a intervenção em sindicatos (como o dos metalúrgicos do ABC paulista e dos bancários de Porto Alegre) e a prisão de militantes e direções sindicais, alguns inclusive processados pela Lei de Segurança Nacional (LSN).

Mas os militares não tinham muito mais fôlego para impedir que a sociedade brasileira em geral, e os trabalhadores em particular, fossem reconquistando seus direitos. O sentido avanço e a expansão do movimento sindical deságuam na busca de uma unificação, que o fortalecesse e lhe desse uma coordenação nacional. Porém, este processo vai explicitar as subjacentes tensões acerca das práticas e orientações seguidas pelos grupos envolvidos.

De forma geral, podemos caracterizar dois blocos ao longo do processo[26]. De um lado, os chamados sindicalistas "autênticos" reunidos em torno dos sindicalistas metalúrgicos do ABC, agregando sindicalistas de diversas categorias e partes do país, os quais, com os grupos integrantes das chamadas "oposições sindicais"[27], compunham o autodenominado bloco "combativo". Tendo sindicalistas como Lula (metalúrgicos de São Bernardo), Olívio Dutra (bancários de Porto Alegre) e Jacó Bittar (petroleiros de

---

[25] Ver Iram Jácome Rodrigues, *Sindicalismo e política: a trajetória da CUT* (São Paulo, Scritta/Fapesp, 1997), e Marco A. Santana, "Entre a ruptura e a continuidade", cit.

[26] Cf. Leôncio M. Rodrigues, "As tendências políticas na formação das centrais sindicais", em A. Boito Jr. (org.), *O sindicalismo brasileiro nos anos 80* (Rio de Janeiro, Paz e Terra,1991).

[27] Agrupando militantes egressos ou não da experiência da luta armada e/ou militantes ligados à Igreja progressista, este setor defendia o combate à estrutura sindical corporativa a partir de um intenso trabalho de base via comissões de fábrica. Sua maior expressão estava na Oposição Sindical Metalúrgica de São Paulo (OSM-SP) e podia apresentar posições que iam desde a aceitação do trabalho conjunto com o *sindicato oficial* até aquelas contrárias a esse tipo de articulação.

Campinas) como nomes de ponta, este setor formaria a base do chamado "novo sindicalismo". De outro, a Unidade Sindical que agrupava lideranças tradicionais no interior do movimento sindical (muitas delas vinculadas ao setor conservador do sindicalismo, denominado "pelego"), e os militantes de setores da esquerda dita "tradicional", tais como o PCB, o PCdoB e o Movimento Revolucionário 8 de Outubro (MR-8).

Fatores de ordem sindical e política desempenharam seu papel na recomposição das forças que disputavam a liderança do movimento que emergia. É preciso notar que, nos primórdios destes movimentos, setores que posteriormente formarão a chamada Unidade Sindical caminharam em aproximação dos chamados sindicalistas "autênticos". Um dos marcos de surgimento do sindicalismo "autêntico" foi o V Congresso da CNTI, em 1978, quando um grupo de sindicalistas se opôs as orientações dos setores "pelegos" na direção da confederação. Deste grupo constavam nomes associados tanto ao que seria o "novo sindicalismo" como nomes relacionados à chamada esquerda "tradicional".

Esta aproximação se dava à medida que aqueles setores, apesar das divergências, buscavam se movimentar no interior da estrutura sindical corporativa, já que eram todos membros de direções sindicais e, portanto, oriundos dela e atuavam dentro de sua estrutura. Ao longo da conjuntura, as divergências acerca das relações do movimento sindical com a estrutura sindical e da participação das oposições sindicais e de setores populares no interior de seus movimentos, entre outras, fez com que estes militantes, que se identificaram com a Unidade Sindical, fossem se afastando dos "autênticos". A aproximação cada vez maior dos sindicalistas "autênticos" com os setores de oposição sindical, em um arranjo que também não se deu sem tensões, garantiu a distinção definitiva dos blocos que acabará por desaguar, em meados dos anos 1980, na constituição de centrais sindicais em separado.

Assim, o primeiro bloco considerava a estratégia da Unidade Sindical como "negocista", "conciliadora" e "reformista", e fundará, em 1983, a Central Única dos Trabalhadores (CUT). A Unidade Sindical, por sua vez, avaliava a estratégia do outro setor como sendo "esquerdista" e "desestabilizadora" e fundará, em 1986, a Central Geral dos Trabalhadores (CGT). Em termos gerais, será dividido entre tais vertentes que o movimento sindical brasileiro entrará na década de 1980, um período extremamente rico de sua história político-organizacional.

Em meados da década de 1980, o país ia deixando para trás longos anos de ditadura militar (1964-1985). O sindicalismo nacional, facilitado por um período de transição política para a democracia – que ajudara a conquistar e que, por sua vez, lhe garantia campo de atuação – e por uma conjuntura econômica de elevada inflação – que lhe fornecia combustível mobilizatório –, acumulou vitórias organizativas importantes, reocupando o espaço político do qual havia sido privado pelos governos militares[28]. Em seu conjunto, o sindicalismo brasileiro viverá no período o que pode ser considerado um de seus momentos de ouro, uma "década sindical". Qualquer balanço de sua trajetória naqueles anos deve apontar para três de suas características: a rápida consolidação no plano organizacional e a pujança mobilizatória, bem como sua importância na luta pela democratização do país, espelhada, entre outras, em sua participação no movimento por eleições livres e diretas para presidente (a campanha das Diretas Já) e pelo estabelecimento de uma Assembleia Nacional Constituinte (o qual, entre outras, teve forte ação na coleta de assinaturas para a chamadas "emendas populares").

Em 1985 é eleito no Parlamento, por via indireta, o primeiro governo civil pós-1964. Ele poria fim aos governos militares, vinte e um anos depois, abrindo aos trabalhadores e a suas entidades um novo momento.

Considerações finais

Uma análise geral das ações dos trabalhadores durante a ditadura indica que uma série de mudanças se estabeleceu após o golpe de Estado de 1964. O capitalismo se redefine no país, produzindo mudanças substanciais na produção e no mundo do trabalho, o que traria óbvias alterações na composição das classes trabalhadoras. Além disso, pode-se perceber que o regime passará, em termos econômicos, por diferentes períodos. Todos, igualmente, propuseram questões e solicitaram respostas por parte dos trabalhadores, no sentido de que suas condições tanto de vida quanto de trabalho não fossem rebaixadas.

É um tanto limitadora a visão de que a ditadura impediu completamente o movimento dos trabalhadores. Nesse quesito, também, diferentes sub-períodos podem ser identificados. O regime militar buscou redefinir e limitar as ações mais progressistas no seio sindical. Lançou mão de instru-

---

[28] Ver Iram Jácome Rodrigues, *Sindicalismo e política*, cit., e Marco A. Santana, "Entre a ruptura e a continuidade", cit.

mentos legais, políticos, econômicos, ideológicos e repressivos para buscar o controle dos trabalhadores e de suas entidades. Tal estratégia só foi bem-sucedida em certos momentos, não sendo capaz de imobilizar esses setores como desejado.

A luta dos trabalhadores, apesar das claras dificuldades, de uma forma ou de outra não cessou um só momento, não dando tréguas ao regime ditatorial e aos patrões. Isso pode ser percebido mesmo nos momentos mais duros do regime. Os trabalhadores lançaram mão de variados instrumentos na luta por seus direitos: paralisações, manifestações, greves e abaixo-assinados. Seja de forma mais silenciosa, nos locais de trabalho, seja na cena pública aberta; seja "por dentro", seja "por fora" da estrutura sindical corporativa; seja reivindicando demandas econômicas, seja políticas; seja de forma mais pontual, seja articuladamente a propostas políticas mais gerais; combinando todas elas, tentaram, mesmo sob regime ditatorial, garantir seus espaços de organização, atuação, reivindicação e garantia de direitos.

Por seu turno, a esquerda passou por sensíveis mudanças de orientação, com claras repercussões nos sindicatos de suas ações. As disputas no seio do movimento, frequentes historicamente, não cessaram ao longo da ditadura, mas viveram momentos distintos. Logo na entrada, ela passava por um momento de revisão de sua história, suas práticas e suas orientações. O PCB ainda servia como elemento de referência. Passo a passo, apesar de sua importância, perdeu este lugar. O controle imposto pela ditadura dificultou profundamente as ações da esquerda, bem como a disputa por sua hegemonia. A principal disputa, na verdade, era para se continuar existindo. Obviamente, isso não duraria para sempre. Ao fim do período, um novo setor, ligado ao PT e ao chamado novo sindicalismo, assumirá a hegemonia da esquerda e do movimento sindical, passando a orientar a parcela mais significativa, organizada e ativa do movimento.

Será a partir de seu ressurgimento na cena política e de sua reorganização nacional que os trabalhadores contribuíram, sobremaneira, para o fim da ditadura no Brasil, buscando dar suas colorações ao processo de redemocratização e à democracia que, como destacados atores, auxiliaram a conquistar.

TRABALHADORES DO CAMPO, LUTA PELA TERRA E O REGIME CIVIL-MILITAR

Leonilde Servolo de Medeiros

Introdução

A instauração do regime civil-militar em 1964, como tem sido abundantemente apontado pela bibliografia especializada, trouxe consigo a repressão aos movimentos populares que ganhavam força no período anterior ao golpe. No meio rural, num contexto bastante adverso, com suas principais lideranças sendo presas, jogadas à clandestinidade ou mesmo sendo assassinadas, verifica-se uma desarticulação das lutas em curso, mas não seu desaparecimento. Pelo contrário, elas se intensificaram como resistências isoladas, no plano local, como resultado das opções de política agrícola e agrária do novo governo, voltado principalmente, e em especial, durante a década de 1970, para a modernização das atividades produtivas e para o estímulo à ocupação das áreas de fronteiras por meio de projetos agropecuários levados adiante por grandes empresas do setor industrial e financeiro. Pouco a pouco, as lutas no campo reorganizaram-se, em ritmos diferenciados no tempo e no espaço, de forma que, já no fim da década de 1970, os trabalhadores do campo emergiram como atores importantes na redemocratização do país.

O objetivo deste artigo é explorar algumas dimensões desse processo, considerando as oportunidades políticas que as delimitaram, mas principalmente buscando entender como as demandas dos trabalhadores foram enquadradas, e de que forma significados foram produzidos ou mesmo atualizados. Evitando a distinção (presente em muitas análises) entre o que é velho e o que é novo, importa-nos reter que significações são retomadas, quais são as significações produzidas e as mediações presentes, de forma a entender a natureza das mudanças que ocorreram e suas implicações ao longo da redemocratização. Como aponta Cefaï, os atores não inventam a partir do zero as justificativas que dirigem ao seu público, e sim buscam-nas em repertórios de argumentação, típicos e recorrentes[1]. Esses argumentos são buscados quer nas concepções correntes do que é justo e injusto, quer na ação de mediadores políticos[2] que arranjam esses sentimentos difusos e justificativas em um corpo explicativo fundado não apenas nas leis, mas também num discurso religioso. Por meio desses canais articularam-se vários episódios de resistência cotidiana, dos quais emergiram demandas, opções por formas de ação e a própria visibilidade e o reconhecimento políticos dos trabalhadores do campo. Trata-se de um processo não linear, no qual cada direito conquistado precisa ser reafirmado a cada momento, nas lutas singulares, para se fazer valer.

Tendo em vista os limites deste artigo, vamos nos centrar na luta por terra, lembrando outros tipos de confronto quando for necessário para explicitar nossos argumentos.

Antecedentes: as lutas no campo e as formas incipientes de organização dos trabalhadores rurais

A década de 1950 e o início da de 1960 foram marcados no Brasil pela emergência dos trabalhadores do campo como atores políticos. Se até então o meio rural brasileiro fora um espaço atravessado por conflitos por terra, o fato é que não havia articulação entre eles: eram lutas localizadas e pontuais, embora recorrentes em todo o país. Casos como os de Canudos e Contestado, que ficaram mais conhecidos por terem inclusive ensejado intervenção militar e repressão inaudita, são apenas episódios da conflitualidade disseminada no campo brasileiro, cujas origens remontam à própria forma por meio da qual se deu o processo de ocupação das terras no país[3].

---

[1] Daniel Cefaï, "Como uma associação nasce para o público: vínculos locais e arena pública em torno da associação La Bellevilleuse em Paris", em Daniel Cefaï, Marcos Antonio da Silva Mello, Fábio R. Mota e Felipe B. Veiga (orgs.), *Arenas públicas: por uma etnografia da vida associativa* (Niterói, Editora da UFF, 2011).

[2] Ver Delma Pessanha Neves (org.), *Desenvolvimento social e mediadores políticos* (Porto Alegre, Editora da UFRGS, 2008), série Estudos Rurais.

[3] Segundo Lygia Osório Silva, desde a colonização "os fazendeiros tinham o hábito de constituir 'reservas de terras', isto é, se apropriavam de muito mais terras do que cultivavam para garantir seu futuro. Não tinham interesse, portanto, em informar às

A novidade dos anos que se seguiram à redemocratização do Brasil após o fim do Estado Novo foi a incipiente articulação dessas lutas esparsas, que começaram a esboçar uma linguagem e bandeiras comuns, além de traduzir suas demandas em significados que circulavam no campo da esquerda e trazê-las ao espaço público. Para isso, diversos fatores concorreram: o clima propício gerado pelo fim da ditadura varguista, a existência de organizações operárias que colocavam na ordem do dia o tema dos direitos, o debate em torno de projetos de desenvolvimento para o Brasil e que convergiam na crítica ao que então era chamado de *latifúndio*, colocando em pauta a necessidade de superar o atraso do campo[4].

No entanto, para além desses fatores mais gerais, que poderiam ser entendidos como um quadro de oportunidades políticas que se abriam[5], há outros elementos essenciais para entender a presença política desse segmento que passou a ser conhecido como *camponeses*[6]. Trata-se de indagar, conforme nos aponta Daniel Cefaï, em seu citado artigo, sobre as condições que possibilitaram transformar situações de mal-estar, sentimentos de injustiça por vezes difusos e vividos como questões locais e personalizadas em formas associativas que funcionassem como escoadouro e, ao mesmo tempo, espaço de trocas e interações, de transformação de queixas em demandas, de identificação de opositores. Informais num primeiro momento, para que os experimentos organizativos ganhassem alguma continuidade e densidade foi essencial a presença, de forma diferenciada, em tempos também distintos, de mediadores políticos. O mais antigo deles foi o Partido Comunista Brasileiro (PCB). Com uma forte base nas classes médias urbanas e fortalecendo sua

---

autoridades os limites exatos das suas terras ou das terras que pretendiam que fossem suas"; cf. *Terras devolutas e latifúndio: efeitos da lei de 1850* (Campinas, Editora da Unicamp, 1996), p. 69. No que se refere aos pequenos posseiros, "sua permanência na terra era temporária e instável: durava até que forças mais poderosas os viessem expulsar. Assim eles eram empurrados cada vez mais para longe dos centros econômicos beneficiados pelos melhoramentos materiais, tais como as vias de comunicação, açudes, mercados etc."; ibidem, p. 337.

[4] Este foi um tema recorrente nos debates sobre o desenvolvimento de toda a América Latina, que ganharam força no pós-guerra, em especial no contexto da Guerra Fria.

[5] Ver Sidney Tarrow, *O poder em movimento: movimentos sociais e confronto político* (Petrópolis, Vozes, 2009)

[6] Para uma análise da entrada do termo "camponês" no vocabulário político, ver José de Souza Martins, *Os camponeses e a política no Brasil* (Petrópolis, Vozes, 1981).

presença entre a classe operária desde sua volta à legalidade, em 1945, esse partido passou a deslocar alguns quadros para o campo. Para dar densidade à proposta de aliança operário-camponesa, tratava-se de identificar quem eram os *camponeses*, a partir de notícias de conflitos que eclodiam aqui e acolá. Nessa busca, foram encontrados *posseiros* ameaçados de expulsão e que lutavam para se manter na terra; *foreiros* e *arrendatários* questionando as taxas de arrendamento e de foro, e buscando permanecer nas terras em que viviam; pequenos agricultores com dificuldade de trazer sua produção aos mercados locais e que organizavam associações para facilitar seu acesso; *colonos* das fazendas de café e *moradores* de engenhos e usinas, em condições de intensa exploração de seu trabalho.

As memórias de militantes como Gregório Bezerra, José Pureza, Bráulio Rodrigues da Silva, Irineu Luis de Moraes e Lyndolpho Silva fornecem preciosas indicações desses momentos iniciais de organização, das dificuldades encontradas, do esforço para se chegar a uma linguagem comum que desse conta, ao mesmo tempo, da experiência cotidiana desses trabalhadores e das grandes linhas de ação do PCB[7]. Nesse caldo de cultura nasceram as primeiras organizações, realizaram-se os primeiros encontros de caráter estadual ou mesmo nacional e começaram a ganhar substância social aquilo que, no início dos anos 1960, seriam as principais bandeiras das organizações emergentes: reforma agrária, direito à sindicalização, extensão dos direitos trabalhistas ao campo[8].

---

[7] Desde o início dos anos 1980 vêm sendo publicadas memórias de dirigentes, quer sob a forma de livros, quer de entrevistas. Apesar de pontuais, são uma importante fonte de conhecimento sobre esses primeiros momentos organizativos. Ver, entre outros, Gregório Bezerra, *Memórias* (São Paulo, Boitempo, 2011); José Pureza, *Memória camponesa* (Rio de Janeiro, Marco Zero, 1982); Paulo Ribeiro da Cunha, *O camponês e sua história: a construção da Ultab e a fundação da Contag nas memórias de Lyndolpho Silva* (São Paulo, Instituto de Projetos de Pesquisas Sociais e Tecnológicas, 2004); Bráulio Rodrigues da Silva, *Memórias da luta pela terra na Baixada Fluminense* (org., apresentação e notas de Leonilde Servolo de Medeiros, Rio de Janeiro, Mauad/Editora da Universidade Rural, 2008); Cliff Welch e Sebastião Geraldo, *Lutas camponesas no interior paulista: memórias de Irineu Luiz de Moraes* (Rio de Janeiro, Paz e Terra, 1992).

[8] Para maiores detalhes sobre esse processo, ver Leonilde Servolo de Medeiros, *História dos movimentos sociais no campo* (Rio de Janeiro, Fase, 1989) e *Lavradores, trabalhadores agrícolas, camponeses: os comunistas e a constituição de classes no campo* (Campinas, IFCH-Unicamp, 1995), tese de doutorado.

No início dos anos 1960 já era possível falar num "movimento camponês", recortado por diferentes orientações políticas: do PCB; do deputado socialista pernambucano Francisco Julião, criador das Ligas Camponesas do Nordeste; de grupos vinculados a segmentos da Igreja Católica que, reconhecendo as condições de opressão que vigoravam no campo, envolveram-se na organização dos trabalhadores, em grande medida para se contrapor ao "avanço do comunismo"; jovens católicos ligados principalmente à Ação Popular, organização que tinha em seus quadros muitos militantes advindos das Juventudes Católicas (Estudantil, Agrária e Universitária), organizações ligadas à Ação Católica; Círculos Operários Católicos no Rio de Janeiro e em São Paulo; Movimento dos Agricultores Sem Terra (Master), surgido no interior do Rio Grande do Sul e que realizava acampamentos para demandar terra, com apoio do governador estadual, Leonel Brizola; e, finalmente, grupos de Igreja que passaram a organizar os agricultores do Sul em Frentes Agrárias, contrapondo-se ao Master[9]. Essas forças, concorrentes entre si, protagonizavam a organização de diferentes segmentos de trabalhadores do campo e disputavam a direção política das organizações emergentes. Embora fossem significativas as diferenças de concepções sobre formas de ação e direção das lutas, produziram-se algumas convergências, fundadas na identificação e denúncia da situação de miséria e exploração em que viviam os *camponeses* e na necessidade de alterá-la.

O Congresso Camponês de Belo Horizonte, realizado em novembro de 1961, consolidou essas demandas principalmente em torno da permanência na terra, mas fez aflorar as disputas existentes entre os mediadores das lutas no campo, especialmente no que diz respeito à pertinência, naquele contexto, de demandar medidas parciais de reforma agrária reivindicadas pelo PCB, tais como a regulamentação do arrendamento e da parceria. No que nos importa neste artigo, esse foi um momento marcante do reconhecimento político do

---

[9] A respeito, ver, entre outros: Fernando Azevedo, *As ligas camponesas* (Rio de Janeiro, Paz e Terra, 1982); Elide Bastos, *Ligas camponesas* (Petrópolis, Vozes, 1984); Leonilde Servolo de Medeiros, *História dos movimentos sociais no campo*, cit.; Regina Reyes Novaes, *De corpo e alma: catolicismo, classes sociais e conflitos no campo* (Rio de Janeiro, Graphia, 1997); Bernardo Mançano Fernandes, Leonilde S. de Medeiros e Maria Ignez Paulilo (orgs.), *Lutas camponesas contemporâneas: condições, dilemas e conquistas*, v. 1: *O campesinato como sujeito político nas décadas de 1950 a 1980* (São Paulo/Brasília, Editora da Unesp/Nead, 2009); Emmanuel De Kadt, *Católicos radicais no Brasil* (João Pessoa, Editora da UFPB, 2003).

campesinato e de suas demandas. A reivindicação de acesso à terra tornara-se um tema público, que não mais podia ser ignorado. Logo depois, em 1962, foi regulamentado o direito à sindicalização dos trabalhadores do campo e, em 1963, aprovado o Estatuto do Trabalhador Rural, projeto do deputado petebista Fernando Ferrari, que já tramitava havia cerca de dez anos, sem sucesso, no Congresso Nacional e que estendia aos trabalhadores rurais os mesmos direitos que os trabalhadores urbanos haviam conquistado havia mais de vinte anos. No entanto, no que diz respeito à reforma agrária, tema central das demandas *camponesas*, centenas de projetos foram apresentados ao Congresso Nacional, sem aprovação. A grande maioria deles buscava regulamentar as condições para desapropriações de terras, a fim de assentar famílias de trabalhadores ou garantir a permanência na terra a quem nela vivesse e trabalhasse[10].

Ao mesmo tempo, as entidades patronais se fortalecem e também passavam a falar em reforma agrária, dando ao termo outro enquadramento. Para essas entidades, reforma agrária significava a modernização tecnológica do campo, com a criação de mecanismos de apoio aos produtores rurais com crédito facilitado e assistência técnica. Não por acaso, entre os articuladores do golpe de 1964 figuravam entidades patronais, como a Sociedade Rural Brasileira, tradicional representante dos cafeicultores paulistas e paranaenses, e a Confederação Rural Brasileira, entidade nacional de representação dos interesses dos proprietários de terra, além de algumas de suas filiadas, como as federações das Associações Rurais de São Paulo (Faresp), de Minas Gerais (Faremg) e do Rio Grande do Sul (Farsul), entre outras[11].

O golpe militar e as lutas no campo: repressão e violência

Como apontado pela bibliografia acerca do tema, o período que se sucede ao golpe foi marcado pela intensa repressão às lutas do campo e da cidade. No

---

[10] O lema do jornal *Terra Livre*, editado pelo PCB para subsidiar o seu trabalho político no meio rural, era "Terra para quem nela trabalha". Como já apontado, a maior parte dos conflitos de então envolvia *posseiros*, *foreiros* ou *arrendatários* ameaçados de perda da terra.

[11] Sobre as disputas no período em torno da reforma agrária, ver, entre outros, Aspásia A. de Camargo, "A questão agrária: crise de poder e reformas de base (1930-1964)", em Bóris Fausto (org.), *História geral da civilização brasileira*, v. 3: *O Brasil republicano* (São Paulo, Difel, 1981), t. 3.; Leonilde Servolo de Medeiros, *A questão da reforma agrária no Brasil (1955-1964)* (São Paulo, FFCL-USP, 1983), dissertação de mestrado.

que se refere ao campo, de imediato houve intervenção na recém-constituída Confederação Nacional dos Trabalhadores na Agricultura (Contag) e nas federações mais ativas, sendo nomeados como interventores elementos ligados à Igreja Católica[12]. No caso da Contag e dos estados de São Paulo e do Rio de Janeiro, onde era forte a presença dos comunistas, a direção passou para membros oriundos dos Círculos Operários. No Nordeste, foram escolhidas pessoas oriundas dos Serviços de Orientação Rural, ligados a bispados, como foi o caso do Serviço de Orientação Rural de Pernambuco (Sorpe) ou do Serviço de Assistência Rural do Rio Grande do Norte.

No entanto, não se pode tratar a oposição entre comunistas e Igreja de forma simplificada, pois tal polarização não dá conta da complexidade da intervenção do regime militar no campo e muito menos da ação dos quadros ligados à Igreja, muitos deles profundamente imbuídos da necessidade de incentivar a organização dos trabalhadores do campo e portadores de uma concepção de direitos que, se por um lado os afastava dos princípios comunistas, por outro fazia com que defendessem a urgência do combate às diferentes formas de opressão que caracterizavam a forma tradicional de dominação vigente nas fazendas e engenhos.

A repressão se fez sobre os setores mais mobilizados e atingiu, embora com intensidade diversa, tanto comunistas quanto lideranças ligadas à Igreja. É o caso, por exemplo, de Manoel Gonçalo Ferreira, presidente da Federação dos Trabalhadores na Agricultura de Pernambuco (Fetape) no período que antecedeu o golpe e que teve sua formação política por meio do Sorpe. Essa trajetória não o poupou da prisão nem de sofrimentos dos quais não

---

[12] A Contag foi criada em 22 de dezembro de 1963, por trabalhadores rurais representantes de dezoito estados, distribuídos em 29 federações. Foi reconhecida em 31 de janeiro de 1964, pelo decreto presidencial 53.517. Seu primeiro presidente foi Lyndolpho Silva, ligado ao PCB. Os demais cargos diretivos eram ocupados por lideranças ligadas ao PCB ou à Ação Popular. Os setores católicos ligados aos serviços de Orientação Rural do Nordeste ficaram com cargos secundários. Como se pode constatar havia mais federações do que estados. Isso porque, pela legislação que regulamentou o sindicalismo, havia quatro categorias sindicais: assalariados, produtores autônomos, trabalhadores na pecuária e trabalhadores na indústria extrativa. A portaria 71 do Ministério do Trabalho, datada de 2 de fevereiro de 1965, unificou todas essas categorias e passou a existir, para efeito de enquadramento sindical, somente o *trabalhador rural*, definido como pessoa física que exercesse atividade profissional rural sob a forma de emprego, ou como empreendedor autônomo, em regime de economia individual, familiar ou coletiva e sem empregados.

mais se recuperou. Também José Rodrigues da Silva, da Federação do Rio Grande do Norte, foi perseguido e preso[13]. Mesmo entre os herdeiros das intervenções que buscaram o monitoramento de algum conflito, a situação não foi simples. No caso do Rio de Janeiro, por exemplo, dirigentes da Fetag, escolhidos pelos Círculos Operários, não ficaram isentos de estrito controle de suas ações pelo Departamento de Ordem Política e Social (Dops), que acompanhava até mesmo pequenas reuniões. O que estava em jogo era fundamentalmente a necessidade de desmobilizar os trabalhadores e manter os sindicatos de trabalhadores rurais, recentemente reconhecidos, sob estrito controle, não importa em que mãos estivessem.

Onde havia mobilização, a resposta era mais repressão, fosse ela oficial, pelo Dops, fosse pela tolerância à ação violenta dos proprietários de terra, por meio de seus jagunços. No período que se sucede imediatamente ao golpe, quando ainda havia alguma resistência visível, os trabalhadores passaram a sofrer os resultados da presença do Exército e a viver uma experiência nova, como aponta Regina Novaes, falando da experiência das Ligas Camponesas da Paraíba:

> O terror que se abateu sobre eles não poderia mais ser sintetizado na "lei da chibata" ou "lei do patrão", expressões definidoras do poder privado e ilimitado dos grandes proprietários de terra que implicava na submissão das autoridades locais aos seus desejos. Naqueles dias após o golpe, de certa forma, a "lei da nação" a que tantos aspiravam parecia se voltar contra eles. Viveram dias de terror. Não eram apenas a polícia local e os próprios patrões com suas milícias privadas, eram "soldados desconhecidos", muitos, a pé ou em caminhões, que invadiam suas casas, intimidavam, prendiam e torturavam através de demonstrações ostensivas de poder [...]. Tomaram seus bens – morais e materiais – e, de diferentes formas, os humilharam.[14]

Em diversas localidades prevaleceu o medo, fruto das experiências de violência vividas quer pessoalmente, quer por amigos ou parentes. Novaes apresenta ainda um relato da líder sindical paraibana Margarida Alves, assassinada em 1983, que é ilustrativo dos aspectos que queremos assinalar:

> Aqui, depois da Revolução teve muita perseguição. Mas eu acho que o trabalhador deve muito às Ligas Camponesas. A liga ajudou muito, mas também atrapalhou: o medo ficou. Ela deixou uma semente muito boa, mas deixou

---

[13] Ana Carneiro e Marta Cioccari, *Retrato da repressão no campo: Brasil, 1962-1985 – camponeses torturados, mortos e desaparecidos* (2. ed., Brasília, MDA, 2011).

[14] Regina Reyes Novaes, *De corpo e alma*, cit., p. 90.

uma semente má. Mas realmente é isso, né? Ninguém faz tudo. Porque ela não foi vitoriosa e deixou a semente do medo: o trabalhador rural tem medo de passar aquelas fases que já passou. Gente que foi no couro, gente que foi morto, gente que foi preso, gente que ficou atacado da cabeça.[15]

Essa situação se reproduziu ao longo de toda a década de 1970. Mesmo assim, os conflitos persistiam em diversos locais. Há casos emblemáticos e ainda pouco conhecidos que apontam para a resistência dos trabalhadores, não propriamente ao golpe, mas às ações patronais, e que resultou em violência. O chamado Massacre de Matapiruna, em Pernambuco, é um exemplo dessas formas de ação, bem como os conflitos de Canindé, no Ceará, ou aqueles ocorridos na região de Pindaré-Mirim no Maranhão e na Baixada Fluminense, no Rio de Janeiro[16]. Da mesma forma, Palmeira chama a atenção para o fato de que, no início dos anos 1970, pela mediação sindical, os trabalhadores da Zona da Mata pernambucana recorriam insistentemente à Justiça para ver seus direitos respeitados, o que resultou numa onda de intervenções nos sindicatos que afastou suas principais lideranças, a maior parte delas ligadas à Igreja Católica[17].

Em algumas áreas do Nordeste, bem como no Centro-Sul, passou a ocorrer uma significativa expulsão de trabalhadores do interior das propriedades, fruto das diferentes formas sob as quais a modernização da agricultura, estimulada pelo regime militar, afetou as unidades produtivas. Houve uma mudança substancial nas relações de produção e na forma pelas quais os trabalhadores se relacionavam com a terra. Sendo obrigada a sair das propriedades em razão de mudanças de cultivos (por exemplo, substituição de áreas agrícolas por pastos) ou pela intensificação da mecanização no preparo do solo ou uso de insumos químicos para os tratos culturais, grande leva de trabalhadores em algumas regiões do país perdeu o acesso à terra no

---

[15] Ibidem, p. 99.

[16] Para maiores detalhes, ver Ana Carneiro e Marta Cioccari, *Retrato da repressão no campo*, cit.; Manoel da Conceição, *Essa terra é nossa: depoimento sobre a vida e as lutas dos camponeses no estado do Maranhão* (entrevista e edição de Ana Maria Galano, Petrópolis, Vozes, 1980); Cesar Barreira, *Trilhas e atalhos do poder: conflitos sociais no sertão* (Rio de janeiro, Rio Fundo, 1992); Marco Antonio dos Santos Teixeira, *Conflitos por terra em diferentes configurações: um estudo de caso em Magé, RJ* (Rio de Janeiro, CPDA-UFRRJ, 2011), dissertação de mestrado.

[17] Moacir Palmeira, "Desmobilização e conflito: relações entre trabalhadores e patrões na agroindústria pernambucana", *Cultura & Política*, Cedec, n. 1, s/d.

interior das fazendas, onde tinham, regra geral, possibilidade de moradia e um espaço para cultivo de alimentos para si e sua família. A alternativa foi o deslocamento para as áreas urbanas. Cresceu, assim, uma categoria que, embora já existisse, ganhou maior visibilidade e peso econômico: os chamados *trabalhadores temporários*, também conhecidos como *volantes* ou *boias-frias*, nomes locais que designavam aqueles que passaram a morar nas periferias das pequenas cidades do interior e se locomoviam continuamente em busca de trabalho, ora nas colheitas (fase não mecanizada do processo produtivo), ora na construção civil ou em outras tarefas que exigiam pouca qualificação[18].

Sob diferentes formas, a expropriação atingiu também outras regiões do país. Desde o final dos anos 1960 e ao longo dos anos 1970, o regime militar assumiu como uma de suas principais políticas para o campo também o estímulo à ocupação de áreas "novas", em especial a Amazônia e o Centro-Oeste, regiões até então habitadas por populações indígenas e posseiros, que acabaram sendo acuados e, muitas vezes pelo uso da força, obrigados a sair das terras que habitavam, transformadas por vezes em pastagens ou espaços para novos cultivos, regidos pelos padrões modernos de produção[19]. Os conflitos pela posse das terras se multiplicaram em estados como Goiás, Mato Grosso, Pará e Rondônia, que, naquele momento, eram os mais afetados pela expansão dos investimentos capitalistas.

As diferentes faces do regime militar

Logo após o golpe, ao mesmo tempo que intensificou-se a repressão sobre as lideranças em áreas de conflito, o governo Castelo Branco nomeou um grupo de trabalho para elaborar uma legislação voltada para a questão fundiária. A mensagem que acompanhou o produto desse esforço para aprovação da Câmara dos Deputados torna inteligíveis algumas concepções que deram suporte à elaboração do novo instrumento legal, chamado de Estatuto da

---

[18] Chama a atenção o fato de que na Zona da Mata pernambucana, portadora de uma tradição de luta por direitos trabalhistas, a denominação dada a esse tipo de trabalhador era *clandestino*, numa referência ao fato de estarem à margem do reconhecimento legal. Para maiores detalhes, ver Lygia Sigaud, *Os clandestinos e os direitos* (São Paulo, Duas cidades, 1979).

[19] Ao longo dos anos 1970, a soja começou a se difundir pelo Mato Grosso do Sul e no cerrado mineiro, de onde se expandiu, nas décadas seguintes, por todo o cerrado, área também habitada por povos indígenas e posseiros.

Terra. Segundo ela, o projeto não era somente uma lei de reforma agrária, mas uma lei de desenvolvimento rural, que tinha como um de seus principais suportes a ideia de modernização do campo. Foi encaminhada ainda uma emenda constitucional que possibilitava que as desapropriações por interesse social fossem feitas mediante pagamento da terra em títulos da dívida pública e não mais em dinheiro, como previa a Constituição de 1946[20].

O Estatuto da Terra previa a intervenção sobre as áreas de conflitos por meio da desapropriação, mas também contemplava várias medidas de estímulo a um novo padrão de agricultura (apoio ao cooperativismo; assistência técnica; mecanização agrícola; produção e distribuição de sementes e mudas; estímulo à inseminação artificial para melhoria dos rebanhos; assistência financeira e creditícia, assistência à comercialização, apoio ao beneficiamento e industrialização de produtos agrícolas; eletrificação rural; seguro agrícola; apoio à infraestrutura). No que diz respeito às transformações fundiárias, conforme o artigo 15 dessa lei, "a implantação da reforma agrária em terras particulares será feita em caráter prioritário, quando se tratar de zonas críticas ou de tensão social". O documento também definiu categorias como latifúndio e minifúndio, de uso corrente no debate político mas até então com contornos legais imprecisos. Previa a criação de áreas prioritárias para reforma agrária, bem como critérios para sua delimitação e a elaboração de um Plano Nacional de Reforma Agrária[21]. De alguma forma, as reivindicações dos trabalhadores do campo no período que antecedeu ao golpe não caíram no vazio e acabaram sendo reconhecidas, ainda que estabelecidas as condições em que a demanda por terra poderia ser atendida: em áreas de tensão onde houvesse latifúndios, ou seja, um sinal claro de improdutividade, marcando uma leitura produtivista do uso da terra.

O Estatuto da Terra tem sido bastante discutido pela literatura, que explorou tanto as condições de sua criação quanto seus termos e potencialidades reformistas[22]. Se ele contém elementos que inovaram a legislação

---

[20] As benfeitorias seriam pagas em dinheiro.

[21] O encaminhamento de uma lei com esse perfil atendia também aos compromissos assumidos pelo governo brasileiro com a Carta de Punta Del Este, com a qual diversos governos latino-americanos foram estimulados pelos Estados Unidos a tomar medidas que combatessem as tensões derivadas da presença do latifúndio.

[22] Ver, entre outros, Regina Bruno, *Senhores da terra, senhores da guerra* (Rio de Janeiro, Forense/Edur, 1997); Alberto da Silva Jones, *A política fundiária do regime militar: legitimação privilegiada e grilagem especializada* (São Paulo, FFCL-USP,

sobre o tema (introduzindo a definição da função social da propriedade, o enquadramento legal dos termos latifúndio e minifúndio e criando uma determinada compreensão do que é desenvolvimento rural), seus desdobramentos não foram simples. Entrevistas feitas por Regina Bruno e Abdias Vilar de Carvalho para uma pesquisa voltada para recuperação da memória do Instituto Nacional de Colonização e Reforma Agrária (Incra) apontam fortes tensões no interior do governo militar em torno dos desdobramentos e aplicação do Estatuto da Terra. Nos primeiros anos do golpe, muitos funcionários com histórico de esquerda do Instituto Brasileiro de Reforma Agrária (Ibra) procuravam, nas brechas existentes, implementar projetos de assentamentos em moldes inovadores. Foram delimitadas áreas consideradas prioritárias para fins de reforma agrária, em especial onde havia forte tensão social, em estados como Rio de Janeiro e Ceará, entre outros. Pelo decreto 582, de 15 de maio de 1969, foi criado o Grupo Executivo da Reforma Agrária (Gera), órgão colegiado vinculado ao Ministério da Agricultura composto por onze membros, representando diversos ministérios, o Banco Central, o Instituto Nacional de Desenvolvimento Agrário (Inda) e o Ibra. Chama a atenção que nesse órgão tinham assento a Confederação Nacional de Agricultura, entidade sindical patronal que sucedeu a Confederação Rural Brasileira, e a Confederação Nacional dos Trabalhadores na Agricultura. O decreto de sua criação falava na necessidade de intensificação da reforma agrária e, segundo ele, eram requisitos básicos para a identificação das áreas onde seriam executados projetos de Reforma Agrária a existência de inversões públicas em projetos de desenvolvimento, tais como obras de irrigação, de eletrificação rural, de estradas e outras; a existência de latifúndios por exploração ou por extensão; situações de manifesta tensão social; áreas de concentração de minifúndios; elevada incidência de não proprietários e áreas mal exploradas, próximas aos centros consumidores. Ao mesmo tempo, aparece a preocupação com a delegação à iniciativa privada dos núcleos de colonização (artigo 7º). Ou seja, tudo indica que houve uma preocupação reformista nos primeiros anos da ditadura civil-militar, mas que não se desdobrou em muitas ações efetivas.

1997), tese de doutorado; Leonilde S. de Medeiros, *Movimentos sociais, disputas políticas e reforma agrária de mercado* (Seropédica, Editora da Universidade Rural/ Unrisd, 2002); José de Souza Martins, *A militarização da questão agrária no Brasil* (Petrópolis, Vozes, 1984).

No entanto, já no final do governo Costa e Silva tal preocupação começou a ser abandonada, e a prioridade se deslocou para a criação de projetos de colonização nas áreas de fronteira para deslocar trabalhadores que estavam perdendo suas terras pelos efeitos da modernização, em especial os do Sul do país, que eram considerados mais aptos para implantar nessas regiões um novo padrão de desenvolvimento agrícola. A extinção do Ibra, do Inda e do Gera e a criação do Incra (decreto n. 1110, de 9 de julho de 1970) para substituí-los foi o marco de uma mudança política importante. Os "guardiões da reforma agrária"[23], perseguidos, foram removidos de seus lugares. Alguns foram demitidos ou saíram do órgão por vontade própria.

Se, na ação do Estado, a proposta de reforma agrária foi sendo cada vez mais colocada em segundo plano, a simples existência de uma lei que a previa tornou-se suporte para reivindicações. A luta dentro da lei tem ficado na obscuridade ou, pelo menos, vem sendo tratada como uma dimensão secundária da luta política. No entanto, como aponta Cefaï, o direito "fixa regras e procedimentos que balizam, previamente, o campo das ações e das interações [...], comanda as regras do jogo e fornece o formato de coordenação entre os atores, destinando soluções a certos tipos de disputas e litígios"[24]. Como toda lei, ele pode ter seus significados disputados no jogo político[25].

Pretendemos enfatizar uma dimensão da questão que, no geral, tem sido percebida como algo dado, e não como expressão da própria emergência de novos atores na cena política. Agrikoliansky relaciona a pouca atenção à dimensão legal da luta política ao fato de que as abordagens dominantes de ação coletiva dão ênfase principalmente ao caráter não institucional das estratégias empregadas pelos que protestam[26]. De acordo com ele, embora questões relacionadas ao direito sejam tratadas do ponto de vista das consequências das ações dos movimentos sociais, de seus efeitos sobre a legislação

---

[23] Regina Bruno, "Os guardiães da reforma agrária: servidores públicos e técnicos em defesa de uma reforma agrária durante a ditadura militar do Brasil", *Tempos Históricos*, Marechal Cândido Rondon, Unioeste, dossiê História Agrária, v. 16, 2º sem. 2012.

[24] Daniel Cefaï, "Como uma associação nasce para o público", cit., p. 87.

[25] Ver Edward P. Thompson, *Senhores e caçadores: a origem da Lei Negra* (Rio de janeiro, Paz e Terra, 1997).

[26] Éric Agrikoliansky, "Les usages protestaires du droit", em Olivier Filliuele, Éric Agrikoliansky e Isabelle Sommier (orgs.), *Penser les mouvemnets sociaux: conflits sociaux et contestations dans les societies contemporaines* (Paris, La Decouverte, 2011).

ou das relações entre o Estado e os que protestam, o direito como repertório de ação coletiva foi pouco tratado em si mesmo e de maneira sistemática pelas análises dos protestos. Evidentemente, a principal causa disso reside na própria definição do objeto "movimento social" pelos analistas do "processo político" ou da "*contentious politics*"[27].

Uma análise das ações tanto do sindicalismo rural quanto da mediação das pastorais católicas nos conflitos vivenciados pelos trabalhadores rurais mostra que essas instituições se apropriaram do instrumental legal disponível e procuraram tensioná-lo de diversas maneiras. Num contexto de forte repressão, esse foi um caminho possível.

O sindicalismo rural e as lutas no campo

O direito à sindicalização dos trabalhadores rurais, quando foi regulamentado, em 1962, não fugiu à legislação sindical vigente na época, que permitia a intervenção e substituição de direções, impunha categorias de enquadramento e estabelecia o imposto sindical, cobrado a toda categoria. Mesmo assim, não pode ser menosprezado o fato de que, naquela conjuntura, o enquadramento sindical era também o reconhecimento como categoria profissional, que até então havia sido negado aos trabalhadores do campo[28].

Nesse momento, associações e demais organizações existentes nas áreas de conflito foram transformadas em sindicatos municipais. Como apontado anteriormente, tratava-se de criar o maior número possível de sindicatos em cada estado, a fim de se conseguir controlar as federações que estavam sendo fundadas e, em seguida, a Confederação. Comunistas e católicos das mais diferentes vertentes participaram ativamente dessa disputa. No entanto, como aponta Palmeira, "se havia uma nítida diferença de tom, antes de 1964, entre as lideranças vinculadas à Igreja e aquelas mais próximas das

---

[27] Ibidem, p. 226.

[28] Desde meados dos anos 1940, o tema foi objeto de intensos debates, uma vez que os proprietários de terra consideravam que não fazia sentido esse reconhecimento. Segundo eles, fazendeiros e trabalhadores partilhavam das mesmas agruras, próprias ao mundo rural, e o reconhecimento de categorias distintas para fins de enquadramento sindical implicaria em levar ao campo os mesmos princípios de luta de classe que vigiam nos centros urbanos. Para maiores detalhes, ver Leonilde S. de Medeiros, *A questão da reforma agrária no Brasil*, cit., e *Lavradores, trabalhadores agrícolas, camponeses*, cit.

Ligas ou do PCB, a distância era pequena entre os conteúdos das reivindicações formuladas"[29].

Uma leitura que parta de grandes generalizações estará longe de contemplar a complexidade do que foi o sindicalismo rural brasileiro no regime militar. Ele foi assumindo formas particulares em cada estado, em função das distintas tradições de luta, forças presentes, intensidade do processo de expropriação etc. O estudo dessas singularidades ainda está por ser feito, principalmente se considerarmos que a dinâmica da luta sempre é dada nos locais onde ela se desenrola, marcada, em alguma medida, pelas correlações locais de poder. Nessa perspectiva, cada conflito envolvia o sindicato de forma particular, indo desde o completo divórcio e alheamento até situações em que a presença sindical foi fundamental para garantir direitos básicos aos trabalhadores. Além disso, o sindicalismo rural no Brasil apresentava outra especificidade que aumenta a complexidade de seu estudo: muito jovem na época do golpe militar, acumulando tradições políticas oriundas da esquerda comunista e de diferentes vertentes do pensamento católico, ele, num contexto de intensa repressão, começou a ser reconstruído de cima para baixo, a partir da confederação nacional.

Apesar da intervenção sobre a Contag e várias federações filiadas, já em 1967 articulou-se, na disputa pela diretoria da entidade, uma chapa que agregava dirigentes oriundos do grupo interventor e outros que também tinham origem na formação da Igreja. Tratava-se de substituir o então presidente e ex-interventor José Rotta, originário dos Círculos Operários Cristãos, ex-diretor da Federação dos Trabalhadores da Agricultura de São Paulo, e que teve ferrenhas disputas com os comunistas no período anterior ao golpe. A nova chapa era hegemonizada por lideranças oriundas de Pernambuco, estado onde as lutas sociais no pré-1964 foram acirradas e resultaram em sensíveis ganhos para os trabalhadores, como a desapropriação do Engenho Galileia, polo inicial das Ligas Camponesas, e a instituição do salário mínimo e uma tabela de tarefas para os trabalhadores da Zona da Mata, após uma greve realizada em 1963, que paralisou toda a área canavieira e que contou com suporte dos comunistas, das Ligas e da Igreja. Suas figuras mais expressivas haviam sido formadas pelos grupos ligados ao padre Crespo e

---

[29] Moacir Palmeira, "A diversidade da luta no campo: luta camponesa e diferenciação do campesinato", em Vanilda Paiva (org.), *Igreja e questão agrária* (São Paulo, Loyola, 1985), p. 45.

pelo Movimento de Educação de Base (MEB), patrocinado pelo governo federal, mas ligado à Conferência Nacional dos Bispos do Brasil (CNBB). A nova diretoria, encabeçada por José Francisco da Silva, se envolveu num esforço de elaborar diretrizes políticas para sua atuação e, com base nelas, tentar reorganizar um combalido sindicalismo, envolvido num jogo de forças bastante contraditório[30]. Os rumos tomados em cada estado foram particulares, em função da permanência de tradições anteriores de luta, das dinâmicas locais e principalmente das forças que controlavam as federações.

Já então começavam a se difundir os cursos de formação sindical patrocinados pelo Instituto Americano para o Desenvolvimento do Sindicalismo Livre (Iadesil), oferecidos tanto no Brasil como nos Estados Unidos, visando formar dirigentes para um tipo de sindicalismo mais afeito às negociações e distante dos ideais de esquerda que se disseminavam na América Latina e que ganharam maior força principalmente após a vitória da Revolução Cubana[31].

A direção da Contag frequentou cursos do Iadesil, mas também se cercou de assessores das mais diferentes origens políticas, que foram amalgamando tradições de esquerda e da Igreja e produzindo uma diretriz política que tinha a apropriação da lei em defesa dos trabalhadores como seu principal mote. Assim foi se desenhando uma estratégia voltada para a demanda por reforma agrária e direitos trabalhistas, com base no Estatuto da Terra (ET) e no Estatuto do Trabalhador Rural (ETR), ao

---

[30] Como aponta Palmeira, em 1968 havia apenas onze federações e 680 sindicatos. No entanto, "seis anos depois, já havia federações em todos os estados e o número de sindicatos havia mais que triplicado"; cf. Moacir Palmeira, "A diversidade da luta no campo", cit., p 46. Esse aumento muitas vezes é atribuído apenas à criação do Funrural, previsto no Estatuto do Trabalhador Rural, mas só regulamentado em 1972. Ele disciplinava a aposentadoria do trabalhador rural e estabelecia convênios com os sindicatos para repasse de recursos para contratação de médicos e dentistas. Com isso, houve um grande estímulo à criação de sindicatos, muitas vezes fundados pelo poder local para capitalizar politicamente os benefícios, o que colocava um novo desafio para a Confederação, uma vez que muitos dirigentes não tinham afinidade alguma com suas bandeiras de luta.

[31] O Iadesil foi fundado em 1961 nos Estados Unidos e atuava no Brasil por meio do Instituto Cultural do Trabalho (ICT), formando dirigentes sindicais urbanos e rurais, com cursos sobre administração sindical, legislação trabalhista etc. Os cursos eram fornecidos no Brasil, mas diversos dirigentes foram treinados também nos Estados Unidos.

mesmo tempo que se divulgava entre os dirigentes, parte deles bastante inexperiente, a ideia de que os trabalhadores possuíam direitos, assegurados em lei. Para tanto, valeram-se de diversos instrumentos, sendo um dos mais importantes o boletim *O Trabalhador Rural*, escrito em linguagem simples e que era distribuído aos sindicatos, na expectativa de que estes o usassem em seu trabalho cotidiano.

Logo depois da eleição de José Francisco, realizou-se em Petrópolis (RJ) um seminário, que definiu as linhas de atuação da entidade. Desde então já aparecia como prioritária a valorização da legislação agrária e trabalhista, ao mesmo tempo que se esboçava a ideia da formação sindical como mola--mestra da articulação nacional que se pretendia empreender. Essas propostas embrionárias se desdobraram na realização do II Congresso Nacional dos Trabalhadores Rurais em 1973, que enfatizou a importância da formação de dirigentes, bem como a luta em torno dos direitos.

No que se refere à formação, tratava-se de atuar no sentido de estruturar a própria ação sindical, unificando-a em torno de alguns princípios básicos e resistindo, como possível, à repressão. O boletim *O Trabalhador Rural* chama a atenção, em diversas edições, para a importância da formação e educação sindical, mostrando preocupação com o perfil assistencialista de muitos sindicatos, voltados exclusivamente à operação do Funrural: "Com esse trabalho, os sindicatos deixarão de ser postos de atendimento, perdendo--se em aspectos secundários, assistencialistas, que desviam a ação sindical de seu objetivo – que é a terra – fonte de vida, liberdade e segurança para os que nela trabalham"[32].

Ao longo dos anos 1970, as atividades de formação envolviam temas amplos, como administração sindical, contabilidade, legislação, mas também um esforço de conhecimento sobre a realidade do país. Ocorreram encontros de equipes educacionais de alguns estados, de forma a ir produzindo um afinamento de linguagem e de práticas. Nesse período foram produzidos estudos sobre a realidade agrária e sindical de diversos estados, apontando para um esforço de autoconhecimento. Como ressalta Francisco Urbano, dirigente da Contag na época, "foi feito um programa enorme, no país inteiro, que era para, além de dar consciência ao pessoal, fazer duas coisas: recuperação de muitos sindicatos que estavam praticamente fechados pela ação do regime militar – e fundação de sindicatos em outras

---

[32] *O Trabalhador Rural*, ano 1 e 2, jan.-fev. 1977, p. 25

[...] e ampliação desses sindicatos nos estados que estavam ainda precisando criar movimento sindical"[33].

Embora essas atividades tenham tido resultados aquém do esperado pela Contag, elas foram um importante espaço de socialização de concepções de direitos e de formas de luta.

Ao longo dessa década, a Contag encaminhou diversos pedidos de desapropriação ao governo federal, o que indica que ela não só possuía conhecimento dos conflitos existentes em diversos pontos do país como também procurava, de alguma forma, trazê-los para seu campo de atuação. A cada conflito de que tomava conhecimento, a Contag solicitava ao sindicato local um relatório que, por sua vez, servia de subsídio para o encaminhamento do pedido de desapropriação da área. Também se dirigia frequentemente às autoridades, utilizando-se de um mesmo padrão de manifestação: citação dos instrumentos legais disponíveis para realização da reforma agrária (Constituição Federal e Estatuto da Terra, principalmente) e de compromissos que o governo militar assumira, quer por meio da Mensagem 33 (que encaminhou o Estatuto da Terra ao Congresso Nacional), quer por acordos internacionais, como a Carta de Punta Del Este (1963), a Conferência Mundial de Reforma Agrária promovida pela FAO em 1966[34], onde, segundo a Contag, o papa Paulo VI chamara a atenção para a importância da reforma agrária para eliminar a fome e a pobreza rural no mundo, e documentos da OIT, onde aparecia a afirmação de que, em alguns países, milhões de empregos se perdiam por causa da distribuição injusta da terra.

Em que pese grande parte dessas demandas terem caído no vazio, os documentos produzidos tinham várias funções: além da denúncia e da reivindicação, produzia e reproduzia no interior do sindicalismo uma determinada forma de ação sobre as lutas e criava um determinado *modus operandi*, baseado no privilegiamento de um encaminhamento administrativo de conflitos. Além disso, orientações legais, feitas em linguagem bastante simples e facilmente inteligíveis, eram constantes no boletim *O Trabalhador Rural*, editado regularmente e que servia de canal para divulgação das diretrizes da Contag entre os sindicatos que estavam sendo criados ou reorganizados.

---

[33] Entrevista concedida à autora em 29 de setembro de 2008.

[34] Segundo a Contag, a FAO recomendava ao Brasil assentar 250 mil famílias por ano. Essa informação era constantemente utilizada como justificativa de autoridade nas argumentações da Contag em favor da reforma agrária.

O desdobramento dessa forma de atuação foi a importância que passaram a ter os advogados, contratados com recursos de convênios com o Ibra e Inda e depois com o Incra. Mais do que encaminhar questões na Justiça, muitos deles foram produzindo, por meio de sua atuação, determinadas leituras da lei e formas de abordar as questões em que os trabalhadores estavam envolvidos, em especial no que se refere à defesa da posse, e tiveram um papel crucial no sentido de orientar certos caminhos e práticas. Diversos deles vinham de uma trajetória de esquerda e isso era aceito no sindicalismo que se estruturava. Há casos de advogados que entraram no trabalho sindical após saírem das prisões da ditadura, para onde foram enviados por conta de sua atuação em organizações clandestinas ou no movimento estudantil. Outros militavam em organizações clandestinas de esquerda, outros ainda eram simpatizantes de posições de esquerda. Romeu da Fonte, por exemplo, advogado por muitos anos da Fetape, relata em suas memórias que foi chamado para trabalhar na Fetape "por ser de esquerda, mas não aparelhado"[35].

A ação dos advogados voltava-se sobretudo a garantir a permanência dos trabalhadores na terra. Tomando como exemplo o II Encontro de Dirigentes e Advogados realizado em 1975, com a participação de 140 pessoas, apareciam como temas da pauta: parceria e arrendamento, discriminação de terras públicas, decretos de áreas prioritárias, impedimento de despejos, além de uma série de questões relacionadas ao direito do trabalho (dissídios, estabilidade etc.).

Foram realizados encontros estaduais e nacionais de advogados e dirigentes sindicais, onde eram afinadas linhas de ação e havia uma intensa troca política. Um resultado disso foi a formalização, em dezembro de 1980, da Associação Nacional dos Advogados de Trabalhadores Rurais (Anatag). Segundo Tavares, uma das advogadas entrevistadas para sua pesquisa e que pertenceu aos quadros da Contag e da Anatag referiu-se a esta última instituição como uma "espécie de corpo de bombeiros" que organizava os advogados do movimento sindical numa época em que estavam sendo perseguidos e assassinados advogados e trabalhadores rurais[36]. Ao mesmo

---

[35] Romeu da Fonte, *Doutor Romeu* (Recife, FacForm Gráfica, 2009), p. 77.

[36] Ana Claudia Tavares, *Os nós da rede: concepções e atuação do(a) advogado(a) popular sobre os conflitos sociojurídicos no estado do Rio de Janeiro* (Niterói, UFF, 2007), dissertação de mestrado.

tempo, a Anatag parece ter se configurado como um espaço para pensar estratégias jurídicas num momento de grande repressão.

Ao longo dos anos 1970, as atividades sindicais sofriam constante vigilância dos organismos de repressão. Francisco Urbano, ex-dirigente da Contag, relata em entrevista que, no II Congresso, realizado em 1973, foram colocados policiais na plateia e que o governo tentou proibir a entrada de alguns temas na pauta de discussões, como reforma agrária e Fundo de Garantia por Tempo de Serviço – que, embora assegurado aos trabalhadores urbanos, não era previsto para os trabalhadores rurais[37].

Conforme relato de um dos boletins da Contag, que sintetiza a repressão à ação sindical:

> Em 1968, a Contag teve suas publicações arbitrariamente apreendidas e seus dirigentes foram obrigados a passar horas e horas depondo em organismos de segurança. Em 1973, o Ministério do Trabalho tentou impedir a realização do II Congresso nacional da Classe. Já em 1976, também em consequência de denúncias feitas por entidades patronais, as publicações da Contag foram novamente apreendidas e o companheiro José Francisco foi intimado a prestar esclarecimentos na Secretaria Geral do Conselho de Segurança Nacional. Em 1977, a diretoria eleita foi impedida de tomar posse, enquanto José Francisco era novamente convocado a depor na Secretaria Geral do Conselho de Segurança Nacional.[38]

O fim dos anos 1970 marcou novos rumos para a organização. No entanto, antes de prosseguir, é importante chamar a atenção para o fato de que, nessa década, a Igreja, por seus segmentos vinculados à Teologia da Libertação, passou a ter um papel importante na organização dos trabalhadores, em especial nas áreas de fronteira. Seu trabalho disseminou-se rapidamente pelo país e foi central na ampliação da resistência e na elaboração de uma forte crítica ao sindicalismo contaguiano.

Expansão da fronteira, lutas por terra e o papel da Igreja

Desde os anos 1970, segmentos da Igreja que trabalhavam em áreas mais intensamente afetadas pela política de concessão de terras do regime militar, e que atuavam na defesa de posseiros, foram perseguidos pelo regime.

---

[37] Entrevista concedida à autora em 29 de setembro de 2008.
[38] *O Trabalhador Rural*, suplemento especial, ano 3, n. 10, maio 1981.

Segundo Poletto, os agentes pastorais, no início dos anos 1970, sofriam uma dupla repressão: a do regime e a de setores da própria Igreja: bispos mais conservadores, apoiadores do regime militar, moviam campanhas contra aqueles que se colocavam em defesa de posseiros[39]. Segundo o mesmo autor, isso gerou até mesmo uma investigação do Vaticano nas dioceses de Goiás (onde o bispo era Dom Tomas Balduíno) e de São Félix do Araguaia (Dom Pedro Casaldáliga). Esse tipo de repressão levou à articulação de bispos mais ligados às causas populares. Em 1972, surgiu o Conselho Indigenista Missionário, que passou a denunciar a situação das populações indígenas frente à política de ocupação da Amazônia. Logo depois, alguns bispos decidiram publicar documentos de denúncia de situações específicas. No I Encontro de Articulação, realizado em 1974, em Salvador, formaram-se comissões para mapear as tentativas que estavam sendo empreendidas de trabalho no meio popular. Logo depois, nasceu a Comissão Pastoral da Terra (CPT), em 1975, definindo-se como um organismo pastoral a serviço dos camponeses. Poletto chama a atenção para o fato de que, nesse momento, definia-se a luta pela reforma agrária no sentido de aplicar a letra e o espírito do Estatuto da Terra. Segundo ele, embora muitos discordassem desse caminho, concluíram que "não adiantava, naquele momento, querer definir mais avançadamente essa questão, porque não havia condições objetivas para assumi-la"[40]. No entanto, à letra da lei se somava uma releitura de textos bíblicos que justificavam teologicamente a luta pela terra. É o caso do Êxodo e da busca da terra prometida pelo "povo de Deus".

No momento da origem da CPT as tensões sociais na região de fronteira eram intensas, em especial em razão das resistências de posseiros. Havia um forte controle militar sobre a Amazônia, em especial o Pará, agravado pela descoberta, em 1972, de um foco guerrilheiro do PCdoB na região do Bico do Papagaio. Esse foi um dos episódios marcantes para transformar a questão agrária em questão de Segurança Nacional e promover sua militarização[41].

Além do apoio aos posseiros das regiões Centro-Oeste e Norte, a presença da CPT logo se disseminou pelo país e foi central nas resistências à construção de barragens, como a de Itaipu, por exemplo, nas ocupações de

---

[39] Ver Ivo Poletto, "As contradições sociais e a Pastoral da Terra", em Vanilda Paiva (org.), Igreja e questão agrária, cit.

[40] Ibidem, p. 134.

[41] José de Souza Martins, *A militarização da questão agrária no Brasil*, cit.

terras que tiveram lugar no sul do país no final dos anos 1970, na defesa da posse da terra na Bahia, no Rio de Janeiro, entre outros exemplos. No entanto, apesar de vinculada à CNBB, não podemos esquecer que a CPT tinha alguns limites, impostos pela própria lógica da hierarquia da Igreja. Em função disso, o trabalho pastoral dependia da aprovação do bispo local para existir. É importante ressaltar que não se trata somente de acordos formais, mas da própria dinâmica da hierarquia eclesiástica.

Colocando-se como serviço em defesa da causa dos trabalhadores do campo, a CPT passou a defender um projeto agrário popular que, de acordo com Poletto, "está presente nas lutas dos sem terra, dos posseiros, dos arrendatários, dos minifundistas, dos trabalhadores rurais. Está sendo executado de diferentes modos, com diferentes rostos, já que o país é imenso e a cultura popular se apresenta de variadas formas"[42].

Ao longo de sua atuação, a CPT manteve uma relação tensa com o sindicalismo rural, ao qual não poupou críticas. Mais uma vez, recorrendo a Poletto: "O peleguismo, a covardia e/ou a desorientação política estão minando o sindicalismo de trabalhadores rurais e camponeses. Mas, colado nas lutas, animado e provocado por elas, cresce um movimentos sindicalista renovador, querendo transformar a prática sindical por meio de uma prática sindical combativa"[43].

Essa ação pastoral (que não se limitava à CPT, mas também envolvia outros grupos, como por exemplo o Movimento de Evangelização Rural e a Animação Cristã no Meio Rural) trouxe consigo uma série de ambiguidades na organização dos trabalhadores do campo. Regina Novaes aponta-as, na forma de questões em aberto:

> Até que ponto para os trabalhadores evangelizados não se coloca antes e, sobretudo, uma identificação entre trabalhadores rurais portadores de um mesmo novo discurso "cristão militante", do que uma identificação com outros inseridos em lutas semelhantes sob orientação predominantemente política ou sindical? Ou seja, até que ponto a identidade que se sobrepõe nesses contextos (e que é reafirmada em encontros promovidos pela "Igreja" em nível estadual e até nacional), não articula e identifica apenas aqueles que utilizam a mesma linguagem político religiosa?[44]

---

[42] Ivo Poletto, "As contradições sociais e a Pastoral da Terra", cit., p. 147.

[43] Idem.

[44] Regina Reyes Novaes, "A questão agrária e o papel da Igreja na Paraíba", em Vanilda Paiva (org.), *Igreja e questão agrária*, cit. p. 246.

A CPT teve um papel importante, em diversas regiões do país, na formação de uma nova geração de dirigentes sindicais críticos da concepção contaguiana de prática sindical. Para ela tratava-se de estimular a "tomada" de sindicatos que estavam em mãos de dirigentes considerados pouco ativos, "medrosos" ou mesmo "pelegos" e, ao mesmo tempo, apoiar as diferentes frentes de luta dos trabalhadores que ganham novo fôlego e articulação na segunda metade dos anos 1970. Dessa forma, ela teve também papel importante na articulação das "oposições", que tiveram significativa presença, anos mais tarde, na formação da Central Única dos Trabalhadores (CUT) e na criação de um grupo sindical coeso que se opunha às diretrizes da Contag e que, no início dos anos 1980, deu nova dinâmica ao sindicalismo rural.

Oposições sindicais e "movimentos": novas faces da luta no campo

O final dos anos 1970 é marcado pela emergência de sinais claros, nos espaços públicos, de forte oposição à ditadura militar e ao mesmo tempo sinais de crise do regime. As greves operárias do ABC paulista, as mobilizações de diversos segmentos urbanos como os movimentos contra a carestia, a luta pela anistia eram sinais de mudanças significativas no plano político e novas oportunidades de ação política se abriam.

No que se refere ao campo, os últimos anos dessa década foram marcados pelo acirramento das lutas e claros indicativos da mudança de rumo da organização dos trabalhadores. O ano de 1978 foi um período de intensa preparação para o congresso nacional de trabalhadores rurais que se realizaria em 1979. Fez parte dessa preparação um enorme esforço de capacitação de dirigentes. Conforme narrado em entrevista por Francisco Urbano de Araújo, foram capacitados oitocentos dirigentes sindicais de todo o Brasil, em cursos de vinte dias de duração em Brasília, envolvendo dirigentes (direção sindical, delegados de base) de diferentes regiões, para intensificar o autoconhecimento. Segundo Vera Azevedo, assessora da Contag na época, além do curso propriamente dito, o longo tempo juntos permitia, pelas manhãs, antes do início das atividades, ou à noite, momentos de conversas informais, favorecendo assim uma troca de experiências que aproximava pessoas e delimitava afinidades.

O III Congresso Nacional dos Trabalhadores Rurais, realizado em maio de 1979, foi marcado por uma nova postura da Confederação. Alinhando-

-se às lutas pela democratização do país, em discurso no encerramento do encontro, o presidente da Contag sintetiza a nova postura:

> Apontamos, neste Congresso, aos trabalhadores rurais brasileiros e a nós mesmos, dirigentes sindicais, o caminho a ser seguido pelo movimento nos anos de transição que estamos vivendo. Se o Movimento Sindical dos Trabalhadores Rurais não deixou de encaminhar, nos anos anteriores, as reivindicações dos trabalhadores rurais, nós o fizemos, sobretudo pela via administrativa. Agora, com a alteração da conjuntura política, com o Congresso Nacional mais autônomo, com a imprensa mais aberta, as coisas se colocam de outra forma. As proposições elaboradas pelas comissões de estudo e aprovadas por esse plenário mostram uma nova atitude. *Fala-se menos em encaminhar e mais em reivindicar. Não se fala mais em pedir, mas sim em exigir*.[45]

Nesse evento, foi reafirmada a reforma agrária como principal bandeira dos trabalhadores rurais, denunciado o desvio de incentivos fiscais para os grandes projetos e a grilagem de terras. Ao mesmo tempo, foi enfatizada a necessidade de "desenvolver um trabalho de base de organização, motivação e mobilização dos trabalhadores rurais no sentido de ocuparem terras inexploradas, nelas fixando residência e tornando-as produtivas, resistirem às pressões, permanecerem na terra e conseguirem sua titulação"[46].

Também foi feita uma crítica profunda à legislação sindical que, segundo a Contag, dificultava a participação dos trabalhadores e permitia o controle das entidades pelo Ministério do Trabalho.

Não temos como, no limite deste artigo, apontar todos os desdobramentos do Congresso. O que importa marcar é que o tom de suas resoluções não chegou no mesmo ritmo nas diferentes federações e sindicatos, e o trabalho sindical cotidiano não passou por mudanças profundas em todos os locais. No caso de Pernambuco, por exemplo, os estímulos resultaram, ainda em 1979, em uma greve na zona canavieira para melhorar as condições de pagamento e fazer cumprir a "lei do sítio"[47]. Esse tipo de ação difundiu-se

---

[45] Contag, *Anais do III Congresso Nacional dos Trabalhadores Rurais*, Brasília, 1979, p. 235; grifos meus.

[46] Ibidem, p. 8-9.

[47] Garantia de um lote de terra de até dois hectares para os trabalhadores permanentes dos engenhos e das usinas. Tratava-se de um antigo costume dos donos de engenho que foi sendo abandonado. Esse lote era destinado a plantio de bens de subsistência pela família dos canavieiros

nos anos seguintes, pela Zona da Mata e por diversos estados do Nordeste, além de Minas Gerais e São Paulo. Nos casos de lutas por terra, a defesa dos direitos dos posseiros manteve-se em pauta, mas quando as ocupações de terra começaram a ocorrer no sul do país, faltou o apoio das federações locais. No caso do acampamento de Encruzilhada Natalino, contou-se apenas com apoio verbal da Contag, mas não com iniciativas concretas em seu favor. Situação diferente foi a do estado do Rio de Janeiro, onde a ocupação da Fazenda São José da Boa Morte, em 1980, por trabalhadores mobilizados pela CPT, mas sem apoio do sindicato local, desdobrou-se numa ação firme da Fetag-RJ e da Contag pressionando pela desapropriação e realizando atos públicos na sede do Incra, na capital fluminense.

Num contexto de fortalecimento das lutas sindicais, de crescimento das *oposições* e das críticas à estrutura sindical, já no início dos anos 1980 havia duas correntes disputando a hegemonia no sindicalismo rural. Essa disputa ficou mais clara por ocasião da criação das centrais sindicais, quando a Contag procurou manter sua neutralidade em nome da unidade do movimento sindical rural e os sindicatos de *oposição* articularam-se com a CUT.

Ao mesmo tempo, surgiram outras organizações, denominadas *movimentos*, *comissões*, *conselhos* etc., que colocaram em questão a capacidade do sindicalismo de representar as formas diferenciadas dos trabalhadores do campo e puseram em xeque o padrão de representação sindical dominante, mas principalmente as práticas, consideradas tímidas e ineficazes, do sindicalismo nos espaços locais, apesar das resoluções do III Congresso. O Movimento dos Trabalhadores Rurais Sem Terra, a Comissão Regional dos Atingidos por Barragens, o Movimento dos Atingidos por Barragens e o Conselho Nacional dos Seringueiros estão entre as mais conhecidas. Essas organizações, por um lado, quebraram o monopólio de representação dos trabalhadores rurais. Por outro, contribuíram para mostrar a diversidade das situações de conflito, produzindo novas identidades e novas formas de luta (acampamentos, ocupações de terra, de canteiros de obras, marchas para as grandes capitais), trazendo para os espaços públicos a dramatização das questões que envolviam os *rurais*.

Ao longo dos anos 1980, houve uma intensificação das lutas no campo, cujas raízes devem ser buscadas em diversos fatores, tanto estruturais (a progressiva expropriação dos trabalhadores, tanto posseiros como pequenos proprietários, parceiros e arrendatários, além do aumento do preço da terra) quanto relacionadas ao trabalho molecular de difusão de novas concepções de direitos entre os trabalhadores rurais, graças à ação tanto do sindicalismo quanto das pastorais eclesiásticas e aparecimento de novas formas de organização, das quais emergiam novas formas de luta. Além disso, pesaram também as oportunidades políticas que se abriram num contexto de crise do regime militar e as possibilidades de alargar a busca de suportes e alianças.

Não por acaso, as notícias de intensificação da repressão e da violência contra trabalhadores, lideranças, advogados se avolumaram nesse período. Os atos de violência não eram uma novidade para esse segmento social. No novo contexto, no entanto, elas passaram a ser mais rapidamente noticiadas e, assim, tinham maior possibilidade de mobilizar apoios. Embora a impunidade tenha sido (e continue sendo) uma marca, alguns crimes mobilizaram a sociedade como foi o caso de Raimundo Ferreira Lima, líder da chapa de oposição sindical em Conceição de Araguaia no Pará, e Wilson Pinheiro, dirigente do sindicato de Brasileia no Acre e um dos criadores dos "empates", formas de mobilização coletiva para impedir a derrubada das florestas[48]. Também se intensificou a ação contra os advogados, por meio da violência que redundou em mortes de vários deles. Ao mesmo tempo, o regime não hesitou em buscar desestruturar acampamentos e ocupações de terra, como ilustra o caso de Encruzilhada Natalino, para onde foi enviado o major Curió, com longa experiência no combate a iniciativas políticas como a Guerrilha do Araguaia e às lutas de posseiros.

Nova República: a promessa do PNRA

Ao longo das jornadas de luta que precederam o fim do regime militar, a reforma agrária manteve-se na pauta e constituiu um dos compromissos da Aliança Democrática. Contava com o apoio oficial da Igreja (e não mais apenas de pastorais), que, em 1980, durante sua reunião anual no Mosteiro de Itaici, em Idaiatuba (SP), aprovou o documento *Igreja e problemas da terra*, uma contundente e influente defesa do direito dos

---

[48] O assassinato de Wilson Pinheiro gerou uma grande manifestação em Rio Branco, no Acre, com presença de lideranças sindicais do Brasil todo. Os nomes mais significativos, como José Francisco da Silva, presidente da Contag, e Luis Inácio Lula da Silva, então presidente do Sindicato de Metalúrgicos do ABC, foram enquadrados na Lei de Segurança Nacional.

trabalhadores do campo à terra de "trabalho"[49]. Por sua vez, organizações não governamentais tais como a Associação Brasileira de Reforma Agrária (Abra), a Federação dos Órgãos Assistenciais e Educacionais de Base (Fase), o Centro Ecumênico de Documentação e Informação (Cedi) e o Instituto Brasileiro de Análises Socioeconômicas (Ibase), além de uma série de entidades de atuação local que davam suporte e/ou promoviam programas de formação de trabalhadores rurais, iniciaram a Campanha Nacional pela Reforma Agrária. Essa campanha deu visibilidade nacional e internacional aos conflitos no campo e à violência que os acompanhava, permitindo a ampliação de alianças. O tema da reforma agrária também foi incorporado à pauta das centrais sindicais que se constituíram no início dos anos 1980.

Um dos efeitos das mudanças nas formas de luta por terra e dessas manifestações públicas foi uma nova forma de intervenção estatal sobre a questão fundiária. Ainda no último governo do regime militar, algumas regiões de conflito mais intenso foram postas sob o controle do Conselho de Segurança Nacional, como é o caso do sul e sudeste do Pará, por meio do Getat[50]. Foi também criado um Ministério Extraordinário de Assuntos Fundiários, ocupado pelo general Danilo Venturini, e realizadas algumas desapropriações de terra e regularizações fundiárias em algumas áreas de grande tensão social.

Quando se iniciou o primeiro governo civil, em 1985, logo nos primeiros dias do governo Sarney foi criado um Ministério da Reforma Agrária e do Desenvolvimento (Mirad) e se iniciou a elaboração de uma proposta de plano de

---

[49] Conferência Nacional dos Bispos do Brasil, *A Igreja e os problemas da terra* (Rio de Janeiro, Paulinas, 1980).

[50] O Grupo Executivo das Terras do Araguaia e Tocantins (Getat) e o Grupo Executivo das Terras do Baixo Amazonas (Gebam) foram criados em 1980 e correspondem ao que Almeida chama de "reforma agrária localizada", cf. Alfredo Wagner Berno de Almeida, "Getat: a Segurança Nacional e o revigoramento do poder regional", *Reforma Agrária*, v. 11, n. 2, mar.-abr. 1981. Visava realizar regularizações fundiárias e titulações de forma a "adequar os considerados casos críticos aos dispositivos jurídicos existentes, mantendo inalterável o regime de posse, uso e propriedade existente"; cf. ibidem, p. 24. Ainda segundo o mesmo autor, as terras sob a jurisdição do Getat incluíam a maioria dos cerca de 350 projetos agropecuários aprovados pela Sudam desde 1966. Os dois organismos eram subordinados à Secretaria Geral do Conselho de Segurança Nacional e compunham uma das dimensões do processo que José de Souza Martins cunhou como sendo a "militarização da questão agrária no Brasil", em seu *A militarização da questão agrária no Brasil*, cit.

reforma agrária, que contou com a ativa participação tanto de conhecidos defensores da reforma agrária, como é o caso de José Gomes da Silva, fundador e diretor da Abra, quanto de dirigentes e assessores sindicais vinculados à Contag e a algumas entidades de representação dos trabalhadores do campo. O plano veio a público durante o IV Congresso Nacional dos Trabalhadores Rurais, promovido pela Contag em maio de 1985, o que, por si só, indicava o compromisso com alterações na estrutura fundiária.

Na proposta apresentada, a reforma agrária aparecia como uma das prioridades do novo governo. Para implementá-la, a desapropriação por interesse social era apontada como o principal instrumento de obtenção de terras, marcando uma ruptura com todas as propostas e medidas dos governos militares, que tenderam a encará-la como último recurso e poucas vezes a utilizaram. A indenização das terras desapropriadas seria feita com base no valor declarado para fins de cobrança do imposto territorial rural. Sendo este um preço reconhecidamente abaixo do vigente no mercado, a proposta assumia, de forma explícita, a concepção de desapropriação como uma penalização dos proprietários fundiários por não darem à terra uma função social.

O programa básico do PNRA era o de assentamentos de trabalhadores em imóveis desapropriados. Colonização, regularização fundiária e mecanismos tributários apareciam como mecanismos complementares. O objetivo era assentar, no prazo de quinze anos, sete dos estimados 10,5 milhões de trabalhadores rurais sem terra ou com pouca terra. Os restantes estariam empregados no setor empresarial da agricultura, como assalariados. A suposição era que haveria uma redução do mercado de trabalho e, consequentemente, uma elevação dos salários dos que nele permanecessem.

A proposta também recuperava a tese, presente no Estatuto da Terra, da delimitação de áreas prioritárias de reforma agrária, ou seja, apontava para a possibilidade de transformações fundiárias em áreas mais amplas, e não somente de intervenções pontuais em focos de conflito.

Finalmente, estava prevista a participação das organizações representativas dos trabalhadores rurais em todas as fases do processo. Nesse momento, a Contag era a mais expressiva delas, e seu forte apoio à Nova República lhe garantia um papel de destaque nas decisões a serem tomadas.

Embora levasse às últimas consequências as possibilidades desapropriatórias do Estatuto da Terra, a proposta encontrou resistências em diferentes frentes. No que se refere aos trabalhadores do campo, o Movimento dos

Trabalhadores Rurais Sem Terra (MST)[51] a considerava tímida e baseada em instrumentos criados durante o regime militar. A CUT a denunciava como sendo a versão rural do "pacto social", em diversas circunstâncias proposto pelo governo Sarney. A Contag apoiou a proposta, deu um voto de confiança ao novo governo e descartou as ocupações de terra, mas o MST, no mesmo dia de seu anúncio, fez uma série de ocupações no oeste de Santa Catarina, visando sinalizar sua desconfiança em relação às promessas do novo governo, pressioná-lo a cumpri-las e também se colocar como principal porta-voz dos trabalhadores sem terra e da luta por reforma agrária.

Entre os que se posicionavam contra a reforma agrária, a mais vigorosa reação foi a dos representantes dos proprietários de terra. Um mês após seu anúncio, foi realizado um congresso nacional em Brasília para discutir o plano apresentado pelo governo. Desse encontro nasceu uma nova organização, a União Democrática Ruralista (UDR), que, centrando seus esforços na crítica à proposta, também estimulava seus associados a usarem a força no combate às ocupações de terra. A UDR passou a disputar poder com as entidades de representação patronais já existentes, em especial com as tradicionais Confederação Nacional da Agricultura (CNA) e Sociedade Rural Brasileira (SRB), em pouco tempo ganhou espaço nos meios de comunicação, constituiu porta-vozes no Congresso Nacional e polarizou o combate ao Plano. Nesse processo, conseguiu difundir grande parte de suas teses, em especial a defesa extremada do direito de propriedade.

Desde seu lançamento, os termos da proposta foram modificados em vários sentidos: começou a ganhar fôlego a ênfase na negociação com os proprietários em lugar da desapropriação, eliminando a conotação punitiva que as desapropriações haviam ganhado. Abriu-se também uma polêmica a respeito da definição do que seria imóvel "produtivo" (portanto, não passível de desa-

---

[51] Naquele momento, o MST, além de atuar intensamente no Sul do país, estendia-se por São Paulo e Mato Grosso do Sul. Tendo ainda vínculos sindicais em algumas regiões, foi uma presença marcante (não numericamente, mas no sentido de promover polarizações políticas), juntamente com os sindicalistas cutistas, no IV Congresso Nacional dos Trabalhadores Rurais, realizado em maio de 1985. Nesse evento, posicionou-se contra o Estatuto da Terra, por considerá-lo como a expressão da concepção de reforma agrária dos governos militares; ver Leonilde S. de Medeiros, *História dos movimentos sociais no campo*, cit., e *Movimentos sociais, disputas políticas e reforma agrária de mercado*, cit. No entanto, acabaram por acatar a posição contaguiana, que alertava que, naquele contexto de transição, o "não" a essa lei poderia levar a um vazio legal, que em nada beneficiaria os trabalhadores rurais.

propriação), o que desembocou no fato de que, na redação final do PNRA, ficasse preservado todo imóvel rural que estivesse "em produção", entendido por tal até mesmo a existência de um projeto de aproveitamento ou mesmo a exploração de uma parte da propriedade. Paralelamente, desenvolveu-se a crítica aos imóveis mantidos com fins meramente especulativos. No entanto, a própria ambiguidade da definição de produtividade fazia que a especulação pudesse continuar, como a outra face da moeda de uma agricultura em processo de expansão por áreas novas. Com isso, firmou-se uma tendência a reduzir a função social a índices de produtividade, deixando em segundo plano os demais elementos que compunham sua definição. Conforme indica Graziano da Silva, abriu-se uma brecha para que, havendo uma parte produtiva, todo imóvel fosse preservado da desapropriação. Inverteu-se a leitura contida no Estatuto da Terra que dava prioridade para desapropriação aos imóveis que tivessem alta incidência de arrendatários ou parceiros[52]. Criavam-se, assim, condições para a revalorização dessas formas de exploração da terra, que há muito já se revelavam geradoras de conflito e sempre tiveram a marca da precária utilização e do absenteísmo patronal, traço característico do que se considerava até então como latifúndio[53]. Outro aspecto da ação estatal foi a retomada do tema da utilização das terras públicas, agregando-se à tendência de não dar peso político às desapropriações.

Grande parte desse debate fez-se fora dos corredores do Mirad/Incra, organismos responsáveis pela reforma agrária, e envolveu a Casa Civil da presidência da República e os ministérios militares, mostrando a persistência da marca de tema ligado à Segurança Nacional que a questão agrária ganhou no regime militar e da qual não pôde se desfazer com a Nova República. Mas ocorreu também por meio dos meios de comunicação, em que os diversos atores disputavam visibilidade e a possibilidade de conquistar adesões no seio da sociedade civil, alguns estigmatizando as ocupações, outros ressaltando sua legitimidade[54].

---

[52] José Graziano da Silva, "O PNAREX, aquele que parece o PNRA mas não é", *Reforma Agrária*, n. 15, v. 3, ago.-dez. 1985

[53] O desdobramento posterior dessa resolução seria a tentativa, já durante o governo Collor, de institucionalização das bolsas de arrendamento e parceria como alternativa para o acesso de trabalhadores à terra. Se esta proposta não foi implementada, nem por isso ela deixou de ter importância na medida em que sinalizava a introdução de mecanismos de mercado mediando o acesso à terra.

[54] Ver Regina Bruno, *O ovo da serpente* (Campinas, Unicamp, 2002), tese de doutorado.

A curta experiência do PNRA desvendou ainda algumas características da burocracia estatal, explicitando a formação de um corpo burocrático portador de uma cultura institucional marcada, num primeiro momento, ao longo do regime militar, pela identificação entre reforma agrária e colonização (ou seja, priorização das áreas de fronteira, consideradas como espaços vazios, para alocar trabalhadores demandantes de terra). E, num segundo momento, pela identificação entre reforma agrária e assentamentos, o que implica o não planejamento de ações fundiárias como processo orientador de elaboração de políticas. Essa burocracia, recortada pelos interesses ligados aos "negócios de terra", em função de sua história, tinha dificuldades de se relacionar com os movimentos sociais[55]. Tais dificuldades se intensificavam na medida em que cresciam os conflitos num ritmo que as estruturas burocráticas não tinham condições de acompanhar.

Ao longo do governo Sarney, foram realizadas diversas intervenções em áreas de conflito, em alguns casos garantindo a terra a trabalhadores que nela já viviam e estavam ameaçados de expulsão, em outros assentando os que haviam participado de ocupações e acampamentos. No entanto, foram parcos os resultados, em especial se contrastados com as metas do PNRA: segundo dados do Incra, foram assentados entre 1985 e 1989 apenas 83.687 famílias.

A questão agrária na Constituinte

Com a derrota da proposta do PNRA e de uma leitura desapropriacionista do Estatuto da Terra, a grande batalha para institucionalizar canais que viabilizassem a realização de transformações significativas na estrutura fundiária deu-se na Constituinte, ao mesmo tempo em que os conflitos por terra prosseguiam, sinalizando a urgência de medidas reformistas[56]. Ou seja, era um embate que se dava no Parlamento, mas também no seio da sociedade.

---

[55] Ver Moacir Palmeira, "Burocracia, política e reforma agrária", em Leonilde S. de Medeiros et al., *Assentamentos rurais: uma visão multidisciplinar* (São Paulo, Editora da Unesp, 1994).

[56] Para análises do processo Constituinte e sobre a questão agrária, ver, entre outros, José Gomes da Silva, *Buraco negro: a reforma agrária na Constituinte* (Rio de Janeiro, Paz e Terra, 1988); Regina Bruno, *O ovo da serpente*, cit.; Leonilde S. Medeiros, *Movimentos sociais, disputas políticas e reforma agrária de mercado*, cit.; Adriano Pilatti, *A Constituinte de 1987-1988: progressistas, conservadores, ordem econômica e regras do jogo* (Rio de Janeiro, Lumen Juris, 2008).

A Campanha Nacional pela Reforma Agrária coordenou, por exemplo, uma mobilização para arrecadar assinaturas para uma emenda popular em defesa de transformações fundiárias e conseguiu cerca de 1,5 milhões de assinaturas.

Os resultados do processo constituinte foram contraditórios. A Constituição de 1988 tem inscrita a reforma agrária como um tema do capítulo da "Ordem econômica e social", e foi a primeira vez que o tema foi incluído no texto constitucional. Nele foi assegurado que a propriedade deve atender à sua função social (art. 5º, XXIII), trazendo uma definição explícita do que se entende por tal, inspirada no Estatuto da Terra (aproveitamento racional, utilização adequada dos recursos naturais disponíveis e preservação do meio ambiente, observância das disposições que regulam as relações de trabalho e exploração que favoreça o bem-estar dos proprietários e trabalhadores).

No entanto, estabeleceu que as desapropriações deveriam ser feitas mediante prévia e justa indenização em Títulos da Dívida Agrária (TDA), com cláusula de preservação do valor real, resgatáveis em até vinte anos, a partir do segundo ano. Com isso, consolidou-se a tendência, dominante desde os anos 1970, mas que fora questionada em meados dos anos 1980, na proposta do I PNRA, de que a desapropriação fosse feita com base em valores de mercado. A aceitação dos títulos da dívida agrária (até então considerados como "moeda podre") nos processos de privatização, já em meados dos anos 1990, reforçou ainda mais essa tendência. Eliminou, assim, o caráter punitivo das desapropriações, reivindicado pelas organizações de trabalhadores.

A Constituição tornou insuscetível de desapropriação para fins de reforma agrária a pequena e a média propriedades rurais, bem como a propriedade produtiva. Em que pesem as denúncias das entidades de representação dos trabalhadores do campo e das que apoiavam suas demandas, articuladas em torno da Campanha Nacional pela Reforma Agrária, sobre os obstáculos que a nova Constituição trouxe à realização de transformações fundiárias no país, apontando para as contradições internas do texto, até mesmo a regulamentação da questão foi sendo adiada. Foram necessários quase cinco anos para que ela fosse feita e, quando a discussão se iniciou, nova batalha parlamentar se travou, fazendo reviver o Bloco Ruralista, cristalizado no período da Constituinte.

A Lei Agrária, como ficou conhecida a Lei n. 8629, de 25 de fevereiro de 1993, definiu que a propriedade que não cumprisse sua função social era passível de desapropriação; manteve os critérios constitucionais para definição da função social; estabeleceu que as terras rurais públicas (de domínio da União, dos estados ou municípios) passariam a ser destinadas preferencialmente à execução da reforma agrária; confirmou o banimento dos termos da lei da categoria latifúndio, substituído por um critério menos politizado de tamanho, calculado em módulos fiscais. Segundo essa definição, somente as propriedades acima de quinze módulos seriam passíveis de desapropriação, desde que improdutivas. Os critérios de produtividade seriam fixados por portaria ministerial.

A Lei Agrária ainda manteve alguns pontos controversos, o que tornou as desapropriações passíveis de discussões judiciais. O mais significativo deles diz respeito à tensão existente entre os requisitos para cumprimento da função social e a definição de que terras produtivas não poderiam ser desapropriadas. Esse tema permanece em pauta até hoje, na medida em que o Judiciário tende a valorizar a noção de propriedade, colocando os direitos individuais acima dos coletivos. Além disso, ao contrário das desapropriações por utilidade pública, em que o proprietário só tinha condições de discutir na Justiça o valor fixado para ressarcimento, no caso das terras para fins de reforma agrária, o proprietário poderia levar aos tribunais o julgamento do mérito.

Considerações finais

Ao longo do artigo, procuramos destacar a continuidade da luta por terra e a violência sobre camponeses e mediadores políticos. Ela ultrapassou o período do regime militar, prolongando-se pela chamada Nova República e vindo até os dias atuais. O levantamento de Carneiro e Cioccari fornece importantes dados para percebermos a natureza e a intensidade da repressão contra homens e mulheres que resistiam (como já o vinham fazendo há muito) a sair da terra durante a ditadura[57]. Ela contou com a ação direta do Exército e da polícia em alguns locais, mas em grande medida foi feita também por milícias armadas privadas. Essa repressão semeou o medo, cortando redes de apoio que estavam se formando, mas não foi capaz de eliminar a resistência dos trabalhadores, que se fez de diferentes formas, quer pela luta cotidiana, nos locais de moradia e trabalho, quer pela capacidade de criar novas formas de ação (mesmo que pouco eficazes, em algumas situações), produzir novos repertórios, gerar novos formatos organizativos que ultrapassaram os limites impostos pela estrutura sindical e produziram organizações

---

[57] Ana Cioccari e Marta Carneiro, *Retrato da repressão no campo*, cit.

bastante sólidas. Não se pode esquecer de que, paradoxalmente, foi sob o regime militar que se produziu uma mudança significativa nas formas de organização e luta dos *camponeses*, levando a ações de enfretamento, como é o caso das ocupações de terra.

No entanto, é preciso ter em conta o fato de que o fim do regime não significou nem o fim dos conflitos, nem o da repressão no campo. A continuidade da violência ao longo do processo de democratização mostra a existência de um problema estrutural, ligado às formas específicas que a questão fundiária assumiu em nosso país e que se perpetuaram com a modernização da agricultura e sua transformação em um empreendimento produtivo e altamente lucrativo. Mostra ainda que o processo democrático, no que se refere ao campo, é ainda marcado pela precariedade, em que pese o sensível avanço das organizações e movimentos sociais.

A rearticulação das lutas nos anos 1970 se fez a partir de determinadas heranças e produziram novos significados. Dessa perspectiva, um dos aspectos mais instigantes é a valorização da lei como campo de disputa, mesmo por aqueles que a consideravam como limitada para trazer soluções adequadas. Assim, foram sendo possibilitadas releituras da legislação existente, desenvolvidas reflexões sobre a construção de formas alternativas de pensar o direito, bem como sobre a necessidade de preparar agentes para atuar nesse campo específico. É nesse quadro que podem ser interpretados, por exemplo, os atuais esforços do MST em formar advogados em cursos especiais, que possam atuar nos tribunais e também produzir interpretações menos aferradas aos direitos individuais, como é a nossa tradição jurídica. Da mesma forma, ao longo dos últimos anos, em especial após a Constituição de 1988, fortaleceu-se o Judiciário, ao mesmo tempo em que o Ministério Público tornou-se um ator relevante na defesa de direitos coletivos, estimulando os embates dentro dos parâmetros da lei, como forma de assegurar e conquistar direitos.

Outro aspecto a ser assinalado é a herança que vem do debate dos anos 1950-1960, que liga desenvolvimento e produtividade agrícola. Essa vinculação, produzida ao longo de árduas disputas políticas, colocou em segundo plano a dimensão do bem-estar social e da justiça distributiva presentes no Estatuto da Terra, que acabaram por se constituir em elementos meramente retóricos. No início deste artigo, procuramos mostrar que a concepção de latifúndio que se gestou nos conflitos por terra no período que antecedeu ao golpe ia muito além da dimensão produtiva e abrangia determinadas relações de poder. Se a modernização da agricultura que se iniciou no fim dos anos 1960 significou intensificação da produção, não eliminou (muito pelo contrário) a expulsão de posseiros e dos povos indígenas para abrir espaço para um novo modelo de produção. Também não aboliu formas de exploração do trabalho que ignoram os direitos estabelecidos, como o demonstram as sucessivas denúncias de trabalho em situações análogas à escravidão. Trouxe ainda os danos ambientais inerentes às monoculturas e a uma agricultura marcada pelo uso de insumos químicos e biotecnologias.

A ênfase na produtividade, que configurou uma importante vitória dos representantes patronais na Constituinte de 1987-1988, limitou as condições para desapropriação de imóveis rurais. A definição constitucional de função social da propriedade foi subsumida à de que imóvel produtivo não pode ser desapropriado. Como resultado, mesmo com a ocorrência de diversas desapropriações e assentamentos, a concentração fundiária permanece, não mais em mãos de latifundiários tradicionais, mas sim de empresários nacionais e estrangeiros que, ao mesmo tempo, buscam constantemente novas terras para expandir seus negócios, reproduzindo o ciclo de expropriação e violência que marcou nossa história. Dessa forma, permanecem também as condições para a reprodução dos conflitos.

A HEGEMONIA TARDIA

Lincoln Secco

O traço de longa duração na história das classes dominantes brasileiras é a fragilidade orgânica dos vários grupos sociais que vão se superpondo politicamente nas distintas fases de evolução de nossa sociedade. Frutificando em um solo histórico pobre, provinciano e localista, todos os grupos sociais demonstraram imensa fragilidade organizativa. O primeiro grupo econômico que exerceu dominação no Brasil foi a oligarquia da terra. Esses senhores de escravos e terras, submetidos à coroa portuguesa, eram totalmente dependentes dos humores do mercado externo. A produção que comandavam estava desconectada do mercado interno e seu horizonte político era muito estreito. Todavia, esse grupo social foi o responsável pela independência política e pela manutenção da unidade territorial, já que seus interesses escravistas, vigorando de Norte a Sul, como muitos historiadores já notaram, ajudaram a soldar a coexistência das várias províncias sob um único governo.

A esse grupo se associou paulatinamente o dos industriais. Grupo tímido que defendeu tarifas protecionistas, como já se disse aqui, mas sempre se recompôs em momentos decisivos com a oligarquia, nomeadamente a cafeeira na República Velha. Acuado entre a concorrência externa e a nascente classe operária, esse grupo não fez e nem poderia fazer uma revolução burguesa no Brasil. Apelou para o Estado, a fim de reprimir a classe operária, e se recusou a reconhecê-la como antagonista legitimada. Na República Velha, a exceção notável que foi o empresário Jorge Street, que negociava com sindicatos e adotava medidas de cunho social em suas empresas, apenas confirma a regra. Essa classe foi incapaz de gerar políticas gerais que pudessem interessar a outras classes sociais e criar uma hegemonia dos interesses industriais. Raros empresários pensaram em políticas de planejamento econômico e na organização corporativa e política dos industriais. Roberto Simonsen – historiador, estudioso da racionalização do trabalho e, como senador, adversário ideológico do Partido Comunista do Brasil – foi uma exceção como líder da cisão na Associação Comercial de São Paulo que gerou a Federação das Indústrias do Estado de São Paulo (Fiesp). Mas o próprio desenvolvimento do empresariado, excetuados exemplos díspares, resultou de uma política cambial inconsciente e que por vias tortas (estímulo às exportações de café) incentivava a substituição de importações na República Velha.

A partir dos estertores do Império, outro grupo passou a fazer pressão na sociedade, como lembrou Antonio Candido[1]: as classes médias radicalizadas, civis e militares, com destaque para estes últimos a partir de 1922.

O tenentismo contribuiu para a superação de alguns vícios da primeira República e para o alargamento da base social dos governos. Também permitiu uma política associada aos interesses dos industriais. Poderíamos dizer que esses dois grupos sociais nos legaram um país que não seria mais apenas agroexportador. Mas os militares também padeceram da mesma fragilidade histórica dos demais grupos sociais. Quando auxiliaram a Revolução de 1930, vários deles se desiludiram, em graus variados, com a segunda República. Alguns se desencantaram, voltando-se para as atividades de grupos de opinião militar, como o Três de Outubro, o Legião Cinco de Julho e até para o radicalismo da Ação Nacional Libertadora.

O último grupo que desde o início do século XX lentamente integrou-se a um espaço legal na sociedade civil foi a classe operária, desde a fundação do PCB até a Greve da Scania (1978), a formação do Partido dos Trabalhadores (PT) em 1980 e da Central Única dos Trabalhadores (CUT) em 1983 e a reorganização dos comunistas. Tanto em sua fase anarquista quanto na comunista e trabalhista, esse setor contribuiu decisivamente para as conquistas sociais fixadas em legislação. À sua derrota em 1964 sobreveio um período de retrocesso, mas não completo.

A partir de 1980 houve uma retomada das lutas históricas, agregando as lutas camponesas que, se já tinham movimentações importantes nos anos 1950 e 1960, agora se reorganizavam com o Movimento dos Trabalhadores Rurais Sem Terra (MST) surgido na ocupação da fazenda Anoni, no Rio Grande do Sul, em outubro de 1985. Entretanto, como ressalta Antonio Candido, os trabalhadores rurais ainda continuaram sem voz reconhecida

---

[1] Em conversa pessoal com o autor na sede do PT nos anos 1990.

na sociedade civil, pois suas movimentações sofreram com repressões e assassinatos. Além disso, o poder judiciário foi um braço importante da classe dominante contra o MST.

Os grupos subalternos atuais contam a seu favor o conhecimento das tarefas que não foram realizadas pelas classes dominantes no passado e tomam para si o papel de criar a economia nacional e a elevação do padrão espiritual e material da população. É de seu interesse agregar outras camadas sociais que ficaram no meio do caminho, à espera de reformas que não vieram. Seu programa desde os anos 1980 não foi, portanto, o socialismo, mas um conjunto de reformas, o que já vinha sendo a prática dos comunistas depois de 1946, ainda que com muitas oscilações táticas.

Apesar disso (e talvez exatamente por isso), nos anos 1980 houve acumulação de forças e disputa de hegemonia na sociedade civil. Pela primeira vez em nossa história, a esquerda desconstruiu valores socialmente dominantes, como o da incapacidade dos trabalhadores de governar. Os operários ganharam um espaço de legalidade inédito: greves se tornaram aceitáveis, muitas vezes sob violência policial, mas não mais sob proibição constitucional. É o que Florestan Fernandes chamou de um espaço legitimado para a luta de classes na sociedade civil. Elementos ativos se inseriram na tradicional hegemonia passiva. Ora, essa luta trazia em seu bojo o seu contrário. Como em todo processo dialético, os socialistas esqueceram que corriam o risco de, ao criar um polo de esquerda antagonista, acabar gerando um elemento de legitimação da ordem.

Desde o início, o acúmulo de forças também se deu na institucionalidade (especialmente nas municipalidades), o que era praticamente inédito, pois foram raros os comunistas que, no passado, tornaram-se intendentes (vereadores) ou prefeitos. Depois dos anos 1980, vitórias eleitorais se tornaram rotina, e a esquerda foi paulatinamente absorvida pela força histórica do localismo. Famílias de posses ou dissidências oligárquicas muitas vezes controlaram direta ou indiretamente as municipalidades, os cargos "técnicos" ou influenciaram políticas, isso quando simplesmente não fizeram negócios com políticos de esquerda.

Pode-se dizer, portanto, que se articulou, tardiamente, uma sociedade civil nos anos 1980 – mas uma sociedade civil não civilizada, como ironizava Florestan Fernandes.

Do PMDB ao PSDB

O PMDB se manteve na política brasileira como o maior partido desde a redemocratização. Se por um lado seria lícito contar sua história como se fosse a do país, visto que ele sustentou todos os presidentes desde Sarney, por outro o partido se tornou um vazio programático. Nos anos 1980, uma equipe de intelectuais que incluía Luiz Carlos Bresser Pereira, Fernando Henrique Cardoso, Fernando Morais, Maria da Conceição Tavares e Dilson Funaro, entre outros economistas, formulou as principais propostas debatidas no país. Mas na década seguinte o PMDB se transformou num partido-ônibus, cheio de políticos e vazio de ideias. Dele se desprenderam o PCdoB, o PCB e, mais tarde, o MR-8.

Os partidos também se alimentaram de organizações próprias da população. Segundo Paul Singer, as Sociedades Amigos de Bairro de São Paulo (SABs) surgiram a partir de comitês eleitorais de Jânio Quadros em 1953. Elas guardaram certa autonomia em relação ao poder político que as estimulou e até resistiram à tentativa da prefeitura de enquadrá-las em 1956. Um ano antes havia 134 SABs. Em 1970, no estado de São Paulo, já eram 1100[2]. Nos anos 1980 muitas SABs foram disputadas por partidos, e o PMDB tinha influência sobre várias. Aos poucos, o PT também penetrou nelas.

Herdeiro do bipartidarismo, o PMDB manteve apoio sem setores médios contrários à ditadura militar e em amplos segmentos populares. Em São Paulo, o partido tinha cerca de 40 mil filiados em 1980 (dos quais quase 40% localizavam-se na periferia).

Durante muitos anos o partido manteve a preferência partidária de uma significativa parcela dos eleitores. Se considerarmos que em média metade da população apenas relata preferir algum partido, o PMDB mantém taxas invejáveis, superiores a 20% do eleitorado.

Nos anos 1990 o partido sofreu uma mudança importante: abandonou o protagonismo nas disputas presidenciais, cedendo o lugar a uma dissidência: o PSDB. Embora tenha se mantido como aliado indispensável a qualquer governo, pois mantém ampla bancada de vereadores e deputados estaduais e federais, além de governadores, o partido abdicou da disputa de hegemonia.

---

[2] Paul Singer, "Movimentos de bairro", em Paul Singer e Vinícius Caldeira Brant (orgs.), *São Paulo: o povo em movimento* (Petrópolis, Vozes, 1981).

O resultado se mede por certa estagnação no primeiro mandato de Fernando Henrique Cardoso e pelo nítido declínio a partir de 2002.

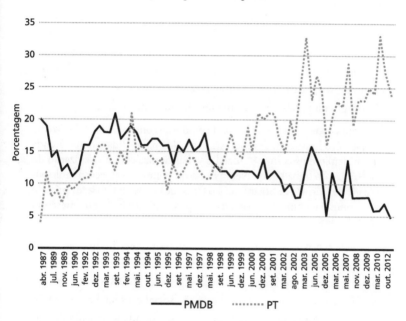

Evolução da preferência partidária

Fontes: Instituto Datafolha, Ibope, Fundação Perseu Abramo, Ibope e Criterium.

O declínio do PMDB explica-se especialmente por uma conjuntura decisiva. Em 1994 o partido deixou-se seduzir pelo encanto de um discurso vitorioso nas urnas, amparado nos valores neoliberais dominantes. Assim, aderiu ao PSDB, sigla que havia optado por alianças políticas conservadoras, pautando-se ideologicamente pela terceira via do trabalhista inglês Tony Blair e do socialista alemão Schröder, como veremos em seguida.

O PMDB ainda se mantinha como um partido preferível aos demais porque, no médio prazo, o PSDB se restringiu a uma alternativa ideológica e a um partido de quadros regionalmente concentrado e socialmente amparado na classe média tradicional. Os tucanos não lograram ter a capilaridade que o PMDB herdara de sua fase organizativa dos anos da ditadura militar.

O PSDB

Fundado em 1988, às vésperas da promulgação da Constituição, o PSDB era uma dissidência à esquerda do PMDB, contra as "oligarquias decrépitas", como rezava seu Programa Político.

O símbolo partidário escolhido foi um tucano, ave cujo nome é de origem tupi e que se aproximava de uma imagem tipicamente brasileira, algo importante para um partido de pretensão social democrata tipicamente europeia. A ave é monogâmica e territorial, e se alimenta de frutas, insetos e oportunamente de ovos de outros pássaros.

O programa tucano usava uma leve linguagem socialista:

> A propriedade privada dos meios de produção constitui a base do sistema econômico brasileiro, devendo ser garantida na medida em que atenda ao princípio da sua função social e se harmonize com a valorização do trabalho e do trabalhador. Nem por isso se pode desconhecer a multiplicidade das formas de organização da produção, mesmo no setor privado da economia, como é o caso das formas cooperativistas, que merecem reconhecimento e estímulo.[3]

Embora o novo programa de 2007 apresente leve inclinação à direita, ele é só um programa. No Brasil, raramente somos tentados a levar a sério o que os partidos escrevem. Em sua origem, o PSDB apresentava-se, *de facto*, bifronte: uma face voltada à questão social e à social democracia dos intelectuais que aderiam ao partido, e outra voltada à reforma do Estado e ao liberalismo desenfreado. Naquela época se costumava dizer que um verdadeiro Estado social-democrata moderno (de terceira via, *à la* Blair) deveria ser economicamente mínimo e socialmente máximo. Era um prenúncio da combinação de privatizações de empresas estatais e políticas sociais compensatórias.

O aglutinamento dos tucanos originais se deu também por questões meramente conjunturais. Lideranças paulistas, como Mário Covas e Fernando Henrique Cardoso, perdiam espaço para Orestes Quércia no PMDB e divergiam sobre o aumento do mandato do presidente José Sarney.

A natureza bifronte do PSDB leva a uma infinda discussão sobre se ele nasceu neoliberal ou tornou-se depois; se ele estava no espectro de centro-esquerda ou já era de direita. A discussão perde sua importância quando

---

[3] *Diário Oficial da União*, 6 jul. 1988.

situamos a evolução partidária na história. Nenhum programa partidário é uma camisa de força. Os tucanos apresentavam um conjunto de valores que os aproximavam de parcelas do PT: uma direção com pessoas oriundas da luta (armada ou não) contra a ditadura; defesa da democracia; discurso contra a corrupção; modernização do Estado.

É preciso lembrar que até 1994 setores (minoritários) do PT, como José Genoíno, Eduardo Jorge e Augusto de Franco, defenderam abertamente a aproximação com o PSDB e alguns até abandonaram o partido. Da mesma forma, apoiaram a ideologia liberal e praticaram privatizações como símbolo da "modernização do Estado" – caso de Antonio Palocci como prefeito de Ribeirão Preto, e não só ele.

A tensão interna do PSDB levou, por outro lado, figuras gradas de sua direção a optar pela moda liberalizante que tomava conta da América Latina já no mandato de Fernando Collor de Mello. É sabido o quanto Mário Covas atuou para impedir a aproximação de Fernando Henrique Cardoso com o governo. Este teve a fortuna de só ser impelido para a máquina federal no governo de Itamar Franco. Ungido pela estabilização monetária, fez-se presidente da República.

É no governo do presidente Fernando Henrique Cardoso que ocorreu a conversão formal do PSDB ao neoliberalismo e sua passagem à direita. Primeiro ao aliar-se ao Partido da Frente Liberal (PFL) e, depois, ao comandar políticas públicas desenfreadas de viés claramente privatista e liberalizante. É verdade que, por ser um partido de "estrutura organizacional fraca" (como revelou uma pesquisa de Celso Roma), a cúpula pôde impor seu liberalismo ao conjunto de um partido que acalentava valores originalmente de centro-esquerda.

Há identidade em algumas políticas. PT e PSDB são partidos paulistas que se nacionalizaram. Só que o PT se nacionalizou quase completamente, ao passo que o PSDB o fez de forma apenas parcial. Ambos defendem cotas raciais, políticas sociais compensatórias e estabilidade monetária, são laicos e possuem uma elite ainda herdeira da luta contra a ditadura. O que os separa efetivamente é a gênese. O PSDB tem origem parlamentar e o PT, extraparlamentar, pois se enraizou nos movimentos sociais.

Hegemonia do PT?

No espectro esquerdista o PT já havia obtido suas credenciais ao longo de vinte anos de hegemonia nos movimentos sociais e nos principais sindicatos.

Filiados ao PT 1980-2013

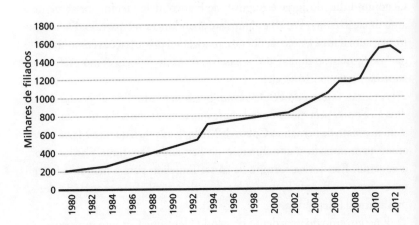

Fonte: Boletim Nacional, Sorg e TSE

No campo direitista, o PT aumentou sua influência ao conquistar a confiança dos mais ricos ao deixar claro que não tomaria medidas contra as grandes fortunas e dos conservadores de baixa renda ao se comprometer com a reforma social sem rupturas com a ordem.

Ajudou-o nesta tarefa a proximidade com valores conservadores católicos e a aproximação mais recente com setores evangélicos, cuja presença é grande na nova classe trabalhadora que ascendeu durante os dois governos Lula.

No entanto, foram especialmente os programas sociais de Lula que cimentaram a predominância do PT. Ao chegar ao governo, Lula encontrou problemas de diferentes idades históricas, que não podiam ser resolvidos com uma simples decisão política – os dinamismos internos de uma economia estrutural e funcionalmente subordinada ao capital oligopolista internacional não podiam ser alterados em curto prazo.

Lula foi sagaz o suficiente para manter o essencial da política econômica liberal do governo anterior, aliando-se ao capital financeiro. Ele herdou uma situação de grave dependência externa do Brasil aos capitais voláteis, ao mercado financeiro em geral e ao FMI. Como um líder operário, provocava o medo dos investidores e a esperança de seus eleitores. Daí seu lema: "A esperança precisa vencer o medo". Mas essa dura realidade o obrigou a manter as metas de déficit primário impostas pelo FMI e sacrificar investimentos sociais e recursos que deveriam ser dirigidos à reforma agrária, por exemplo. O que o Brasil pagou em juros da dívida interna é infinitamente maior do que os gastos sociais que alçaram a popularidade de Lula aos píncaros da glória eleitoral.

Assim, o PT se credenciou pela primeira vez a representar o povo em lugar de uma classe. Programas como o Bolsa Família e o ProUni se tornaram tão importantes quanto a geração de emprego e salário mínimo. O governo petista unificou programas de bolsa escola, gás e cartão alimentação já existentes. Mas eles atendiam 3,6 milhões de pessoas, e Lula quase quadruplicou o número de beneficiados durante seus mandatos. Além disso, suas políticas promoveram a habitação popular, o salário mínimo, a preeminência da mulher no acesso a benefícios estatais, a eletrificação rural e tantas outras medidas que compuseram uma rede social ampla e reconhecida pela população mais pobre.

Contudo, note-se que simultaneamente a tais políticas sociais, a primeira reforma importante que Lula fez não foi a tributária, mas a da previdência. Não visou confrontar o capital, e sim o trabalho.

A ironia da história é que em 2012 líderes petistas foram condenados pelo Supremo Tribunal Federal por supostamente terem comandado a compra de votos no Congresso para aprovar, entre outras coisas, mudanças na previdência. Tais mudanças tinham o apoio do PSDB, e não se compreendeu por que o governo chegaria ao ponto de comprar deputados de sua própria *base política* para aprovar alterações que contrariavam sua *base social* – tal reforma tirava direitos dos funcionários públicos.

O movimento fundamental do governo Lula foi, portanto, o de amparar as classes desprotegidas sem incomodar as classes de cima. Ao ser bem-sucedido no atendimento de carências sociais básicas, não deixou de alimentar a voracidade dos especuladores. *Foi por isso que Lula e o PT passaram a ocupar um novo espaço político ampliado à esquerda e à direita.*

Tal situação gerou uma crise colossal no PSDB e, depois, no Democratas (DEM), que perderam espaço programático. Quando criticaram o programa Bolsa Família em 2006, como se fosse uma "esmola" para pessoas que não trabalham, só conseguiram o apoio dos setores médios que já os apoiavam e perderam definitivamente a população mais pobre que se viu ofendida e ameaçada por um hipotético governo tucano. O DEM isolou-se na extrema direita ideológica e abriu espaço para que seus políticos descontentes e oportunistas buscassem no recém-fundado PSD de Gilberto Kassab uma saída eleitoralmente viável.

Se foi louvável a atitude das lideranças "democratas" de assumirem uma posição ideológica explícita de cores semifascistas, elas cometeram suicídio político no médio prazo. O DEM mimetizou um partido *montanhês* (ainda que de sinal trocado) quando sua base no congresso era o *pântano*. (Isto para remeter o leitor à "geografia política" da Revolução Francesa.)

Depois de 2006, a oposição a Lula cometeu seu segundo e mortal erro. Passou a criticar o PT por ter lhe roubado sua política econômica. Mais recentemente vimos uma retomada da mesma ladainha quando a grande imprensa ligada ao PSDB atacou as privatizações de aeroportos no governo Dilma Roussef. Ora, nessa lógica de raciocínio, se o PT é *socialmente* mais eficiente e ainda por cima mantém o que de "melhor" o PSDB tinha (a estabilidade da moeda), por que os eleitores deveriam escolher os tucanos?

Se aprofundarmos o argumento, o próprio eleitorado tradicional dos tucanos deveria escolher o PT, já que a melhoria social dos mais pobres deveria levá-los a imaginar maior paz social. Mas é claro que na política prevalece o reino irracional da paixão, e não o da razão, embora seja fundamentalmente importante o reino dos interesses materiais.

O PSDB reduziu-se a um *partido de classe* (média). Os grandes cartéis e trustes não têm partido e apoiam qualquer governo que não lhes toque.

O PT tentou firmar-se ao longo de sua história como um partido de classe (trabalhadora, é claro). E tornou-se um *partido de massas policlassista*. Já o PSDB, que propôs uma nova central sindical, fracassou nesse campo e era uma agremiação que tendia a ser um "partido pega-tudo". O PSDB se tornou muito mais um partido regionalmente concentrado no Sul, Sudeste e Centro-Oeste, socialmente baseado em áreas de classe média tradicional, pequena burguesia do campo e clientela do agronegócio, além de ter algum respaldo na pequena e média indústria nacional e numa gigantesca massa de profissionais liberais do mundo corporativo, embora não de funcionários públicos. É claro que me refiro às bases sociais, e não aos membros do partido.

Curiosa inversão. Nas eleições para a prefeitura paulistana de 2012 o candidato do PT, Fernando Haddad, foi escolhido pela tradicional forma mexicana do "dedaço". Lula acabou com as prévias e impôs o seu candidato. Curiosamente, o PSDB resolveu fazer prévias para a escolha de seu candidato, ainda que elas tenham se tornado incertas com a entrada de José Serra na disputa. Embora em 1992 o PSDB paulistano tivesse realizado prévias para escolha de seu candidato à prefeitura, o partido nunca teve instâncias internas democráticas.

Mas a inversão é uma forma de aparência. É claro que o PT continuou mais democrático, com maior vida interna fora de períodos eleitorais e maior vínculo com movimentos sociais, além de se manter mais orgânico e "ideológico".

Pequena política

O PT exerceu uma hegemonia aparente. No plano eleitoral, sua direção política parece imbatível pelas razões já expostas antes. Ele fez sacrifícios corporativos ao deixar de lado algumas demandas importantes dos movimentos sociais e dos sindicatos, mas não em nome de alianças em torno de seu programa político. Logo, sua hegemonia não é uma direção intelectual e moral sobre os aliados. O partido não mudou valores fundamentais e abdicou de uma grande política.

Quando Antonio Gramsci falou em grande política, imaginava ações estratégicas que visavam mudar estruturas da sociedade civil, mas também concebia a possibilidade de um grupo "fingir" deter-se na pequena política (aquela dos cargos, das querelas parlamentares e das questões menores) para obrigar o adversário a limitar o alcance estratégico de suas aspirações. Ora, dizia Gramsci, isto é, em verdade, fazer a grande política. Logo, esta pode servir para manter intocadas as estruturas, e não para mudá-las.

A política do PT no governo não é a do partido que se construiu por longos anos na luta social. É óbvio que muita coisa que o PT queria se realizou ou tem sido feita. Mas basta pensar na tutela militar, na estrutura agrária, na igualdade de gêneros no mercado de trabalho, no problema ambiental e na questão da previdência para lembrarmos demandas radicais *parcialmente* abandonadas pelo partido.

Se não é o PT, então quem faz a grande política? Convido o leitor a imaginar quais grupos sociais se mantiveram intocados antes e depois de

Lula. Se tal classe ou conjunto de classes puder ser identificado, a resposta terá sido achada. A novidade de nosso tempo é que as classes dominantes (ou seus setores centrais) não aparecem e nem precisam ter seus interesses verbalizados pelos órgãos de comunicação de massa ou partidos. É melhor que não apareçam, aliás, pois enquanto a polarização política se estabelece em torno do PT, do apetite fisiológico de seus "aliados" no Congresso e da oposição, as autênticas polarizações sociais adormecem sob uma democracia eleitoral que gira em falso e não muda a sociedade.

Outra hegemonia

Nos anos 1990 o Brasil viveu o ataque neoliberal aos serviços públicos já degradados. Ainda assim, os governos foram impotentes em evitar a organização de várias conquistas da Assembleia Nacional Constituinte de 1988, como o Sistema Único de Saúde e a universalização da educação. Assim como os indicadores sociais básicos, a esquerda cresceu.

Isto parece ser um contrassenso, pois aquela época ficou conhecida como "a década neoliberal". É que, mesmo derrotada eleitoralmente em 1989, a esquerda (MST, CUT, UNE e partidos operários) havia exercido tal pressão popular nos anos anteriores que teve força para disputar a hegemonia e fazer forte oposição aos governos do PSDB.

Deixo para os estudiosos gramscianos do Brasil discutir se houve uma hegemonia de esquerda, mesmo naquele sentido restrito de ditar os valores fundamentais da vida política. Provavelmente não. Mas a presença de uma esquerda forte nos anos 1980 garantia ao menos a disputa daqueles valores. A contra-hegemonia criava o polo negativo, indispensável para a democracia burguesa. Isso não mudava o padrão civilizatório, mas permitia um circuito virtuoso que obrigava o capitalismo selvagem a se civilizar. Quando a direita impôs-se a estabilidade política e monetária (1994) ainda tinha de conviver com a potencial hegemonia de esquerda à sua porta.

Depois de 2002 vivemos o fenômeno contrário. Lula venceu acreditando que deveria fazer compromissos com o pensamento conservador. Decerto promoveu mudanças substanciais na área social e criou aquilo que o PT defendia desde seu V Encontro de 1987: o mercado interno de massas. Da mesma forma, Fernando Henrique Cardoso teve de dizer que não era neoliberal e ainda assim conseguiu reconfigurar a estrutura patrimonial do capitalismo brasileiro através das grandes privatizações.

Não esqueçamos que no decênio neoliberal de Collor e FHC a desigualdade *subiu* em 58% das cidades brasileiras e, no decênio petista, *caiu* em 80% dos municípios[4].

Mas é justamente sob o impacto de mudanças sociais que estavam no programa original do PT que o pensamento que lhe deu origem começou a ceder sobre o terreno movediço daqueles que duvidam das próprias crenças. Tudo o que se seguiu pode ser explicado pelo enfraquecimento da contra-hegemonia de esquerda: a escolha de sustentabilidade tradicional do governo, a crença anacrônica no neodesenvolvimentismo[5], a adoção do lulismo (conceituado por André Singer) como política consciente de conciliação de classes e o medo de mobilizar a nova classe trabalhadora[6].

Além disso, pela primeira vez desde a redemocratização o pensamento de direita se fortaleceu na classe média, dominando amplamente a imprensa e criando seus novos institutos privados de hegemonia. Ele se abrigava antes nas cúpulas empresariais, nos clubes de elite, nas festas de celebridades, nas ceias de natal ou em rodas de amigos. Alguém poderá dizer que certas revistas semanais sempre achincalharam o PT. Não é verdade, contudo, que defendessem explicitamente os valores da direita. A palavra *capitalismo* não era empregada em sentido positivo nos anos 1980.

Mesmo na chamada década neoliberal a direita via-se no canto do ringue ideológico porque enfrentava o PT. A classe média aderiu ao primeiro mandato do PSDB porque o partido, com origem suposta na esquerda, não tinha a cara de vetustas raposas. Quem conheceu a história do PT sabe que havia fortes tendências internas e externas ao partido propugnando uma aliança com os tucanos. E até hoje há quem se lamente por ela não se ter viabilizado.

Fernando Henrique não se assumiu como liberal. Após andar citando Gramsci aderiu à terceira via de Schröder, Blair e Clinton. Em seu segundo mandato, perdeu o apoio político de uma classe média sempre dividida entre a direita e o PT. Mas a hegemonia não se resume às eleições. Tanto assim que em 2005 o PT perdeu apoio nos setores médios e ainda não sabemos

---

[4] Oesp, 5 ago. 2013.

[5] Ricardo Musse, "A potência das manifestações de rua", *Blog da Boitempo*, disponível em: <blogdaboitempo.com.br/2013/07/10/a-potencia-das-manifestacoes-de-rua/>.

[6] Vide a ideia de Antonio David desenvolvida no artigo "Saberá o PT identificar e aproveitar a janela histórica?", *Viomundo*, disponível em: <www.viomundo.com.br/politica/david-e-secco-sabera-o-pt-identificar-e-aproveitar-a-janela-historica.html>.

que valores ele difundiu para a classe mais desprotegida em que alargou seu respaldo eleitoral.

O PT raramente deixou de crescer. Mas as mudanças no mercado de trabalho, o ataque às greves, as crises e o declínio da militância conduziram o partido a apresentar-se em 2002 como uma enorme agremiação eleitoral que declinava em força ideológica e militante.

Quando cuspia os caroços chupados da árvore da vida, a direita consolou-se com o fruto da árvore do conhecimento do bem e do mal.

Colheita tardia

Estamos hoje diante do fenômeno curioso da colheita de inverno. Não se colhem rosas, é evidente. A "demora cultural" (termo cunhado por Sorokin) reflete uma posição de classe incapaz de aceitar os novos dinamismos da sociedade civil e direcioná-los construtivamente a um patamar superior. Dessa maneira, revivemos os ciclos em que os avanços políticos são desfeitos pela *hegemonia tardia*. Ciclos políticos e econômicos que colocam ora o Estado, ora o mercado como protagonistas, pois a economia capitalista não é nunca seriamente transformada.

Seria a hegemonia tardia um oximoro? Gramsci pensou a hegemonia como um processo que pode começar na fábrica, nas disputas das classes trabalhadoras. Mas, uma vez atingido o poder político, ela deve incorporar o poder de coerção. Vimos que o governo Lula não conseguiu influenciar sua polícia, muito menos as Forças Armadas ou o STF, cuja maioria dos ministros ele indicou. Restaria ao menos mobilizar as ruas como ameaça virtual aos seus adversários.

Em junho de 2013 desnudaram-se perigosamente o PT e quiçá outras forças de esquerda. Isto porque a direita não temeu mais a mobilização popular que podia ser convocada por petistas – o que não significava que tivesse desvendado o enigma das massas sem partido.

É que não se deve reduzir a hegemonia a um sistema consensual, esquecendo o momento coercitivo. Parcelas da esquerda pensaram que a coerção era só um momento militar. Mas a história do PT também revela que a pressão popular nas ruas, as greves e os levantes de massas são formas de imposição coercitiva que provêm de fora da sociedade política.

É verdade que a hegemonia da direita é contrastada por algumas políticas governamentais. Nenhuma delas toca a propriedade privada ou as grandes fortunas, diga-se de passagem, e não têm meios de capilaridade social, ao contrário do que apregoam porta-vozes da "liberdade de imprensa".

A ideia de que as reivindicações de junho de 2013 tiveram o ar de contraditórias deriva da verdadeira disputa de hegemonia que hoje existe. Uma parte da esquerda coabita o governo com setores tradicionais de direita, mas a direita "moderna" e órfã vicejou onde a esquerda governista deixou-lhe o campo aberto, financiando-lhe (!) seus institutos privados de hegemonia em nome da *ideologia da liberdade de imprensa*. Não realizou assim liberdade alguma, posto que a massa de informações é controlada por grandes empresas.

Outra parte dos manifestantes solicitava o que o governo Dilma renunciou a fazer: avançar. Ir além do legado de Lula.

Que todos peçam mais do Estado não nos deve iludir. Há algo de esquerda nisso. Mas de direita também, porque o que interessa é o rumo que as manifestações vão tomar. A direita também usa a defesa do Estado desde a Revolução de 1930. Quando diz que quer menos impostos e menos gastos públicos é só para que o Estado se concentre naquilo que ele deveria unicamente fazer: saúde, segurança, infraestrutura e educação.

Obviamente que se trata da defesa do Estado da direita. Somente um núcleo duro defende explicitamente o Estado mínimo. Mas esse núcleo é fundamental para dar autoconfiança à burguesia e vergar o arco histórico para trás, como gostava de dizer Florestan Fernandes. É ele quem dá continuamente a seiva para a erva-daninha da direita moderada.

A hegemonia não é só uma capacidade eleitoral. É a direção de grupos aliados na sociedade civil e poder de pressão através de elementos que estão muito além dos partidos. A *direção* necessita de um programa que aponte para a mudança das relações sociais desde as empresas até a construção dos meios que disseminam os valores dominantes.

DIRETAS JÁ: MOBILIZAÇÃO DE MASSAS COM DIREÇÃO BURGUESA

Vanderlei Elias Nery

Introdução

A campanha Diretas Já modificou o panorama político em 1984. Com a realização do comício de Curitiba, em 12 de janeiro, que contou com a presença de 50 mil pessoas[1], e do comício de São Paulo, em 25 de janeiro, na Praça da Sé, onde se manifestaram 300 mil pessoas[2], as diferentes forças sociais passaram a disputar a direção da campanha.

A oposição burguesa, a partir da realização dos comícios "monstros", fortalecia-se na disputa do processo sucessório com o governo e o PDS. A burguesia, capitaneada pela fração industrial monopolista nacional, dissociava-se do governo e aproximava-se da campanha. O movimento operário e popular, através do PT e da CUT, tentava influenciar os rumos da campanha.

Foi em torno dessas disputas que se configurou a campanha no ano de 1984. Os comícios, principalmente os de São Paulo, Minas Gerais e Rio de Janeiro, configuraram uma aliança entre a oposição burguesa e o movimento operário e popular, sob a nítida direção da primeira, definindo o tom da campanha.

---

[1] Carlos Brickman, "Comício pelas Diretas reúne 50 mil em Curitiba", *Folha de S.Paulo*, 13 jan. 1984, p. 6.

[2] Ricardo Kotscho, "Na Sé, um brado retumbante pede eleições diretas", *Folha de S.Paulo*, 26 jan. 1984, p. 5.

A campanha Diretas Já: movimento cívico de resgate da cidadania?

As análises até hoje realizadas sobre as Diretas Já relacionam a campanha a uma grande festa cívica. Teria ressurgido a sociedade civil, que, por meio da mobilização dos setores populares, dos setores médios e das lideranças políticas, buscou restituir *a* democracia no Brasil.

Para Skidmore[3], a campanha tem início com a apresentação, no Congresso Nacional, da emenda Dante de Oliveira, a qual propunha eleições diretas para a presidência da República em 1985. Com um início tímido, a campanha foi ganhando popularidade, levando o PDMB a engajar-se. Para o autor, o engajamento de veículos de comunicação, como o jornal *Folha de S.Paulo*, das redes de televisão e de artistas transformou-a numa verdadeira festa.

A análise feita por Rodrigues segue na mesma direção. Afinal "naquele ano de 1984, a contagiante festa cívica fez com que acreditássemos todos que o golpe de misericórdia na ditadura militar estava ao alcance de nossas mãos"[4]. Ao analisar os comícios pró-diretas, apegando-se à fala de Ulysses Guimarães, o autor afirma "que havia um hiato entre a nação e o poder e que a verdadeira voz da República estava ali, na praça pública". Também para Rodrigues, aquilo era "muito mais que um simples comício, é impossível não evocar a imagem da 'festa cívica'"[5].

A reorganização da sociedade civil, a partir do surgimento do novo sindicalismo, de novos movimentos sociais, "e com a formação de um novo campo ético-político a eles associado, a política brasileira mudou radicalmente"[6]. Esse movimento resgatou o espírito participativo da sociedade civil em bases significativamente diferentes, caracterizando uma ruptura com o modelo populista vigente até 1964, no qual as massas populares eram manipuladas. Para o autor, ainda existem camadas sociais suscetíveis à manipulação. Entretanto,

> é inegável que as classes médias urbanas e os setores populares organizados nos meios urbanos e rurais estão hoje em condições de participar ativamente

---

[3] Thomas E. Skidmore, *Brasil de Castelo a Tancredo* (Rio de Janeiro, Paz e Terra, 1988).

[4] Alberto Tosi Rodrigues, *Diretas Já: o grito preso na garganta* (São Paulo, Fundação Perseu Abramo, 2003), p. 11.

[5] Ibidem, p. 83.

[6] Ibidem, p. 104.

da constituição da pauta pública, do processo eleitoral e do processo decisório em geral, em condições muito mais favoráveis do que na experiência democrática anterior a 1964. E que forçaram também uma modernização significativa das práticas de parte das elites políticas do país.[7]

Rodrigues afirma ainda que esse "foi o primeiro momento em que essa nova sociedade civil brasileira apresentou-se diretamente à grande política nacional. E foi a primeira vez em que pôde enxergar-se a si própria como sociedade plural e participativa"[8].

A definição da campanha Diretas Já como uma grande festa cívica, na verdade a maior da história brasileira, também está presente na obra de Delgado, importante presença na historiografia política brasileira. Para ela, a campanha foi "um movimento suprapartidário que reuniu os principais partidos de oposição ao regime militar em torno da bandeira de retorno das eleições diretas"[9]. O objetivo maior da campanha era restabelecer o Estado democrático de direito no Brasil. Os diferentes partidos políticos que participaram ativamente da campanha deixaram de lado suas divergências e "agregaram-se em torno de um objetivo primordial: a restauração da democracia e das liberdades no Brasil"[10]. O texto de Delgado privilegia expressões como: "festa na política", "festa democrática" e "festa da cidadania". E a campanha só se tornou possível porque o início dos anos 1980 "foi marcado pelo retorno da sociedade civil organizada ao espaço da política"[11].

A derrota da emenda Dante de Oliveira no Congresso Nacional, em 25 de abril de 1984, não significou a derrota do objetivo maior da campanha, pois, apesar de a coalizão de partidos políticos e de as organizações da sociedade civil terem se dissolvido logo após a votação da emenda, "milhares de brasileiros voltariam às praças públicas e às ruas das cidades, fazendo da campanha pelas eleições indiretas para presidente uma outra festa na política"[12].

---

[7] Idem.

[8] Idem.

[9] Lucilia de Almeida Neves Delgado, "Diretas Já: vozes das cidades", em Jorge Ferreira e Daniel Aarão Reis (orgs.), *Revolução e democracia* (Rio de Janeiro, Civilização Brasileira, 2007), p. 414.

[10] Ibidem, p. 417.

[11] Ibidem, p. 422.

[12] Ibidem, p. 425.

Os autores de *Diretas Já: 15 meses que abalaram a ditadura* analisam a campanha a partir do prisma constitucional. Para eles, era necessário respeitar o jogo político. Os comícios e a pressão das ruas serviam para pressionar os deputados e senadores do PDS – partido do governo –, para que esses votassem a favor da emenda Dante de Oliveira. Era fundamental que se afastassem as radicalidades e manter-se aberto à negociação. Segundo os autores:

> Havia, assim, o que e como negociar. E, como bem observou Fernando Henrique Cardoso, mais que a intenção, existia, para o PDS, a necessidade de negociar. Se a oposição não contava com 2/3 da Câmara e do Senado para aprovar a emenda constitucional das Diretas, o PDS, por sua vez, não tinha a maioria simples para aprovar as leis complementares, que exigiam 60% da Câmara, necessários à regulamentação do Colégio Eleitoral. Não há, pois, mais jeito para o governo e para o PDS (como já percebeu o líder Marchezan). Tem que negociar.[13]

Para Leonelli e Oliveira, deputados federais à época da campanha, tendo o segundo elaborado e apresentado a emenda pelas eleições diretas, as negociações deveriam ser conduzidas pelo Comitê Pró-Diretas, pois este era suprapartidário e não expressava força ou vontades individuais nem de partidos ou entidades de classe específicas.

Como demonstrado até aqui, analistas como Skidmore, Rodrigues, Delgado, Leonelli e Oliveira consideram que a campanha Diretas Já resgatou a cidadania brasileira após longos anos de autoritarismo.

Para os autores, a campanha significou o renascer da sociedade civil, sendo um grande congraçamento entre as diferentes classes sociais, já que o que importava era superar o regime militar e instaurar *a* democracia como regime político, não importando as divergências em relação ao que viria depois.

É importante ressaltar a diferença entre nossa visão e a dos autores no que diz respeito ao conceito de sociedade civil. Para nós, a chamada sociedade civil comporta várias classes sociais, divididas em frações e setores com interesses divergentes (caso das frações burguesas) e antagônicos (encontrados entre a burguesia e as classes trabalhadoras).

Antes de aprofundar as análises acerca das obras referidas, é importante fazer, aqui, uma breve discussão sobre os conceitos de democracia e cidadania, seguindo as definições de Estado capitalista, forma de Estado e regime político.

---

[13] Domingos Leonelli e Dante de Oliveira, *Diretas Já: 15 meses que abalaram a ditadura* (Rio de Janeiro, Record, 2004), p. 455.

Nossa análise, contudo, difere dos autores anteriormente citados, pois partimos da premissa marxista, segundo a qual o Estado, em qualquer sociedade cindida em classes sociais antagônicas, é um órgão de dominação de classe[14].

Fundando-se na definição dos clássicos do marxismo de que o Estado é um órgão de dominação de classes, Poulantzas constrói uma teoria do Estado capitalista. Para o autor, a diferença fundamental entre o Estado capitalista e os anteriores é que aquele "apresenta-se como um Estado-popular-de-classe"[15]. Ou seja, diferentemente dos Estados pré-capitalistas, o Estado capitalista aparece como representação da vontade geral de todo o povo-nação. Isso é possível, pois

> [o] sistema jurídico moderno, distinto da regulamentação feudal fundada nos privilégios, reveste um caráter "normativo", expresso num conjunto de leis sistematizadas a partir dos princípios da liberdade e igualdade: é o reino da "lei". A igualdade e a liberdade dos indivíduos-cidadãos residem na sua relação com as leis abstratas e formais no interior de um "Estado de direito".[16]

Para Poulantzas o Estado comporta diferentes estruturas: a estrutura econômica, a jurídico-política e a ideológica.

Concentrando-se na segunda, o autor crítica a concepção hegeliana de sociedade civil, demonstrando que a separação do produtor direto dos meios de produção engendra um indivíduo-sujeito apenas nas relações jurídico-políticas, cuja estrutura legitima a separação do produtor direto dos meios de produção. O direito capitalista institucionaliza essa apartação baseando-se no contrato de trabalho, o qual legaliza a exploração conformando "os agentes da produção como sujeitos jurídicos, isto é, como indivíduos-pessoas políticos"[17].

Poulantzas demonstra ainda que os agentes da produção só aparecem como indivíduos nas "relações superestruturais que são as relações jurídicas"[18], e não nas relações de produção.

---

[14] Ver Karl Marx, *O 18 de brumário de Luís Bonaparte* (São Paulo, Boitempo, 2011); Friedrich Engels, "A origem da família, da propriedade privada e do Estado", em *Obras escolhidas*, v. 3 (São Paulo, Alfa-Ômega, s/d), p. 7-143; Vladimir Lenin, "O Estado e a Revolução: a doutrina do marxismo sobre o Estado e as tarefas do proletariado na revolução", em *Obras escolhidas*, v. 2 (São Paulo, Alfa-Ômega, 1988), p. 219-305.

[15] Nicos Poulantzas, *Poder político e classes sociais do Estado capitalista* (Porto, Portucalense, 1971). p. 143.

[16] Idem.

[17] Ibidem, p. 149.

[18] Idem.

Segundo o autor, a instância jurídico-política é a ideologia dominante no modo de produção capitalista, pois, neste sistema, a separação do produtor direto dos meios de produção conduz à concentração do capital e à socialização do trabalho no nível econômico, ao mesmo tempo em que "instaura, conjuntamente, ao nível jurídico-político, os agentes da produção na qualidade de 'indivíduos-sujeitos', políticos e jurídicos, despojados da sua determinação econômica e, portanto, da sua inserção numa classe"[19].

Para Poulantzas, esse processo engendra uma característica fundamental e original, a qual ele denomina *efeito de isolamento*. As estruturas jurídicas e ideológicas, ao disporem os agentes da produção como sujeitos jurídicos, ocultam as relações de classes, o que faz com que a luta econômica não seja vivida como luta de classe.

Como as relações entre capital e trabalho não aparecem como luta de classes, dado o efeito de isolamento, o Estado capitalista apresenta-se como unidade política de todo o povo, como define Poulantzas:

> trata-se, no sentido mais autêntico, de um Estado popular-nacional-de--classe. Esse Estado apresenta-se como a encarnação da vontade popular do povo-nação, sendo o povo-nação institucionalmente fixado como conjunto de "cidadãos", "indivíduos", cuja unidade o Estado capitalista representa, e que tem precisamente como *substrato real* esse efeito de isolamento que as relações sociais econômicas do MPC manifestam.[20]

O Estado capitalista pode apresentar-se como representante geral, pois, diferentemente dos anteriores, possui uma autonomia relativa em relação às classes dominantes ou frações destas, autonomia que se dá pela separação entre o econômico, o político e o ideológico, funcionando estes como instâncias regionais do modo de produção capitalista.

Os conceitos de bloco no poder e de hegemonia são fundamentais para a elucidação do papel do Estado na sociedade capitalista. É tomando por base o primeiro que se analisa como as classes dominantes ou frações organizam o exercício de seu poder sob a hegemonia de uma delas, e se compreende o processo pelo qual a fração hegemônica impõe seus interesses particulares como os de todo o povo-nação. "A classe hegemônica é aquela que em si concentra, ao nível político, a *dupla função* de representar o interesse geral do

---

[19] Ibidem, p. 150.

[20] Ibidem, p. 156; grifo no original.

povo-nação e de manter uma dominância específica entre as classes e frações dominantes; e isto, na sua relação particular com o Estado capitalista"[21].

Poulantzas demonstra também que o Estado é o principal organizador das classes dominantes e desorganizador das classes dominadas:

> o Estado capitalista mantém a desorganização política das classes dominadas, por um lado, graças ao seu efeito de isolamento sobre as relações sociais econômicas, por outro lado, graças ao partido que tira desse efeito, apresentando-se como a unidade do povo-nação composto de pessoas políticas – indivíduos privados. Essa função é, portanto, preenchida simultaneamente através da ocultação, aos olhos das classes dominadas, do seu caráter de classe, e através da sua exclusão específica das instituições do Estado enquanto classes dominadas.
> Em contrapartida, a respeito das classes dominantes, o Estado capitalista trabalha permanentemente para a sua organização a nível político, anulando o seu isolamento econômico, o qual é também efeito dele próprio assim como do ideológico.[22]

Considerando as definições citadas, pode-se afirmar que o Estado capitalista não representa diretamente os interesses das classes dominantes, mas sim seus próprios interesses políticos. Como diz Poulantzas, "ele é o centro do poder político das classes dominantes na medida em que é o fator de organização da sua luta política"[23].

A partir da definição de Estado capitalista aqui exposta, podemos conceituar as formas de Estado e os regimes políticos concernentes ao tipo de Estado capitalista.

Décio Saes, tomando por base as elaborações de Poulantzas, afirma que "o Estado é sempre uma organização especial, um corpo de funcionários cuja função é praticar uma série de atos destinados a amortecer o conflito entre as classes sociais antagônicas". Neste sentido, "defendem [funcionários], invariavelmente, nas suas atividades (administrativas e militares), o interesse geral da classe exploradora"[24]. Mas não o fazem sempre da mesma forma; esta depende do tipo de Estado (escravista, feudal, burguês), pois cada tipo de Estado comporta variações no padrão de organização do corpo de funcionários, podendo conformar diferentes formas de Estado.

---

[21] Ibidem, p. 167; grifo no original.
[22] Ibidem, p. 9.
[23] Ibidem, p. 11.
[24] Décio Saes, *Democracia* (São Paulo, Ática, 1987), p. 19.

As variações na forma do Estado burguês correspondem a mudanças na relação de forças dentro do aparelho de Estado *lato sensu*: isto é, a relação de forças entre o conjunto dos ramos propriamente burocráticos desse aparelho (administração civil, polícia, Exército, justiça etc.), de um lado, e um órgão de representação propriamente política (Parlamento), de outro lado. A forma ditatorial [...] de Estado burguês consiste na monopolização, pela burocracia, de toda capacidade decisória propriamente estatal [...], em detrimento do órgão de representação política (Parlamento); e implica, além do mais, ascendência das Forças Armadas sobre os ramos civis no seio da burocracia.[25]

A cada forma de Estado corresponde um regime político. Este, segundo Décio Saes, é

o padrão de organização da luta política – luta entre as classes sociais, luta entre frações da classe dominante, luta entre as camadas de uma mesma classe –, no que esta luta se desenvolve dentro dos limites fixados pelo Estado burguês (aceitação objetiva do capitalismo e do próprio Estado burguês). Numa frase: regime político designa aqui a configuração da *cena política*, e não do *aparelho de Estado*.[26]

Num regime político ditatorial, as liberdades políticas estão inviabilizadas, assim como a participação dos partidos políticos no processo decisório estatal. Numa ditadura militar, as Forças Armadas aparecem como único partido na cena política[27].

Portanto, considerando as definições acima, podemos afirmar que no Brasil vigorou, entre 1964-1985, uma forma de Estado e um regime político ditatorial burguês, pois, apesar do Parlamento continuar em funcionamento, a burocracia de Estado "monopolizou toda a capacidade decisória", as liberdades políticas foram suprimidas e as Forças Armadas, em especial o Exército, tornaram-se o "único partido na cena política".

A partir da conceituação anterior de Estado capitalista, forma de Estado e regime político, passaremos agora à discussão sobre o conceito de cidadania.

A maioria dos autores que discutem o conceito de cidadania parte, em geral, das definições de T. H. Marshall em *Cidadania e classe social e*

---

[25] Idem, "Democracia e capitalismo no Brasil: balanço e perspectivas", em *República do capital* (São Paulo, Boitempo, 2001), p. 34-5.

[26] Idem, "O processo político brasileiro, da 'abertura' à 'Nova República': uma 'transição para a democracia'", *Teoria e Política*, São Paulo, Brasil Debates, n. 9, 1988, p. 14, grifos do original.

[27] Idem.

status, no qual o autor divide o conceito de cidadania em três partes: civil, política e social. Segundo este autor, "o elemento civil é composto dos direitos necessários à liberdade individual – liberdade de ir e vir, liberdade de imprensa, pensamento e fé, o direito à propriedade e de concluir contratos válidos e o direito à justiça"[28]. O direito à justiça difere dos demais, porque é nele que se afirmam e se defendem "todos os direitos em termos de igualdade com os outros e pelo devido encaminhamento processual"[29]. Sendo assim, afirma Marshall, os tribunais de Justiça são as instituições mais importantes associadas aos direitos civis.

Por cidadania política Marshall entende o direito de eleger os governantes e de se fazer eleger (participar do exercício do poder). Já a cidadania social refere-se a "um mínimo de bem-estar social econômico e segurança ao direito de participar, por completo, na herança social e levar a vida de um ser civilizado de acordo com os padrões que prevalecem na sociedade"[30].

Para Décio Saes, a definição de cidadania de Marshall "é quase unanimemente considerada bastante vaga e, mesmo, obscura. Cidadania, segundo Marshall, é a participação integral do indivíduo na comunidade política"[31].

Mesmo sendo vaga e obscura, consideramos, assim como Décio Saes, a definição de cidadania de Marshall importante, pois levanta aspectos fundamentais da constituição da cidadania na sociedade capitalista. Importante, mas insuficiente.

Aqui deve-se lembrar que, para existência do sistema capitalista, é fundamental a transformação de todos em cidadãos, o que significa que proprietários dos meios de produção e não proprietários são livres para estabelecer contratos, o que permite a configuração do mercado de trabalho.

A igualdade jurídica, reconhecida pelo Estado a todos os cidadãos, é fundamental para a atribuição das liberdades civis, o que leva Décio Saes a afirmar, quando analisa a teoria de Marshall acerca da cidadania, que este acertou num ponto específico e limitado, "quando afirma que

---

[28] T. H. Marshall, *Cidadania, classe social e status* (Rio de Janeiro, Jorge Zahar, 1963), p. 63.

[29] Idem.

[30] Ibidem, p. 63-4.

[31] Décio Saes, "Cidadania e capitalismo: uma crítica à concepção liberal de cidadania", *Crítica Marxista*, Campinas, n. 16, 2003, p. 3.

'a etapa da cidadania civil prepara a etapa da cidadania política'", pois, a partir do reconhecimento pelo Estado da igualdade jurídica entre todos os homens, "é possível atribuir-lhes direitos políticos"[32]. A cidadania civil propiciou às classes trabalhadoras a possibilidade de lutar pela cidadania política, ou seja, pela "sua capacidade de eleger governantes e de se fazer eleger como governante"[33].

Considerando-se as formulações sobre o conceito de Estado capitalista ou burguês apresentadas anteriormente, afirmamos que a cidadania civil é intrínseca ao capitalismo, pois sem ela não seria possível a generalização de contratos de modo a incluir neste universo a compra e venda da força de trabalho, o que é inerente ao modo de produção capitalista.

Como demonstra Boito Jr., com base nos estudos de Marshall, os direitos políticos e sociais não faziam parte dos Estados liberais até meados do século XIX. Foi a partir da segunda metade desse e início do século XX que

> os trabalhadores europeus e americanos foram conquistando o direito de votar e ser votado. Aos direitos políticos seguiram-se, como demonstra T. H. Marshall (1973), os direitos sociais. Esses começaram a surgir após a Revolução Russa e a Primeira Guerra Mundial. A luta operária e popular na Europa e na América, a afirmação da União Soviética, com seu amplo Estado de bem-estar social e em oposição ao imperialismo norte-americano, e o novo aguçamento dos conflitos interimperialistas que levou à Segunda Guerra Mundial deram um impulso sem precedentes na implantação dos direitos sociais, resultando no surgimento do Estado de bem-estar social na Europa ocidental e na política social populista na América Latina.[34]

A ideologia burguesa da cidadania, estruturada no direito burguês, que transforma todos os habitantes de um mesmo território em cidadãos, ou seja, sujeitos jurídicos (iguais), contém, "virtualmente, a possibilidade de expandir a cidadania para os terrenos político e social"[35]. Segundo Boito Jr.,

> A cidadania burguesa é, portanto, resultado de um processo complexo, prolongado e diferenciado de luta de classes. Em sua forma restrita, nasceu das

---

[32] Ibidem, p. 16.
[33] Idem.
[34] Armando Boito Jr., "Cidadania e classes sociais", em *Estado, política e classes sociais* (São Paulo, Editora da Unesp, 2007), p. 255-6.
[35] Ibidem, p. 256.

lutas de classes nas sociedades feudais decadentes, lutas que caracterizaram as revoluções burguesas; em sua forma ampliada, desenvolveu-se graças à luta operária e popular sob o capitalismo, como resultado direto de movimentos reformistas ou como resultado indireto de movimentos revolucionários, em condições de crise do sistema imperialista, abalado por revoluções (1917), por uma crise geral (1929) e por guerras entre as grandes potências (Primeira e Segunda Guerra).[36]

É importante perceber que a cidadania burguesa não é uma simples ilusão, pois a estruturação de direitos civis elaborada pelo Estado capitalista, ao atribuir a todos a igualdade jurídica, abre a possibilidade, para as classes trabalhadoras, de luta pelo estabelecimento de direitos políticos e sociais. Para o autor, a cidadania ampliada "estabelece um tipo de igualdade (de direitos civis, políticos e sociais atribuídos a todos os cidadãos) inexistente nas sociedades pré-capitalistas. Ela é a base do moderno Estado-nação, que é o Estado capitalista ou burguês"[37].

Entretanto, Boito Jr. adverte que a cidadania ampliada, mesmo sendo uma conquista do movimento operário e popular e, portanto, não sendo uma criação da burguesia, revelou-se "funcional para a manutenção da dominação burguesa"[38].

Em relação à cidadania civil, que comporta, além da igualdade jurídica, a liberdade de expressão e de reunião, é importante destacar que tanto a liberdade de expressão quanto a de reunião não faziam parte do ideário da burguesia revolucionária e, mesmo se constituindo como parte da cidadania civil, tais liberdades não são usufruídas igualmente pelos proprietários dos meios de produção e pelos não proprietários.

Somado ao usufruto desigual das liberdades civis, na sociedade capitalista a cidadania ampliada convive com a desigualdade de classes; portanto, a igualdade jurídica é meramente formal, negando a igualdade proclamada pelos direitos civis, políticos e sociais.

Retomando o conceito de *efeito de isolamento* de Poulantzas, Boito Jr. demonstra que a cidadania ampliada potencializa a ocultação, já estabelecida no direito burguês, aos trabalhadores, do seu pertencimento de classe. "Percebendo-se como cidadãos livres, habitantes de um mesmo território

---

[36] Idem.
[37] Idem.
[38] Idem.

nacionalmente unificado, podem perceber-se como integrantes de outro coletivo: um coletivo supraclassista, a nação"[39].

É nesse sentido que entendemos a funcionalidade da cidadania para a manutenção da dominação burguesa, pois, ao potencializar a ocultação de pertencimento de classe aos trabalhadores, a cidadania cumpre uma função ideológica de manutenção da exploração de classe.

Com isso, não queremos dizer que o movimento operário e popular deve abandonar a luta pela ampliação dos direitos civis, políticos e sociais. A luta por direitos cumpriu e cumpre ainda um importante papel na luta de classes. Entretanto, é preciso salientar que somente com a destruição do Estado capitalista e de toda forma de dominação será possível pôr fim à exploração de uma classe sobre as outras.

Agora podemos retomar o debate teórico com os autores que exaltaram, ao nosso ver, acriticamente, a campanha Diretas Já.

Quando Skidmore, Delgado, Rodrigues, Leonelli e Oliveira apresentam a campanha como um movimento cívico de resgate da cidadania, não importando as diferenças e os antagonismos, partem de uma concepção institucionalista da política que não leva em consideração o fato de que o Estado capitalista é um órgão de dominação de classe e que, portanto, a forma de Estado e o regime político podem variar, por exemplo, entre ditadura ou democracia – ainda que, na sociedade capitalista, as duas formas estejam associadas à referida dominação.

Como demonstra Almeida, no final da ditadura militar, quando o movimento operário e popular estava em ascensão, importantes analistas que adotavam uma postura crítica ou marxista, abandonaram essas perspectivas de análise e aderiram ao institucionalismo. Foi o caso, por exemplo, de Fernando Henrique Cardoso e Francisco Weffort.

Essa viragem intelectual, que não se deu apenas com os dois autores citados, é importante para nossa análise, pois, no final dos anos 1970, a sacralização da democracia burguesa (claro que desprovida deste qualificativo) "adquiriu verdadeiro caráter de massa"[40]. Exerceu forte influência sobre a campanha Diretas Já, contribuindo para a subordinação do movimento

---

[39] Ibidem, p. 258.

[40] Lúcio Flávio Rodrigues de Almeida, "De volta à ilha de tranquilidade em meio a um oceano revolto? Limites da democracia liberal brasileira", *Lutas Sociais*, São Paulo, n. 23, 2010, p. 10.

operário e popular à oposição burguesa, que soube canalizar os descontentamentos populares para o Parlamento, apontando como saída para a crise econômica o restabelecimento da "democracia".

Para Almeida, "a própria generalidade contida na contração 'da' (de qual democracia se fala?) sinaliza um caráter ideologicamente conservador presente mesmo em diversas abordagens críticas"[41].

Weffort talvez seja a melhor demonstração dessa viragem, pois, ao abandonar uma perspectiva crítica de análise, aproximou-se de Schumpeter e adotou uma postura analítica neoconservadora afirmando que a

> democracia é um método e não um fim (governo do povo) e na conclusão de que somente por uma casualidade muito pouco provável uma democracia seria "um governo para o povo"; [Weffort] declarou que o "pensamento neoconservador acerta num ponto importante: não é possível liberdade política sem liberdade econômica, nem democracia sem mercado". Todavia, contra os neoconservadores e o próprio Schumpeter, defendeu a tese da democracia como um "valor em si".[42]

Essa concepção ("democracia como um valor em si") já expressava a forte repercussão no Brasil da tese popularizada por um autor situado no campo do marxismo, Carlos Nelson Coutinho, em sua obra *A democracia como valor universal*, que permite afirmar "que mesmo os marxistas (o que não era o caso de Weffort) não ficaram imunes a esta 'ruptura' do vínculo entre democracia e dominação de classe"[43].

Para fins desta análise, é importante destacar que "este deslocamento intelectual", sobretudo a afirmação da "democracia como um valor em si", "confluiu com um processo de reciclagem da dominação burguesa. Essa chegou, inclusive, a expressar grande capacidade de direção político-ideológica em importantes momentos de derrota do regime ditatorial"[44].

Essa reciclagem contribuiu para a definição dos rumos ideológicos da campanha Diretas Já, "que, por um lado, contou com extraordinária adesão operária e popular; e, por outro, teve direção política burguesa tão eficaz que sequer a bandeira de greve geral foi agitada, exceto – e por

---

[41] Idem.
[42] Ibidem, p. 11.
[43] Idem.
[44] Ibidem, p. 12.

pouco tempo – por um pequeno e combativo agrupamento político que ajudara a criar o PT'"[45].

Partindo-se da concepção marxista do Estado esboçada por nós e da discussão apresentada acerca dos conceitos de democracia e cidadania, podemos passar à discussão sobre o significado da campanha Diretas Já para as classes populares.

Em relação ao restabelecimento da forma de Estado e do regime democrático burguês, a campanha retirou das mãos dos militares a decisão sobre a sucessão presidencial, favorecendo a oposição burguesa, que utilizou a força da campanha para negociar com o governo e o PDS o processo sucessório. Entretanto, não se deve esquecer que a eleição de Tancredo Neves e José Sarney para presidente e vice-presidente da República, respectivamente, deu-se de forma indireta – portanto, o objetivo principal da campanha não foi atingido.

A que forças sociais estavam vinculados ambos os eleitos? Tancredo Neves, quando do fim do bipartidarismo (1979), filiou-se ao Partido Popular (PP), autêntico partido dos banqueiros, que, por razões práticas, fundiu-se ao PMDB em 1982. No PMDB, Tancredo Neves esteve sempre vinculado aos setores mais conservadores do partido e, no decorrer da campanha Diretas Já, liderou os segmentos oposicionistas favoráveis à negociação pelo alto para a sucessão presidencial.

Seu vice-presidente José Sarney, às vésperas da eleição no Colégio Eleitoral, era presidente do PDS, partido do regime militar, dele se retirando para fundar a Aliança Democrática, que, depois, daria origem ao Partido da Frente Liberal (PFL), vinculado, principalmente, ao latifúndio, setor mais atrasado da burguesia brasileira.

Tancredo Neves morreu antes de tomar posse na presidência da República, e assumiu, em seu lugar, José Sarney, o qual se filiou ao PMDB.

Os autores Delgado, Rodrigues, Leonelli e Oliveira, entre outros, poderiam questionar nossa afirmação, dizendo que o governo Sarney convocou uma Assembleia Nacional Constituinte em 1986; que, em 1988, foi promulgada a nova Constituição do país; e que, em 1989, foram realizadas eleições diretas para a presidência da República.

Respondendo a este questionamento, afirmamos que o resultado da campanha Diretas Já favoreceu as classes dominantes e a oposição burguesa.

---

[45] Idem.

As primeiras apoiaram o golpe militar e os governos ditatoriais até quase o fim do regime, dissociando-se deste a partir da agudização da crise econômica em 1981[46], conseguindo que a passagem da ditadura militar para a democracia burguesa fosse realizada sem que houvesse uma crise de hegemonia no seio do bloco no poder e, portanto, sem pôr em risco a dominação/ exploração de classe.

A segunda venceu, pois conseguiu, a partir da mobilização de milhões de brasileiros que se manifestaram nas praças e ruas Brasil afora, retirar dos militares a decisão sobre a sucessão presidencial, elegendo seu candidato à presidência da República.

Não questionamos a importância da instauração do regime democrático burguês para as classes trabalhadoras, pois, apesar de esse regime fazer parte da dominação política das classes dominantes sobre as classes trabalhadoras, sabemos que nesse regime as liberdades políticas de reunião e expressão, apesar de *limitadas*, facilitam a organização das classes populares, diferentemente do que ocorre na ditadura burguesa, na qual essas liberdades estão interditadas.

Reconhecemos, também, a importância do movimento operário e popular para a desestabilização da ditadura militar brasileira e, em especial, da campanha Diretas Já, que, com a realização de gigantescas manifestações, associadas à crise econômica, levaram importantes setores das classes dominantes a se afastar do governo e a apoiar a redemocratização do país.

Entretanto, uma vez que, em nosso entendimento, a campanha Diretas Já tinha um potencial de aprofundar o processo de transição, ampliando os direitos políticos e sociais, reforçando políticas de caráter antimonopolista e anti-imperialista, esta foi, desde o início, canalizada pela oposição burguesa para a aprovação da emenda Dante de Oliveira no Congresso Nacional que, ao não ser aprovada, fez com que as Diretas Já servissem apenas como forma de a oposição negociar com o governo e o PDS a sucessão presidencial.

---

[46] Álvaro Bianchi, *O ministério dos industriais: A Federação das Indústrias do Estado de São Paulo na crise das décadas de 1980 e 1990* (Campinas, IFCH-Unicamp, 2004), tese de doutorado.

Os limites da campanha Diretas Já no processo brasileiro de transição da ditadura militar para a democracia burguesa

Diferentemente dos autores aqui analisados, para nós a campanha Diretas Já é parte do ascenso das lutas sociais que eclodiram no final dos anos 1970 e início dos anos 1980. A crise econômica que teve início a partir do fim do "Milagre" (1973), e a abertura política iniciada em 1974 propiciaram diversas formas de contestação aos governos ditatoriais, elevando a tensão entre as classes sociais, e entre estas, claro que de diferentes modos, e o Estado.

Em primeiro lugar, a própria burguesia começou a demonstrar descontentamento com o governo militar, principalmente pelo seu afastamento dos centros decisórios da política de Estado. Em segundo, a oposição burguesa aproveitou esse afastamento e a promessa do governo de promover a abertura, lenta, gradual e segura, para ampliar a arena de disputa em torno da sucessão presidencial e para se posicionar em torno da mudança do regime político. Por último, as classes populares, que vinham se reorganizando depois das derrotas sofridas após o golpe militar, sentiram o peso da exploração capitalista e, aproveitando-se do processo de abertura, criaram movimentos que enfrentaram a ditadura, com destaque para o novo sindicalismo do ABC paulista[47].

Como demonstra Décio Saes, a transição brasileira da ditadura militar para a democracia burguesa "é um processo social complexo, marcado pela defasagem entre 'intenções' e resultados, bem como pelas flexões táticas. Nada está mais distante dessa realidade que a sua caracterização como um processo de cumprimento gradual de um projeto"[48].

O autor demonstra que no início do processo de transição (1974) os objetivos políticos das classes sociais são múltiplos e heterogêneos. Assim,

> a grande burguesia monopolista (nacional ou estrangeira) e o latifúndio apoiam a ditadura militar bem como sua política, a classe média liberal luta pela redemocratização efetiva do Estado e do regime político, a média burguesia nacional espera que a própria ditadura militar reoriente a sua política numa direção nacionalista e antimonopolista, as classes trabalhadoras urbanas e rurais se chocam abertamente com a política social e salarial da

---

[47] Eder Sader, *Quando novos personagens entram em cena: experiências, falas e lutas dos trabalhadores da Grande São Paulo* (Rio de Janeiro, Paz e Terra, 1988).

[48] Décio Saes, "A questão da 'transição' do regime militar à democracia no Brasil", em *República do capital*, cit., p. 46.

ditadura militar e, indiretamente, com o caráter ditatorial militar da forma de Estado e do regime político.[49]

Concordamos com Décio Saes quando este afirma que a burguesia monopolista (nacional e estrangeira) apoiou "a ditadura militar bem como sua política". Entretanto, ressaltamos que a fração burguesa industrial monopolista dissociou-se do governo a partir de 1981, quando o PIB industrial sofreu uma queda acentuada e, principalmente, a partir da adoção, por parte da equipe econômica do governo do presidente da República, João Figueiredo, de uma política de Estado voltada, prioritariamente, para o atendimento dos interesses do capital bancário monopolista nacional e do capital financeiro internacional.

Essa dissociação levou a fração industrial monopolista a expor algumas críticas às políticas de Estado adotadas pelo governo, porém tais críticas não levaram ao rompimento entre essa fração burguesa e o governo, e logo foram suavizadas.

Como demonstra Décio Saes, no processo de transição do regime ditatorial militar para a democracia burguesa, havia um componente antimonopolista exposto pela média burguesia nacional. Entretanto, essa fração burguesa esperava que o próprio regime militar reorientasse as políticas de Estado a seu favor.

Este componente antimonopolista aparece de forma mais contundente nas propostas e nas lutas do movimento operário e popular, assim como um componente anti-imperialista. É o que percebemos nas seguintes propostas do Partido dos Trabalhadores:

> O PT tomará posição sobre os grandes temas nacionais a partir da perspectiva daqueles que constroem a riqueza do país, defendendo uma linha de ação na qual o desenvolvimento nacional reflita os interesses dos trabalhadores e não os interesses do grande capital nacional e internacional. O PT combate a crescente internacionalização da economia brasileira, que resulta num acréscimo brutal da dívida externa e, ao mesmo tempo, submete a classe trabalhadora a uma exploração ainda mais desenfreada.[50]

---

[49] Idem, p. 46.
[50] Programa aprovado em 1º jun. 1980 no Instituto Sedes Sapientiae, de São Paulo. Ver Partido dos Trabalhadores, *Resoluções de encontros e congressos do Partido dos Trabalhadores, 1979-1998* (São Paulo, Fundação Perseu Abramo, 1999), p. 70.

Ou, ainda, "o PT propõe o rompimento dos acordos com o FMI, a suspensão do pagamento da dívida externa e uma reforma agrária sob o controle dos trabalhadores"[51].

A partir das lutas operárias e populares impulsionadas pelas greves do período 1978-1980 e do potencial antimonopolista e anti-imperialista anteriormente exposto, as frações burguesas diminuíram o tom da crítica à política de Estado. Foi, como já mencionamos, o caso da burguesia industrial monopolista: dissociou-se do governo e até ensaiou algumas críticas a este. Mas logo as suavizou.

O ascenso do movimento operário e popular também desviou "a classe média liberal da luta pela democratização do Estado burguês e do regime político burguês, bem como fez a média burguesia atenuar suas críticas à política econômica"[52].

A partir do golpe militar de 1964, o capital bancário monopolista (nacional, associado ou internacional) assumiu a hegemonia no bloco no poder[53], exercendo-a "em condomínio", segundo expressão de Décio Saes, com a burguesia industrial monopolista nacional e estrangeira.

O arrefecimento das críticas às políticas de Estado implementadas a partir de 1981 por parte da burguesia industrial acabou abrindo caminho para a consolidação da hegemonia do capital bancário nacional em conjunto com o capital financeiro internacional no seio do bloco no poder do Estado brasileiro.

Foi nesse contexto que surgiu a campanha Diretas Já. Com início tímido, ela ganhou as ruas e praças Brasil afora. A oposição burguesa, através do PMDB e do PDT, fez de tudo para manter a campanha dentro da estrita ordem burguesa, canalizando toda a luta, expressa nas grandes manifestações de rua, para a contenda parlamentar.

Como demonstra David Maciel, a campanha aprofundou a crise do "cesarismo militar", retirando a legitimidade do governo perante "as diversas frações burguesas do bloco no poder"[54], o que acabou com as possibilida-

---

[51] Encontro Nacional Extraordinário, 12-13 jan. 1985, Diadema (SP). Ver ibidem, p. 189.

[52] Décio Saes, "A questão da 'transição' do regime militar à democracia no Brasil", cit., p. 47.

[53] Ary Cesar Minella, *Banqueiros: organização e poder político no Brasil* (Rio de Janeiro, Espaço e Tempo/Anpocs, 1988).

[54] David Maciel, *A argamassa da ordem: da ditadura militar à Nova República* (São Paulo, Xamã, 2004), p. 299.

des de imposição de mais um governo militar. Segundo o autor, "a aliança policlassista viabilizada em torno da proposta de eleição direta para presidente da República isolou o governo ainda mais do ponto de vista político, acelerando seu processo de divisão e dilapidando sua capacidade de direção da arena da disputa política"[55].

Para o autor, a campanha Diretas Já, ao adquirir um caráter de massas, envolveu setores sociais antes alijados da participação política, "atraindo as massas populares, principalmente urbanas, para uma posição anticesarista explícita"[56], movimento que minou as bases sociais e políticas do governo, impedindo a continuidade do "cesarismo" militar. A campanha viabilizou que "o campo de interlocução liberal" conquistasse "definitivamente a direção política do processo de transição", pois foi capaz de capturar a "perspectiva transformadora e anti-institucional apresentada pelo movimento das Diretas, através da passivização e do transformismo"[57].

Como demonstra Almeida, o aparelho estatal brasileiro, nesse período, não estava imune à crise. Ao contrário, encontrava-se "bastante fragmentado", visto que os "comandos militares constituíam verdadeiros feudos sobre os quais a autoridade do presidente da República era bastante limitada". E a ausência "de uma forte atuação das esquerdas abriu caminho para que as disputas intraburguesas se explicitassem"[58].

Foi naquele contexto que se inseriu a atuação de setores burgueses à frente da campanha Diretas Já. A crise econômica abriu espaço para uma crise política no ramo executivo do aparelho de Estado, e reduziram-se drasticamente as condições que propiciaram ao sub-ramo militar deste aparelho a organização da classe dominante. Produziu-se uma crise de representatividade, o que levou certas frações burguesas a atuarem com maior "desenvoltura" do que faziam no passado recente.

A oposição burguesa assumiu a direção das Diretas Já e canalizou as insatisfações do movimento operário e popular, assim como as propostas

---

[55] Idem.
[56] Idem.
[57] Idem.
[58] Lúcio Flávio Rodrigues de Almeida, "De JK a FHC: apontamentos para a análise das lutas sociais no Brasil contemporâneo", em Waldir J. Rampinelli e Nildo Domingos Ouriques (orgs.), *No fio da navalha: crítica das reformas neoliberais de FHC* (São Paulo, Xamã, 1998), p. 46.

mais radicalizadas mencionadas anteriormente, para a luta parlamentar. As esquerdas, em especial o PT e a CUT, não tiveram forças para impedir este processo, e acabaram sucumbindo à direção burguesa. Essa fragilidade das esquerdas permitiu que a oposição burguesa negociasse com o governo o processo sucessório.

Tal condução teve consequências negativas para as classes trabalhadoras, pois a negociação entre oposição burguesa e governo levou à instauração de um regime democrático burguês sem que tivessem sido expurgados os militares da cena política nacional, bem como os políticos que apoiaram o regime anterior.

A derrota do movimento operário e popular impediu a continuidade da luta, permitindo que as classes dominantes dirigissem o processo constituinte. Como observam diversos analistas, a Constituinte convocada pelo governo da Nova República, em 1986, não foi exclusiva para realização da nova Constituição. Segundo Décio Saes,

> convocada pelo aparelho de Estado militarizado, a atual Constituinte brasileira se organiza como um Parlamento ordinário, o que implica não só a diminuição da importância relativa da tarefa constituinte no conjunto da ação legislativa como também a atenuação dos efeitos politizadores decorrentes da deflagração de um processo constituinte.[59]

A Constituinte convocada nessas condições (Estado militarizado) permitiu a ascendência das Forças Armadas sobre os parlamentares, que foram constantemente pressionados "pelas altas patentes militares, que sempre relembram [...] os limites políticos do processo constituinte"[60].

Nessas condições, as principais reivindicações políticas dos trabalhadores não foram concretizadas na nova Constituição promulgada em 1988. No período da campanha, além da eleição direta para a presidência da República, as principais reivindicações dos trabalhadores eram: algum tipo de liberdade sindical; o fim da Lei de Segurança Nacional; o direito à greve, assim como à luta contra os monopólios, o imperialismo, os acordos com o FMI e pela implantação da reforma agrária.

A Constituição de 1988 manteve a vinculação dos sindicatos ao Estado, impedindo a liberdade sindical. O direito de greve consta na Constituição

---

[59] Décio Saes, "O processo político brasileiro, da 'abertura' à 'Nova República': uma 'transição para a democracia'", cit., p. 24.

[60] Idem.

e, para o setor privado, foi regulamentado pela Lei n. 7.783 de 28 de junho de 1989, regulamentação esta ampliada ao setor público, por decisão do Supremo Tribunal Federal (STF), em 25 de outubro de 2007. Entretanto, como os sindicatos estão atrelados ao Estado, a Justiça do Trabalho continua com a prerrogativa de julgar a legalidade ou não das greves.

A forma de convocação e de funcionamento da Constituinte, acima apontada, também influenciou a decisão dos parlamentares sobre o papel das Forças Armadas, que, na Constituição de 1988, está superdimensionada (artigo 142). O texto constitucional atribui as Forças Armadas "a prerrogativa de intervir politicamente a favor da 'manutenção da ordem', genericamente definida, sem que seja necessária a autorização prévia do Congresso"[61].

Esta prerrogativa constitucional legitima "a conversão das Forças Armadas em 'partido político', o que destoa do 'padrão democrático' vigente nos países capitalistas centrais"[62], e isso acaba por legitimar a intervenção dos militares em assuntos que, nas democracias dos países centrais do capitalismo, são prerrogativas do Parlamento, como, por exemplo, a questão nuclear ou a política de fronteiras.

A partir das análises apresentadas, afirmamos que a campanha Diretas Já, ao ser conduzida pela oposição burguesa para aprovação da emenda Dante de Oliveira no Congresso Nacional, seguindo o estrito caminho da ordem burguesa, impediu que as reivindicações das classes populares ultrapassassem a luta parlamentar e pudessem impulsionar um processo de redemocratização do país capaz de pôr abaixo a estrutura militarizada do aparelho de Estado brasileiro, abrindo caminho para que a mudança da forma de Estado e do regime político ditatorial para a democracia propiciasse alterações nas estruturas da formação social que trouxessem ganhos reais para as classes populares.

Uma importantíssima forma de luta dos trabalhadores, a greve geral, foi descartada pela oposição burguesa, pois apresentava o risco de ultrapassar os limites institucionais, levando ao confronto entre capital e trabalho, e permitindo que as estruturas de poder fossem questionadas. Foi justamente para impedir esse questionamento que a oposição burguesa canalizou as insatisfações populares para o Parlamento, fustigando cautelosamente o regime militar em si, mas não suas bases de sustentação. Nesse sentido, apontou

---

[61] Idem, "Democracia e capitalismo no Brasil", cit., p. 126.
[62] Idem.

a "democracia" genericamente aludida como o objetivo maior que, sendo atingido, significaria a superação dos problemas sociais.

Considerações finais

Nos mais de 2 mil atos públicos realizados entre junho de 1983 e abril de 1984, estiveram presentes, aproximadamente, 5 milhões de pessoas, número muito expressivo e que permite vislumbrarmos a possibilidade de que a campanha fosse além da mera proposta de aprovação da emenda constitucional que restituía as eleições diretas para presidente da República.

A questão fundamental é por que uma campanha desse porte, que mobilizou milhões de pessoas pelas ruas e praças do Brasil afora, restringiu-se à luta parlamentar.

Segundo nossa perspectiva de análise, a oposição burguesa soube conduzir o processo de forma que as contestações mais radicais, vindas da classe operária e das classes populares, fossem abafadas, como foi o caso da proposta de greve geral feita pela CUT[63]. É por isso que afirmamos que, apesar de ter mobilizado milhões, a campanha pelas Diretas teve uma direção burguesa.

Nesse sentido, é possível afirmar que a campanha não trouxe, em nenhum momento, um componente revolucionário. Mas poderia ter desencadeado um processo democrático de forte conteúdo popular que expurgasse as tradicionais oligarquias e retirasse dos militares as prerrogativas de ingerência nos assuntos políticos. Para que isso ocorresse, seria necessário derrotar a ditadura militar nas ruas, aproveitando o potencial antimonopolista, anti-imperialista e antilatifundiário presente nas lutas e nas propostas da classe trabalhadora e de setores da classe média. Porém, as forças populares não foram capazes de tomar nas mãos a condução do processo e, ao aceitarem a canalização das lutas para o Congresso Nacional, acataram as regras do jogo estabelecidas pela direção burguesa.

A derrota da campanha Diretas Já significou a derrota das lutas operárias e populares. É verdade que a forma de Estado e o regime político seriam gradualmente alterados, transitando-se da ditadura para a democracia burguesa. No entanto, mesmo esta, quando comparada a congêneres, principalmente em formações sociais imperialistas, apresenta sérias limitações.

---

[63] Ver "Greve geral em abril", *Em Tempo*, São Paulo, 1º-15 dez. 1983, p. 2.

A ALIANÇA DEMOCRÁTICA E A TRANSIÇÃO POLÍTICA NO BRASIL

David Maciel

Introdução

A Aliança Democrática desempenhou um papel fundamental no processo de transição política iniciado em 1974 e que se desdobrou até 1989--1990 com a eleição e posse de Fernando Collor de Mello na presidência da República. Isto porque enquanto articulação política de grande amplitude, pautada pelo signo da conciliação, a Aliança Democrática não só foi capaz de eleger Tancredo Neves à presidência, encerrando assim a ditadura militar, mas principalmente porque foi a fiadora do projeto de reforma da autocracia burguesa, vislumbrado a partir da chamada *distensão* pelos militares, no momento em que perderam a capacidade de dirigir politicamente o bloco no poder. Se, por um lado, essa passagem implicou no fim do *cesarismo militar*, por outro significou a adesão completa da oposição burguesa ao projeto operado pelos militares, renunciando a pontos importantes de sua plataforma política.

Após sua ascensão ao governo federal, a Aliança Democrática conduziu mais uma reforma na institucionalidade autoritária, com vistas a incorporá-la o máximo possível na nova institucionalidade democrática instalada pela Constituição de 1988. O avanço da crise de hegemonia burguesa, contudo, acabou levando-a a um progressivo esgarçamento e ao predomínio de seus aspectos mais negativos e fisiológicos, a ponto de ter sido substituída pelo "Centrão" como grande aliança conservadora e autocrática. Tal reconfiguração foi necessária para garantir a preservação da autocracia burguesa, seja incorporando aspectos centrais da institucionalidade autoritária na nova Carta constitucional e na nova legalidade política, seja impedindo a ascensão das esquerdas no pleito de 1989, garantindo assim a vitória de Collor.

Neste breve trabalho procederemos a uma análise do papel político e da trajetória histórica da Aliança Democrática, buscando suas origens no bojo da transição *lenta, gradual e segura*, sua atuação na crise final da ditadura e no governo Sarney, e as circunstâncias históricas de seu colapso e superação pelo "Centrão" e pela aliança que foi capaz de levar Collor ao poder.

O projeto de *distensão* e a lógica da transição *lenta, gradual e segura*.

O processo de transição política que pôs fim à ditadura militar iniciou-se em 1974, com a ascensão do general Ernesto Geisel à presidência da República. Naquela conjuntura diversos fatores se combinaram para determinar a elaboração e aplicação do projeto de *distensão*, assim batizado por significar uma liberalização relativa nos mecanismos de controle do conflito político. Em primeiro lugar, deve-se destacar aqui o esgotamento dos efeitos expansivos do chamado "Milagre Brasileiro", visíveis já em 1973, principalmente em função da crise do petróleo, quando começaram a se reverter as condições internacionais favoráveis ao financiamento externo da economia brasileira. Além da perspectiva de redução das taxas de crescimento econômico, vislumbrava-se o processo de acirramento da disputa pelo excedente econômico entre as diversas frações burguesas – de um lado pelo aumento da inflação, de outro pelas críticas ao excessivo centralismo decisório praticado pelo governo, principalmente por parte daquelas frações burguesas prejudicadas pela política econômica pró-monopolista adotada pelos militares desde 1964.

Em segundo lugar, destaca-se a ascensão à cúpula do governo dos militares ditos *moderados*, inicialmente identificados como castelistas, por se articularem em torno do presidente Castelo Branco, e mais tarde como geiselistas, em função da presidência de Ernesto Geisel. Além do novo presidente, outra das principais lideranças desse grupo era o general Golbery do Couto e Silva, que agora assumia a chefia da Casa Civil, tornando-se o principal elaborador do projeto distensionista. Esse grupo militar era identificado como moderado por adotar, já à época do golpe, uma perspectiva meramente "saneadora" para a intervenção política militar, ou seja, propugnavam que os militares interviessem na arena política por meio do golpe, a "saneassem" dos elementos considerados "subversivos" e "corruptos" – identificados com as lideranças populistas, com a esquerda em geral e com os movimentos sociais – e devolvessem o poder aos políticos civis. Não é de se estranhar, portanto, que tal setor militar defendesse originalmente que Castelo Branco apenas terminasse o mandato presidencial iniciado em 1961 e entregasse o governo ao presidente eleito pelo voto direto em 1965. Como se sabe, tal perspectiva foi sendo progressivamente afastada, conforme a crise política se prolongava, exigindo do presidente militar medidas que feriam cada vez mais a institucionalidade democrática instalada com a Constituição de 1946 por meio de sucessivos atos institucionais, que prorrogaram seu mandato, instalaram o bipartidarismo e suspenderam eleições diretas para a presidência, até sua completa substituição pela institucionalidade autoritária com a Constituição de 1967. Essa escalada em direção ao *cesarismo militar*[1] favoreceu não apenas a ascensão à presidência do general Costa e Silva (1967-1969), identificado com os militares *duros* (de linha dura) e o posterior processo de "endurecimento" do regime com a edição do AI-5, em dezembro de 1968, como também a ampliação e nacionalização do aparato repressivo e de informações e a ascensão do general Médici (1969--1974), em cujo governo a repressão e o controle militar do conflito político atingiram seu auge.

Aqui se faz necessário um breve parêntese, pois consideramos que durante os primeiros dez anos da ditadura militar estabeleceu-se uma dinâmica política que aboliu a institucionalidade democrática formatada a partir de 1945 em favor de uma institucionalidade autoritária, marcada pelos seguintes mecanismos políticos e legais: o cesarismo militar – ou seja, o exercício da direção política do bloco no poder pelos militares, elevados à condição de condutores da ação coletiva das distintas frações burguesas graças ao controle relativamente autônomo da cúpula do governo e das instâncias mais importantes do Estado; a supremacia do poder Executivo sobre os demais poderes, através de diversos mecanismos – como o instituto do decreto-lei, o fechamento do Congresso, a cassação de parlamentares, a indicação dos ministros do Supremo Tribunal Federal etc. –, reforçando ainda mais a supremacia da esfera de representação burocrática sobre a de representação política; a criação de um enorme aparato repressivo e de

---

[1] Para a caracterização do cesarismo militar criado durante a ditadura, ver David Maciel, *A argamassa da ordem: da ditadura militar à Nova República (1974-1985)* (São Paulo, Xamã, 2004), p. 27-84.

informações controlado pelos militares, com forte poder de intervenção no conflito político e grande autonomia operacional; a estrutura partidária pautada por uma legislação favorável à criação de *partidos institucionais*, ou seja, partidos criados como braços do Estado junto à sociedade civil, altamente dependentes da ocupação de cargos estatais e, como consequência, organicamente aparelhistas, burocráticos, eleitoreiros, pouco mobilizadores e ideologicamente gelatinosos; uma legislação eleitoral favorável ao uso e abuso do poder econômico e ao peso político das forças autocráticas[2]; e a estrutura sindical estatal, assentada na tutela estatal sobre o movimento sindical e na perspectiva de que os sindicatos devem restringir-se à ação corporativa como órgãos de colaboração do Estado.

Diversos desses mecanismos encontravam-se presentes, de forma atenuada ou menos desenvolvida, na institucionalidade democrática anterior, em função do próprio caráter autocrático burguês do Estado brasileiro. Durante a primeira década do regime militar, porém, tais mecanismos foram desenvolvidos à plenitude. Pode-se afirmar, assim, que a autocracia burguesa historicamente constituída atinge o ápice de sua formatação político-legal com a ditadura militar por meio da institucionalidade autoritária, associando pragmaticamente autocracia e transformação capitalista, de forma a limitar a sociedade civil reconhecida como nação pelo Estado às classes burguesas e seus órgãos políticos, e tratando as classes subalternas, os "de baixo", de modo repressivo ou manipulatório, não reconhecendo sua condição de categoria histórica e de sujeito político. Tal aperfeiçoamento foi necessário a fim de que se desenvolvesse um padrão de transformação capitalista baseado na dependência, na articulação contraditória com as formas pré ou subcapitalistas, na monopolização do capital, na concentração de renda e na superexploração do trabalho[3].

Assim sendo, a volta dos militares *moderados* ao comando do governo significou a retomada da perspectiva de "volta aos quartéis", não no sentido de que os militares deixariam de ter grande influência nos rumos do processo político, particularmente no tratamento das pressões dos "de

---

[2] Cf. ibidem, p. 47-53.

[3] Em Florestan Fernandes, *A revolução burguesa no Brasil: ensaio de interpretação sociológica* (3. ed., Rio de Janeiro, Guanabara, 1987), p. 289-366, a relação entre o Estado autocrático-burguês e o padrão de transformação capitalista vigente no país durante a ditadura militar é teorizada.

baixo", mas de que teriam grande autonomia política e operacional diante de futuros governos civis, e de que poderiam deixar a cúpula do governo em favor dos representantes políticos tradicionais do capital. Para tanto, era necessário transitar do cesarismo militar para um regime político que preservasse a institucionalidade autoritária o máximo possível, garantindo assim a manutenção da autocracia burguesa. Assim, estabeleceu-se a perspectiva de uma transição *lenta, gradual e segura* – conforme os termos do próprio governo –, assentada no método das modificações moleculares, próprio dos processos de mudança histórica associados ao conceito de revolução passiva e num movimento transformista de largo fôlego[4], operado tanto sobre a oposição burguesa quanto sobre a popular. Conforme afirmação do próprio Geisel no ato de sua posse: "Nada pretendemos inovar pelo mero desejo de mudança. [...] Estamos convencidos, porém, de que a própria continuidade depende da capacidade de mudança, em face das alterações sensíveis do quadro conjuntural interno e externo". É o método das modificações moleculares sintetizado na forma do discurso e do programa de ação.

Na verdade, o projeto distensionista tem em sua raiz os primeiros sinais do que viria a ser o longo processo de crise do bloco histórico desenvolvimentista, vigente no país desde os anos 1930, apesar dos períodos de instabilidade política e de hegemonia imperfeita, próprios de sociedades capitalistas periféricas e autocráticas. A crise do bloco histórico desenvolvimentista manifesta-se numa crise de hegemonia que se desdobra até meados da década de 1990, mas que, durante as etapas finais da ditadura militar e os primeiros anos da Nova República, apresenta-se como uma crise conjuntural, na qual as classes burguesas têm cada vez menos unidade, mas as classes subalternas não conseguem se colocar como uma alternativa efetiva de governo e de poder[5]. A crise de hegemonia atinge sua fase mais aguda com o processo constituinte e a sucessão presidencial entre 1987 e 1989, quando as classes subalternas e as forças antiautocráticas atingiram um grau inaudito de organização, mobilização e força política, sem que o desenlace

---

[4] Em diversas passagens os conceitos de revolução passiva e transformismo são discutidos por Antonio Gramsci, em *Cadernos do cárcere*, v. 5 (Rio de Janeiro, Civilização Brasileira, 2002).

[5] O mesmo acontece com os conceitos de hegemonia e crise de hegemonia em *Cadernos do cárcere*, v. 3 (Rio de Janeiro, Civilização Brasileira, 2000).

do processo lhes fosse favorável, uma vez que as classes burguesas haviam conseguido, progressivamente, recompor sua unidade, dessa vez em torno de um novo bloco histórico, neoliberal. A autocracia burguesa reformada foi fundamental para impedir o aprofundamento da crise de hegemonia como crise revolucionária e garantir a reposição da ordem social burguesa em novas bases nos anos 1990. Daí a transição *lenta, gradual e segura* projetada pelos militares ter tido um significado histórico decisivo, pois estabeleceu o ritmo, o método e os meios através dos quais as classes burguesas foram capazes de superar a crise de hegemonia.

O projeto distensionista significa o primeiro passo nesse processo de transição, tendo por eixo principal a ampliação e a pluralização dos canais de interlocução política entre o governo militar e as diversas frações burguesas, o que se daria a partir de três movimentos articulados, a começar pelo fortalecimento da esfera de representação política por meio da transferência de poder decisório do Executivo sob cesarismo militar para o Congresso Nacional. Para tanto, se fazia necessário fortalecer o processo eleitoral e o sistema partidário como mecanismos de representação política, ao lado da representação burocrática exercida pelos próprios militares e pelas diversas instâncias da burocracia[6]. Isto implicava convidar a população a comparecer e participar do processo eleitoral previsto para novembro de 1974 e exigir dos partidos "maior capilaridade", como cobrou o próprio Geisel antes das eleições. Ou seja, fortalecer a capacidade de representação política dos partidos existentes, Arena e MDB, e atribuir ao Congresso força decisória capaz de tornar as eleições um elemento mais efetivo de representação política, superando a condição de mero ritual homologatório que havia sido assumida nos últimos anos. Em segundo lugar, de acordo com a perspectiva de transferência de poder decisório para as outras instâncias do Estado, o projeto distensionista previa a concessão de maior poder ao Judiciário, particularmente no tocante às funções de salvaguarda da ordem e de repressão aos elementos subversivos, demasiadamente concentradas na presidência da República desde 1968 – mais tarde, isto se consumaria com a reforma do judiciário de 1977 e com o próprio fim do AI-5 em 1978.

Finalmente, previa também uma estratégia de contenção das ações e de controle do aparato repressivo e de informações, com o reforço da autoridade

---

[6] Para os conceitos de representação política e representação burocrática ver Décio Saes, *Estado e democracia: ensaios teóricos* (Campinas, IFCH-Unicamp, 1994), p. 13-51.

presidencial sobre o conjunto das Forças Armadas e o estabelecimento de um processo repressivo mais seletivo, que distinguisse claramente "oposição consentida" de "contestação" ou "subversão", com base nos próprios instrumentos previstos pela legalidade, como a Lei de Segurança Nacional. Ou seja, uma vez que as organizações armadas de esquerda já haviam sido desmanteladas – os últimos focos da Guerrilha do Araguaia haviam sido derrotados no início do governo –, era necessário pôr fim aos procedimentos ilegais como as prisões arbitrárias, os assassinatos e os desaparecimentos, e estabelecer de modo mais claro a distinção aqui apontada, de modo a canalizar o descontentamento social e político para os estreitos canais de participação política admitidos pela institucionalidade – a saber, os partidos e o processo eleitoral. Além de pretender esvaziar a força política das organizações de esquerda atraindo-as para a lógica da luta institucional, a estratégia de contenção do aparato repressivo e de informações visava estreitar o campo de interlocução com a oposição burguesa e com setores anticomunistas, porém sensíveis às agressões aos direitos humanos, como determinados segmentos da alta hierarquia católica. Assim, era necessário submeter os militares envolvidos com a repressão, principalmente os de "linha dura", ao controle presidencial e à nova perspectiva de controle do conflito político.

Deste modo, o projeto distensionista implicava na ampliação e pluralização dos mecanismos de participação e representação política já previstos pela institucionalidade autoritária, sem a necessidade de reformá-la – ao menos por enquanto. Além disso, implicava no estabelecimento de um movimento transformista sobre a "oposição consentida" e mesmo sobre os setores "contestatórios" e "subversivos" que se agrupavam em seu interior, atraindo sua intervenção política para a lógica do projeto distensionista, tornando-os partícipes da transição *lenta, gradual e segura*. É fato que a oposição burguesa nunca ultrapassou a perspectiva política autocrática, limitando sua ação oposicionista ao anticesarismo, mas o transformismo operado a partir de então sobre a "oposição consentida" adquiriu grande centralidade, na medida em que o Movimento Democrático Brasileiro (MDB) – mais tarde, PMDB – começou a crescer política e eleitoralmente, tendo como desdobramento final o lançamento da candidatura de Tancredo Neves ao Colégio Eleitoral e a formação da Aliança Democrática, como será visto mais adiante.

Articulado ao projeto distensionista, o governo Geisel apresentou o II Plano Nacional de Desenvolvimento (II PND), um plano econômico voltado para o avanço do processo de industrialização por substituição de importações, principalmente nos setores estatal e privado nacional de bens de capital, com vistas a manter taxas positivas de crescimento econômico, mesmo sob condições internacionais adversas, e viabilizar a criação de um novo padrão de acumulação capitalista, fundado na grande empresa estatal e privada nacional, e em maior autonomia perante o capital externo. Para tanto, previa forte intervencionismo estatal nos setores considerados estratégicos, por meio de grandes investimentos e da indução do desenvolvimento. Para além da questão econômica, o plano tinha uma clara preocupação política, pois preservar o ritmo de crescimento econômico significava manter sob controle as dissensões interburguesas, não só entre as frações do capital monopolista, mas entre estas e as frações do capital médio e do pequeno.

Obviamente, por mais que o governo militar tivesse controle sobre o processo político e social, o projeto distensionista conviveu com consideráveis contradições durante a primeira etapa do processo de transição lenta, gradual e segura, exigindo correções de rumo e adaptações que deram início ao movimento de reforma da institucionalidade autoritária. A primeira dessas contradições foi a crescente identificação eleitoral de setores sociais significativos – das classes trabalhadoras urbanas até o pequeno e médio capital – com o MDB. Sua condição de única oposição institucional existente e o processo de adensamento social e programático vivido pelo partido desde o ano anterior, quando Ulysses Guimarães apresentou sua candidatura à presidência pelo Colégio Eleitoral, contribuíram para o resultado surpreendente das eleições de 1974. Se nas eleições legislativas de 1970 o partido teve uma votação menor do que os votos nulos e brancos, correndo o risco de desaparecer eleitoralmente, em 1974 o MDB não só ganhou nas eleições para o Senado, conquistando 16 das 22 cadeiras em disputa e fazendo sua bancada subir de sete para vinte senadores, como ampliou significativamente sua bancada na Câmara Federal de 87, de um total de 310 (28%), para 165, de um total de 364 (45%). Esses resultados evidenciam que o partido não só cresceu eleitoralmente como ampliou de modo significativo sua capacidade de representar politicamente os setores sociais descontentes com o governo militar e com as consequências de seu modelo político e econômico. Na verdade, esse foi o período em que o MDB mais se aproximou da possibilidade de romper com sua condição de partido institucional, elaborando um programa econômico desenvolvimentista e distributivo em forte interlocução com os movimentos sociais e as organizações dos trabalhadores, de forma a adquirir considerável organicidade político-programática. Além disso, seu surpreendente desempenho eleitoral abriu a possibilidade de ascensão da oposição consentida ao governo federal por meio dos próprios mecanismos de participação política admitidos pelo regime – ou seja, "por dentro" da institucionalidade autoritária. Como veremos, este caminho foi seguido pelo MDB e depois pelo PMDB até o fim.

Uma segunda contradição importante, e relativamente imprevista, foi o descontentamento manifestado por variadas frações burguesas com o II PND e com o que consideravam um intervencionismo estatal excessivo na economia. Tal descontentamento expressou-se através da chamada "campanha antiestatista", veiculada pela grande mídia e efetivada por meio de debates, pronunciamentos, matérias jornalísticas, editoriais e eventos em que economistas e lideranças empresariais denunciavam a "inépcia" estatal no setor econômico, a concorrência "desleal" efetuada pelo setor público em relação à iniciativa privada, o gigantismo estatal, o nacionalismo militar e o receio de que o país caminhasse para um "capitalismo de Estado" ou mesmo para o "comunismo". Apesar de liderada pelas frações do capital monopolista contrárias à criação de um novo padrão de acumulação capitalista, como o capital externo localizado no setor de bens de consumo duráveis e o capital bancário, e de predominar o apoio ao projeto distensionista no empresariado, a "chiadeira" burguesa foi geral, abrangendo até mesmo setores beneficiados pelo II PND, como o setor industrial de bens de capital. Se para as frações do capital monopolista o alvo principal da crítica era o crescimento do setor público e sua autonomia diante do capital privado, para o médio e pequeno capital era o centralismo decisório e a orientação pró-monopolista da política econômica. Não à toa, por conta dessas contradições tais frações burguesas aproximam-se bastante do MDB nesta etapa.

Um terceiro foco de contradições foi a reação dos militares *duros* ao projeto distensionista e à perspectiva de controle e redimensionamento do aparato repressivo e de informações. Além de pulularem nos quartéis panfletos e materiais clandestinos desairosos ao presidente e seu principal assessor – Geisel e Golbery eram simplesmente tachados de "traidores da revolução de 1964" –, os militares duros francamente confrontaram a autoridade presidencial em diversos momentos, como nos assassinatos de Vladimir Herzog e Manuel Fiel Filho. Além disso, passaram a se articular em torno do ministro do Exército, general Sílvio Frota, explorando seu descontentamento com as tentativas de Geisel de impor-se às Forças Armadas, fortalecendo a posição do ministro como comandante militar alternativo ao presidente e apoiando-o como futuro candidato à presidência.

Além disso, inicia-se nesse período um processo molecular cujos resultados mais expressivos somente ocorrerão a partir da etapa posterior, a saber, a formação ou o redimensionamento de inúmeras organizações das classes subalternas, principalmente dos proletários das cidades e dos campos, como os sindicatos urbanos e rurais, as associações de moradores, as comunidades eclesiais de base, os clubes de mães etc. Esse processo sofre o forte impacto de inúmeros militantes e organizações de esquerda, principalmente aqueles derrotados no confronto armado com a ditadura, mas também os da ação da ala progressista da Igreja Católica, identificada com a Teologia da Libertação e envolvida com a organização de diversos segmentos sociais dos "de baixo", desde índios e posseiros até trabalhadores urbanos e operários fabris. Nessa etapa as inúmeras organizações sociais recém-formadas ou redimensionadas em sua ação política e social iniciam um processo de enfrentamento "subterrâneo" com o governo militar, na medida em que suas contradições com o modelo político e econômico vigente emergem através da luta por demandas corporativas e localizadas, sem articulações mais amplas e sem ferir abertamente a lógica política definida pela institucionalidade autoritária – o que não impediu que seus agentes se tornassem também vítimas da repressão. No entanto, esse processo foi crucial para originar um novo ciclo de lutas sociais, cuja radicalidade política só irá se afirmar plenamente na etapa posterior, mas que já demonstra visibilidade nesse momento por meio de greves, demandas por serviços sociais e as lutas por terra e direitos, entre outras ações.

Diante desse cenário cada vez mais contraditório, o governo Geisel adota uma série de medidas com vistas a dar continuidade ao projeto de transição lenta, gradual e segura, ao mesmo tempo que tenta manter o controle do processo político-social. As dificuldades internas e externas crescentes para a viabilização do II PND acirraram a disputa interna dentro da área econômica do governo, polarizada pelas posições do ministro da Fazenda, Mário Henrique Simonsen, favorável a uma postura mais aberta ao capital externo e preocupada com os desequilíbrios da balança de pagamentos, e o ministro da Indústria e Comércio, Severo Gomes, defensor de uma perspectiva mais nacionalista e intervencionista. O resultado do embate foi a demissão de Severo Gomes, em fevereiro de 1977, indicando que o II PND entrava num ritmo mais lento em favor de uma orientação mais cautelosa e ortodoxa, o que implicava, entre outras coisas, numa redução do crescimento do setor público e numa estratégia de acomodação com as diversas frações do grande capital, principalmente o externo e o bancário.

Em seguida, em abril de 1977 é realizada a primeira reforma da institucionalidade autoritária, o chamado "Pacote de Abril". Geisel usou os poderes que lhe eram concedidos pelo AI-5 para fechar o Congresso Nacional e editar um conjunto de medidas constitucionais que permitiriam ao governo militar manter o controle sobre uma arena da disputa política crescentemente ampliada e radicalizada por meio do reforço do cesarismo militar, porém sem abandonar a perspectiva de fortalecimento da esfera de representação política e de transferência do poder decisório para os poderes Legislativo e Judiciário. Assim, por meio do "Pacote de Abril" o governo suspendeu as eleições diretas para governadores e para metade das vagas do Senado nas eleições de 1978, criando a figura do "senador biônico", de modo a atenuar o provável crescimento eleitoral do MDB; o mandato do futuro presidente foi ampliado para seis anos e sua eleição indireta antecipada de 15 de janeiro de 1979 para 15 de outubro de 1978, a fim de evitar que uma vitória emedebista em novembro de 1978 pudesse alterar drasticamente a composição do Colégio Eleitoral, que por sua vez foi ampliado, de modo a beneficiar a representação dos estados mais atrasados e menos populosos, o que favorecia a Arena e atenuava os efeitos do crescente voto emedebista. Assim, a bancada dos estados mais populosos na Câmara Federal foi limitada a 55 deputados, enquanto a dos estados menos populosos, ampliada de três para seis, de modo a surtir o mesmo efeito da medida anterior. Além disso, o quórum mínimo para a aprovação de emendas constitucionais no Congresso foi reduzido de dois terços para maioria simples, com vistas à anulação do poder de veto do MDB, e o Congresso recuperou a competência para dispor do orçamento do governo no tocante a determinadas contribuições sociais. Por fim, a reforma do Judiciário também foi editada, conforme descrito anteriormente.

Concluindo o rol de medidas tomadas com vistas a reforçar o controle sobre o processo de transição, o presidente Geisel demitiu o ministro do Exército, general Frota, em outubro de 1977, reforçando definitivamente sua autoridade sobre as Forças Armadas e anulando a articulação dos militares duros em torno da candidatura frotista. Apesar das tentativas de reação, prevaleceu a hierarquia e a unidade militar em torno do presidente.

Da *distensão* à *abertura*: as condições favoráveis à emergência do *campo de interlocução liberal*

A brusca intervenção do governo no processo político-eleitoral era de certa forma esperada, em função da ascensão eleitoral do MDB, mas gerou reações importantes na etapa subsequente, tanto da oposição burguesa institucional quanto dos diversos setores e organizações da sociedade civil que defendiam o fim da ditadura, como a OAB, a ABI, a CNBB e os sindicatos, principalmente por ter reforçado e prorrogado o cesarismo militar. As principais bandeiras oposicionistas a partir daquele momento passaram a ser a convocação de uma Assembleia Nacional Constituinte e a anistia ampla, geral e irrestrita aos prisioneiros políticos e exilados. Paralelamente, setores do empresariado, insatisfeitos com a mudança na correlação de forças no interior do governo em favor de uma política econômica menos expansiva e mais favorável ao capital externo e à administração cotidiana da crise, passaram a engrossar o coro da oposição em favor de um processo de liberalização mais amplo e rápido, ainda que numa perspectiva autocrática, pois vislumbrava uma ampliação da esfera de representação política enquanto espaço de interlocução das frações burguesas (e não dos trabalhadores) com o Estado. Destacaram-se particularmente os representantes da burguesia nacional produtora de bens de capital nas críticas econômicas e políticas ao governo, assumindo uma postura de aproximação com o MDB e grande visibilidade no debate político. Processo semelhante ocorreu entre setores da média oficialidade militar, que, diferentemente dos duros, que continuam ativos, passam a criticar o projeto distensionista de um ponto de vista mais avançado, cobrando um processo de liberalização mais amplo. Aliás, a "politização" entre os militares acabou se aprofundando com a criação de diversos "movimentos" e articulações, tanto entre os moderados "democráticos" quanto entre os duros.

Porém, a principal novidade política dessa segunda etapa do processo de transição foi a emergência do protesto popular e o surgimento de uma oposição não só anticesarista, mas também antiautocrática. O processo molecular de redimensionamento e formação das organizações e entidades vinculadas às classes subalternas deu origem a um ciclo de lutas que se estenderá pela próxima década e meia, de modo a marcar decisivamente o processo de transição política. Além da renovação do movimento sindical no seio do operariado fabril e de outros setores (como bancários, servidores públicos e trabalhadores rurais), com o surgimento do chamado "novo sindicalismo" – corrente crítica do "peleguismo" e da estrutura sindical estatal, particularmente em seu modelo ditatorial, e defensora de uma postura classista e combativa –, emergem os novos movimentos sociais urbanos e rurais, associando cada vez mais suas demandas corporativas por direitos sociais, melhoria nas condições de vida e a luta pela terra, entre outras, a uma perspectiva crescentemente crítica não só perante o cesarismo militar, mas também da própria autocracia burguesa, de seu padrão de transformação capitalista e da transição política por ela informada. Além da perspectiva antiautocrática, a *oposição popular* atua no sentido de contrapor-se à lógica lenta, gradual e segura da transição política e de extrapolar os limites impostos pela institucionalidade autoritária à ação e à mobilização políticas dos trabalhadores, baseados na dicotomia liberal entre luta corporativa, restrita aos sindicatos e entidades profissionais, e luta política, restrita ao sistema partidário e ao processo eleitoral. Por meio de greves massivas, ocupações de terra, passeatas e mobilizações, a oposição popular rapidamente confere às suas demandas corporativas um conteúdo ético-político cada vez mais associado a um projeto histórico alternativo à perspectiva autocrático-burguesa – alimentada não apenas pelas diversas frações do capital, mas pelo governo e pela oposição burguesa institucional –, alterando definitivamente o eixo da luta de classes e colocando o processo de transição em novo patamar.

Se de um lado essas dificuldades exigiram do governo novas iniciativas, no sentido de aprofundar o processo de reforma da institucionalidade autoritária e assim tentar esvaziar as perspectivas democráticas mais radicais e consequentes, por outro lado favoreceram o movimento transformista, operado sobre a oposição burguesa institucional, sobre os militares descontentes e sobre as frações burguesas "dissidentes", pois a partir de agora a contradição fundamental entre capital e trabalho havia emergido definitivamente à cena política. Desde 1975 Golbery do Couto e Silva vinha discutindo com dirigentes do MDB uma pauta de reformas que, em linhas gerais, implicasse na "normalização" ou "constitucionalização" das medidas de exceção, principalmente com o fim do AI-5, e na ampliação e pluralização da sociedade política, por meio de uma reforma partidária e de uma lei de anistia. Tal processo de interlocução havia sido desenvolvido antes da edição do "Pacote de Abril", principalmente em torno da proposta de reforma do Judiciário, e foi então retomado. O principal negociador do governo com a oposição foi o senador Petrônio Portella, cuja "Missão Portella" teve o poder de esvaziar a defesa da convocação de uma Assembleia Nacional Constituinte em setores significativos do MDB. O próprio Tancredo Neves, líder da ala moderada do partido, posicionou-se favorável à "constitucionalização" do AI-5, com a incorporação, na Constituição, dos mecanismos de salvaguarda da ordem.

De fato, as tratativas entre o governo e o MDB tiveram o efeito de consolidar o caminho para a aprovação das reformas e garantir a subordinação ainda maior da oposição burguesa à lógica da transição lenta, gradual e segura. Antes mesmo da extinção do AI-5, o MDB teve a oportunidade de demonstrar sua acomodação à institucionalidade autoritária e ao cesarismo militar, ao participar novamente da disputa sucessória no Colégio Eleitoral. Só que dessa vez, em vez de lançar como candidato um legítimo representante da oposição civil, o partido optou pela candidatura do general dissidente Euler Bentes, recém-rompido com o governo, como o general Hugo Abreu e o grupo dos militares "democráticos", por conta do "Pacote de Abril". O fato de o partido ter precisado recorrer a uma candidatura militar para combater o cesarismo militar evidencia a contradição política gerada pela integração do MDB à lógica institucional, o que contribuiu para esvaziar o conteúdo político da perspectiva democrática e do programa do partido, assumido com inúmeras ressalvas pelo candidato em favor de suas opiniões pessoais e certo "realismo político". A campanha, que havia começado de forma entusiástica e mobilizadora, terminou melancolicamente, com o relativo "abandono" do candidato pelo próprio partido que o lançara, seduzido que estava com as oportunidades abertas pelo novo ciclo de reformas. A derrota para o candidato do governo, o general Figueiredo, era não só esperada como inevitável. No mês seguinte, o "Pacote de Abril" surtia os efeitos eleitorais previstos, impedindo que o MDB ampliasse sua representatividade na Câmara dos Deputados em relação a 1974 e garantindo que a Arena mantivesse a maioria nas duas casas legislativas.

Em 31 de dezembro de 1978 o AI-5 foi extinto, e as principais medidas repressivas garantidas por ele e atribuídas ao presidente, eufemisticamente denominadas de medidas de "salvaguarda do Estado", foram constitucionalizadas como o "estado de sítio", em caso de confronto externo e "estado de emergência", para problemas internos. Uma vez proclamado pelo presidente, o "estado de emergência" devolvia-lhe grande parte dos poderes discricionários anteriormente garantidos pelo AI-5, o que significava a preservação do centralismo político e da institucionalidade autoritária em novas bases. Além disso, a Lei de Segurança Nacional foi adaptada, a fim de poder lidar com um emergente movimento de oposição de massa, não mais restrito a pequenos grupos como antes; a censura prévia à grande mídia foi suspensa, embora continuasse vigente aquela dirigida à imprensa alternativa, ligada aos movimentos sociais; o *habeas corpus* para crimes políticos foi restaurado, e as penas de morte, prisão perpétua e banimento foram abolidas, apesar de apenas a última ter sido utilizada desde 1964. Em agosto, já sob o novo governo, era aprovada a Lei de Anistia, que, se permitia o anistiamento de todos os presos e exilados por crimes políticos a partir do perdão presidencial, também anistiava os militares envolvidos na repressão. Na verdade, a lei de anistia cumpria um duplo papel: de um lado, pulverizar a oposição institucional com a libertação ou o retorno de inúmeras lideranças políticas de orientações distintas do MDB; de outro, atrair a adesão dos militares duros ao processo de transição, afastando o que para eles representava a principal ameaça com a volta à democracia e reforçando sua composição com o governo. De fato, no governo Figueiredo os militares duros recuperaram uma influência que havia sido perdida ao longo do governo Geisel, ocupando postos decisivos da cúpula militar como o Ministério do Exército (general Valter Pires) e a chefia do SNI (general Octávio Medeiros), indicando que, no novo governo, a perspectiva de superação do cesarismo militar havia sido relativamente afastada.

Paralelamente foi dado início à reforma partidária, com vistas à formação de quatro grandes partidos: o governista; o de oposição conservadora e adesista (que funcionaria como linha auxiliar do primeiro); o da oposição moderada; e um de centro-esquerda. Com isso o governo vislumbrava fracionar a grande frente oposicionista agrupada no MDB e, assim, manter sua capacidade de controle sobre o Congresso e sobre o processo partidário-eleitoral. De fato, surgiram inicialmente seis partidos: a quase totalidade da Arena, acrescida pelos "adesistas" do MDB, formou o Partido Democrático-Social (PDS); setores dissidentes da Arena, como Olavo Setúbal, moderados e adesistas do MDB, como Tancredo Neves, formaram o Partido Popular (PP); a maior parte dos moderados do MDB, junto aos setores socialdemocráticos e dos partidos comunistas que atuavam em seu interior (PCB, PCdoB e MR-8) formaram o Partido do Movimento Democrático Brasileiro (PMDB); os setores conservadores e pelegos identificados com o antigo trabalhismo formaram o novo Partido Trabalhista Brasileiro (PTB); os setores de esquerda do antigo trabalhismo, aglutinados em torno do ex--governador Leonel Brizola, formaram o Partido Democrático Trabalhista

(PDT); e os principais setores ligados ao "novo sindicalismo", à esquerda católica, aos movimentos sociais e à esquerda marxista formaram o Partido dos Trabalhadores (PT).

Para o governo, tal configuração partidária acabou se saindo melhor do que o previsto, pois além de a Arena, na pele de PDS, poder preservar sua força, o governo ainda ganhou o "apoio crítico" do PP e do PTB. Ao mesmo tempo, o MDB ficou menor no novo PMDB, tendo ainda que disputar com o PDT e o PT o voto efetivamente oposicionista. Além disso, os setores mais representativos do novo movimento social das classes subalternas – surgido com a emergência do protesto popular – renderam-se à lógica institucional, fracionando sua ação organizativa em braço político-partidário e braço corporativo-sindical. Isto quer dizer que, em vez de se realizar a demanda oriunda de diversos setores em favor da criação de um partido "real" que unificasse na prática as lutas sociais, optou-se por criar um partido "legal", enquadrado pela legislação partidária e forçado a se submeter à sua lógica institucional: aparelhista, eleitoreira, desmobilizadora e ideologicamente frouxa. Paralelamente, as ações corporativas passaram a se aglutinar em torno da articulação sindical que mais tarde deu origem à Central Única dos Trabalhadores (CUT), também devidamente enquadrada pela legislação da estrutura sindical agora reformada. A política de "abertura sindical" foi efetuada nesse período e limitou-se à atenuação dos elementos mais repressivos impostos pela ditadura à estrutura sindical, concedendo aos sindicatos maior liberdade de ação até mesmo para canalizar parte do conflito social para instrumentos de luta submetidos ao controle estatal. Por isso, a tutela estatal sobre os sindicatos, a unicidade sindical, o imposto sindical, a lei de greve e a perspectiva de que aos sindicatos cabem apenas as demandas e ações de tipo corporativo, e não as de tipo político, continuaram em vigor, o que demonstra a preservação da estrutura sindical estatal em seus elementos centrais[7]. Em função do objeto deste trabalho, não serão abordados aqui os efeitos transformistas exercidos pelas reformas partidária e sindical sobre o movimento social das classes subalternas e suas organizações políticas, mas podemos adiantar que, apesar de toda a resistência e as tentativas de superação dos limites institucionais impostos à sua ação, a lógica política que

---

[7] Armando Boito Jr. analisa o caráter da política de abertura sindical em "Reforma e persistência da estrutura sindical", em Armando Boito Jr. (org.). *O sindicalismo brasileiro nos anos 80* (Rio de Janeiro, Paz e Terra, 1991), p. 43-91,

orientou todo o processo de transição – qual seja, a de reforma da autocracia burguesa – prevaleceu ao longo do tempo, esvaziando progressivamente seu conteúdo antiautocrático, como evidenciam as conjunturas políticas recentes no país.

Ora, esse processo de reformas, que marca a passagem da *distensão* para a chamada *abertura* permitiu que o governo militar promovesse uma grande recomposição política entre os setores autocráticos, tanto com as diversas frações burguesas quanto com as forças políticas e sociais que se colocavam na oposição. Essa situação foi favorecida por uma política econômica expansiva, que permitiu a retomada de taxas elevadas de crescimento, mesmo sob as condições adversas do novo choque do petróleo de 1979 e por sua capacidade de conter a radicalidade da oposição popular combinando repressão e reformismo político. Desse modo, criou-se nessa etapa um *campo de interlocução liberal*, comprometido com o processo de transição nos termos em que ele vinha se dando, capaz de reunir as principais forças políticas sediadas na esfera de representação política da sociedade política, com forte capacidade de articulação e interlocução com os principais aparelhos de hegemonia da sociedade civil, e grandes condições de dirigir politicamente o bloco no poder numa situação de crise e colapso do cesarismo militar, sem que a lógica da transição *lenta, gradual e segura* tivesse de ser alterada e a autocracia burguesa, abolida. Entre as forças partidárias, basicamente o PT estava excluído desse campo, pois seu núcleo duro se localizava no PP, no PMDB e nos setores pedessistas mais comprometidos com a *abertura*[8]. É desse campo de interlocução liberal que nascerá a Aliança Democrática.

A nova conjuntura iniciada em 1981 não apenas não reverteu o processo de consolidação do campo de interlocução liberal como o fortaleceu. Isso porque, apesar de um período de recessão econômica ter se iniciado naquele ano, com taxas negativas de crescimento como não se via desde a década de 1940, o "atentado do Riocentro" e a mudança na correlação de forças no interior do governo tiveram o dom de reforçar o apoio ao processo de transição e a perspectiva de reforma da institucionalidade autoritária. Como se sabe, apesar da lei de anistia e da considerável participação dos militares duros no governo Figueiredo, determinados setores do aparato de repressão e informações demonstraram seu descontentamento com a abertura e com

---

[8] Sobre o campo de interlocução liberal criado no período, ver David Maciel, *Estado e democracia*, cit., p. 289-98.

o avanço da esquerda e dos movimentos sociais, realizando uma série de atentados a bancas de jornal, entidades da sociedade civil e livrarias, matando pessoas e causando grandes prejuízos. O auge e o fim dessa escalada de violência foi o fracassado "atentado do Riocentro", quando agentes do aparato repressivo tentaram sabotar um evento de música popular promovido por uma entidade de esquerda em comemoração ao Dia do Trabalho, realizado na casa de shows carioca. O atentado, porém, fracassou, pois o artefato explodiu acidentalmente, causando a morte de um dos sabotadores e graves ferimentos no outro, ambos oficiais do Exército. A ideia era atribuir o atentado às organizações de esquerda, causando a suspensão do processo de abertura e o recrudescimento da repressão.

Contrário à postura de acomodação diante do episódio tomada pelo presidente, pois era favorável à apuração e punição dos envolvidos, o general Golbery acabou se demitindo da Casa Civil, tirando do governo o principal representante dos militares moderados, elaborador e articulador do processo de transição. Diante disso, os duros ampliaram sua influência no interior do governo e passaram a vislumbrar a possibilidade de prorrogar o cesarismo militar por mais um mandato. Por isso pode-se dizer que a nova conjuntura fortaleceu o campo de interlocução liberal e a perspectiva conciliadora que o alimentava, em nome da continuidade da transição e do afastamento da possibilidade de retrocesso político.

O predomínio dos duros no governo desembocou na mudança da legislação eleitoral, com a proibição de coligações partidárias e a exigência do voto vinculado, para evitar que os partidos oposicionistas lançassem chapas conjuntas nas eleições de 1982, isolando o partido governista e ressuscitando o fantasma do controle oposicionista no Colégio Eleitoral. Essa medida fez com que o governo sofresse uma derrota relativa, com a fusão entre o PP e o PMDB, revertendo parte do efeito conquistado com a reforma partidária. No PMDB a fusão implicava na restauração da direção moderada emedebista e no reforço de seus setores conservadores, ampliando sua presença no Congresso e sua força no campo de interlocução liberal. Por isso, em maio de 1982 o governo conseguiu aprovar um novo pacote de medidas, tentando atenuar a derrota sofrida com a fusão PMDB-PP. Entre suas principais medidas destaca-se uma nova alteração na representação dos estados na Câmara Federal e no Colégio Eleitoral, de modo a favorecer os estados mais atrasados, tendentes ao voto governista; a elevação do quórum mínimo para a aprovação de emendas constitucionais de maioria simples para dois terços, conferindo poder de veto ao PDS em caso de uma vitória considerável das oposições nas eleições de 1982 e o adiamento para 1986 da aplicação dos critérios eleitorais para a obtenção definitiva do registro partidário, dando uma sobrevida ao PTB, ao PDT e ao PT e, assim, evitando a agregação dessas forças ao PMDB.

Nas eleições de 1982 as mudanças eleitorais conduzidas pelo governo permitiram que o PDS conseguisse manter sua superioridade no Congresso Nacional, conquistando 49% da Câmara Federal e compondo uma bancada de 65% dos senadores. Porém, o PMDB manteve sua condição de principal partido de oposição, obtendo 41% da Câmara e 31,8% do Senado. Mesmo o PDT fortaleceu-se eleitoralmente, pois além de eleger o governador do Rio de Janeiro, Leonel Brizola, conquistou 4,8% da Câmara Federal e um senador. Esse desempenho foi importante, pois qualificou o governador Brizola como uma das principais lideranças do campo de interlocução liberal, apesar da enorme resistência dos militares duros à sua perspectiva política. Enquanto isso, o PT obteve 3,2% dos votos para o Senado, mas não elegeu nenhum senador, e 3% dos votos para a Câmara, elegendo apenas oito deputados federais, ou 1,7% das cadeiras. Esses dados demonstram o conteúdo autocrático da legislação eleitoral e a perspectiva de imunizar a esfera de representação política em relação à movimentação política das classes subalternas.

Porém, a principal mudança trazida pelas eleições para o campo de interlocução liberal foi o fato de que pela primeira vez desde 1965 os governadores de estado passaram a ser eleitos, obtendo sua legitimidade política nas urnas. Para o PMDB isso significou a ascensão ao comando das máquinas burocráticas de nove estados, inclusive estados economicamente importantes como São Paulo, Minas Gerais e Paraná, reforçando sua condição de partido institucional e abrindo caminho para uma aproximação ainda maior do partido com o grande empresariado nacional. Uma das consequências dessa aproximação foi o desenvolvimento de uma proposta de política econômica elaborada pelos "economistas críticos" ligados ao partido, que defendiam uma ruptura radical com o circuito da especulação financeira que enredava a economia brasileira por meio de uma radical renegociação da dívida externa e da refundação da capacidade de financiamento do Estado, privilegiando a acumulação interna, a empresa nacional e o mercado nacional. Já para o PDS a eleição direta para governadores significou que seus doze novos mandatários não mais dependeriam exclusivamente do beneplácito do governo militar para legitimar sua ascensão ao poder, adquirindo considerável autonomia política diante do mesmo.

A crise do cesarismo militar e a emergência da Aliança Democrática: a "conciliação pelo alto" em ato

Após as eleições o processo de conciliação política em torno da transição aprofundou-se na exata proporção em que o governo militar foi perdendo a capacidade de dirigir politicamente o bloco no poder e o cesarismo militar entra em crise. O agravamento da crise econômica e social favorece a desagregação da direção política do governo militar, cada vez mais incapaz de manter a coesão das frações burguesas e das forças autocráticas em torno de si. O acordo assinado com o FMI logo após as eleições impôs ao país uma política recessiva ainda mais intensa, agravando o arrocho salarial, por um lado, e a especulação financeira, por outro, ao mesmo tempo que a inflação atingia taxas jamais vistas, as dívidas externa e interna cresciam progressivamente e a balança de pagamentos tornava-se cronicamente deficitária.

Nesse ambiente de crise se sobressai a postura conciliadora diante do governo manifestada pelas principais lideranças da oposição, particularmente pelos governadores de estado recém-eleitos, como Tancredo Neves (MG), Franco Montoro (SP) e mesmo Leonel Brizola (RJ), que chegou a propor a prorrogação do mandato de Figueiredo por mais dois anos, seguida de eleições diretas para presidente. A tese da "união nacional" em torno de uma candidatura de consenso que viesse a suceder o presidente Figueiredo com força política e legitimidade suficientes para concluir a transição e superar a crise econômico-social passou a vicejar nos diversos ambientes do campo de interlocução liberal, incluindo tanto setores governistas quanto oposicionistas. Nesses termos, o nome do vice-presidente Aureliano Chaves era o que apresentava maiores chances, seja porque o PDS ainda detinha a maioria absoluta do Colégio Eleitoral, 52%, seja porque Aureliano era um político civil e vinha demonstrando certa autonomia diante do presidente e dos militares duros. Na oposição o nome mais próximo desse perfil, palatável o suficiente para angariar o apoio dos setores governistas e vencer as eleições indiretas, era o governador de Minas Gerais, Tancredo Neves.

No entanto, apesar das condições desfavoráveis, principalmente após o episódio do Riocentro, setores importantes do governo, notadamente os militares duros, alimentavam a perspectiva de emplacar mais um mandato sob o comando militar, articulando a candidatura do chefe do SNI, Octávio Medeiros, evidenciando que a perspectiva de continuidade do cesarismo militar ainda tinha força. Apenas após o escândalo da financeira Capemi[9] e a misteriosa morte do jornalista Otto von Baumgarten, atribuída a agentes do aparelho de repressão e informações, a candidatura Medeiros perdeu força, a ponto de tornar-se inviável. Essa situação fortaleceu a tese da unidade das forças autocráticas em torno de um candidato civil, levando a uma espécie de "rebelião" do PDS contra a simples imposição do candidato do partido pelo governo militar, como ocorreu das outras vezes com a Arena, com a emergência de vários pré-candidatos, como o próprio vice-presidente, o deputado Paulo Maluf, o senador Marco Maciel e o ministro Mário Andreazza ao exigir o apoio do governo e do presidente.

Esse processo de conciliação foi "atropelado" pela campanha das Diretas Já. Iniciada em meados de 1983, a campanha mobilizou milhões de pessoas país afora em defesa da aprovação da proposta de emenda constitucional que estabelecia eleições diretas para a presidência da República já na sucessão de Figueiredo. De caráter suprapartidário e policlassista, a campanha foi inicialmente patrocinada basicamente pelo PT, pela CUT e pelas forças de esquerda, tendo de esperar pelo início do ano de 1984 para contar com a participação orgânica dos governadores de estado oposicionistas e demais partidos de oposição. No entanto, apesar da mobilização intensa envolvendo desde os movimentos sociais e organizações das classes subalternas até as entidades burguesas, além dos comícios gigantescos organizados nas capitais e grandes cidades, setores da oposição se posicionaram contra a campanha, apostando na ida ao Colégio Eleitoral. Foi o caso de Tancredo Neves, que considerava a campanha improcedente não só por expressar um processo de radicalização política e ruptura com a institucionalidade autoritária no tocante à sucessão presidencial como também por "atropelar" o processo de conciliação com o governo que ele próprio vinha dirigindo, além de claramente enfraquecer suas possibilidades como provável candidato no pleito indireto. Por isso, além de evitar se envolver no processo de mobilização, Tancredo, como governador, reprimiu manifestações pelas Diretas Já em

---

[9] Sigla para Caixa de Pecúlios, Pensões e Montepios Beneficente, uma gigantesca seguradora privada supostamente sem fins lucrativos, mas que acabou envolvida em um escândalo de desvio de verba pública.

diversos momentos. No governo e no PDS, a posição contrária às Diretas Já era francamente majoritária, por razões óbvias, pois numa pleito direto as chances de um candidato de situação eram bastante pequenas, apesar da popularidade de Aureliano Chaves. Ainda assim, 64 pedessistas votaram a favor da emenda.

Assim, no dia 25 de abril de 1984 o governo militar exerceu o que ainda lhe restava do cesarismo militar: seu poder de veto, mobilizando a bancada pedessista a votar contra a proposta de emenda constitucional. Dois dias depois o então senador Fernando Henrique Cardoso (PDMB-SP) subiu à tribuna do Senado para constatar que a votação da emenda das Diretas Já revelava que a soma dos votos da oposição com a dos pedessistas dissidentes que a apoiaram poderia dar a vitória a um candidato de unidade no Colégio Eleitoral. Estava reinstalada a lógica da "conciliação pelo alto" e da transição *lenta, gradual e segura* (momentaneamente interrompida pela campanha das Diretas Já) e aberto o caminho para a Aliança Democrática.

De abril a agosto de 1984 o processo político evoluiu rapidamente, tanto no PDS quanto na oposição burguesa. A recusa de Figueiredo em assumir a direção do processo de indicação do candidato do PDS à sua sucessão, apostando na prorrogação de seu próprio mandato, abriu caminho para as manobras clientelistas e fisiológicas de Paulo Maluf no interior do partido, em cuja convenção a questão se resolveria. Diante do avanço da candidatura de Maluf, os pedessistas descontentes afastam-se do partido sob a liderança dos pré-candidatos Aureliano Chaves e Marco Maciel, do presidente do partido José Sarney e do senador Jorge Bornhausen, criando as condições para uma composição com a oposição. No PMDB a derrota da emenda das Diretas Já significou o abandono imediato de qualquer perspectiva de retomada da campanha, apesar de ainda tramitarem no congresso outras propostas prevendo eleições diretas para a sucessão de Figueiredo, e a captura de sua legitimidade em favor de uma candidatura do partido no Colégio Eleitoral.

Como vimos, não seria a primeira vez que a oposição burguesa apresentaria uma candidatura ao Colégio Eleitoral, legitimando um dos principais mecanismos da institucionalidade autoritária. Por isso, sem mais demora Tancredo Neves lançou sua candidatura pelo partido em junho, articulando-se diretamente com os governadores peemedebistas e com Leonel Brizola – e "passando por cima" das pretensões de Ulysses Guimarães, nome que na campanha das Diretas Já emergiu com enorme popularidade e legitimidade.

Em seguida Tancredo conquistou o apoio do próprio Ulysses e da esquerda do partido, principalmente os comunistas, que apoiaram entusiasticamente a possibilidade de se por fim à ditadura militar com essa vitória[10].

A opção de Tancredo por articular-se primeiro com os governadores de estado para só então apresentar sua candidatura ao partido evidencia a importância da conquista de cargos no aparato estatal e do controle de máquinas burocráticas poderosas para os partidos institucionais, mas também para consolidar o campo de interlocução liberal e viabilizar as pretensões políticas da oposição burguesa. Evidencia também o êxito do movimento transformista operado pelo governo militar e sua estratégia de transição sobre a oposição burguesa, pois para esta ascender ao governo federal e encerrar o cesarismo militar teria não só de operar por dentro da institucionalidade autoritária como também reforçá-la e legitimá-la até o fim. É óbvio que nessas condições o programa reformista do PMDB precisaria ser deixado de lado, e os "compromissos democráticos" teriam de esperar em favor do "realismo político" e da estratégia de "conciliação pelo alto", reforçando o conteúdo autocrático da oposição burguesa.

Conquistado o apoio do PMDB, o passo seguinte de Tancredo Neves foi iniciar conversações com os dissidentes do PDS. Nesse ponto a negociação giraria em torno do chamado "Acordo Mineiro" firmado entre o governador e Aureliano Chaves, seu tradicional adversário local e também pretendente à presidência. A negociação envolveu a participação de pedessistas dissidentes no governo de Minas Gerais e o estabelecimento do não revanchismo como a plataforma fundamental sobre a qual se deu a costura política que lançou a candidatura da Aliança Democrática em 7 de agosto, com Tancredo na cabeça da chapa e José Sarney na vice-presidência. O programa político da Aliança Democrática expressava o conteúdo burguês e autocrático da aliança política que lhe deu sustentação, pois além do não revanchismo – ou seja, a recusa do futuro governo em investigar e punir os crimes políticos cometidos pelos militares desde o golpe de 1964 –, a abolição definitiva da institucionalidade autoritária ficaria adiada para a convocação de um Congresso Constituinte apenas em 1986. Isso quer dizer que até lá o futuro governo da Aliança Democrática administraria o país com base no chamado

---

[10] Relato jornalístico abrangente da campanha da Aliança Democrática e da eleição de Tancredo Neves à presidência encontra-se em Gilberto Dimenstein et al., *O complô que elegeu Tancredo* (Rio de Janeiro, JB, 1985).

"entulho autoritário", inclusive na Lei de Segurança Nacional, que para o programa aliancista deveria continuar como estava.

Por isso, o compromisso com o estabelecimento de eleições diretas em todos os níveis, com a independência do Legislativo e do Judiciário, com a liberdade de organização partidária e com uma nova legislação eleitoral aparecia em abstrato, na medida em que a institucionalidade autoritária sobrevivesse. Na parte econômica o programa da Aliança Democrática era suficientemente vago para atrair tanto o apoio das diversas frações burguesas, de "desenvolvimentistas" a "neoliberais", quanto das classes trabalhadoras, comprometendo-se com a retomada do crescimento econômico, o combate à inflação, a reprogramação da dívida externa, a reforma tributária, o saneamento financeiro do Estado, o apoio à livre iniciativa e às empresas nacionais, o apoio às pequenas e médias empresas, o fim do arrocho salarial e a defesa da liberdade e da autonomia sindical, entre outras medidas.

Ao longo da campanha e conforme novos apoios iam sendo conquistados entre os setores autocráticos, o próprio Tancredo ia "calibrando" o programa da Aliança Democrática, conferindo-lhe um perfil conservador evidente. Além de afirmar que a privatização das estatais não seria um problema desde que não significasse desnacionalização da economia, de posicionar-se contra uma moratória unilateral da dívida externa por considerá-la temerária para a estabilidade da economia e de descartar a adoção de medidas radicais na questão agrária, afirmando que o Estatuto da Terra poderia resolvê-la, Tancredo Neves defendeu uma política tradicional de "gradualismo ortodoxo" no tratamento da inflação, dissociando-se da orientação dos "economistas críticos" ligados ao PMDB, defensores de soluções estruturais para o problema. No plano institucional Tancredo comprometeu-se apenas em "escoimar o espírito totalitário" que inspirava medidas cruciais da institucionalidade autoritária, como a Lei de Greve, a Lei de Segurança Nacional, o instituto do decreto-lei e a Lei de Imprensa, não em revogá-las. Isto significava um compromisso com mais uma reforma da institucionalidade autoritária, e não com sua abolição imediata. Na questão salarial o candidato vinculou a melhoria dos salários ao combate à inflação, e este à realização de um pacto social entre governo, empresários e trabalhadores[11]. Aliás, a proposta

---

[11] Importante coletânea de discursos, entrevistas e pronunciamentos de Tancredo Neves encontra-se em Lucília de Almeida Neves Delgado (org.), *Tancredo Neves: sua palavra na história* (Fundação Tancredo Neves, 1988).

de pacto social seria insistentemente anunciada no decorrer da campanha, como forma de ganhar tempo e atenuar a radicalidade do movimento sindical e das lutas sociais, e ao longo da Nova República várias tentativas de viabilização acabaram sendo realizadas.

Tais posições, somadas ao conteúdo conciliatório de sua candidatura, atraíram o apoio crescente das diversas frações burguesas, principalmente do capital monopolista, o que favoreceu a aproximação com os militares, com os setores pedessistas derrotados por Maluf na convenção do partido e com o próprio governo. A aliança com Aureliano Chaves favoreceu a adesão do ex-presidente Geisel a Tancredo, abrindo caminho para a composição com os militares moderados e depois com os setores ainda resistentes à sua candidatura, pois Geisel seguramente ainda era a maior liderança militar do país, apesar de ter evitado se expor politicamente durante o mandato de seu sucessor. A composição com os militares teve como eixo o compromisso do candidato com o não revanchismo e com a própria autonomia militar em relação ao futuro governo civil, dando base para a substituição do cesarismo militar pela *tutela militar*[12]. Após a derrota para Maluf na convenção do PDS, setores do partido que haviam apoiado a candidatura de Mário Andreazza, como o governador Antonio Carlos Magalhães e demais governadores pedessistas, aderiram à Aliança Democrática. Finalmente, diante da total incapacidade do presidente Figueiredo de interferir no processo sucessório e do descrédito popular da candidatura governista, os próprios ministros militares passaram a compor com a candidatura de Tancredo, negociando cargos e indicações no novo governo.

De fato, entre agosto de 1984 e janeiro de 1985 apenas a direita articulada em torno de Maluf e a esquerda antiautocrática representada pelo PT, pela CUT e pelos movimentos sociais a eles articulados não aderiram à onda pró-Tancredo. Apesar de denunciar o abandono da luta por eleições diretas e a "conciliação pelo alto" operada pela Aliança Democrática, o PT oscilou, com a posição de não apoio a Tancredo sendo aprovada por pequena margem na direção do partido. Mesmo assim, no Colégio Eleitoral três dos seis deputados federais do partido votaram em Tancredo, sendo expulsos posteriormente por conta dessa posição. Essa situação evidencia

---

[12] Para a caracterização da tutela militar estabelecida após o fim da ditadura ver Eliezer R. de Oliveira, *De Geisel a Collor: Forças Armadas, transição e democracia* (Campinas, Papirus, 1994), p. 97-115.

o isolamento político a que foram relegadas as forças antiautocráticas pelo movimento de composição política viabilizado pela Aliança Democrática. Em janeiro de 1985 Tancredo Neves e José Sarney eram eleitos para um mandato presidencial de seis anos, com 480 dos 686 votos do Colégio Eleitoral. Terminava assim a ditadura militar, mas não a institucionalidade autoritária e nem a autocracia burguesa que a informava, contribuindo poderosamente para manter a crise conjuntural sob controle.

A Aliança Democrática no governo: consolidando o reformismo institucional como estratégia para a preservação da autocracia burguesa

Entre janeiro e março de 1985 foi realizada a montagem do novo governo, com base na ampla coalizão política que deu sustentação à candidatura de Tancredo Neves. Apesar de composto por um amplo arco de forças, que ia desde lideranças do PDS até os partidos comunistas inseridos no PMDB, passando pelo próprio PMDB, pelo que viria a ser o PFL, os cargos mais importantes do governo de Tancredo Neves eram ocupados pelos dissidentes pedessistas, pelos peemedebistas conservadores e moderados e pelos militares, formando um campo conservador fortemente comprometido com a manutenção da autocracia burguesa e representado por ele mesmo e seu vice, além de Aureliano Chaves (ministro de Minas e Energia), Antonio Carlos Magalhães (Comunicações), Marco Maciel (Educação), Francisco Dornelles (Fazenda), Roberto Gusmão (Indústria e Comércio), José Hugo Castelo Branco (Casa Civil) e os próprios ministros militares. No Congresso Nacional o futuro governo contaria com o apoio de 64% dos deputados e 59% dos senadores, somando-se apenas as bancadas do PMDB e do PFL, sem contar as do PDS e do PTB, que poderiam apoiar o governo em determinadas questões.

Essa ampla composição foi sólida o suficiente para superar com certa tranquilidade um último incidente: a hospitalização do presidente eleito às vésperas da posse. Tendo como fiador o novo ministro do Exército, general Leônidas Pires Gonçalves, o problema institucional criado com a impossibilidade do presidente eleito de comparecer à cerimônia de posse foi superado com a posse do vice-presidente eleito em seu lugar, numa solução claramente inconstitucional, mas politicamente satisfatória para as forças políticas dominantes. Assim, em 15 de março de 1985 José Sarney tomava posse em lugar de Tancredo, ocupando a presidência interinamente e encarnando a explicitação do continuísmo representado pelo governo da "Nova República" em relação ao governo militar que saía de cena, pois há menos de nove meses o personagem em questão era ninguém menos que o presidente nacional do partido da ditadura e, há menos de onze meses, tinha sido o principal articulador do veto do PDS à aprovação da emenda das Diretas Já.

A interinidade de Sarney foi interrompida com a morte de Tancredo Neves, em abril de 1985, e o governo passou a ser formalmente comandado por um representante dos políticos civis que fizeram carreira sob a subserviência aos militares – e que, por razões meramente oportunistas, romperam com o governo e aderiram à oposição. No entanto, Sarney cercou-se do apoio dos militares (confirmando a tutela militar) e seus ex-correligionários do PDS e seguiu o programa político e o calendário de reformas articulado por Tancredo Neves. Num ambiente de acirramento do conflito político e de retomada das lutas sociais e das greves por parte da esquerda antiautocrática, particularmente depois da morte de Tancredo e em função do fracasso do pacto social e do próprio conservadorismo político do governo, foi desencadeado mais um processo de reforma da institucionalidade autoritária. Dessa vez, o foco não era transferir parte do poder decisório e do controle do conflito político do governo militar para as outras instâncias do Estado, mas canalizar o conflito político para a esfera de representação política e submetê-lo à lógica autocrática, sem tirar do governo e do Estado a capacidade de intervir seletivamente, por meio da legislação autoritária e da tutela militar.

Além da repressão aos movimentos sociais e às greves, o governo aprovou algumas medidas: extinguiu-se o Colégio Eleitoral e estabeleceram-se eleições diretas para a próxima sucessão presidencial – porém sem especificar sua data, o que sugeria que Sarney pretendia cumprir todo o seu mandato; criou-se o voto do analfabeto e convocaram-se eleições municipais em 1985 para todas as capitais de estado, municípios novos e cidades onde não havia eleições diretas para prefeito, sem que a representatividade dos estados no Congresso fosse alterada, preservando assim a antiga disparidade favorável aos partidos conservadores; criou-se a liberdade de organização partidária, sem alterar a lei orgânica dos partidos, que privilegiava o funcionamento de partidos aparelhistas, eleitoreiros, pouco mobilizadores e ideologicamente gelatinosos. Na questão sindical o governo anistiou os dirigentes sindicais punidos pelo governo anterior, revogou a proibição à criação de centrais sindicais, propôs uma pequena ampliação do direito de greve, aprovada no ano seguinte, e se comprometeu a não intervir nos sindicatos, apesar de a estrutura sindical estatal continuar intacta, bem como outros elementos da institucionalidade autoritária, como a Lei de Segurança Nacional, o instituto do decreto-lei, a Lei de Imprensa etc.

Mesmo na primeira proposta do Plano Nacional de Reforma Agrária (PNRA) o governo recuou assim que os grandes proprietários rurais reagiram. Tendo por base o antigo Estatuto da Terra, fundado na perspectiva de modernização capitalista do campo, o plano trazia como novidades a possibilidade de desapropriação da terra por interesse social, o que poderia atingir também as propriedades produtivas e a valorização de uma política de assentamentos. Diante dessas inovações, um verdadeiro "levante" dos grandes proprietários rurais tomou forma, o que acabou dando origem à União Democrática Ruralista (UDR) e a uma forte mobilização reacionária no campo. Além disso, os militares não viam com bons olhos diversos elementos do plano, principalmente em função do controle sobre a Amazônia. Diante disso o governo recuou sucessivamente, retirando ou tornando letra-morta diversos aspectos do plano e, assim, inviabilizando até mesmo a perspectiva moderada de reforma agrária proposta. Ao longo do governo Sarney, as desapropriações de terras atingirão pouco mais do que um décimo do previsto pelo PNRA, e os assentamentos ainda menos que isso.

Em novembro de 1985 era rejeitado um projeto de lei que previa a anistia e a reintegração às Forças Armadas dos militares punidos pelos sucessivos governos militares por motivos políticos, mostrando a força da tutela militar sobre o governo da Aliança Democrática, e uma nova emenda constitucional era aprovada no Congresso pelos partidos governistas (PMDB e PFL), com o apoio de aliados (PTB, PCB, PCdoB) e mesmo de adversários (PDS), transferindo para o Congresso Nacional eleito em 1986 a atribuição de elaborar e aprovar a nova constituição. Do Congresso Constituinte também participariam os senadores eleitos em 1982 e com mandatos até 1990. Com isso descartava--se definitivamente a proposta original da oposição de convocação de uma assembleia constituinte exclusiva, cumprindo-se o programa de Tancredo.

Ora, a perspectiva conciliadora e continuísta apresentada pela Aliança Democrática desde seu lançamento foi severamente reforçada ao longo do primeiro ano da Nova República, na medida em que mesmo diante das enormes pressões populares em favor de uma perspectiva de mudanças mais incisiva prevaleceram os compromissos com as forças autocráticas e a perspectiva de preservação da institucionalidade autoritária. Essa situação permitiu a formação de um *campo político conservador* no interior da Aliança Democrática, reunido em volta do presidente, por sua vez assentado na tutela militar e numa *situação cesarista*, baseada mais na definição "do que não deixar fazer" do que na definição "do que fazer" e unificado pelo propósito de impedir a abolição da autocracia burguesa por um processo de acirramento da luta política e social e de avanço efetivo da democratização. Nesse aspecto, o "partido do Sarney" torna-se o eixo político em torno do qual o governo se movimenta, esvaziando progressivamente a perspectiva reformista ainda presente no PMDB e deslocando cada vez mais o papel político da Aliança Democrática, até seu colapso definitivo, no final de 1987[13].

Sendo assim, o imperativo da defesa da autocracia burguesa por parte das frações hegemônicas do bloco no poder e das principais forças políticas ultrapassa a própria funcionalidade da Aliança Democrática para os seus propósitos, na medida em que o agravamento da crise de hegemonia exige não apenas a reforma da institucionalidade autoritária, mas sua incorporação na nova institucionalidade democrática saída do processo constituinte e legalizada pela Constituição de 1988. A criação do chamado "Centrão" e depois da grande articulação política que elegeu Collor no segundo turno são os corolários políticos desse processo.

O fim a Aliança Democrática e a formação do "Centrão"

Cumprido o calendário institucional definido por Tancredo Neves e fracassadas as tentativas de viabilização do pacto social e de superação da crise econômica, o governo partiu para sua aposta mais arriscada e politicamente exitosa: o Plano Cruzado. Após a mudança na equipe do Ministério da Fazenda, o plano é lançado em fevereiro de 1986, combinando a perspectiva estruturalista dos "economistas críticos" do PMDB com as elaborações sobre a inflação inercial produzidas pelos economistas ligados ao Ministério do Planejamento. Assim, o Plano Cruzado aplicou um "choque heterodoxo" na economia por meio do congelamento de preços e de uma reforma monetária, reduzindo drasticamente a inflação e beneficiando principalmente as frações burguesas ligadas aos setores produtivos (notadamente o industrial) e os

---

[13] Sobre a situação cesarista estabelecida no governo Sarney, ver David Maciel, *De Sarney a Collor: reformas políticas, democratização e crise (1985-1990)* (São Paulo/Goiânia, Alameda/Funape, 2012), p. 107-34.

vastos segmentos de trabalhadores, em especial os de menor renda salarial. Além disso, a redução abrupta da inflação interrompeu momentaneamente um processo de transferência de renda dos assalariados para o capital, o que permitiu o crescimento acelerado do consumo e até mesmo certa melhoria de renda. O principal efeito político desse conjunto foi a criação de uma legitimidade política que o governo ainda não tinha conquistado, manifesto na enorme popularidade do presidente, por exemplo. Isto abriu a possibilidade de vitória para os partidos governistas nas eleições de 1986, decisivas para o destino da autocracia burguesa no Brasil, por que delas sairiam os parlamentares constituintes.

Com base nessa perspectiva política, o governo, particularmente sob a orientação do presidente, prorrogou o congelamento de preços para além de sua viabilidade operacional e utilidade macroeconômica, pondo a perder a última tentativa de superação da crise do modelo econômico desenvolvimentista, mas garantindo a vitória acachapante dos partidos governistas nas eleições de 1986 e sua ampla supremacia no futuro Congresso Constituinte. Dos 23 governadores eleitos em 1986, 22 eram do PMDB (o outro era do PFL); 38 dos 69 senadores eram peemedebistas (55%) e sete eram pefelistas (10%), ao passo que de 487 deputados federais 261 eram do PMDB (53%) e 116, do PFL (23%). Essa vitória contribuiu poderosamente para garantir a supremacia das forças autocráticas de vários matizes na constituinte, desde peemedebistas e pefelistas até pedessistas, petebistas e outros partidos menores, compondo mais de dois terços dos parlamentares. Enquanto isso, as forças de esquerda e centro-esquerda (setores minoritários do PMDB, PDT, PT, PCB, PCdoB e PSB), incluídas aí todas as forças antiautocráticas, não chegavam a compor um terço da constituinte. Essa situação determinou que a constituinte fosse marcada desde o início pelo signo da manutenção da autocracia burguesa. Não à toa, passadas as fases iniciais de discussão e elaboração nas comissões e subcomissões, nas quais diversos direitos sociais e trabalhistas foram aprovados e incluídos nos sucessivos anteprojetos constitucionais, as forças autocráticas, no início de 1988, deram um "golpe", revisando o regimento interno da constituinte e desencadeando uma ofensiva contra os interesses dos trabalhadores e das classes subalternas.

O "golpe do Centrão" foi articulado a partir do próprio governo, com vistas não só a impedir a incorporação definitiva de direitos sociais (como a estabilidade no emprego e a jornada de trabalho de quarenta horas semanais), mas também a garantir a vitória do presidencialismo e cinco anos de mandato para Sarney. O "Centrão" foi a articulação política suprapartidária criada a partir de 1987 pelo governo, quando a crise de hegemonia burguesa atingiu seu estágio mais agudo, com base em práticas fisiológicas e clientelistas e numa nova reforma ministerial, dando prevalência a uma orientação econômica neoliberal após o fracasso do Plano Bresser. Criado para dar sustentação ao governo no Congresso e na constituinte, o "Centrão" surgiu como solução política autocrática frente ao processo de desagregação dos partidos governistas, vítimas de suas divisões internas e das próprias idiossincrasias do governo. Em desfavor do PMDB, radicalmente dividido entre suas correntes fisiológicas, moderadas e de esquerda, o "Centrão" reuniu conservadores de diversos partidos, expressando a nova correlação de forças presente no governo.

Sua ação na constituinte obrigou as forças de esquerda e antiautocráticas a negociar e reduzir uma série de direitos e conquistas aprovados na Comissão de Sistematização e aceitar a incorporação de diversos elementos da institucionalidade autoritária na nova Constituição, como a supremacia do Executivo sobre os outros poderes por meio da medida provisória e da indicação dos ministros do Supremo Tribunal Federal; a tutela militar, por meio da autonomia dos militares para definir assuntos de seu interesse e de seu direito de intervenção política graças à sua missão constitucional de manutenção da lei e da ordem interna; a estrutura partidária; a estrutura sindical estatal reformada; a preservação do aparelho repressivo e de informações; a manutenção do espírito da doutrina de segurança nacional na nova lei de defesa do Estado; e a legislação eleitoral favorável ao poder econômico e às forças políticas conservadoras. Ao mesmo tempo, parte expressiva dos direitos sociais e trabalhistas aprovados ficou dependendo de regulamentação posterior para adquirir plena validade. Em alguns casos a regulamentação feriu a lógica original que determinou a aprovação do direito, como na lei de greve, ou só aconteceu muitos anos depois. O resultado foi uma Constituição que estabeleceu uma institucionalidade democrática devidamente contraditada pelos elementos da institucionalidade autoritária que sobreviveram, legalizando e consumando o processo de reforma da autocracia burguesa, em curso desde o início da transição *lenta, gradual e segura*, e definindo um *Estado sincrético*[14], no qual os elementos políticos

---

[14] O conceito de Estado sincrético é desenvolvido por Florestan Fernandes, em *A revolução burguesa no Brasil*, cit., p. 321-53 e em *Apontamentos sobre a "Teoria do Autoritarismo"* (São Paulo, Hucitec, 1979).

democráticos combinam-se com os elementos oligárquicos e mesmo fascistas de modo altamente funcional para a preservação da ordem social burguesa, principalmente numa situação de crise de hegemonia. O massacre dos trabalhadores grevistas da Companhia Siderúrgica Nacional por tropas do Exército "legalmente" convocadas poucas semanas após a promulgação da nova Constituição é o símbolo final de um processo de mudança política e institucional que mais preservou do que modificou. A funcionalidade da autocracia burguesa reformada para a preservação da dominação burguesa no Brasil foi evidente, pois contribuiu não apenas para evitar que a crise de hegemonia se desdobrasse numa crise revolucionária, de consequências imprevisíveis, mas para afastar o fantasma da vitória eleitoral das forças antiautocráticas e criar as condições para o estabelecimento posterior de uma nova hegemonia burguesa.

Conclusão: do "Centrão" ao "Anti-Lula"

O papel da Aliança Democrática em todo esse processo foi impedir que a luta pela democratização e pela abolição da autocracia burguesa pudesse ir até o fim e ao fundo, no momento em que o cesarismo militar vivia sua crise terminal e a mobilização democrática atingia um ponto irreversível. Posteriormente, sua função foi preservar a institucionalidade autoritária reformada num momento em que as condições políticas para sua superação adquiriam enorme maturidade, adiando o desenlace final para o momento e o lugar em que as forças autocráticas teriam condições de impor seu programa político e seu horizonte histórico. O preço pago por esse papel foi a desagregação política da Aliança Democrática e uma crise de legitimidade nunca antes vista entre partidos governistas, tendo no "Centrão" seu herdeiro politicamente piorado, seu corolário historicamente necessário para a preservação da autocracia burguesa.

O avanço das forças antiautocráticas e dos partidos de esquerda a partir de 1988 e nas eleições de 1989, o racha que deu origem ao Partido da Social Democracia Brasileira (PSDB) e o desempenho pífio dos candidatos do PMDB e do PFL no pleito presidencial evidenciam o colapso histórico da Aliança Democrática. No entanto, sua lição de "conciliação pelo alto" e de composição ampla entre as forças autocráticas tinha sido aprendida e devidamente aplicada na articulação em torno da candidatura de Fernando Collor, o "Anti-Lula" capaz de abortar a última oportunidade de reverter os efeitos do golpe de 1964 e estabelecer uma perspectiva antiautocrática e verdadeiramente democrática. Mais tarde, outros "Anti-Lula" surgiram, inclusive ele em pessoa, mas em situações nas quais a autocracia burguesa não só já havia sido definitivamente salva do incêndio produzido pelas classes subalternas como reforçada e reposta em novas bases, da hegemonia neoliberal e da domesticação dos movimentos sociais. Esta, porém, já é outra história.

UMA TRANSIÇÃO À *LONG TERME*: A INSTITUCIONALIZAÇÃO DA AUTOCRACIA BURGUESA NO BRASIL

Anderson Deo

Introdução

Nas últimas duas décadas, o Brasil se inseriu definitivamente nos fluxos mundiais de reprodução do capital. Importante apontar que, na atual fase de internacionalização capitalista, a fração financeira[1] da burguesia mundial conduz tanto a dinâmica quanto a lógica da acumulação. Internamente, a hegemonia dessa mesma fração burguesa no interior do *bloco histórico*[2] se

---

[1] Sem nos debruçarmos propriamente sobre o debate das características da expansão do capital financeiro, tomamos as expressões "capital financeiro", "lógica financeira" e "fração financeira da burguesia" como forma de demonstrar a maneira pela qual o *capital portador de juros* – tal como definido por Marx – passou a imprimir sua lógica ao processo de internacionalização econômica, observada a partir da década de 1970. Encontramos a discussão original em Karl Marx, *El capital: crítica de la economia política*, Livro III (Cidade do México, Fondo de Cultura Económica, 2000), principalmente na seção V, intitulada "Desdoblamiento de la ganancia en interés y ganancia de empresario. El capital a interes", p. 326-572.

[2] Tomamos aqui, como referência, o conceito gramsciano de *bloco histórico*. Trata-se de compreender como os processos históricos expressam uma dada forma de valores econômicos, político-ideológicos, culturais, ético-morais, e como estes se edificam e se consubstanciam na forma de dominação de classe. Para uma análise aprofundada do conceito, ver fundamentalmente Antonio Gramsci, *Cadernos do cárcere* (Rio de Janeiro, Civilização Brasileira, 2000), 6 v., especialmente os v. 2 e 3, em que encontramos a discussão sobre o conceito de bloco histórico, respectivamente, nos cadernos 10 e 13. Importante análise sobre o tema, abordando a discussão, expondo e analisando a polêmica teórica em torno da obra gramsciana, pode ser encontrada em Hugues Portelli, *Gramsci e o bloco histórico* (Rio de Janeiro, Paz e Terra, 1977), no qual o autor aponta como uma das principais contribuições da análise gramsciana sobre esta temática o "vínculo orgânico" que o autor italiano explicita entre os níveis sociais da "estrutura e superestrutura", bem como o papel fundamental atribuído

consolida com os governos de Fernando Henrique Cardoso e Luiz Inácio Lula da Silva[3]. A lógica da acumulação a partir da valorização do capital fictício passa a determinar a estruturação econômico-política no interior das fronteiras nacionais. O período por nós analisado coincide com o momento de "definição" do modelo de inserção a ser adotado no Brasil, com vista à integração do país à lógica financeira mundial. Condicionado pela dinâmica desigual e combinada deste processo, o caráter essencialmente subordinado e dependente da economia brasileira se mantém, mas agora com novos condicionantes.

Analisar e debater o caráter da transição no país, entre os governos Ernesto Geisel e Fernando Collor de Mello, buscando compreender o processo – sua forma e conteúdo – de consolidação da *democracia brasileira*, constitui o escopo do presente artigo. A hipótese que orientou nossa investigação pode ser assim definida: o *interregno* que se inicia com o governo Geisel (1974-1979) e segue até a posse de Fernando Collor de Mello (1990) pode ser identificado como o período que denominamos como de uma transição *à long terme* pactuada. Vencidos os inimigos de classe, sobretudo o movimento comunista do pré-1964, a burguesia internamente instalada passa por um processo de recomposição *intraclasse,* com vistas ao retorno da ordem burguesa legalizada – "período da redemocratização" –, numa nova fase de internacionalização do capital (que se abre a partir de finais dos anos 1970) cujo núcleo orientador será o resgate da ortodoxia liberal como elemento dinamizador das relações sociais, econômicas e políticas.

Além dos embates no interior do bloco histórico burguês, próprio desse momento de recomposição da classe hegemônica, esta também enfrenta no período a ascensão dos movimentos sociais, sobretudo do movimento ope-

---

aos "intelectuais" como mediadores de tais relações; ver principalmente o capítulo 2, "A relação entre estrutura e superestrutura no seio do bloco histórico". Ver ainda Luciano Gruppi, *O conceito de hegemonia em Gramsci* (Rio de Janeiro, Graal, 1978).

[3] Para uma elucidação estatística do aumento da taxa de lucro do capital financeiro em relação às outras frações da burguesia no período, ver Reinaldo Gonçalves, "Desestabilização macroeconômica e dominação do capital financeiro no Brasil", em Eduardo M. Basualdo e Enrique Arceo (orgs.), *Neoliberalismo y sectores dominantes: tendencias globales y experiencias nacionales* (Buenos Aires, Clacso, 2006), p. 217. Na mesma coletânea, Armando Boito Jr. ainda argumenta que durante o primeiro mandato de Lula (2002--2005), observamos maior participação das frações industrial e agrária na composição do governo. No entanto, esta não faz frente ao conteúdo essencial da política econômica do governo, orientada sempre no sentido de valorizar o capital portador de juros (p. 238).

rário. Ao findar o período de *transição*, uma nova composição no interior do bloco burguês havia sido configurada, de modo que a hegemonia da fração financeira se explicita a partir da consolidação do modelo societal de corte *neoliberal*, implantado efetivamente no país por Fernando Henrique Cardoso e aprofundado e aperfeiçoado por Luiz Inácio Lula da Silva.

Podemos afirmar que o país ocupa hoje uma posição de protagonista no cenário imperialista internacional, pois atua de forma integrada em todos os momentos do complexo reprodutivo capitalista – *produção/circulação/distribuição (troca)/consumo*. Dito de forma direta, frações da burguesia internamente instalada exportam seus capitais mundo afora e reproduzem as mesmas práticas imperialistas que as burguesias dos polos centrais. Cabe apontar que a particularidade do capital-imperialismo brasileiro[4] manifesta seu caráter subordinado e dependente em relação ao núcleo do imperialismo mundial, reafirmando, ao mesmo tempo em que absorve (por ela é condicionada, mas, ao mesmo tempo a reproduz) aspectos historicamente presentes na particularidade brasileira[5].

A integração, ou a inserção subordinada aos fluxos internacionais do capital, foi possível a partir da constituição, no interior das fronteiras nacionais, de um novo bloco histórico burguês que alcança sua consolidação no período entre 1995 e 2006. As forças políticas responsáveis por tal processo foram os dois maiores partidos políticos de orientação social democrata presentes na realidade brasileira, Partido da Social Democracia Brasileira (PSDB) e Partido dos Trabalhadores (PT), no momento em que se anuncia a consolidação do regime democrático no país.

No entanto, cabe destacar um aspecto fundamental à compreensão do que caracteriza a democracia e sua objetivação na realidade brasileira: o

---

[4] Cf. Virgínia Fontes, *O Brasil e o capital-imperialismo: teoria e história* (Rio de Janeiro, EPSJV/UFRJ, 2010), p. 307.

[5] Sobre a discussão da particularidade brasileira, especificamente o processo de objetivação do capitalismo no Brasil, ver, entre outros, Caio Prado Jr., *Formação do Brasil contemporâneo* (São Paulo, Brasiliense/Publifolha, 2000) e *História econômica do Brasil* (São Paulo, Brasiliense, 1994); José Chasin, *O integralismo de Plínio Salgado: forma de regressividade no capitalismo hipertardio* (São Paulo, Ciências Humanas, 1978), principalmente o capítulo "Premissas, conclusões e futuras aproximações"; e Antonio Carlos Mazzeo, *Estado e burguesia no Brasil: origens da autocracia burguesa* (Belo Horizonte, Oficina de Livros, 1989) e *Sinfonia inacabada: a política dos comunistas no Brasil* (Marília/São Paulo, Editora da Unesp/Boitempo, 1999).

caráter marcadamente *autocrático* da burguesia que aqui historicamente se constitui. Tal característica se reproduz ao longo de nossa processualidade histórica, e aquilo que procuraremos debater diz respeito ao período em que a autocracia burguesa transita de sua forma explicitamente *clássica*, através da ditadura civil-militar, à forma *legal-institucionalizada*, cujo mote político-ideológico se identifica com a "redemocratização".

O presente artigo se divide em três partes. Iniciamos com a caracterização da autocracia burguesa no Brasil, como essa se reproduz objetivamente, freando qualquer possibilidade de avanço progressista – quiçá revolucionário – reivindicado pelos trabalhadores. Em seguida, debruçados sobre os fatos históricos, buscaremos argumentar como a transição *à long terme* representa o momento de pacto entre as várias frações burguesas internamente instaladas, que buscam o retorno à "legalidade democrática", porém, sem abrir mão de seu poder autocrático. Conclusivamente, procuraremos argumentar como a ordem social brasileira, pautada no Estado democrático de direito, representa a versão *jurídico-institucional* da autocracia burguesa no Brasil, no momento de contraofensiva do capital sobre o trabalho.

Autocracia burguesa e colonial-bonapartismo: a fórmula da dominação de classe no Brasil

Em alguns de seus escritos de 1905, ao analisar o processo revolucionário que se aprofundava naquele momento, Lenin refere-se à autocracia do czar como forma de caracterização do poder político opressor exercido pelo regime monárquico na Rússia, através de seu líder maior. Ao defender a necessidade tática de apoio, por parte da social democracia, à revolução democrática, argumenta que este processo abriria a possibilidade de participação política do proletariado e do campesinato, pois dado o caráter burguês daquela revolução, o consequente desenvolvimento capitalista que daí se desdobraria possibilitaria a superação dos "restos do antigo, as reminiscências do regime feudal (entre as quais estão não somente a autocracia, como também a monarquia)"[6]. Na argumentação de Lenin – com a qual concordamos –, ao apoiar a revolução democrático-burguesa, estaria o Partido Operário Social Democrata Russo avançando na sua própria luta,

---

[6] Vladimir Lenin, *Duas táticas da social-democracia na revolução democrática* (São Paulo, Livramento, s/d), p. 36.

pois ao garantir o caráter democrático da revolução, poderia o proletariado ampliar e aprofundar sua luta política contra a própria burguesia:

> por isto a revolução *burguesa é extremamente vantajosa para o proletariado*. A revolução burguesa é *absolutamente* necessária para os interesses do proletariado. Quanto mais completa e decisiva, quanto mais consequente for a revolução burguesa, tanto mais garantida estará a luta do proletariado contra a burguesia, pelo socialismo.[7]

Note-se que da composição argumentativa do revolucionário russo depreende-se a correta leitura sobre as singularidades daquele país, de seus resquícios feudais, que estavam em pleno processo de recomposição diante do – ainda tímido – avanço das relações econômicas capitalistas, inclusive no campo, dando origem à uma particularidade histórica cuja luta política pela democracia revelava um conteúdo progressista e revolucionário.

A complexidade desse momento histórico se revela ainda maior quando trazemos à tona o fato de a própria burguesia das nações capitalistas centrais revelar seu posicionamento fundamentalmente conservador a partir das Revoluções de 1848 e, principalmente, da Comuna de Paris, em 1871[8]. Da forma como entendemos, Lenin tinha a clareza de que o conteúdo progressista impresso à democracia pela burguesia era fundamentalmente abstrato e, portanto, limitado; a classe social responsável por fazer avançar a *democratização* da democracia era o proletariado, sendo que o aprofundamento desse processo apontava – como ainda aponta – à necessidade da revolução socialista.

Se é correto afirmar que a partir de meados do século XIX a burguesia já absorve, desenvolve e reproduz – como posicionamento de classe – um conteúdo político-ideológico conservador, também é preciso afirmar que este não se reproduz da mesma forma em todas as regiões em que o capitalismo começava a se objetivar[9]. São as particularidades históricas que condicionam a

---

[7] Idem.

[8] Karl Marx, *A burguesia e a contrarrevolução* (São Paulo, Ensaio, 1997) e *A guerra civil na França* (São Paulo, Boitempo, 2011)

[9] Como bem nos demonstra Marx, o desenvolvimento histórico particular não se dá no mesmo ritmo e da mesma forma em todos os lugares, mesmo quando "condicionados" por um mesmo conteúdo universalizante. Trata-se da lei da história a que Trotski denominou *lei do desenvolvimento desigual e combinado*; cf. Leon Trotski, *Historia de la Revolución Rusa* (Buenos Aires, RyR, 2007), p. 19-23 [ed. bras.: *História da Revolução Russa*, São Paulo, Sundermann, 2007]. Dito de outra forma, é a maneira pela qual os universais se singularizam historicamente, mediatizados pelas

forma como o capitalismo se objetiva no interior das fronteiras territoriais. No Brasil, a compreensão do processo que podemos identificar como *revolução burguesa* está intimamente relacionada com a forma através da qual o ideário liberal – portanto, o conteúdo teórico-filosófico-ideológico sob o qual essa teoria social se arrima – e as relações econômicas propriamente capitalistas se originam e desenvolvem. Nesse sentido, identificamos uma particularidade específica no capitalismo brasileiro, que traz consigo marcas de seu passado colonial, impressas na sua ontogeneticidade, e que ganham um novo patamar de reprodução a partir da objetivação do capitalismo no país.

Um dos aspectos fundamentais à compreensão da revolução burguesa no Brasil é a forma pela qual a burguesia vai compondo uma ordem política e econômica com claro conteúdo autocrático. Tal conteúdo se manifesta como uma especificidade própria do capitalismo brasileiro, onde os avanços progressistas da chamada "missão civilizadora" do capital, em termos econômicos ou políticos, serão alcançados a partir do tensionamento e da pressão das classes subalternas – no complexo da luta de classes no país – em seu confronto com a burguesia, ao longo do período em que podemos identificar a consecução do projeto burguês de sociabilidade. O que procuramos afirmar é que a origem da autocracia burguesa no Brasil está ontologicamente vinculada ao momento e à forma como o país se insere no processo de internacionalização do capital, a partir de sua emancipação política, em 1822. Característico desse processo são os contornos que o liberalismo assume no conjunto de *complexo de complexos* da realidade brasileira. Se no período das historicamente conhecidas *revoluções burguesas* dos séculos XVII e XVIII a teoria social liberal expressa um conteúdo revolucionário diante dos resquícios feudais do *ancien régime*, agora, no século XIX, ao reproduzir-se na realidade brasileira, absorverá um conteúdo claramente conservador e, em alguns momentos, violentamente reacionário.

O caráter da autocracia burguesa

A organização do bloco histórico hegemônico durante o período por nós analisado está diretamente relacionada à forma pela qual a autocracia burguesa se estrutura e se reproduz no país em períodos de legalidade constitucional.

---

particularidades próprias à cada realidade específica. Sobre o mesmo assunto, ver ainda Michael Löwy, "A teoria do desenvolvimento desigual", *Outubro*, São Paulo, Instituto de Estudos Socialistas, n. 1, 1988, p. 73-80.

Esta, por sua vez, manifesta-se a partir de uma forma de organização política que a aproxima daquele fenômeno identificado por Marx e Engels como *bonapartismo*[10]. Condicionado pelas particularidades próprias do desenvolvimento do capitalismo brasileiro, o bonapartismo absorve contornos específicos e reproduz uma forma também específica da autocracia burguesa, constitutiva do que aqui denominamos *colonial-bonapartismo*[11].

O bonapartismo é um regime político que nasce a partir do esgotamento das possibilidades revolucionárias do projeto burguês. Na França, sua "terra natal", as jornadas revolucionárias de 1848 explicitaram os limites da emancipação política sob o comando da burguesia, que passou a defender o poder que alcançara, lançando mão de uma forma de governo autocrática. Era preciso manter a ordem burguesa conquistada a partir de 1789; ampliar as conquistas burguesas em direção ao proletariado seria o equivalente a "cavar a própria cova". Portanto, era necessário interromper a revolução como forma de defender as conquistas – burguesas – até ali alcançadas, e a "melhor" forma encontrada foi o estabelecimento de um regime autocrático, baseado no braço militar do Estado, que passou a concentrar todos os poderes em torno da liderança do Executivo[12].

No entanto, se em suas origens o bonapartismo se caracteriza como um "regime político defensivo", estruturado para frear a ascensão revolucionária do proletariado, em sua variante *colonial,* no momento da transição da ditadura civil-militar para a ordem democrática, estas questões não estão

---

[10] Como é sabido, Marx desenvolve o conceito de bonapartismo a partir da análise das lutas de classe na França, num período abertamente de contrarrevolução, inaugurado com o golpe de Estado de Napoleão Bonaparte. Além da discussão da variante bonapartista na Alemanha de Bismarck, Engels foi responsável direto pelo desenvolvimento do próprio conceito, contribuindo de forma decisiva para a compreensão do fenômeno político em suas origens. É o que nos demonstra Paulo Barsotti, "Engels e o bonapartismo", em Oswaldo Coggiola (org.), *Marx e Engels na história* (São Paulo, Xamã, 1996), p. 231-48.

[11] O conceito é de autoria de Antonio Carlos Mazzeo, *Sinfonia inacabada*, cit.

[12] Ver Karl Marx, *A burguesia e a contrarrevolução*, cit. Paulo Barsotti, em seu citado "Engels e o bonapartismo", ainda nos oferece a seguinte definição: "Fica clara a caracterização do bonapartismo como um *regime político defensivo*, de contenção e repressão à luta de classes e de reafirmação da ordem social vigente. Este despotismo policial e militar cumpre o papel de 'salvador' da sociedade, colocando-se *aparentemente* acima das classes e de qualquer instituição parlamentar como árbitro exclusivo das contendas sociais" (p. 239).

colocadas, ou seja, não há nenhuma "ameaça revolucionária" de esquerda em processo no Brasil. O *colonial-bonapartismo*, em sua manifestação nos quadros da legalidade burguesa, foi a forma mais bem acabada de domínio político que a burguesia internamente instalada logrou arquitetar naquele contexto – mundial, diga-se de passagem – de ofensiva do capital sobre as conquistas históricas dos trabalhadores. Desde a perspectiva burguesa, era necessário conduzir um processo de transição que garantisse a volta da democracia, sem colocar em risco o caráter hegemônico de sua dominação e, diante das possibilidades, eliminar as conquistas sociais das classes subalternas brasileiras[13]. Passemos à caracterização da autocracia burguesa no Brasil, no momento de sua explicitação, através do expediente político do bonapartismo clássico durante a ditadura civil-militar, para em seguida delinearmos a transição à forma legalizada desta dominação de classe.

Em seu *A revolução burguesa no Brasil*, Florestan Fernandes nos apresenta um minucioso e acurado estudo sobre a objetivação do capitalismo no Brasil e a respectiva dominação político-societal burguesa que aqui vai se erigindo. Profundo em sua essência, polêmico e provocador como todo trabalho científico deve ser, a referida obra traz em seu seio a discussão daquilo que podemos identificar como a *particularidade* brasileira no que diz respeito ao tema proposto. Atentemo-nos, pois, para o seu subtítulo e verificaremos que, tomado de uma perspectiva marxiana, este aponta à necessidade de compreendermos o que faz da realidade histórica brasileira aquilo que ela essencialmente é; em uma expressão, a necessidade da *análise concreta a*

---

[13] Faz-se necessário aqui um esclarecimento. Como dito, o período de análise deste trabalho refere-se ao momento em que os militares brasileiros "transferem" o poder político aos civis. Compreendemos que o corte histórico desse processo correspondeu aos anos de 1974 a 1990. E, como em todo processo, a dinâmica da luta de classes produz alternativas, avanços e retrocessos, para os interesses de classe em disputa. Sendo assim, observamos que essa *transição à long terme* é marcada em determinado momento por avanços nas conquistas sociais – mesmo que nos quadros da legalidade burguesa – como, por exemplo, as conquistas expressas na Constituição de 1988. No entanto, a conclusão desse processo demonstra que até mesmo aquelas conquistas foram usurpadas, sobretudo no período que se abre a partir de 1995, com os governos FHC e Lula. As *reformas constitucionais*, a partir de 1992, empreendidas por ambos os governos ilustram o que afirmamos. Para um aprofundamento dessa argumentação, ver Anderson Deo, *A consolidação da social democracia no Brasil: forma tardia de dominação burguesa nos marcos do capitalismo de extração prussiano-colonial* (Marília, Universidade Estadual Paulista, 2011), tese de doutoramento em ciências sociais.

partir da realidade concreta, formulação tão cara a Florestan, a ponto de seu *conteúdo metodológico* produzir uma inflexão na própria trajetória intelectual e política do autor[14].

Um dos elementos centrais da argumentação de Florestan, e que aqui nos interessa diretamente, é a afirmação de que a relação entre a dominação burguesa e a transformação capitalista é "altamente variável", variação esta condicionada pelo desenvolvimento histórico de cada país, região etc. Segundo o autor, "a transformação capitalista não se determina, de maneira exclusiva, em função dos requisitos intrínsecos do desenvolvimento capitalista"[15]. Isto porque tais requisitos interagem com os vários elementos histórico-concretos presentes na formação social de uma determinada região, delimitando:

1º) como se concretizará, histórico-socialmente, a transformação capitalista; 2º) o padrão concreto de dominação burguesa (inclusive, como ela poderá compor os interesses de classe extraburgueses e burgueses – ou, também, os interesses de classe internos e externos, se for o caso – e como ela se impregnará de elementos econômicos, socioculturais e políticos extrínsecos à transformação capitalista); 3º) quais são as probabilidades que tem a dominação burguesa de absorver os requisitos centrais da transformação capitalista (tanto os econômicos quanto os socioculturais e os políticos) e, vice-versa, quais são as probabilidades que tem a transformação capitalista de acompanhar, estrutural, funcional e historicamente, as polarizações da dominação burguesa, que possuam um caráter histórico construtivo e criador.[16]

Observamos, portanto, na formulação de Fernandes que, para compreendermos a formação histórica de uma região – no nosso caso, do Brasil – é preciso analisar a forma *específica* pela qual esta *particularidade* absorve, produz e reproduz a *totalidade* do modo de produção capitalista, dando origem (ou reproduzindo com novas especificidades) formas societais também específicas. Portanto, para compreender a forma de dominação

---

[14] Foge às pretensões deste escrito a discussão do itinerário político-intelectual de Florestan Fernandes; para o escopo de nosso trabalho, basta apenas apontar que a expressão de Lenin possui um conteúdo revolucionário, percorrendo a mesma senda aberta por Marx e Engels, e que sua devida compreensão orientou uma *práxis revolucionária*, marcadamente presente na trajetória de Florestan Fernandes.

[15] Florestan Fernandes, *A revolução burguesa no Brasil: ensaio de interpretação sociológica* (Rio de Janeiro, Guanabara, 1987), p. 289.

[16] Ibidem, p. 289-90.

política que a burguesia brasileira estrutura no país, é preciso levar em conta as especificidades de nossa formação social no momento em que o projeto capitalista passa a ganhar forma e conteúdo hegemônicos[17].

No caso brasileiro, o processo de formação do Estado nacional se desenvolveu num momento em que o capitalismo mundial caminhava para sua configuração monopolista, sobretudo na segunda metade do século XIX. Todo esforço de uma acumulação capitalista com elementos políticos endógenos se configurou a partir da herança econômica colonial, que conjugou a absorção e reprodução ideológico-política do liberalismo em sua fase de claro recuo conservador, onde as transformações sociais – com possível conteúdo progressista – foram abortadas em nome da conservação da ordem político-econômica interna, como se as "ideias estivessem fora do lugar"[18], reproduzindo de forma *anômala* os ideais burgueses no país. O bloco histórico que passou a controlar politicamente o país trouxe consigo o vínculo colonial prussiano, o qual, que mesmo com a reversão endógena do acúmulo de capitais não rompe com o caráter agrário-exportador, mantendo assim os vínculos de subordinação associada aos polos centrais do capital, agora em pleno contexto de consolidação do imperialismo[19].

Com esse rápido delineamento da formação do Estado nacional no Brasil, podemos afirmar que o caráter "dependente" e "subdesenvolvido" das nações periféricas em relação aos centros capitalistas não é rompido, mas sim restabelecido em novos patamares, agora definidos a partir da lógica imperialista de reprodução do capital. Como o projeto burguês se encontra em claro descenso conservador – e em algumas regiões, os primeiros vagidos reacionários já se faziam ouvir no final do século XIX – as conquistas progressistas, democráticas, da fase clássica das revoluções burguesas, são abortadas pela própria burguesia. Ao contrário, "o que se concretiza, embora com intensidade variável, é uma forte dissociação *pragmática* entre

---

[17] O autor deixa claro que é preciso evitar os erros que apontam para uma mera "repetição da história", ou ainda para o "desencadeamento automático" de modelos políticos de dominação; ver ibidem, p. 292.

[18] Devemos a expressão a Roberto Schwarz, que em seu magnífico ensaio "As ideias fora do lugar", em *Ao vencedor as batatas* (São Paulo, Duas Cidades/Editora 34, 2000), analisa as contradições próprias da realidade brasileira no momento histórico em que o liberalismo passa a ser absorvido e reproduzido como ideologia e prática política da classe dominante.

[19] Ver Antonio Carlos Mazzeo, *Estado e burguesia no Brasil*, cit.

desenvolvimento capitalista e democracia". Ou seja, o desenvolvimento capitalista, a *modernização*, passa a contar com o poder autocrático da burguesia para se desenvolver, pois "o que 'é bom' para intensificar ou acelerar o desenvolvimento capitalista entra em conflito [...] com qualquer evolução democrática da ordem social"[20].

O que Florestan Fernandes nos demonstra é que o alcance e os efeitos "emancipatórios" da revolução burguesa em países da periferia capitalista se restringem às classes sociais proprietárias, que passam a reproduzir uma forma específica de dominação burguesa, necessária ao desenvolvimento do modo de produção do capital.

Do ponto de vista de suas conquistas econômico-sociais, as consequências para as classes subalternas são extremamente prejudiciais, pois

> [a] extrema concentração social da riqueza, a drenagem para fora de grande parte do excedente econômico nacional, a consequente persistência de formas pré ou subcapitalistas de trabalho e a depressão medular do valor do trabalho assalariado, em contraste com altos níveis de aspiração ou pressões compensadoras à democratização [...] sobrecarregam e ingurgitam as funções especificamente políticas da dominação burguesa (quer em sentido autodefensivo, quer numa direção puramente repressiva.[21]

Ou seja, para manter seu domínio, a burguesia brasileira lança mão do expediente político – "defensivo" e/ou "repressivo" – dos golpes de Estado, diante da "ameaça" das classes subalternas avançarem em suas reivindicações *democratizantes* no processo da luta de classes no país. A *modernização* capitalista ocorre, portanto, mantendo elementos essencialmente conservadores de nossa formação política e social[22]. A era das "burguesias conquistadoras" fora esgotada, sendo que esta classe, em suas variadas frações da periferia e das nações centrais capitalistas, "possui interesses que vão noutra direção. Elas querem: *manter a ordem, salvar e fortalecer o capitalismo, impedir que a dominação burguesa e o controle burguês sobre o Estado nacional se deteriorem*"[23]. Esse caráter se radicaliza diante da vitória da alternativa socialista soviética na

---

[20] Florestan Fernandes, *A revolução burguesa no Brasil*, cit., p. 292.
[21] Ibidem, p. 293.
[22] A esse respeito, ver o esclarecedor ensaio de João Paulo Netto, "Notas sobre democracia e transição socialista", em *Democracia e transição socialista: escritos de teoria e política* (Belo Horizonte, Oficina de Livros, 1990).
[23] Florestan Fernandes, *A revolução burguesa no Brasil*, cit., p. 294; grifos do original.

Rússia, a partir de 1917. A ofensiva socialista que se inaugura com a Revolução Bolchevique é um dos elementos essenciais para compreendermos as variações fenomênicas *da* e *na* forma burguesa de dominação política durante o século XX, seja para identificar o caráter da social democracia europeia, a decadência político-ideológica burguesa expressa no nazifascismo, seja a forma autocrática que ela assume na periferia, como no caso brasileiro, que se aprofunda com o golpe de Estado civil-militar de 1964.

É nesse sentido que podemos identificar uma variante do *bonapartismo* na formação político-social brasileira. Variação esta que traz em seu "gene" o caráter *colonial*, ou seja, do *historicamente velho*, que se transforma, *modernizando-se*, e fazendo-se *historicamente novo*, porém, sem romper radicalmente com a *forma de ser e ir sendo* da particularidade brasileira, e como forma política específica dessa particularidade, que aqui denominamos *colonial-bonapartismo*[24]. Assim, a alternativa político-defensiva bonapartista foi o expediente pelo qual a burguesia internamente instalada se utilizou para barrar um possível projeto democrático-nacional, em gestações no pré-1964. A autocracia burguesa no Brasil, em sua variante colonial-bonapartista, aborta toda e qualquer possibilidade de ampliação das conquistas democráticas por parte dos subalternos.

Transição pactuada: conteúdo e forma

O pressuposto que aqui nos orienta se fundamenta no fato de que a autocracia burguesa se explicitou a partir dos governos de corte bonapartistas que se inauguram em 1964. Os fatos históricos nos dão a exata medida deste domínio, que se utilizou das formas mais desumanamente criminosas para calar política e fisicamente toda e qualquer fração social que aspirasse a um "sopro" sequer de democratização das relações societais no país[25]. A ditadura, como não poderia deixar de ser, tinha também uma função econômica: promover a modernização das relações capitalistas no país, pautada no tripé *investimento estatal, capital estrangeiro e capital nacional*, sob a hegemonia das

---

[24] Antonio Carlos Mazzeo, *Sinfonia inacabada*, cit.

[25] A bibliografia sobre os "anos de chumbo" e as formas de resistência desenvolvidas por organizações contrárias aos governos civil-militares é por demasiado extensa. A título de primeira aproximação sobre o período nos parece importante a fundamental obra de Jacob Gorender, *Combate nas trevas. A esquerda brasileira: das ilusões perdidas à luta armada* (São Paulo, Ática, 1987).

frações imperialistas da burguesia mundial, já em processo de financeirização. Porém, este modelo econômico foi o desencadeador de uma crise que assumiu contornos políticos, a partir de 1974. Na verdade, a crise capitalista se manifesta em escala e amplitude mundiais, demonstrando o esgotamento de um longo ciclo de crescimento econômico que se iniciou no pós-Segunda Guerra Mundial[26]. Diante da crise, bem como de seu caráter de "exaustão de um tipo de padrão acumulador"[27], as frações de classe burguesas passam a discutir a necessidade de recomposição do bloco histórico, com vistas ao reordenamento político, sem que com isso fosse colocada em risco a diretriz político-econômica da burguesia brasileira, que se fundamentava na necessidade de inserção – ou de aprofundamento desta – sócio-subordinada aos fluxos internacionais de reprodução do capital.

No entanto, a crise econômica produz efeitos nefastos ao conjunto dos assalariados brasileiros, o que faz renascer o discurso e o projeto de ampliação da democracia. Uma rápida análise dos acontecimentos se faz necessária.

Ao assumir o poder em março de 1974, o general Ernesto Geisel sinaliza com a possibilidade do retorno ao "regime democrático". Depois de derrotado todo movimento de oposição ao governo saído das casernas, chegara o momento do "retorno à democracia". No entanto, este processo de "redemocratização" deveria se caracterizar como um processo "gradual, mas seguro, (de) aperfeiçoamento democrático". Assim, num movimento de constante distensão/contração, os militares "transfeririam" o poder aos civis sem colocar em risco a dominação burguesa no país[28].

No mesmo ano de 1974 foram realizadas eleições parlamentares, e o MDB, partido que condensava institucionalmente todas as forças políticas de oposição à ditadura, obteve uma significativa vitória frente ao partido da ordem, a Arena[29], demonstrando uma clara insatisfação da população brasileira com os governos militares.

---

[26] Cf. Ernest Mandel, *A crise do capital: os fatos e sua interpretação marxista* (São Paulo/Campinas, Ensaio/Editora da Unicamp, 1990).

[27] Antonio Carlos Mazzeo, *Sinfonia inacabada*, cit., p. 118.

[28] Como mais um capítulo da modernização conservadora brasileira, muitos civis que ocuparam as mais diversas esferas do poder em 1985 estiveram umbilicalmente ligados ao regime militar. O maior exemplo foi a posse de José Sarney.

[29] O MDB elegeu dezesseis senadores (obtendo 15 milhões de votos), contra cinco senadores eleitos pela Arena (12 milhões de votos).

Dois outros acontecimentos foram decisivos à retomada das lutas sociais pela "redemocratização" do país. O jornalista Vladimir Herzog e o operário Manuel Fiel Filho foram assassinados nos porões do DOI-Codi em São Paulo, respectivamente em 1975 e 1976. Vitimados pela Operação Bandeirante (Oban), a repercussão das duas mortes evidenciava as práticas de tortura exercidas pelos agentes da repressão sob o comando dos militares. Setores da classe operária, da pequena burguesia e da Igreja – sobretudo da Igreja Católica – passam a se manifestar numa clara postura de questionamento do regime[30].

A reação das casernas não tardaria. Em 1977, o Poder Executivo encaminha uma proposta de reforma do Poder Judiciário ao Congresso, que, por sua vez, recusa a proposta governista. Diante da derrota, Geisel se utiliza das prerrogativas estabelecidas pelo AI-5 e dissolve o Congresso Nacional. Esta seria uma das medidas inseridas no chamado Pacote de Abril, que, além da reforma no judiciário, estabeleceu também mudanças na estrutura de representação política do Congresso. De acordo com as novas diretrizes, um terço dos senadores seriam escolhidos indiretamente – os "senadores biônicos" –, o que garantiria o controle do senado por parte do Executivo. Lembremo-nos que 1978 seria um ano eleitoral, e a derrota sofrida pela Arena no pleito anterior poderia se repetir. Para tanto, lançando-se dos pressupostos básicos de um governo classicamente autocrático, Geisel criou os "mecanismos institucionais" para garantir a continuidade da abertura "lenta, gradual e segura"[31]. Passado o período eleitoral e tendo garantido o processo sucessório, Geisel acenaria com novas medidas "democráticas", como o fim gradual da censura e a Emenda Constitucional n. 11, de 13 de outubro de 1978, que pôs fim ao Ato Institucional n. 5.

Em 1979, já durante o governo do general João Baptista de Oliveira Figueiredo, foi aprovada uma reforma política que extinguia o MDB e a Arena, e estabelecia uma reforma partidária. Podemos entender esta reforma como uma clara tentativa das forças políticas conservadoras de fragmentar a oposição no país, proposta esta que alcançou os resultados esperados. A Arena se transformou no Partido Democrático Social (PDS); o MDB passa

---

[30] Lembremo-nos do culto ecumênico realizado na Catedral da Sé, em outubro de 1975, que contou com grande participação popular, transformando-se num ato político contra a ditadura.

[31] Outras medidas tomadas nesse momento ilustram o que argumentamos: os governadores estaduais seriam escolhidos indiretamente; o mandato presidencial passou de cinco para seis anos; e a chamada Lei Falcão impôs uma mordaça aos candidatos da oposição que disputariam as eleições de 1978.

a ser denominado Partido do Movimento Democrático Brasileiro (PMDB); antigos membros do MDB (re)fundaram o Partido Trabalhista Brasileiro (PTB), sendo que um outro setor dos trabalhistas, com uma postura à esquerda de seus antigos aliados, funda o Partido Democrático Trabalhista (PDT); o Partido Popular (PP) tem vida curta, sendo incorporado ao PMDB em 1982; em 1980, oriundo da retomada do movimento operário e das lutas sociais no país, nasce o Partido dos Trabalhadores (PT); o Partido Comunista Brasileiro (PCB) e o Partido Comunista do Brasil (PCdoB) só teriam existência legal a partir de 1985. Diante do esfacelamento da oposição em partidos distintos, aquelas forças políticas que se posicionavam à esquerda, no interior do bloco formado pelo (agora) antigo MDB, perdem espaço no cenário político-institucional. A estratégia da fragmentação colocada em curso pelo Poder Executivo tinha um único e exclusivo objetivo: barrar o avanço da oposição nas eleições diretas para governador em 1982. No entanto, fazia-o em nome da democracia, que passa a absorver contornos de legalidade, mas mantém seu caráter autocrático.

Ainda no mesmo ano da reforma partidária, precisamente em 28 de agosto, é aprovada a Lei de Anistia, que permitiu o retorno ao Brasil dos perseguidos pela ditadura, bem como a liberdade para todos os presos políticos. Vitória dos movimentos sociais, a anistia "ampla, geral e irrestrita" foi habilmente utilizada pelos militares, pois atribuiu "legalidade" aos homicídios e atrocidades cometidos pelos torturadores e seus mandantes, que continuam gozando de plena liberdade até o presente momento.

No entanto, a "crise do Milagre"[32], desencadeada em meados dos anos 1970, fez renascer o movimento operário no país. Mesmo diante da estrutura intervencionista e repressiva do Estado, os sindicatos passaram a organizar greves questionando as péssimas condições de trabalho e o altíssimo custo de vida, as elevadas jornadas e os baixos salários. Assim, ao cruzarem os braços, colocavam em xeque os alicerces do modelo econômico que deram origem ao famigerado "Milagre Brasileiro".[33]

Como resultado direto da reorganização sindical, em 1983 foi fundada a Central Única dos Trabalhadores (CUT), intimamente ligada às lutas

---

[32] Ver Paul Singer, *A crise do "Milagre"* (2. ed., Rio de Janeiro, Paz e Terra, 1976), entre outros.

[33] Cf. José Chasin, "As máquinas param, germina a democracia!", *Escrita Ensaio*, São Paulo, ano IV, n. 7, 1980, p. 107-32.

que insurgiram no ABC paulista a partir de 1978. No mesmo ano de fundação da CUT, sindicatos liderados por grupos que discordavam da direção daquela entidade fundaram a Coordenação Nacional da Classe Trabalhadora (Conclat).

Em 1984, as ruas das principais capitais brasileiras foram tomadas por multidões que reivindicavam Diretas Já para a escolha do próximo presidente da República. A proposta de Emenda Constitucional apresentada pelo deputado federal Dante de Oliveira (PMDB-MT) estabelecia eleições diretas para a escolha do próximo presidente, já em 1985. Mesmo com apoio de aproximadamente 90% da população do país, e defendida por uma aliança política composta por setores sociais de centro-esquerda, que movimentou milhões de manifestantes pelas ruas brasileiras, a Emenda foi barrada no Congresso, pois os setores conservadores conseguiram impedir que a proposta alcançasse a votação mínima necessária à sua aprovação (320 votos). Mais uma vez, a transição era garantida de forma a não promover nenhuma transformação radical, sequer significativa, que pudesse indicar qualquer mudança na trajetória histórico-social brasileira. A transição pactuada era assim garantida, explicitando mais uma vez o caráter conservador da modernização brasileira. Nas eleições indiretas para a escolha do próximo presidente, tais características foram profundamente reafirmadas.

No processo de sucessão de 1985, concorreram à presidência Paulo Maluf pelo PDS e Tancredo Neves pelo PMDB. Em 15 de janeiro, Tancredo foi eleito com grande maioria pelo Colégio Eleitoral, tendo como seu vice José Sarney, político historicamente vinculado à Arena e, portanto, às forças mais reacionárias e conservadoras deste país. Sarney se aliou ao PMDB logo após as prévias do PDS indicarem Maluf para concorrer no Colégio eleitoral – Flávio Marcílio, do Piauí, era o vice. A dissidência do PDS foi liderada por "arenistas" históricos, tais como Antonio Carlos Magalhães, Aureliano Chaves (vice-presidente de Figueiredo), Jorge Bornhausen, Marco Maciel, além do próprio Sarney, que ocupava a presidência do PDS à época. Formaram a Frente Liberal, posteriormente denominado Partido da Frente Liberal (PFL), atual Democratas (DEM). Como sabemos, Tancredo morre antes de assumir e Sarney toma posse como presidente em 15 de março de 1985. O Brasil voltava a ter um presidente civil vinte e um anos após a deposição de João Goulart (1964). No entanto, as mesmas forças políticas que "apearam" Jango do poder e deram sustentação à autocracia burguesa em mais uma fase militar-bonapartista permaneceram à frente do comando da nação após os militares "baterem em retirada". Era preciso mudar para que tudo permanecesse como sempre esteve![34]

Se é certo que a transição caminhava nos moldes planejados pelo governo Geisel, esta ocorria não sem enfrentar grandes mobilizações por parte da classe trabalhadora e de setores da pequena burguesia. A organização do PT e da CUT e o avanço das lutas sociais por todo o país fizeram com que a burguesia recuasse diante de reivindicações históricas dos trabalhadores. Tal argumentação pode ser constatada com a promulgação da Constitucional de 1988. Dado seu caráter – em alguns aspectos, progressista – podemos afirmar que a *Constituição cidadã* é o arcabouço jurídico-institucional mais próximo que o país conseguiu alcançar de um modelo de Estado de bem-estar social[35].

Esta concessão feita pela burguesia só pode ser compreendida se observarmos o avanço das lutas sociais na década de 1980. Resultado direto das péssimas condições econômicas pelas quais o Brasil passava, os trabalhadores brasileiros realizaram uma média de quatro mil paralisações ao ano[36], indicando claramente o renascimento do sindicalismo no país. No campo, a luta por reforma agrária liderada pelo Movimento dos Trabalhadores Rurais Sem Terra (MST) explicitava todas as mazelas decorrentes da particularidade prussiana no desenvolvimento capitalista brasileiro.

Diante desse quadro, a burguesia internamente instalada recuou estrategicamente durante os debates legislativos constitucionais. Após as eleições de 1986, o PMDB emergiu no cenário político brasileiro como a principal força política. Dos 23 governadores possíveis, o partido elegeu 22. Na Assembleia Nacional Constituinte empossada em 1987, frações desse partido se aliaram ao PDS e ao PFL, compondo um "núcleo duro" conservador alcunhado "Centrão", isolando os partidos com uma postura política mais

---

[34] Tomamos aqui a expressão de Tomasi de Lampedusa, em seu romance *O leopardo* (São Paulo, Abril Cultural, 1979), ambientado durante o *Risorgimento* italiano.

[35] Alguns direitos sociais, historicamente reivindicados pelos trabalhadores brasileiros, foram incluídos à Carta de 1988, entre eles: o sistema de seguridade social universal (estendido aos trabalhadores rurais), o sistema de saúde e educação universais, sob responsabilidade da União, estados e municípios, o direito à greve e a licença-maternidade. Ver João Paulo Netto, "FHC e a política social: um desastre para as massas trabalhadoras", em Ivo Lesbaupin (org.), *O desmonte da nação: balanço do governo FHC* (Petrópolis, Vozes, 1999).

[36] Cf. Karen Camacho, "Sindicalização cai pela metade depois da década de 80", *Folha de S.Paulo*, 12 maio 2008.

progressista, como PCB, PT, PCdoB e PDT. É nesse período que setores do PMDB começam a articular uma ruptura no interior da legenda que daria origem ao Partido da Social Democracia Brasileira (PSDB), em 1988. Mesmo com tal composição política, os avanços sociais na Constituição só foram possíveis devido ao acirramento das lutas de classes no Brasil.

Ao mesmo tempo em que os debates constitucionais se acirravam, as condições econômicas do país se deterioravam. Mesmo após três planos econômicos – Cruzado I, Cruzado II e Plano Verão – a hiperinflação no país não demonstrava sinais de recuo. O governo Sarney chega a declarar a suspensão (moratória) no pagamento da dívida externa[37]. As disputas entre as vertentes econômicas "heterodoxas" e "ortodoxas", presentes no interior da aliança política que arrimava o governo Sarney, faziam-se perceber. Os primeiros vagidos de um projeto de retomada da ortodoxia liberal no Brasil derivam desse momento, sem, no entanto, a condição de se transformarem em força hegemônica, pois a fração industrial da burguesia internamente instalada se sobrepunha à sua congênere financeira, comandando os destinos político-econômicos do país[38], além do inimigo de classe comum a ser combatido naquele momento de ascenso das lutas sociais. As eleições de 1989 se aproximavam e apontavam para o principal candidato *na* esquerda como favorito. Tratava-se do metalúrgico Luiz Inácio Lula da Silva.

O debate da transição *à long terme* é também o debate da composição de um novo bloco de hegemonia burguesa no país. Ao nos debruçarmos sobre o processo de transição, observamos que existem cisões no interior da própria burguesia que, enquanto classe social, fragmenta-se em frações específicas de representação. A luta de classes envolve a compreensão não só das disputas *entre* as classes antagônicas, mas também a análise das disputas *intraclasse*, que imprimem uma determinada orientação nas ações políticas e econômicas do bloco histórico hegemônico[39].

---

[37] Ricardo Carneiro, *Desenvolvimento em crise: a economia brasileira no último quarto do século XX* (São Paulo/Campinas, Editora da Unesp/IE-Unicamp, 2002).

[38] Luiz Filgueiras, *História do plano real* (3. ed., São Paulo, Boitempo, 2006).

[39] Nossa conceituação se aproxima aqui da oferecida por Poulantzas quando este analisa o *bloco de poder hegemônico*, bem como a composição e a atuação das *frações de classe* no interior do bloco. Porém, diferentemente do autor, não consideramos que exista algum tipo de "autonomia relativa" das instâncias intermediárias entre "estrutura" e "superestrutura" que possam desempenhar o papel de "polo dominante" segundo as conjunturas analisadas. Utilizamos assim o conceito gramsciano de "bloco histórico"

Assim, observamos que durante o período de 1974 a 1989, duas questões influenciaram decisivamente a composição do bloco histórico burguês: a primeira diz respeito ao recuo estratégico que a burguesia teve de promover diante do avanço das lutas de classes no Brasil. Com relação a este aspecto, é preciso apontar que não havia unanimidade no interior do bloco histórico burguês em formação de qual "caminho adotar". Setores reacionários representados principalmente pelo PDS propunham saídas que remetiam ao período das casernas; o "Centrão" – posição majoritária naquele cenário – defendia o caminho negociado do recuo momentâneo; alguns setores mais progressistas, sobretudo do PMDB, defendiam o avanço nas conquistas sociais. Mas tais divisões eram também reflexo da crise econômica pela qual o país passou nos anos 1980. Os interesses em jogo envolveram principalmente as frações financeira e industrial da burguesia que disputavam no interior do bloco a condução do desenvolvimento econômico brasileiro. A questão da inserção no mercado mundial estava colocada na ordem do dia desde a crise do "Milagre". A grande interrogação era qual modelo adotar.

Os contornos finais da construção desse novo bloco histórico só foram definidos a partir do governo Collor, e a fração financeira da burguesia internamente instalada seria a grande vitoriosa. O modelo inaugurado por Collor representou a reestruturação do complexo econômico-social brasileiro, com vistas a inserir o país nos ciclos internacionais da mundialização do capital, cuja orientação, ritmo e lógica obedeciam às "ordens" do capital financeiro. No entanto, a hegemonia da fração financeira do capital no interior do bloco histórico somente se confirmaria com a ascensão de Fernando Henrique Cardoso[40], período este em que a tão propalada "consolidação da democracia" desdobrou-se em contornos finais, concluindo assim o que

---

como "unidade entre a natureza e o espírito (estrutura e superestrutura), unidade dos contrários e dos distintos"; em Antonio Gramsci, *Cadernos do cárcere*, cit. Contudo, consideramos pertinente a análise de Poulantzas quando este afirma que as disputas *intraclasses* se desdobram numa hegemonia no interior do próprio bloco de poder, uma espécie de "hegemonia na hegemonia burguesa". Mas estas estão, no nosso entendimento, intimamente vinculadas aos interesses econômicos destas frações de classe. Para a discussão dos conceitos de bloco de poder hegemônico e sua relação com as frações de classe, ver Nicos Poulantzas, *Poder político y clases sociales en el estado capitalista* (Cidade do México, Siglo XXI, 2007). Para uma primeira crítica sobre a "autonomia relativa", ver Gildo M. B. Brandão, "Totalidade e determinação econômica", em *Temas de Ciências Humanas*, São Paulo, Grijalbo, v. 1, 1977.

[40] Cf. Anderson Deo, *A consolidação da social democracia no Brasil*, cit.

aqui denominamos como uma *transição à long terme* pactuada. É também a partir do governo FHC que a autocracia burguesa no Brasil se consolida em sua variante legal-institucionalizada, conformando os atuais contornos do colonial-bonapartismo no Brasil. Aqui nos aproximamos particularmente do conceito de *bonapartismo soft*, desenvolvido por Domenico Losurdo[41]. Passemos à sua caracterização e à identificação com o caso brasileiro.

A autocracia burguesa em sua variante legal-institucionalizada

Diferentemente do bonapartismo clássico, cuja liderança é mantida no poder a partir de um golpe de estado, em sua "versão suave" esta forma de domínio político burguês é capaz de se assegurar no tempo sem a necessidade de uma intervenção militar. Mas o fundamento para que isso ocorra é o mesmo em todas as variantes bonapartistas: a legitimidade atribuída pelo apoio da maioria. Se na França de Luís Bonaparte o consenso, ou, melhor dizendo, a legitimidade veio através da verificação plebiscitária, no Brasil da "redemocratização" tal apoio se manifesta através do "sufrágio universal". Este passa a ser o princípio que legitima as lideranças que assumem a presidência do país. A identificação com as "massas" é verificada através de eleições regulares. Devido às características do sistema político-eleitoral, que se baseia no colégio uninominal, valoriza-se amplamente o candidato, em detrimento da discussão de seus projetos políticos. Enquanto o voto em lista possivelmente colocaria num segundo plano a figura da liderança, abrindo espaço para o debate partidário, o voto uninominal "personaliza a luta eleitoral", transformando o partido em mero veículo institucional, ao mesmo tempo que valoriza e reproduz a relação da liderança com o "povo", quando o líder passa a investir em sua imagem com o intuito de criar uma

---

[41] Ver, do autor, *Democracia ou bonapartismo: triunfo e decadência do sufrágio universal* (Rio de Janeiro/São Paulo, Editora da UFRJ/Editora da Unesp, 2004). A análise de Losurdo recai sobre o caso estadunidense: o autor procura demonstrar como o modelo democrático daquele país se aproxima das formas clássicas de bonapartismo, desenvolvendo características específicas que permitem identificá-lo como uma forma "suave" de sua manifestação. Entendemos que muitas das características presentes na realidade política dos Estados Unidos podem ser encontradas no Brasil, como aquilo que Losurdo define como *monopartidarismo competitivo* e o caráter *plebiscitário* do sufrágio universal das democracias atuais. Discutiremos esses conceitos ao longo de nossa argumentação.

identidade com a "massa" dos eleitores. Esta, dado o baixíssimo grau de formação e consciência política, será facilmente influenciada pelo carisma exercido pelas lideranças. Nesse sistema, os representantes eleitos para o Poder Legislativo aparecem ao eleitorado como representantes de interesses locais, abrindo espaço ao presidente, ao "líder propriamente dito", para que este surja como o verdadeiro representante da nação, como seu "único intérprete" e que somente a ela deve responder[42].

Nesse contexto, o discurso hegemônico reproduz as formulações ideologicamente orientadas que apontam para a inexistência de interesses de classes antagônicas, ou, de outra forma, coloca o presidente da República acima e imune aos interesses particulares e aos conflitos sociais. Pelo contrário, este é o representante dos interesses do "povo brasileiro", da nação como um todo, pois exerce a função de representante único e supremo do país. Subjaz a esse tipo de discurso a concepção de que a "massa" carece de um líder, de um grande tutor para orientá-la nos caminhos corretos rumo ao desenvolvimento e ao progresso. Trata-se, antes de tudo, de garantir a ordem socialmente existente, pautada na propriedade privada dos meios de produção, e protegê-la de qualquer tipo de ameaça derivada da ampliação das lutas dos trabalhadores[43].

As massas devem participar da política através do sufrágio, mas não podem estar organizadas através dos sindicatos ou partidos que ampliem e aprofundem o debate político, que envolvam grandes temas e projetos de interesse nacional, quiçá em polêmicas que pretendam superar o capitalismo. É a redução da discussão política ao mero "jogo institucional", dos meandros parlamentares, da análise cotidiana das estruturas de governo e de todas as mazelas que a mesma reproduz. Para utilizarmos a conceituação gramsciana, trata-se do predomínio ou da hegemonia da *pequena política* sobre a *grande política*[44]. Reproduz-se dessa forma o princípio liberal da

---

[42] Ibidem, p. 64.

[43] Segundo Domenico Losurdo, a tarefa de "tutor da multidão criança" é a de garantir "nas novas condições [...] a segurança da propriedade privada contra a intrusão de um poder político prevaricador, que nutre do *pathos* do *citoyen* e das reivindicações sociais das classes populares"; ibidem, p. 67.

[44] Ver, a respeito, Carlos Nelson Coutinho, "A hegemonia da pequena política", em Francisco de Oliveira, Ruy Braga e Cibele Rizek (orgs.), *Hegemonia às avessas: economia, política e cultura na era da servidão financeira* (São Paulo, Boitempo, 2010).

"multidão criança", onde os subalternos devem ser guiados politicamente devido à sua incapacidade de pensar as "grandes" questões políticas.

A personificação do poder é uma característica central do fenômeno bonapartista, pois a celebração do "líder carismático" – uma espécie de culto ao herói – passa a ser o principal instrumento de controle das massas. E o sufrágio universal é o termômetro necessário para identificar o grau de adesão das massas a um determinado líder. O colonial-bonapartismo, em sua forma de manifestação legalizada, apresenta esta característica de forma explícita. A partir de Fernando Collor de Mello, os governos que chegam ao poder no Brasil, trazem consigo a marca da liderança carismática bonapartista. Se nos concentrarmos nos últimos dois "grandes" mandatos, verificaremos como esta liderança se consolidou. Ao identificarmos os governos de Fernando Henrique e Luiz Inácio como de corte bonapartista, nos referimos ao controle que estes líderes exerceram sobre a "massa" da população brasileira. Ambos os presidentes cumpriram dois mandatos consecutivos, o que indica grande adesão aos seus governos – muito maior ao de Lula, é verdade. O consenso criado em torno das duas lideranças permitiu a configuração de um bloco histórico de hegemonia financeira, mas ambos, em seus discursos, colocavam-se acima dos interesses particulares, vangloriando-se como interlocutores da nação, representantes máximos do Brasil[45]. Ao mesmo tempo em que se sustentam através do sufrágio universal – e as pesquisas ao longo dos mandatos que medem a popularidade dos presidentes exercem o mesmo papel que o sufrágio –, reprimem todas as

---

[45] Cf. Domenico Losurdo chama a atenção para a forma como o sufrágio é utilizado, ao aproximar os governos de Disraeli, na Inglaterra, Bismarck, na Alemanha, e Luís Bonaparte, na França, dizendo que, "ignorando a burguesia liberal, todos os três se dirigem diretamente às massas, à qual concedem o sufrágio em medida mais ou menos ampla e da qual obtêm ou buscam obter apoio, fazendo concessões no plano da política econômica e social, estimulando a excitação nacional e chauvinista e fomentando, nesta base, o culto ao líder carismático, acima das partes, intérprete e líder indiscutível da nação"; *Democracia ou bonapartismo*, cit., p. 77. É possível identificar o mesmo mecanismo de controle das massas no caso brasileiro. Tais características, como apontadas acima, são muito mais visíveis no governo Lula, mas já estão presentes claramente desde o governo Collor. O principal mecanismo de "concessão" ao "povo" brasileiro foi o assistencialismo através dos programas de "bolsas sociais", e o estímulo ao "sentimento nacional" pode ser representado, por exemplo, através de um *slogan* de peça publicitária produzida pelo governo federal, "Sou brasileiro e não desisto nunca", entre tantos outros mecanismos de manipulação ideológica.

formas de contestação social, combatendo duramente os "núcleos" radicais da sociedade. No Brasil, esta característica pode ser visualizada a partir da vigorosa escalada do Estado, em todos os níveis, contra os movimentos sociais. Escalada esta que se utiliza da violência física, policial-militar, para reprimir de forma explícita, ou da criminalização judicial como meio de desarticular a organização daqueles que elaboram algum tipo de crítica, ou mesmo se manifestam contrariamente em relação à violência com a qual o Estado trata as comunidades pobres no Brasil[46].

Um dos principais mecanismos para garantir amplo apoio das massas, sobretudo em períodos eleitorais, é o que a "ciência política moderna" denomina *marketing político*, mas que nós aqui identificamos como uma das formas mais eficazes de *aparelhos privados de hegemonia burguesa*. As cifras destinadas às campanhas eleitorais são cada vez mais gigantescas; agências de publicidade se especializaram em criar a "imagem perfeita" do candidato, valorizando os "atributos" de caráter moral, de personalidade, ou mesmo físico, de acordo com pesquisas que "medem" as preferências do eleitorado. Assim, a lógica de criação da imagem de uma grande liderança consiste em "repetir mentiras" até que elas se "transformem em verdades". Essa força extraordinária da publicidade e seu papel fundamental nas democracias contemporâneas revelam o caráter discriminatório e censitário do sufrágio universal. Contraditoriamente, ao mesmo tempo em que o sufrágio universal garante a participação de todas as classes sociais no processo de escolha de seus representantes, o fenômeno político colonial-bonapartista, através da manipulação publicitária, garante destaque a uns poucos concorrentes, imprimindo um caráter plebiscitário às eleições, isto porque as "regras do jogo" eleitoral não contemplam a todos os partidos de forma idêntica, e os recursos disponíveis à campanha são gigantescos para os partidos da ordem (provenientes de doações privadas), ao passo que qualquer proposta alternativa tem de se estruturar a partir de seus próprios recursos. Junte-se a isso o fato de a legislação eleitoral brasileira prever a realização de eleições em dois turnos para os cargos do Poder Executivo, em todos os níveis da federação, transformando o sufrágio universal em plebiscito, em que uma entre duas

---

[46] A forma pela qual a polícia brasileira em nível federal, estadual ou municipal age em ações de ocupações de morros e favelas exemplifica claramente o afirmado por nós. Contrariando o preceito constitucional em vigor, "todos são *culpados* até que se prove o contrário".

candidaturas deverá ser nomeada[47]. Os monopólios privados dos meios de comunicação completam o quadro anteriormente exposto, imprimindo uma espécie de "discriminação censitária" em um regime de sufrágio ampliado, ao noticiar o cotidiano daqueles candidatos comprometidos com o *status quo*, ao mesmo tempo em que negligenciam e omitem qualquer informação dos candidatos contrários à ordem[48].

Outra característica que é própria do colonial-bonapartismo em sua forma de manifestação legalizada é o papel exercido pelo Parlamento no interior do bloco histórico de poder. Se na forma clássica de bonapartismo o poder se concentra em torno do Executivo, do líder que governa com poderes irrestritos, graças ao conteúdo militar de seu governo, no Brasil comandado pelo presidente eleito a autocracia burguesa se consubstancia a partir da combinação entre o papel exercido pelo líder máximo, à frente do Poder Executivo, e a *autocracia do Parlamento*, que garante a legalidade constitucional a esta forma de governo.

A *autocracia do Parlamento* é própria de governos democráticos[49]. Ao absorver para seu interior as discussões e debates de interesse nacional, o Parlamento promove uma "desideologização" do discurso político-partidário, "estatizando" os partidos políticos, ou seja, absorvendo-os para o interior de sua lógica, que se restringe à observância e a obediência às "regras do jogo". Ao institucionalizar a luta política, o Parlamento promove

---

[47] A legislação eleitoral brasileira estabelece que em nível federal e estadual as eleições sejam realizadas em dois turnos. Nos municípios, esta regra só é aplicada quando o número de eleitores for igual ou superior a duzentos mil. No que diz respeito aos gastos com campanha, apenas como forma de ilustrar o que afirmamos, vale apontar que em 2002 o PT declarou um gasto de R$ 52,4 milhões com a campanha nacional; em 2006 o montante dobrou, alcançando a cifra de R$ 104,3 milhões; já no pleito de 2010 o valor declarado foi de R$ 135,5 milhões; o PSDB declarou um gasto de, respectivamente, R$ 46,6 milhões, R$ 81,9 milhões e R$ 106,6 milhões. Isso para nos restringirmos aos dois maiores concorrentes em nível nacional dos dois pleitos.

[48] Importantes instrumentos político-institucionais que servem à dominação burguesa, verdadeiros *intelectuais orgânicos*, são as organizações sociais, que recebem cifras vultosas, públicas e privadas, atuando como verdadeiros "formadores" no processo de disseminação da ideologia burguesa. Veja-se, por exemplo, o caso do Instituto Milênio, em Débora Prado, "A verdadeira face que a direita oculta", *Caros Amigos*, São Paulo, ano XVI, n. 185, 2012, p. 16-9.

[49] Johannes Agnolli, *La transformación de la democracia* (Cidade do México, Siglo XXI, 1971).

um deslocamento e um distanciamento dos partidos de sua base social, principalmente os partidos que defendem um projeto caracterizado como de esquerda. O Parlamento manifesta, portanto, um caráter conservador, pois seus mecanismos institucionais priorizam o "consenso", eliminando as posturas antagonistas – de classe – ao mesmo tempo em que reafirmam a valorização conciliadora – contratual – do consenso. O objetivo fundamental dessa forma de organização política do Parlamento é o estabelecimento de uma democracia constitucional sem a participação direta do proletariado. Combinado com a variante colonial do bonapartismo, isso seria o equivalente ao "expurgo das massas" dos processos decisórios, pois estas atribuíram ao chefe do Executivo o poder de representá-las[50]. Mais uma vez, encontramos aqui o discurso ideologicamente orientado que aponta para o Parlamento como o representante da nação, como o fórum de discussão *par excellence* dos problemas do país. A reprodução dessa ideologia constitui o mecanismo essencial de manipulação para a criação de "uma consciência cidadã neutra", que busca a observância da "pluralidade" dos grupos sociais, livre de interesses particulares, negando dessa forma – e, portanto, fetichizando as relações sociais – as contradições de classe inerentes à divisão social. As instituições estabelecidas – Parlamento, partidos, justiça, polícia etc. – são constitucionalmente investidas de poderes para representar os interesses do "povo".

> Em outros termos: o Estado político pode integrar socialmente, da maneira mais eficaz, as massas que se mantêm alijadas do processo de decisão, incorporá-las à subordinação e conciliá-las assim com sua dependência cabal, quando não aparece como órgão do governo, mas como coisa pública.[51]

Há uma forma de "estatização da consciência", pois a negação da divisão da sociedade em classes reconduz a "consciência" das massas à condição cidadã.

Toda forma de dominação burguesa se realiza através de um Estado poderoso, que garanta a reprodução sociometabólica do capital. No Brasil da social democracia, o Parlamento imprime um conteúdo de legalidade ao bonapartismo, tal como esta forma de domínio se manifesta internamente. Assim, a autocracia burguesa, em sua forma institucional-legalizada,

---

[50] "O que conduziria definitivamente – e de modo plenamente consciente – a uma democracia sem *demos*"; ibidem, p. 51.

[51] Ibidem, p. 53-4.

arrima-se não só no domínio exercido pelo poder Executivo, mas, também, no domínio exercido pelo Parlamento. Através da esfera parlamentar, as mais diversas frações da burguesia se fazem representar a partir de seus interesses específicos. As lutas intestinas que dão formato ao bloco histórico dependem diretamente das disputas intraclasse burguesa que se desdobram no interior do Poder Legislativo. A formação de "oligarquias políticas" no interior do Parlamento garante a hegemonia à determinada fração da burguesia durante as disputas pela configuração de seu projeto político-econômico[52]. Conjugando os interesses dessas oligarquias às decisões do Poder Executivo, a fração hegemônica no interior do bloco histórico consegue aprovar as medidas necessárias à realização de seu projeto.

O exemplo mais nítido, que ilustra de forma exemplar esse mecanismo no Brasil, tanto no governo de Fernando Henrique Cardoso como no de Luiz Inácio Lula da Silva, é a conformação de uma base de deputados e senadores aliados ao Poder Executivo no interior do Parlamento. Essa maioria legislativa foi fundamental à aprovação de uma série de mecanismos legais que permitiu a reconfiguração jurídica do Estado brasileiro de acordo com as prerrogativas da fração financeira do capital – desde a aprovação de medidas provisórias até a reformulação da Constituição brasileira durante o processo de revisão/reforma, inaugurado em 1992. O mecanismo utilizado para compor tal maioria foi a já conhecida distribuição de cargos pelo Executivo entre os partidos da base aliada, reforçando uma prática bem conhecida na estrutura autocrática brasileira. Mas, ao mesmo tempo em que a fração financeira se fez hegemônica no interior do bloco histórico liderado por ambos os partidos, PSDB e PT, as outras frações da burguesia também se fizeram representar através dos poderes Executivo e Legislativo, e o principal instrumento para sua realização foi – e é – a influência do *lobby*. Apesar de legalmente proibido no Brasil, a atividade lobista é mais que uma realidade na política brasileira; faz parte do processo decisório do Estado, em todas as suas esferas. As principais entidades representativas da burguesia brasileira possuem escritórios na capital federal que atuam diretamente junto a deputados, senadores e membros do alto escalão do Poder Executivo. Utilizam-se de uma linguagem eufemística para designar suas práticas, arvorando-se como "empresas de consultoria" que prestam serviços ao poder público. Tal caracterização tem como finalidade "driblar

---

[52] Ibidem, p. 71-2.

a Justiça", que faz vistas grossas quando os interesses envolvidos estão de acordo com a ordem do capital. Na verdade, reproduzem as mais velhas práticas que fazem do Estado o "escritório da burguesia"[53]. É essa mesma atividade lobista que garante as "doações faraônicas" aos principais candidatos que disputam a presidência da República. E essa questão nos remete a uma última característica do *bonapartismo soft*, conceito que nos permite uma aproximação com o que aqui denominamos colonial-bonapartismo. Trata-se do *monopartidarismo competitivo*.

Podemos afirmar que o sistema de representação partidária no Brasil caminhou para uma estruturação, durante as últimas duas décadas, semelhante ao bipartidarismo observado nos Estados Unidos. O fato de a Constituição brasileira prever a liberdade de organização partidária não contradiz o argumento. Isso se deve à incapacidade financeira dos partidos de se organizarem de forma representativa, ao mesmo tempo em que as frações burguesas apoiam aqueles candidatos com maiores chances de eleição (desde que se movimentem no seu arco de interesses). No Brasil, PT e PSDB monopolizam as maiores cifras destinadas pela atividade lobista aos processos eleitorais. Ambos os partidos se constituíram como paladinos do capital financeiro, o que explica as generosas doações – não só – dessa fração da burguesia para suas campanhas.

Assim, a partir da atuação concreta de seus governos, ambos os partidos são variações de uma mesma forma de estruturação do domínio econômico-político da burguesia. Observamos um esvaziamento programático dos partidos, de modo que o debate se restringiu à constatação do melhor nome – entenda-se o mais capacitado – para administrar o capitalismo brasileiro. O vácuo deixado pelo abandono do debate politizado foi ocupado pela disponibilidade financeira, viabilizada a partir do *marketing político*. Como argumentado, o sistema eleitoral uninominal imprime um caráter

---

[53] Um minucioso e detalhado estudo sobre o papel desempenhado pelas associações empresariais junto ao Congresso Nacional pode ser encontrado em Eli Diniz e Renato Boschi, *Empresários, interesses e mercado: dilemas do desenvolvimento no Brasil* (Belo Horizonte/Rio de Janeiro, Editora da UFMG/Iuperj, 2004). Mesmo que a proposta da obra seja muito mais descritiva do que propriamente analítica, orientando-se a partir de uma metodologia sociológica compreensiva, o texto nos apresenta informações claras de como a burguesia internamente instalada (o conceito é por nossa conta) organiza seus interesses e se faz representar através da atividade do *lobby*.

plebiscitário ao sufrágio. Tomadas em seu conjunto, tais características edificam os contornos do monopartidarismo competitivo[54].

O que procuramos demonstrar com as argumentações feitas aqui pode ser assim resumido: a consolidação da "redemocratização" no Brasil reproduz a forma particular do colonial-bonapartismo no país em sua variante autocrático-legalizada. Se os governos a partir de Fernando Collor, pela argumentação por nós apresentada, podem ser caracterizados como de corte bonapartista, o período em que Luiz Inácio Lula da Silva esteve à frente do poder se caracteriza como o momento de coroamento e consolidação desta forma burguesa de dominação. Incapaz de reproduzir de forma direta sua dominação, a burguesia recorre a um ex-operário para exercer o papel de líder, que foi o responsável pela manipulação das classes subalternas, ao mesmo tempo em que realiza um governo de acordo com os interesses do capital. Eis a fórmula pela qual a autocracia burguesa se reproduz no Brasil em períodos de legalidade, característica imanente do bonapartismo em sua variante colonial.

---

[54] "[...] se no plano tático são concorrentes, dadas as diferentes dimensões e os interesses e cálculos diversos e discrepantes dos partidos e das forças políticas em jogo, por outro lado, no plano mais propriamente estratégico, mostram-se entrelaçados e convergentes"; Domenico Losurdo, *Democracia ou bonapartismo*, cit., p. 318.

A ECONOMIA DA DITADURA E DA TRANSIÇÃO

Nilson Araújo de Souza

O objetivo deste artigo é examinar a economia do período do regime ditatorial instaurado no Brasil em 1964 e da transição política que se inaugura a partir do fim desse regime em 1985. O trabalho desdobra-se em cinco partes. Analisa-se primeiro o padrão de reprodução do capital consolidado durante a ditadura de 1964. A segunda parte dedica-se ao estudo das contradições econômicas então desenvolvidas e da crise delas decorrentes. Na terceira, analisa-se a primeira resposta à crise por meio de um programa econômico baseado na substituição de importações no setor produtor de meios de produção. A quarta seção examina o momento em que, a partir do agravamento da crise mundial, muda-se a estratégia da política econômica interna e promove-se a adesão ao receituário do Fundo Monetário Internacional (FMI). Por fim, estuda-se a tentativa de promover mudanças na economia por meio de um programa de combate à inflação que, simultaneamente, garantia o crescimento da economia e a melhoria na distribuição de renda.

A ditadura e o padrão dependente de reprodução

O objetivo central das forças hegemônicas que patrocinaram o regime ditatorial instaurado em 1964 era deter o processo de mudança inaugurado em 1930, cujo momento culminante deu-se no governo João Goulart. E, como decorrência, criar as condições institucionais para o desenvolvimento de um "novo" padrão de reprodução do capital, que teria como características fundamentais o fortalecimento dos laços de dependência externa e a superexploração da força de trabalho[1].

---

[1] Ver, a respeito, Ruy Mauro Marini, *Dialética da dependência* (Petrópolis, Vozes, 2000).

Assim, o regime chefiado inicialmente pelo marechal Castelo Branco adotou um programa econômico que, sob o pretexto de combater a inflação, visava, de fato, criar as condições institucionais para a expansão do capital estrangeiro no país[2]. Estavam à frente da equipe econômica Roberto Campos, como ministro do Planejamento, e Octávio Gouveia de Bulhões, como ministro da Fazenda. Essa equipe coordenou a formulação de um plano de governo denominado Plano de Ação Econômica do Governo (Paeg).

Na área de combate à inflação, destacam-se três tipos de medidas, todas destinadas a restringir a demanda, vista pela nova equipe econômica como responsável pela pressão dos preços. Na política fiscal, ao mesmo tempo que adotou medidas orientadas a elevar a receita pública, o governo atuou na contenção de seus gastos. Na política creditícia, o governo, além de limitar o crédito do Banco do Brasil, optou por um controle estrito da expansão primária de meios de pagamento[3].

Outra importante frente de "combate à inflação" consistiu na contenção salarial[4]. E foi assim que, entre as primeiras providências adotadas pelo novo governo, encontram-se aquelas relacionadas à repressão ao movimento operário, destacando-se a prisão de importantes líderes sindicais, a intervenção nos principais sindicatos[5] e a desarticulação do Comando Geral dos Trabalhadores, entre outras. A isso se somaram um endurecimento da legislação trabalhista – especialmente através da virtual proibição do direito de greve em 1964[6] –, a política de contenção salarial

---

[2] É evidente que deveria ser debelado o processo inflacionário, já que a inflação atingiu 92% em 1964, mas o objetivo central do programa era remover os obstáculos ao ingresso do capital estrangeiro.

[3] Cf. "Evolução recente da economia brasileira", *Desenvolvimento e Conjuntura*, Confederação Nacional da Indústria, ano XI, n. 4, abr. 1967, p. 34.

[4] De 1964 a 1967, o salário mínimo real em São Paulo caiu 22%, cf. Dieese, *Salário mínimo*, São Paulo, abr. 1979, p. 8-9; no mesmo período, o salário real mais frequente para as diversas categorias sindicais de São Paulo, incluindo os metalúrgicos, caiu em 26%, segundo os reajustes decretados pela Justiça do Trabalho, cf. Fundação Getulio Vargas, *Conjuntura Econômica: estatísticas básicas*, Rio de Janeiro, v. 26, nov. 1972. Dados extraídos de Dieese, "Dez anos de política salarial", *Estudos Socioeconômicos*, São Paulo, n. 3, ago. 1975, p. 64.

[5] Em 1964, houve 456 intervenções em sindicatos e, no ano seguinte, outras 358; cf. Central Geral dos Trabalhadores do Brasil, "Liberdade e democracia só com unicidade sindical", em *Hora do Povo*, 22 ago. 2003.

[6] Foram impostos tantos obstáculos à deflagração de uma greve que esse direito tornou-se praticamente inexistente.

decretada em 1965[7] e as medidas adotadas em 1966 que eliminavam a estabilidade no emprego[8].

Ainda que aparecesse como medida de combate à inflação, a nova política trabalhista, na realidade, respondia a necessidades de mais longo prazo do novo padrão econômico. A contenção salarial levaria ao aumento da taxa de lucro exigida para a retomada dos investimentos internos e o retorno à esfera internacional de parte do lucro aqui extraído. Tentava, ademais, criar as condições institucionais e políticas para garantir a continuidade da acumulação do capital nos moldes de um padrão de reprodução com maior abertura ao capital estrangeiro. Isto porque criaria um "ambiente de confiabilidade" para os investimentos estrangeiros, que havia desaparecido com o aguçamento das lutas que vinham ocorrendo desde antes do golpe. Além disso, com a diminuição do salário real, aumentavam-se as possibilidades de repatriamento do capital estrangeiro, gerando-se a concentração de renda exigida para a ampliação da demanda interna para seus produtos suntuários. Para completar, o governo eliminou os obstáculos à penetração do capital estrangeiro através da derrogação da lei de remessa de lucros[9].

As medidas de corte aprofundaram as tendências recessivas que vinham já desde antes e, com altos e baixos, persistiriam até 1967. Em 1965, chegou a haver uma recessão industrial, com a produção caindo 4,7%; em 1967, depois de relativa melhora em 1966, o ritmo de crescimento industrial foi extremamente baixo: 2,2%. Mas as novas medidas lograram uma vitória rápida no terreno da inflação[10]. Até 1967 a taxa de lucro continuou baixando.

---

[7] A nova legislação, além de suspender a livre negociação de salários entre trabalhadores e patrões, trasladando os reajustes salariais para o interior do aparato estatal, sancionava financeiramente aos patrões que concedessem aumentos salariais superiores aos fixados pelo governo; cf. Dieese, "Dez anos de política salarial", cit.

[8] Referência ao Fundo de Garantia por Tempo de Serviço (FGTS).

[9] A lei aprovada em 1962 e sancionada em 1964 (4131) estabelecia em 10% o limite de remessa de lucro sobre o capital estrangeiro registrado e não considerava os reinvestimentos como capital estrangeiro; a nova lei (4390) elevou o limite não tributável para 12%, mas passou a considerar os reinvestimentos como capital estrangeiro, o que fazia aumentar significativamente esse limite.

[10] A taxa anual caiu de 91,8% em 1964 para 65,7% em 1965; 41,3% em 1966 e 30,4% em 1967. Cf. Marcelo de Paiva Abreu (org.), *A ordem do progresso: cem anos de política econômica republicana* (Rio de Janeiro, Campus, 1990); inflação medida pelo IGP-DI da Fundação Getulio Vargas.

Por conseguinte, além de seguir reduzindo-se a taxa de investimento[11], ampliava-se a capacidade ociosa do aparato produtivo[12].

Apesar das vantagens concedidas ao capital estrangeiro, seu ingresso, ainda que haja incrementado um pouco em relação a 1962-1963, não atingiu o nível esperado, nem sequer conseguindo alcançar as cifras registradas em 1956-1961[13]. Em lugar de investir-se no país, o capital estrangeiro evadia-se. E, ao mesmo tempo que o investimento direto estrangeiro não subia, aumentavam significativamente as remessas de lucros para o exterior[14].

As grandes corporações transnacionais e as agências internacionais de crédito estavam esperando pelo fim da crise econômica e pela estabilização do novo regime para poderem aumentar sua participação na economia brasileira. Mas a persistência da crise, agravada pela política de aumento de impostos e das tarifas públicas, pelo corte do crédito, do gasto público e do salário, bem como a imposição das leis de exceção, ensejaram a mobilização de distintos setores da sociedade, desde pequenos e médios empresários até assalariados das camadas médias e de base e estudantes.

Foi nesse contexto que, nas eleições de 1965 para governadores de estado, o novo regime sofreu sua primeira derrota importante, quando candidatos da oposição ganharam as eleições no Rio de Janeiro e em Minas Gerais. O governo reagiu extinguindo os partidos políticos existentes e permitindo

---

[11] A parte do produto nacional líquido destinada ao investimento líquido em capital fixo reduziu-se de 14,05% em 1964 para 11,88% em 1967. A taxa de formação bruta do capital fixo caiu, no mesmo período, de 20,10% para 18,05%; cf. IBGE, *Anuário estatístico*, vários números; Fundação Getulio Vargas, *Conjuntura econômica*, vários números.

[12] Cálculos alternativos revelam um descenso da capacidade utilizada do aparato produtivo industrial de 87% em 1964 para 73% em 1967, ou de 85% para 76%; ver Regis Bonelli e Pedro S. Malan, "Os limites do possível: notas sobre o balanço de pagamentos e indústria nos anos 70", *Pesquisa e Planejamento Econômico*, Rio de Janeiro, Ipea, ago. 1976, p. 379.

[13] A soma do "investimento" direto estrangeiro com empréstimos e financiamentos teve a seguinte evolução: 1956-1961 – US$ 521 milhões; 1962-1963 – US$ 365 milhões; 1964-1966 – US$ 378 milhões; cf. Banco Central do Brasil, *Relatório anual*, vários números.

[14] Isso fez com que essas remessas superassem o IDE em US$ 164 milhões em 1964; em US$ 199 milhões em 1965; em US$ 217 milhões em 1966; e em US$ 237 milhões em 1967. Ver Caio Prado Junior, *História econômica do Brasil* (14. ed., São Paulo, Brasiliense, 1971), p. 317.

a criação de apenas duas agremiações partidárias: a Aliança Renovadora Nacional (Arena), apoiadora do regime, e o Movimento Democrático Brasileiro (MDB), para abrigar os políticos contrários ao governo.

Em 1967, houve uma mudança no governo: saiu Castelo Branco e entrou seu ministro do Exército, Arthur da Costa e Silva[15]. Simultaneamente, Roberto Campos, então chefe da política econômica, foi substituído por Delfim Netto. O ano de 1967 foi ao mesmo tempo um ano de flexibilização da política econômica[16] e de criação de novos instrumentos políticos coercitivos[17].

Mesmo assim, ocorreram em 1968 três fatos importantes na luta democrática: o pronunciamento do deputado Márcio Moreira Alves[18] e a decisão do Congresso de evitar sua cassação; a Passeata dos Cem Mil, como ficou conhecida a marcha dos estudantes em junho daquele ano, no Rio de Janeiro; as greves de Contagem (MG), em abril, e de Osasco (SP) em julho[19]. O governo aproveitou o episódio Márcio Moreira Alves para fechar o Congresso, cassar mandatos dos parlamentares mais ativos contra o regime

---

[15] A mudança de presidente respondia a uma política da ditadura: para manter certa legalidade (ou dar essa aparência) ao regime, supunha-se a mudança periódica do chefe do Executivo, que sempre deveria ser um militar. A mudança, ainda que pautada pela alta oficialidade militar, dava-se mediante eleições indiretas por um "colégio eleitoral", formado pelo Congresso Nacional e por delegados escolhidos pelas Assembleias Legislativas estaduais.

[16] Deu-se por terminada a fase mais dura do combate à inflação, já que se havia conseguido certa vitória nesse campo, e se inicia uma fase de liberalização do crédito. Para adotar essa nova política econômica, Costa e Silva recusou-se a endossar um "acordo" com o FMI.

[17] Promulga-se uma nova Constituição, uma nova lei de imprensa e uma nova Lei de Segurança Nacional, todas elas altamente restritivas às liberdades políticas. Ao mesmo tempo, regulava-se o que eram considerados "delitos subversivos", aumentava-se o poder do Executivo e debilitava-se o Legislativo, que ficava somente com certo poder de pressão; cf. Leôncio Basbaum, *História sincera da República* (4. ed., São Paulo, Alfa-Ômega, 1975-1976), t. 4, p. 181-2.

[18] O deputado havia pedido, por ocasião das comemorações do 7 de Setembro, que as companheiras dos oficiais militares fizessem um boicote aos maridos em função do silêncio que eles estariam mantendo sobre as violências praticadas nos "porões do regime".

[19] Em *Participação e conflito industrial: Contagem e Osasco, 1968* (São Paulo, Cebrap, 1972), Francisco Weffort analisa essas duas greves; ver especialmente o caderno 5. Conferir também uma crítica ao trabalho de Weffort publicada na revista *Contraponto*, Niterói, Centro de Estudos Noel Nutels, ano 1, n. 1, nov. 1976-jul. 1978; e entrevistas publicadas pela revista *Escrita (Ensaio)*, São Paulo, ano III, n. 6, 1980, especialmente p. 20-42.

e consolidar novos instrumentos repressivos, como o Ato Institucional n. 5, que concedia poderes ditatoriais ao presidente da República.

Para completar o endurecimento do regime, seu núcleo hegemônico, que naquele momento era maioria no alto-comando das Forças Armadas, aproveitou-se da doença do marechal Costa e Silva para decretar seu impedimento e impedir também que seu vice, Pedro Aleixo, assumisse a presidência, constituindo em seu lugar uma Junta Militar. Iniciou-se então o processo de consolidação da ditadura, fechando assim o espaço para a luta política legal, tanto no terreno parlamentar quanto no da mobilização de massa.

O que estava subjacente a esse processo era a vitória, dentro do regime ditatorial, dos setores mais comprometidos com o padrão de reprodução dependente. E só aí foi que esse padrão econômico, que vinha penetrando na realidade nacional desde a segunda metade dos anos de 1950, encontrou as condições para sua consolidação.

Após o afastamento de Costa e Silva, a maioria do alto-comando, dominada pelo núcleo favorável ao capital estrangeiro e ao alinhamento automático com os Estados Unidos, escolheu o chefe do Serviço Nacional de Informação (SNI), general Emílio Garrastazu Médici, para chefiar o regime.

No período que se abre em 1968 e se estende até 1973, houve uma expansão acelerada da economia nacional[20], que a equipe econômica da época batizou de "Milagre Brasileiro". A rigor, como veremos, as causas principais do crescimento acelerado do período podem ser encontradas no processo anterior de desenvolvimento – portanto, no período em que a característica independente predominou na economia nacional. A predominância da dependência externa na economia brasileira a partir de então não significou a destruição dos elementos nacionais desenvolvidos anteriormente, mas sua incorporação, ainda que subordinada, ao novo padrão de desenvolvimento.

Entre essas características nacionais, podemos destacar o investimento público, as empresas estatais, as medidas protecionistas, o processo de substituição de importações, os mecanismos oficiais de financiamento de empresas nacionais, a legislação de proteção ao trabalho e o desenvolvimento do mercado interno, entre outras. Uma demonstração cabal do significado do processo

---

[20] Podemos dividir esse período em dois subperíodos: o de reanimação da economia, de 1968 a 1970, quando o PIB cresceu a uma taxa média anual de 10%, e o de expansão acelerada, de 1971 a 1973, quando o PIB cresceu a uma taxa anual média de 13%; cf. Banco Central do Brasil, *Relatório*, cit.

anterior no período do "Milagre" é o fato de que a etapa da reanimação, que vai de 1968 a 1970, deveu-se basicamente à utilização de capacidade ociosa – portanto, à utilização de capacidade produtiva gerada anteriormente.

Outro fato que demonstra o papel dos elementos nacionais desenvolvidos anteriormente ao crescimento acelerado do pós-1968 refere-se ao papel do investimento público no período, particularmente das empresas estatais. O crescimento anual médio da formação bruta de capital fixo do setor público foi de 17,3% no período 1970-1974, e foram as estatais que alavancaram o investimento público[21].

Ao processo desencadeado pela utilização dos fatores nacionais agregaram-se novos, desenvolvidos como exigência do padrão de reprodução dependente e que, ao elevarem a taxa geral de lucro da economia, favoreceram a arrancada para o crescimento, possibilitando manter e mesmo acelerar a expansão. Para a arrancada da economia, a nova equipe contou com a significativa queda do salário real e o consequente aumento da rentabilidade das empresas, resultante da política econômica implementada de 1964 a 1967[22].

Contribuiu também para a expansão econômica do período a forte ampliação do crédito. Depois do período inicial de restrição do crédito, o novo regime lançou um arsenal de medidas para ampliá-lo: nos últimos anos da década de 1960, o crédito ao setor privado aumentou, em termos reais, a uma taxa média anual de 21,4%, e o crédito das financeiras cresceu a uma taxa de 45,6% ao ano no período 1964-1970[23]. Outro fator que operou no sentido de expandir a atividade econômica no período foi a melhoria das exportações: enquanto de 1963 a 1967 cresceram a uma taxa média anual ao redor de 7%, saltaram para 18% ao ano no período 1968-1970[24]. Cresceram ainda mais

---

[21] Seu crescimento anual médio no período 1970-1974 foi de 21,8%; cf. Luciano G. Coutinho e Henri Philippe Reichstul, "Investimento estatal 1974-1980: ciclo e crise", em Luiz Gonzaga de Mello Belluzzo e Renata Coutinho (org.), *Desenvolvimento capitalista no Brasil* (São Paulo, Brasiliense, 1983), p. 45-6.

[22] De 1964 a 1968, a produtividade na indústria brasileira aumentou em 23%, ao passo que o salário real mais frequente em São Paulo baixou em 28%; no mesmo período, o salário real dos metalúrgicos paulistas baixou em 25% e o salário mínimo real, em 35%; cf. Dieese, "Dez anos de política salarial", cit., p. 35, 43 e 64; Dieese, *Salário mínimo*, cit., p. 8-9.

[23] Maria da Conceição Tavares, *Da substituição de importações ao capitalismo financeiro* (Rio de Janeiro, Jorge Zahar, 1973), p. 228, 230-2.

[24] Cf. Banco Central do Brasil, *Boletim*, vários números; *Relatório*, vários números.

rapidamente as exportações industriais, determinando uma brusca elevação de sua participação na pauta de exportação: elevou-se de 14,7% em 1968 para 19,4% em 1970, segundo critério de classificação adotado por Suzigan[25].

A expansão intensa de uma economia baseada no aperto salarial haveria de requerer o transbordamento do mercado interno como condição para a manutenção do crescimento acelerado. Mas esse transbordamento, além de "necessário" para garantir a expansão do setor produtor de bens de consumo popular – cujo mercado interno era estrangulado pela redução do poder de compra do salário –, só se viabilizou graças à política agressiva de exportações adotada pelo governo brasileiro à época. Nesse período, o essencial da política governamental de exportações consistiu em formular e implementar todo um arsenal de incentivos especiais, principalmente fiscais e creditícios, à exportação de determinados produtos[26].

Todos esses fatores, ao permitirem uma redução dos custos e uma maior rotação do capital, haveriam de ensejar a elevação da taxa geral de lucro, ou pelo menos deter sua tendência ao descenso, que ocorria desde o início da crise dos anos de 1960. Esse fato ensejou a intensificação do investimento na produção: a parte do produto nacional líquido destinada ao investimento em capital fixo aumentou de quase 12% em 1967 para, aproximadamente, 15% em 1968-1969 e para pouco mais de 20% em 1970[27].

Consolidado o regime ditatorial a partir de 1968 – ou seja, debelada a ação das forças sociais e políticas que se opunham ao capital estrangeiro, elevada a taxa de lucro e iniciada a reanimação da economia –, os capitais estrangeiros, impulsionados pela formação de capitais excedentes no centro, principalmente sob a forma de eurodólares, voltaram a adentrar agressivamente na

---

[25] Cf. Wilson Suzigan et al., *Crescimento industrial no Brasil: incentivos e desempenho recente* (Rio de Janeiro, Ipea/Inpes, 1974), relatório de pesquisa n. 26, p. 156.

[26] Para o ano de 1972 e somente para as manufaturas, Marini cita um cálculo feito por Pinto Bueno Neto em "Export of Manufactured Goods, Effects of Incentives of Formations of Selling Prices", em *Brazilian Business*, jan. 1973, que estimou o efeito teórico dos incentivos à exportação sobre a redução de preço no mercado internacional; o resultado dos incentivos, segundo essa estimativa, seria uma redução de 53,8% no preço de venda, se comparado ao preço no mercado externo com o preço vendido no mercado interno; cf. Ruy Mauro Marini, "La acumulación capitalista mundial y el subimperialismo", *Cuadernos Políticos*, n. 22, Cidade do México, Era, abr.-jun. 1977, p. 39.

[27] Cf. IBGE, *Anuário Estatístico*, vários números; Fundação Getulio Vargas, *Conjuntura Econômica*, vários números.

economia brasileira sob suas várias formas: a) sob a forma de investimento direto, elevaram-se de uma média anual de US$ 54,2 milhões em 1962--1966 para uma de US$ 106 milhões em 1967-1970[28]; b) sob a forma de empréstimos e financiamentos, cresceram de uma média anual de US$ 318,8 milhões no primeiro período para uma de US$ 714 milhões no segundo[29].

A reanimação econômica iniciada em 1968 pôde converter-se em expansão acelerada a partir de 1971 por duas razões básicas: de um lado, porque, como vimos anteriormente, houve uma aceleração do investimento público, que desde 1968 crescia na frente do investimento privado e avançou ainda mais no começo da década seguinte (o investimento do conjunto do setor público cresceu a 17,3% ao ano no período 1970-1974 e o das estatais, a 21,8%), e, de outro, porque também houve uma aceleração do investimento privado, que já vinha crescendo desde 1968, mas experimentou novo impulso no começo dos anos de 1970 (cresceu a 15,8% ao ano de 1970 a 1974)[30]. Como consequência, a taxa da FBCF seguiu aumentando: pulou de 22,3% em 1970 para 24,2% em 1974[31].

A agonia da economia dependente

A desaceleração da economia brasileira iniciada no segundo semestre de 1974, acompanhando o movimento da economia mundial, não representou apenas a reversão de um ciclo econômico de curto prazo. Representou, na verdade, a emergência de uma crise estrutural, que refletiu o esgotamento do padrão de reprodução dependente que se consolidara no Brasil a partir

---

[28] E esse processo não se deu, necessariamente, pela instalação de nova capacidade produtiva pelas empresas estrangeiras. Ao contrário, sua raiz principal é a aquisição de empresas brasileiras por empresas estrangeiras. Uma evidência disto é que, entre 1966 e 1970, 52% das transnacionais estadunidenses que se estabeleceram no país o fizeram mediante compra de empresas locais (das quais mais de 80% eram nacionais); essa cifra se elevou a 61% no período de 1971-1973; cf. Carlos von Doellinger e Leonardo C. Cavalcanti, *Empresas multinacionais na indústria brasileira* (Rio Janeiro, Inpes/Ipea, 1975), relatório de pesquisa n. 29, p. 129.

[29] Banco Central do Brasil, *Relatório anual*, vários números.

[30] Henri Philippe Reichstul e Luciano G. Coutinho, "Investimento estatal 1974-1980: ciclo e crise", em Luiz Gonzaga M. Belluzzo e Renata Coutinho (orgs.), *Desenvolvimento capitalista no Brasil*, cit., p. 46.

[31] Ibidem, p. 42.

do fim dos anos de 1960. Como bem definiram Francisco de Oliveira e Frederico Mazuchelli[32], o modelo entrou em agonia. No entanto, a primeira explicação oficial limitou-se a atribuir a crise ao aumento do preço do petróleo. Numa análise mais abrangente, veremos que, sob o impacto da crise mundial que se alastrou a partir de 1974[33], eclodiu no Brasil o conjunto das contradições que caracterizavam o padrão dependente vigente.

Uma primeira contradição diz respeito ao significado do capital estrangeiro no país: ao mesmo tempo que ingressava no território nacional com o objetivo de produzir para o mercado interno – portanto, impossibilitado de gerar divisas estrangeiras –, necessitava dessas divisas para remeter lucros e juros para sua origem, engendrando a vulnerabilidade externa da economia[34].

O capital estrangeiro, pressionado pela queda da taxa de lucro nos países centrais e pelo excesso de dólares no mercado financeiro internacional[35], intensificou fortemente essa entrada, sob suas várias formas, no período de expansão acelerada da economia (1971-1973)[36]. O capital estrangeiro sob forma de investimento aportou no Brasil com essa compulsão, sobretudo porque a economia brasileira, graças à forte queda do salário real, podia proporcionar-lhe uma taxa de lucro superior à que obteria em outros países[37]. Além de aumentar fortemente seu peso na economia brasileira, o

---

[32] Francisco de Oliveira e Frederico Mazuchelli, "Padrões de acumulação, oligopólios e Estado no Brasil (1950-1976)", em Francisco de Oliveira, *A economia da dependência imperfeita* (Rio de Janeiro, Graal, 1977).

[33] Para uma análise dessa crise, ver nosso *Ascensão e queda do império americano* (São Paulo, CPC-Umes/Mandacaru, 2001), especialmente cap. 4.

[34] Ver Francisco de Oliveira e Frederico Mazuchelli, "Padrões de acumulação, oligopólios e Estado no Brasil (1950-1976)", cit.

[35] Ver nosso *Ascensão e queda do império americano*, cit., especialmente cap. 4.

[36] Sob a forma de investimento direto, a média anual se elevou de US$ 106 milhões no período 1967-1970 para US$ 543 milhões no período 1971-1973, tendo alcançado pouco mais de US$ 1 bilhão nesse último ano; sob a forma de empréstimos e financiamentos, a média aumentou de US$ 714 milhões no primeiro período para US$ 3,6 bilhões no segundo, com um montante de US$ 4,5 bilhões no último ano; cf. Banco Central do Brasil, *Relatório anual*, vários números.

[37] "Assim, em 1971 o capital americano investido no Brasil obteve uma taxa de lucro de 14,3%, contra 12,3% obtido na Colômbia, 13,4% na Venezuela, 11,9% no Peru, 8% no México e somente 6,6% na Argentina. Em 1972, a taxa de lucro alcançada pelo capital americano chegou a 18,1% no Brasil, contra 12,5% na Colômbia, 14,5% na Venezuela, 12,1% no Peru, 11,9% no México e 4,7% na Argentina"; dados da

capital estrangeiro comandava o setor mais dinâmico da economia: o de bens duráveis. Desenvolvia-se também o controle financeiro "desde fora", através dos empréstimos e financiamentos, e que se expressava na rápida elevação da dívida externa[38]. Essa era a situação do Brasil no momento em que eclodiu a crise mundial, de 1973 para 1974.

A partir de 1973, começaram a escassear os eurodólares, como consequência do auge econômico mundial, e em todos os centros financeiros internacionais se elevaram significativamente as taxas de juros[39]. Quem deflagrou esse processo foi o governo estadunidense, que necessitava de dólares para fechar seus enormes déficits na balança comercial. A elevação dos custos financeiros, além de provocar o estrangulamento externo da economia, exercia um efeito depressivo sobre a taxa "líquida" de lucro, na medida em que implicava transferência para o exterior de uma parte maior da renda produzida internamente[40].

Assim, o esgotamento do padrão econômico se manifestou, inicialmente, no âmbito das contas externas: diante da crise mundial, o país passou a ter dificuldades crescentes de fazer face aos encargos externos gerados por um passivo externo crescente. Mas, ao remeter para o exterior uma parcela crescente da renda gerada internamente, esse padrão provocou, no âmbito interno, a queda sustentada da taxa geral de lucro[41].

Uma segunda contradição está relacionada às consequências da superexploração da força de trabalho. Ao mesmo tempo que, para atrair o capital estrangeiro e gerar mercado para o setor produtor de bens de consumo

---

Hanson's American Letter, reproduzidos em "EUA: lucros (pequenos?) na América Latina", *Opinião*, ano 3, n. 52, 10 nov. 1973, citado em Paul Singer, *A crise do "Milagre"*, cit., p. 84.

[38] Esta subiu de US$ 3,3 bilhões em 1967 para US$ 17,9 bilhões em dezembro de 1974; cf. Banco Central do Brasil, *Boletim*, vários números; *Relatório Anual*, vários números.

[39] Grande parte dos créditos no mercado internacional era contraída a taxas de juros flexíveis, ou seja, quando aumentava a taxa, esta passava a incidir não só sobre os novos empréstimos, mas também sobre os já contraídos.

[40] A remessa anual de juros para o exterior dobrou do período 1970-1972 para 1973-1974, saltando de uma média de US$ 298 milhões para US$ 583 milhões, voltando a duplicar de 1974 para 1975 – aumentou de US$ 652,4 milhões para US$ 1,44 bilhão. Cf. Banco Central do Brasil, *Relatório*, vários números; *Boletim*, vários números.

[41] Um levantamento da revista *Exame* revelou que a rentabilidade sobre o patrimônio líquido caiu de 16% em 1974 para 13,3% em 1975.

suntuário (IIb), o padrão dependente pagava salários abaixo dos níveis de subsistência, estreitava o mercado interno para o setor produtor de consumo popular (IIa), forçando-o a depender cada vez mais do mercado externo. O padrão dependente de reprodução do capital não apenas forçou a queda do salário real[42]. Os trabalhadores de base, além disso, ganhavam abaixo do nível de subsistência, caracterizando o que Marini designou de superexploração do trabalho[43].

A redução do salário real, ao mesmo tempo que incrementava o lucro empresarial, restringia o mercado interno para o setor da indústria que produz bens consumidos pelos trabalhadores (setor IIa). As restrições à expansão desse setor só não o levaram a um estancamento graças ao desafogo possibilitado pelo mercado externo. As exportações de alimentos e bebidas quase triplicaram entre 1970 e 1973, ao passo que as exportações de têxteis e vestuários multiplicaram-se por mais de dez[44]. Vimos anteriormente que foi criado um arsenal de incentivos fiscais e creditícios para estimular as exportações desses setores.

Porém, a irrupção da crise internacional na virada de 1973 para 1974 mudou essa situação. Uma das principais consequências da crise mundial foi a restrição do comércio internacional. Já em 1974 se reduzia o volume das

---

[42] Enquanto de 1970 a 1973 a produtividade do trabalho industrial no país aumentou em 14% e, em São Paulo, em 21% 1970 a 1973, o salário mínimo real caiu 15%, os salários reais mais frequentes em São Paulo baixaram 13% e o salário real dos metalúrgicos de São Paulo caiu em 12%. Para a produtividade no Brasil e o salário mais frequente em São Paulo e o dos metalúrgicos, ver Dieese, "Dez anos de política salarial", *Estudos Sócio-Econômicos*, n. 3, ago. 1975, São Paulo, p. 35, 43 e 64; para a produtividade em São Paulo, cf. Domingos Zurron Ocio, *Evolução dos salários e ordenados* (São Paulo, Eaesp-FGV, 1976), mimeo, p. 15; para o salário mínimo, cf. Dieese, *Salário mínimo*, São Paulo, abr. 1979, p. 8-9, quadro.

[43] Estamos designando de superexploração do trabalho o pagamento de um salário insuficiente para sustentar a família do trabalhador. O conceito foi formulado por Ruy Mauro Marini, em *Dialética da dependência* (Petrópolis, Vozes, 2000), especialmente parte 2, cap. 3. As várias manifestações da superexploração – aumento da jornada de trabalho e a incorporação de novos membros da família ao mercado de trabalho sem correspondente aumento do salário; aumento da intensidade do trabalho; pagamento de um salário abaixo do valor da força de trabalho – foram analisadas em nosso livro *Economia brasileira contemporânea: de Getulio a Lula* (São Paulo, Atlas, 2009), cap. 4 e 5.

[44] Cf. Banco Central do Brasil, *Boletim*, n. 8, v. 14, ago. 1978, p. 238.

exportações brasileiras[45]. As exportações industriais seguiram crescendo, mas as de bens não duráveis tiveram seu montante reduzido, isto é, justamente o setor produtivo que, como se examinou antes, mais dependia de mercado externo foi o que teve suas possibilidades de exportação reduzidas pela crise mundial[46]. A sobreprodução do setor provocou a posterior queda de seu ritmo de expansão econômica e inclusive seu estancamento[47].

A terceira contradição diz respeito ao crescimento desproporcionado do setor produtor de bens de consumo duráveis (IIb), alavancado pelo ingresso do capital estrangeiro e beneficiado pelo processo de concentração de renda. O pagamento de um salário abaixo das necessidades de sobrevivência da família trabalhadora era um requisito fundamental da expansão acelerada desse setor. E se durante todo o período do "Milagre" crescera a uma taxa média anual de 23,8%[48], o setor requeria a superexploração por duas razões básicas, que devemos relembrar neste ponto: a) porque, sendo um setor sob o controle estrangeiro, demandava uma taxa de lucro mais elevada do que a média, a fim de garantir simultaneamente a remessa de lucro para sua matriz no exterior e o reinvestimento interno; b) porque a superexploração servia de base para a concentração de renda, necessária à elevação do padrão de consumo

---

[45] O *quantum* das exportações, depois de ter aumentado de um índice de 135 em 1972 para 155 em 1973, caiu para 151 em 1974. Cf. Fundação Getulio Vargas, *Conjuntura Econômica*, cit., vários números (base: 1970 = 100).

[46] O *quantum* exportado de não duráveis caiu de 177 em 1973 para 166 em 1974 (base: 1970 = 100). Os correspondentes preços em dólares aumentaram em 12%, semelhante à desvalorização da moeda no período; ver Fundação Getulio Vargas, *Conjuntura econômica*, cit. (base: 1970 = 100).

[47] Os ramos de não duráveis cresceram a 5,2% em 1974 e a 2,4% em 1975. Se tomarmos os ramos de têxtil, vestuário, calçados e tecidos, em 1974 a produção encolheu em 2,9% e em 1975 só cresceu 3,2%; o ramo de produtos alimentícios cresceu a 5,4% em 1974, mas estancou em 1975. Para não duráveis, ver Regis Bonelli e Pedro S. Malan, "Os limites do possível", cit., p. 372; para os ramos de têxtil, vestuário, calçados e tecidos, ver Fundação Getulio Vargas, *Conjuntura econômica*, cit.

[48] No período de reanimação econômica (1968-1970), os ramos representativos do setor IIb conseguiram crescer a uma taxa superior à correspondente ao período de auge para o conjunto da economia (1971-1973), ainda que nesse último período tenham crescido a taxas elevadíssimas: 26% anual para o primeiro período contra 22% para o segundo (média aritmética calculada com base nos dados levantados pelo IBGE e publicados em Regis Bonelli e Pedro S. Malan, "Os limites do possível", cit., p. 372).

das camadas dos níveis mais altos de renda[49], que garantia a expansão dos mercados desse setor; com isso, suas empresas podiam vender seus produtos a preços elevados, favorecendo, por essa via, a elevação de sua taxa de lucro.

Tal mercado se expandiu ainda mais com a política de financiamento ao consumo adotada pelo governo na época, através da implementação das financeiras[50]. Foi essa expansão acelerada do setor IIb que garantiu, em grande parte, a continuidade da expansão econômica entre 1971 e 1973. Mas esse período de bonança se esgotou a partir de 1974. Além do efeito depressivo que a queda da taxa geral de lucro provocou sobre os investimentos no setor, desencadearam-se no período vários mecanismos que afetaram negativamente suas condições de demanda.

Em primeiro lugar, com a ligeira melhora, em 1974 e 1975, do salário real do pessoal ligado à produção, foi desativado parte do mecanismo de transferência aos assalariados médios, e assim foi que, já a partir de 1973, os salários reais desses setores começaram a crescer menos do que antes, principalmente no caso dos assalariados médios[51]. Tal situação se agravou ainda mais em face da política de restrição ao crédito ao consumidor adotada pelo governo[52].

---

[49] Em São Paulo, enquanto os assalariados de base mantiveram seu salário médio real estabilizado entre 1970 e 1973, os salários maiores (acima de Cr$ 10 mil) aumentaram, em termos reais, em aproximadamente 20%. Cálculos feitos a partir de tabela publicada em Domingo Zurron Ocio, *Evolução dos salários e ordenados*, cit., p. 16. Para obter os índices reais, os salários nominais foram deflacionados pelo índice de custo de vida de São Paulo levantado pela Fipe-USP.

[50] O crédito das financeiras (basicamente destinado ao financiamento ao consumo) cresceu a uma taxa real média anual de 45% entre 1968 e 1970, e de 43% entre 1971 e 1973, cf. Banco Central do Brasil, *Relatório*, vários números. O valor foi deflacionado de acordo com o índice de disponibilidade interna (coluna 2), Fundação Getulio Vargas, *Conjuntura Econômica*, cit.

[51] Os assalariados mais bem remunerados (que ganhavam entre Cr$ 10 mil e Cr$ 35 mil em 1975), que tiveram seus salários reais médios aumentados a uma taxa média anual acima de 7% entre 1970 e 1972, só avançaram 4,41% em 1973 e 5,69% em 1974; ao mesmo tempo, os assalariados médios (que ganhavam entre Cr$ 4.900 e Cr$ 10 mil), e cujos salários reais médios vinham aumentando cerca de 10% ao ano entre 1970 e 1972, tiveram seus salários estancados em 1973, com uma pequena elevação de 3% em 1974. Esses dados se referem aos assalariados da indústria paulista, que, certamente, sintetizava o movimento da economia nacional no período; cf. Domingo Zurron Ocio, *Evolução dos salários e ordenados*, cit., p. 16.

[52] Com a política de restrição ao crédito adotada pelo governo a partir de 1974, o crédito concedido pelas financeiras (basicamente destinado ao financiamento ao consumo de

Além disso, as camadas médias da população encontravam-se então com uma parte significativa de seus salários, agora estancados, comprometida com o pagamento de dívidas contraídas no período anterior[53], o que diminuía a parcela do dinheiro que podiam destinar ao consumo. Pode-se, pois, conjeturar que a expansão do consumo para o setor IIb perdeu o dinamismo anterior.

Como consequência, a taxa de lucro do setor declinou. Ainda se considerarmos as maiores empresas, que normalmente têm melhores condições de enfrentar uma queda da taxa geral de lucro, dado seu poder de monopólio, observa-se que a taxa de lucro para os diversos ramos do setor IIb começou a ser reduzida desde 1974[54]. Caíram ou desaceleram, como consequência, os investimentos[55] e a produção do setor[56].

Uma quarta contradição se relaciona ao insuficiente peso econômico do setor I da economia, que produz bens de capital (máquinas e equipamentos) e bens intermediários (insumos básicos e matérias-primas). O padrão dependente, ao limitar as possibilidades de crescimento do setor I, provocava

---

bens duráveis) reduziu-se, em termos reais, em 3% em 1974 e só aumentou em 7% em 1975; cf. Banco Central do Brasil, *Relatório*, vários números. Dados deflacionados segundo o índice de disponibilidade interna (coluna 2) da Fundação Getulio Vargas.

[53] Em 1971-1972, os que ganhavam acima de 10 salários mínimos na cidade de São Paulo tinham mais de 15% de seu orçamento comprometido com o pagamento de prestações; cf. J. R. Wells, "Subconsumo, tamanho de mercado e padrões de gastos familiares no Brasil", *Estudos Cebrap*, n. 17, 1976, p. 49 (fonte original: "Orçamentos familiares na cidade de S. Paulo. 1971-1972", São Paulo, IPE, 1971-1972). Dada a intensificação do crédito ao consumidor depois desse período, é provável que em 1973-1974 o comprometimento com prestações tenha aumentado ainda mais.

[54] No caso da indústria automobilística, a relação entre lucro líquido e patrimônio líquido caiu de 15,5% em 1973 para 10,2% em 1974 e para 5,6% em 1975; e, no caso do setor eletroeletrônico, as taxas caíram de 25,8% para 21,4%, e depois para 16,2%; cf. "Melhores e maiores", *Exame*, set. 1977.

[55] O investimento fixo no ramo de material elétrico e de comunicação reduziu em 3,9% em 1974 e em 4,8% em 1975; no ramo de material de transporte (no qual se inclui a indústria automobilística), seguiu crescendo, mas a uma baixíssima taxa, se comparada com o período anterior: 6,5% em 1974 e 8,2% em 1975; cf. Regis Bonelli e Dorothea Werneck, "Desempenho industrial: auge e desaceleração nos anos 70", em Wilson Suzigan (org.), *Indústria: política, instituições e desenvolvimento* (Rio de Janeiro, Ipea/Inpes, 1978), p. 189-90.

[56] O setor de bens duráveis, depois de ter crescido a taxas acima de 20% entre 1970 e 1973 e 17,3% em 1974, despencou para 2,1% em 1975, ou seja, praticamente teve sua produção estancada no último ano; cf. Regis Bonelli e Pedro S. Malan, "Os limites do possível", cit., p. 37.

o aumento das importações desses produtos. E apesar de sua forte expansão no período de expansão acelerada da economia[57], a baixa dimensão inicial de que partiu[58] limitava sua capacidade de atender à demanda de meios de produção correspondente ao intenso ritmo de investimento que o país viveu entre 1971 e 1973. Explica-se, pois, por que persistiu a alta de seus preços durante todo o auge econômico e também por que continuaram elevando-se, a preços crescentes, as importações desses bens. Ao provocar a elevação dos custos industriais, tal fato contribuiu para a diminuição da taxa geral de lucro da economia.

Vários fatores ensejaram a elevação desses custos. Em primeiro lugar, a elevada taxa de crescimento no auge da economia determinou que as compras de matérias-primas, bens intermediários e bens de capital, tanto importados quanto de produção doméstica, continuassem crescendo[59]. E, pior ainda, os preços desses bens importados, que já vinham se elevando antes e haviam crescido mais ainda em 1973, experimentaram forte aceleração em 1974[60]. Manifestava-se aí parte da vulnerabilidade externa engendrada pela economia dependente.

A intensa demanda de matérias-primas no período também promoveu a elevação de seus preços internamente[61], dado que sua produção interna não conseguia acompanhar o ritmo da demanda no momento de auge.

---

[57] Entre 1971 e 1973, a indústria de bens de capital cresceu a uma taxa média anual de 25% e a de bens intermediários, a quase 16%; cf. idem.

[58] Segundo cálculos de Maria Conceição Tavares, a participação em 1970 no valor da transformação industrial dos ramos de mecânica, equipamentos elétricos, equipamentos de transporte, metalurgia e material de construção era próxima aos 20%; ver seu *Da substituição de importações ao capitalismo financeiro*, cit., p. 64.

[59] O valor das matérias-primas e materiais auxiliares importados experimentou uma elevação de US$ 2,369 bilhões em 1973 para US$ 6,081 bilhões em 1974; cf. Banco Central do Brasil, *Boletim*, v. 15, n. 1, jan. 1979. Isto se deveu a certo aumento da quantidade importada, mas sobretudo ao aumento dos preços; ver Fundação Getulio Vargas, *Conjuntura econômica*, cit.

[60] O preço das matérias-primas aumentou de um índice de 106 em 1972 para 268 em 1974; o dos bens intermediários evoluiu de 108 para 250; e o de bens de capital, de 107 para 121; ver Fundação Getulio Vargas, *Conjuntura Econômica*, cit. (base: 1970 = 100).

[61] O índice de preços (já deflacionado pelo índice de disponibilidade interna da FGV) dos produtos ferro, aço e derivados, que já subira de 131 em 1970 para 203 em 1973, subiu novamente para 282 em 1974 (idem; base: 1970 = 100).

Os dados indicam, portanto, que, pressionados por todos esses fatores, os gastos de capital com meios de produção sofreram um incremento de 1973 a 1974 em um índice equivalente ao dos três anos anteriores, de 1970 até 1973[62]. A queda da taxa de lucro provocou a diminuição do ritmo de investimento desde 1974, aprofundando em 1975. Esta, por sua vez, haveria de expressar-se na redução do ritmo de crescimento das compras de bens de capital e matérias-primas, produzidos pelo setor I. Portanto, a tendência seria cair o ritmo de crescimento da produção desse setor, ou até mesmo a queda da produção em si[63].

Em resumo, na conjuntura de 1974-1975 esgotou-se o padrão de reprodução do capital que vinha se desenvolvendo no Brasil. A combinação dos efeitos internos da crise mundial com a irrupção das contradições internas geradas pela inserção subordinada da economia repercutiu no estrangulamento das contas externas e na queda da taxa de lucro, provocando a queda do investimento[64] e do ritmo de crescimento da produção[65].

---

[62] A relação entre os gastos em meios de produção com os gastos em salário, que já havia subido de 15,25 em 1970 para 17,61 em 1973, pulou para 19,95 em 1974; cf. Nilson Araújo Souza, *Economia brasileira contemporânea*, cit., apêndice.

[63] O subsetor de bens de capital, que havia crescido a uma taxa de 31% em 1973 e a 13,4% em 1974, só o fez a 5,9% em 1975; o de bens intermediários cresceu, respectivamente, a 14,2%, 6,7% e 4,1%. Para papel e papelão, ver Fundação Getulio Vargas, *Conjuntura econômica*, cit. Retrospecto anual da economia brasileira, 1976 (dados originais do IBGE). Para bens de capital e bens intermediários, ver Regis Bonelli e Pedro S. Malan, "Os limites do possível", cit., p. 372 (dados primários do IBGE e elaborados pelo Ipea/Inpes).

[64] O investimento no conjunto da indústria de transformação chegou a cair 11,54% em 1975; ver José Serra, "Ciclos e mudanças estruturais na economia brasileira no pós-guerra", em Luiz Gonzaga M. Belluzzo e Renata Coutinho (orgs.), *Desenvolvimento capitalista no Brasil*, cit., p. 99. A situação só não foi mais grave porque o investimento público acelerou, crescendo 17,8% em 1975 contra 17,3% no período 1970-1974; cf. Henri Philippe Reichstul e Luciano G. Coutinho, "Investimento estatal 1974-1980: ciclo e crise", cit., p. 46.

[65] Houve uma forte redução do ritmo de expansão da atividade econômica, com o estancamento de vários setores importantes: o PIB, que crescera 13,9% em 1973 e 9,8% em 1974, só se expandiu 5,7% em 1975; a indústria de transformação desacelerou de 15,8% para 7,6% e depois 3,8%. Para o conjunto da indústria e o PIB, ver Banco Central do Brasil, *Relatório*, vários números; a produção do ramo de material elétrico, de comunicação e de material de transporte só cresceu 0,5% em 1975; a de têxtil, 2,3%; e a de produtos alimentícios, 0,1%; cf. Fundação Getulio Vargas, "Retrospecto anual da economia brasileira", *Conjuntura econômica*, 1976.

O fim do "Milagre", isto é, o esgotamento da economia dependente, provocou igualmente o esgotamento do regime político construído para viabilizar sua expansão no Brasil. As contradições sociais e políticas, nascidas no bojo da crise econômica, repercutiram no interior do regime, levando ao seu esgotamento. Abriu-se então um longo período (1974-1984) em que o regime ditatorial foi perdendo força – e até mesmo se modificando – e foram se fortalecendo as forças da democracia.

Esse processo foi deflagrado por dois fatos importantes. A escolha do presidente que iria governar a partir de 1974 e as eleições legislativas daquele ano condensaram simultaneamente o início das divisões no interior do regime e a intensificação das lutas democráticas. Esse processo ajudou a fortalecer, dentro das Forças Armadas, as correntes mais identificadas com uma postura autônoma, na época lideradas, em grande medida, pelos irmãos generais Orlando e Ernesto Geisel e que, durante um bom período, haviam participado de forma secundária do regime. Aproveitando-se dessas divisões, os liberais do MDB radicalizaram sua oposição ao regime. Formou-se, então, entre os liberais mais ativos e certos setores da esquerda o "bloco dos autênticos".

Esse partido fez em 1974 uma campanha mais dura contra o governo. Para condensar essa nova postura, lançou a candidatura de seu presidente, Ulysses Guimarães, para disputar no "colégio eleitoral" a indicação presidencial com o candidato oficial do regime, general Ernesto Geisel, recaindo a escolha sobre este último.

A anticandidatura de Ulysses, que, além de pregar o retorno das liberdades democráticas, denunciava o forte processo de concentração de renda que então se verificava, contribuiu decisivamente para a conquista do apoio popular. E assim ocorreu a primeira grande derrota eleitoral da ditadura: nas eleições para senador, o MDB conquistou 16 das 22 vagas disputadas nacionalmente, o que correspondia a 13 milhões de votos contra 7,5 milhões para o partido que sustentava a ditadura, a Aliança Renovadora Nacional (Arena).

II PND: resposta nacional à crise da dependência

A crise econômica, o início de divisão no interior do regime, sua crescente perda de apoio social e o avanço das lutas democráticas ensejaram o deslocamento de forças dentro do bloco dominante, isolando o núcleo que defendia maior abertura ao capital estrangeiro e fortalecendo as correntes nacionalistas dentro do regime, que conseguiram conquistar uma correlação de forças favorável à escolha do general Geisel para suceder o general Médici na presidência.

Formularam um projeto que tinha dois componentes básicos: no âmbito político, pregavam a "distensão lenta, gradual e segura", que procuraria manter um regime autoritário, mas abrindo maiores canais de participação para o empresariado nacional; no âmbito econômico, elaboraram o II Plano Nacional de Desenvolvimento (II PND), que visava enfrentar a crise da dependência a partir do fortalecimento da economia nacional, tendo como eixo a substituição de importações em setores básicos da economia, alavancada pelo Estado.

Como a crise se manifestara inicialmente – como sempre ocorre numa economia dependente – através do estrangulamento do balanço de pagamentos, os autores do II PND perceberam que o ataque deveria começar pelo *front* externo. Por isso, o objetivo central dos investimentos programados pelo II PND, como estabeleceu o ministro do Planejamento e principal responsável pelo plano, João Paulo dos Reis Velloso, era garantir a "substituição de importações e, se possível, abrir novas frentes de exportação"[66].

Os setores que o II PND estabelecia como prioritários para realizar a substituição de importações eram precisamente aqueles cujas compras externas estavam pressionando a pauta de importações: bens de capital (incluindo navios), insumos básicos e combustíveis. Ao mesmo tempo, buscava-se a "consolidação de uma economia moderna, mediante a implantação de novos setores, a criação e adaptação de tecnologias"[67]. Entre essas novas tecnologias, destacavam-se a de informática (fortalecida pela reserva de mercado e a criação da estatal Cobra) e a de aeronáutica (Embraer).

Esse processo implicava alterar a estrutura produtiva brasileira, que vinha privilegiando a produção de bens de consumo duráveis. Em entrevista à revista *Exame*, o então ministro da Indústria e do Comércio, Severo Gomes, declarou: "Algumas atividades industriais, como a indústria automobilística,

---

[66] João Paulo dos Reis Velloso, *Brasil: a solução positiva* (São Paulo, Abril/TEC, 1977), p. 124, citado em Antônio Barros de Castro e Francisco Eduardo Pires de Souza, *A economia brasileira em marcha forçada* (Rio de Janeiro, Paz e Terra, 1985), p. 37, nota 31.

[67] Antônio Barros de Castro e Francisco Eduardo Pires de Souza, *A economia brasileira em marcha forçada*, cit., p. 30.

por exemplo, deixarão de merecer atenção prioritária [...]. Não é hora de estimular o crescimento de uma grande faixa de indústrias produtoras de bens de consumo duráveis"[68].

Por isso, conforme apontou Antônio Barros de Castro, a nova política escolhia superar a atrofia dos setores produtores de insumos básicos e de bens de capital. Ocorre, porém, que o atraso relativo desses setores constitui o próprio estigma, no plano industrial, do subdesenvolvimento. Nesse sentido, reiteramos, o II PND se propunha a superar, conjuntamente, a crise e o subdesenvolvimento[69].

Tratava-se, pois, de um programa cuja implementação haveria de se chocar com o caráter subordinado da economia nacional. Devia-se, na sua visão, combinar a ação das empresas estatais com incentivos fiscais e financeiros a empresas privadas nacionais[70]. Mas o centro estava nas estatais, conforme constatou o professor Carlos Lessa: "Ainda que o II PND não o diga, [a nova política] colocava no centro do palco da industrialização brasileira a grande empresa estatal"[71].

Apesar da crise mundial e das pressões externas, a implementação do II PND produziu resultados muito favoráveis na economia brasileira. A formação bruta de capital fixo (FBCF), mesmo em meio à crise mundial, seguiu crescendo a uma taxa elevada[72], assim como os investimentos totais, devido, sobretudo, à preservação de um elevado ritmo de expansão dos investimentos estatais, particularmente do setor produtivo estatal (SPE)[73].

---

[68] Citado em ibidem, p. 33, nota 23.
[69] Idem.
[70] João Paulo dos Reis Velloso, *Brasil: a solução positiva*, cit., p. 124, citado em Antônio Barros de Castro e Francisco Eduardo Pires de Souza, *A economia brasileira em marcha forçada*, cit., p. 37.
[71] Carlos Lessa, *A estratégia de desenvolvimento 1974-1976: sonho e fracasso* (Rio de Janeiro, Faculdade de Economia e Administração da UFRJ, 1978), p. 96, tese, citado em Antônio Barros de Castro e Francisco Eduardo Pires de Souza, *A economia brasileira em marcha forçada*, cit., p. 38.
[72] 1974: 18,1%, 1975: 14,8%, 1976: 2,3%, 1977: – 2,3%, 1978: 7,2%, 1979: 5,4%, 1980: 10,3%. Neste caso, usou-se como deflator o Índice Geral de Preços; cf. Henri Philippe Reichstul e Luciano Coutinho, "Investimento estatal 1974-1980: ciclo e crise", cit., p. 42.
[73] 1975: 20,4%, 1976: 10,2%, 1977: 12,9%, 1978: 20,2%, 1979: 6,2%; cf. ibidem, p. 46.

Esse processo levou a um aumento da participação do SPE no conjunto da FBCF de 15,1% em 1974 para 20,8% em 1979[74]. O investimento privado, no entanto, experimentou forte desaceleração no período[75]. Sua performance só não foi pior porque o financiamento público e os incentivos fiscais programados pelo II PND viabilizaram importantes investimentos nas áreas da indústria de base. O Banco Nacional de Desenvolvimento Econômico (BNDE) e o Conselho de Desenvolvimento Industrial (CDI) foram os instrumentos fundamentais dessa política.

O centro da ação do governo Geisel, dentro dessa estratégia de substituição de importações no setor I, foi o fortalecimento das empresas estatais e o financiamento público de empresas nacionais. Portanto, foi o apoio estatal, sobretudo, que promoveu o desenvolvimento do setor I naquele período, mesmo numa situação em que o restante da economia era pressionado para baixo. Busatto proporciona uma série de dados que revelam um crescente processo de substituição de importações tanto nos ramos de insumos básicos (siderurgia, fertilizantes, metais não ferrosos, petroquímicas) como nos de bens de capital[76]. Expressão disso foi o fato de que, apesar de a economia seguir crescendo, diminuíram as importações de bens de capital e de matérias-primas e insumos básicos (exceto petróleo)[77].

O resultado foi que, apesar da crise mundial, o PIB brasileiro experimentou um ritmo de crescimento anual de 6,8% de 1974 a 1980, abaixo do período do "Milagre", mas dentro da trajetória histórica que vinha desde 1930 com a consolidação do processo de industrialização no país. Ao mesmo tempo, revelando o importante processo de substituição de importações, o coeficiente de importações de manufaturados diminuiu

---

[74] Ibidem, p. 45.

[75] Depois de crescer 15,8% de 1970 a 1974, o fez 6,8% no biênio 1975-1976 e, se excluirmos 1978 (quando teve um importante crescimento de 12,5%), praticamente estagnou em 1977 e 1979; cf. ibidem, p. 46.

[76] Cézar Busatto, *La crisis del imperialismo y sus consecuencias sobre la reproducción del capital y la inserción mundial de la economía brasileña* (Cidade do México, División de Estudios Superiores de la Unam-FNE, 1979), p. 269-71, dissertação de mestrado.

[77] As importações de bens de capital caíram desde 1975: US$ 3,9 bilhões em 1975, US$ 3,6 bilhões em 1976 e US$ 3,1 bilhões em 1977. Quanto às matérias-primas e insumos básicos (fora petróleo), as importações começaram a baixar a partir de 1974: US$ 4 bilhões em 1974, US$ 3,1 bilhões em 1975, US$ 2,6 bilhões em 1976 e US$ 2,7 bilhões em 1977; cf. Banco Central do Brasil, *Boletim*, v. 15, n. 1, jan. 1979.

violentamente na oferta total de manufaturados, baixando de 11,9% em 1974 para 6,8% em 1979.

Em resumo, o que impediu que o fim do "Milagre" despencasse de imediato numa profunda crise, como ocorreu em outros países da região, foi o processo de substituição de importações na área de bens de produção, viabilizado pelos investimentos e financiamentos públicos realizados no contexto do II PND.

Deflagrada formalmente por Eugênio Gudin, que escrevera na época o artigo "O gigantismo das empresas estatais", e levada adiante pelos órgãos da grande imprensa, em particular o jornal *O Estado de S. Paulo*[78], desenvolveu-se uma forte campanha contra a presença do Estado na economia. Segundo o jornal, tratava-se de um "processo sutil que um dia poderá obrigar-nos a reconhecer que a economia brasileira é uma economia socialista"[79]. Não houve desestatização na época, o que revelou a força social e política do projeto nacional em andamento (II PND), mas a campanha não foi inócua. Ela teve um duplo efeito: desacelerar o ritmo de implementação do II PND e forçar a concessão de determinadas vantagens para o capital estrangeiro e as empresas do setor IIb[80].

Enquanto isso, o processo de "abertura política" enfrentava várias crises: o assassinato, pelos órgãos de segurança do Exército em São Paulo, do jornalista Vladimir Herzog (1975); o lançamento precoce da candidatura presidencial de "linha dura" do general Sílvio Frota (1977); a rejeição, por parte do Congresso Nacional, de uma emenda constitucional que devolvia algumas prerrogativas ao Poder Judiciário (1977); a saída do governo do principal representante do empresariado nacional, o ministro da Indústria e Comércio Severo Gomes, e a assinatura de um manifesto por parte de alguns dos seus representantes mais reconhecidos (1978); e as jornadas grevistas vanguardeadas pelos metalúrgicos do ABC paulista (1978-1979).

---

[78] O *Estadão* publicou uma série de onze reportagens, de fevereiro a março de 1975, intitulada "Os caminhos da estatização".

[79] Citado em Antônio Barros de Castro e Francisco Eduardo Pires de Souza, *A economia brasileira em marcha forçada* (Rio de Janeiro, Paz e Terra, 1985), p. 41.

[80] O governo começou a realizar no exterior uma série de encomendas que, a princípio, estavam destinadas à produção nacional; em seguida, adotou medidas de incentivos às exportações de bens de consumo duráveis; por fim, adotou medidas de readaptação de aparelho produtivo e de tipo fiscal, para beneficiar o setor de duráveis.

O exame dessas várias crises pode levar à conclusão de que se o governo havia conseguido controlar seus "radicais", como costumava dizer Geisel, não alcançara o mesmo resultado com o crescente sentimento de oposição que tomava conta do país. O processo sucessório ocorreu em meio a essas várias crises da abertura política. Enquanto se aprofundavam esses conflitos, chegava a época da escolha do novo presidente.

O general Geisel apresentou o nome do general João Baptista Figueiredo, ex-chefe do Serviço Nacional de Informações e supostamente comprometido com seu projeto de institucionalização. A oposição, personificada no MDB[81] e apoiada por setores empresariais descontentes, propôs uma candidatura alternativa, com o compromisso de avançar mais rapidamente no projeto de "abertura" e no programa econômico condensado no II PND: a do general nacionalista Euler Bentes. Na disputa no "colégio eleitoral", o regime ainda teve forças para impor seu candidato, apesar de sua crescente debilidade.

Mesmo sem vencer no "colégio eleitoral", o avanço da oposição conseguiu arrancar importantes conquistas do regime: além da derrota da "linha dura", criou condições para que os "institucionalistas", mesmo antes da posse do novo general-presidente, avançassem rapidamente no projeto de "abertura", abrandando a Lei de Segurança Nacional e extinguindo o Ato Institucional n. 5, que eram seus principais instrumentos de coerção.

A adesão ao FMI e as "décadas perdidas"

Para reunir o apoio necessário à escolha do novo presidente, Geisel teve de fazer tantas concessões que terminou por optar pelo general João Baptista Figueiredo, ex-chefe do Serviço Nacional de Informações (SNI), um nome que não estava inteiramente comprometido com seu projeto, sobretudo o econômico, condensado no II PND.

Foi assim que, diante das primeiras dificuldades, seu governo acabou escolhendo um caminho oposto ao trilhado pelo II PND e adotou o "ajuste estrutural", isto é, o aumento da subordinação externa da economia, o que levou a uma violenta recessão desde fins de 1980 até o começo de 1984

---

[81] O MDB estava revigorado por mais uma vitória nas eleições majoritárias de 1978: ainda que não tenha feito maior número de senadores, obteve mais votos do que o partido oficialista.

e inaugurou um longo período de estagnação da economia nacional, hoje conhecido como o período das "décadas perdidas".

O general Figueiredo assumiu o poder num momento em que a economia brasileira estava em franco processo de aceleração. Mas, ao mesmo tempo, o cenário internacional tornava-se mais adverso. Em fins de 1979, apareciam os primeiros sinais de uma nova recessão mundial, que duraria até 1982. E, como sempre, os governos e as corporações dos países centrais tentaram mais uma vez descarregar o peso de sua crise sobre os países mais débeis. E usaram, para tanto, os mecanismos costumeiros.

De 1978 em diante, a taxa de juros internacional não parou de crescer[82]. Como consequência, o pagamento de juros pelo Brasil aumentou de US$ 2,7 bilhões no primeiro ano para US$ 10,5 bilhões no último[83]. Por sua vez, as relações de troca do Brasil com o resto do mundo, que haviam atingido seu ponto máximo em 1977 – índice 100 –, daí em diante só despencaram, atingindo um índice de 54 em 1982, o que indica uma queda de 46% no período[84]. Isso ocorreu não apenas em função da elevação do preço do petróleo, como se costuma noticiar, mas também porque os países centrais conseguiram impor o aumento dos preços de seus produtos numa proporção muito superior ao dos exportados pela periferia. Além disso, a partir de 1980 forçaram para baixo os preços das *commodities* brasileiras exportadas, que caíram 26% de 1980 para 1982[85].

Uma primeira consequência desse duplo choque de juros e de relações de troca foi o violento aumento do déficit em conta corrente do balanço de pagamentos, que pulou de US$ 6,9 bilhões em 1978 para US$ 16,3 bilhões em 1982[86]. Isso sem contar a amortização de dívida, que subiu de US$ 5,4 bilhões para US$ 8,2 bilhões no mesmo período[87]. Os encargos da

---

[82] 10,9% em 1978, 13,3% em 1979, 15,5% em 1980, 19,6% em 1981 e 19,5% em 1982. Cf. Francisco L. Lopes, "A crise do endividamento externo: alguns números e suas consequências", em Pérsio Arida (org.), *Dívida externa, recessão e ajuste estrutural: o Brasil diante da crise* (2. ed., Rio de Janeiro, Paz e Terra, 1983), p. 99.

[83] Idem.

[84] Carlos Manuel Peláez, *O cruzado e o astral* (São Paulo, Atlas, 1986), p. 46.

[85] Ibidem, p. 44.

[86] Ibidem, p. 56.

[87] Ibidem, p. 40.

dívida, que representavam 64% das exportações no primeiro ano, subiram para 97% no último[88].

O violento crescimento que a dívida externa experimentou no período[89] não se deveu, portanto, à necessidade de financiamento interno, mas à exigência de cobertura desse crescente déficit nas contas externas provocado pela política dos países centrais. Além disso, em função da transferência de recursos para o exterior, da queda da taxa de lucro interna e da desaceleração dos investimentos privados, a inflação começou a se acelerar. Com o aumento da vulnerabilidade[90] e da sangria externas, a pressão pela subida dos preços internos aumentou mais ainda[91].

Após um conflito entre o ministro do Planejamento, Mário Henrique Simonsen, e o da Agricultura, Antônio Delfim Netto, sobre como enfrentar essa situação, terminou triunfando a posição deste último, que assumiu o comando da economia, à frente do Ministério do Planejamento. Depois de uma fase inicial em que, ao menos no plano das intenções anunciadas, a equipe de Delfim procurava conciliar o combate à inflação com a manutenção do crescimento da economia[92], passaram a prevalecer as políticas de corte recessivo. Mas, já nessa etapa, o centro das medidas anti-inflacionárias foi o corte no investimento das estatais. Segundo Coutinho e Reichstul, entre outubro de 1979 e maio de 1980,

Finalmente, em junho de 1980, foram implantados cortes efetivos (15% de redução sobre os volumes orçados em fevereiro, que já haviam sido corroídos pela aceleração da inflação). Esses cortes redundaram numa

---

[88] Idem.

[89] A dívida bruta subiu de US$ 32 bilhões em 1977 para US$ 81,3 bilhões em 1983; ver Paulo Nogueira Batista Jr., "International Financial Flows to Brazil since the Late 1960s: An Analysis of Debt Expansions and Payment Problems", *World Bank Discussion Papers*, Washington, D. C., Banco Mundial, n. 7, mar. 1987.

[90] A relação dívida/PIB subiu de 18,2% em 1977 para 43,6% em 1983; enquanto isso, a relação dívida/exportação cresceu no mesmo período de 246,3% para 387,8%; cf. Werner Baer, *A economia brasileira* (2. ed., trad. Edite Sciulli, São Paulo, Nobel, 2002), p. 122.

[91] Depois de vários anos estabilizada, a taxa de inflação acelerou a partir de 1979: medida pela IGP, depois de haver permanecido entre 30% e 40% anuais entre 1974 e 1978, subiu para 76,8% em 1979 e 110,2% em 1980; cf. Fundação Getulio Vargas, *Conjuntura econômica*, cit.

[92] As primeiras medidas econômicas vieram a público em um discurso do general Figueiredo, de 7 de dezembro de 1979.

queda geral dos investimentos das empresas públicas (– 19% em 1980) e, *pela primeira vez*, os investimentos do Setor Produtivo Estatal (SPE) foram significativamente reduzidos em termos reais (– 11%)[93].

Os cortes dos gastos públicos, do crédito, dos meios de pagamento e do salário real não conseguiram debelar o processo inflacionário[94], mas, com os cortes no investimento e no consumo final, deflagrou-se a mais profunda e longa recessão da história recente do Brasil, ao mesmo tempo que inaugurava-se as duas "décadas perdidas". Em 1981, estimativas dão conta de que a formação bruta de capital fixo caiu 10%[95] e o PIB, 4,25%. A produção industrial caiu cerca de 9%. Apesar das medidas anti-recessivas adotadas ao final de 1981[96], a formação bruta do capital fixo caiu 7% em 1982, e o PIB conseguiu crescer apenas 0,9%. Em 1983, a recessão voltou a se agravar: o PIB caiu 3% e a produção industrial, 6%[97].

Logo no começo do governo Figueiredo, com a intensificação da luta democrática, houve três importantes conquistas democráticas: a anistia aos perseguidos políticos, a devolução de algumas prerrogativas do Congresso e a garantia de eleições diretas para governador em 1982. Mas, ao mesmo tempo, temeroso da vitória do PMDB nas eleições de 1980 e 1982, o governo decretou a extinção desse partido, abrindo a possibilidade de criação de novos partidos, e suspendeu as eleições municipais de 1980. Nas eleições de 1982, ocorreu o que o regime temia: a oposição teve maioria de votos, fazendo maioria na Câmara dos Deputados e conquistando os governos

---

[93] Reichstul e Coutinho, cit., p. 48.

[94] Ao contrário, a inflação, medida pelo IGP, subiu inicialmente de 76,8% em 1979 para 110,2% em 1980; baixou um pouco para 95,2% em 1981 para, novamente, subir para 99,7% em 1982.

[95] Regis Bonelli, "Investimento e emprego face a desequilíbrios externos e internos", cit., p. 137.

[96] Depois do aperto anterior, Delfim Netto, de olho nas eleições de 1982, que escolheriam os governadores de estado e elegeriam o Congresso Nacional que serviria de "colégio eleitoral" para a escolha do próximo presidente da República, declarou, então, que "o espaço para que o país volte a crescer já foi construído". Por isso, adotou várias medidas de reativação econômica, como maiores incentivos às exportações, recursos para a construção civil e créditos para a agricultura, maiores facilidades de crédito para a compra de bens de consumo duráveis e para capitalização das empresas.

[97] Os dados de PIB e de produção industrial foram extraídos de Fundação Getulio Vargas, *Conjuntura Econômica*, vários números.

dos principais estados da federação, incluindo São Paulo, Rio de Janeiro e Minas Gerais.

Na virada de 1982 para 1983, depois das eleições, a crise brasileira atingiu seu momento mais dramático, com o país entrando em estado de insolvência externa – ou seja, sem possibilidades de "honrar seus compromissos externos". Chegou-se à situação em que simplesmente não se tinha mais com que pagar as dívidas vencidas e as que começavam a vencer. A situação piorou porque, após a moratória mexicana, decretada em 1982, os bancos internacionais deixaram de emprestar novos recursos ou de renovar seus empréstimos aos demais países da América Latina. Isso levou o governo brasileiro a enveredar pelo caminho que se tornara inevitável: o da renegociação da dívida externa. Só que o fez nos termos do FMI, o que significa não só a perda de qualquer capacidade de formular política econômica própria, mas também a exigência de adoção de políticas que levariam inevitavelmente a uma forte recessão.

Este foi o suicídio do regime ditatorial. Abriu-se ali um intenso período de luta política no país, em que, de um lado, o governo editava um "pacote econômico" atrás do outro (acompanhado de "cartas de intenções" firmadas com o FMI), apenas para vê-los rejeitados pelo Congresso Nacional em face à forte pressão popular; e, de outro, crescia rapidamente a mobilização popular, ao mesmo tempo que ampliavam-se as divisões no interior do regime, com o deslocamento de forças cada vez mais numerosas para o campo da oposição.

O primeiro "pacote" foi anunciado logo depois das eleições de 1982. Após negociação com o FMI, o governo brasileiro assumiu o compromisso de aplicar o "receituário" daquela instituição – essa era a condição para renegociar a dívida com os bancos privados. O objetivo principal da aplicação desse "receituário", ainda que declarado como combate à inflação, era gerar saldos comerciais destinados ao pagamentos dos encargos da dívida externa.

A partir de então, o governo editaria quatro decretos-leis[98] e assinaria três cartas de intenção com o FMI[99], todos concentrados em medidas de contenção da demanda, como corte do gasto público, do crédito e do salário. Mas destacavam-se as medidas de corte dos investimentos das estatais

---

[98] O decreto-lei n. 2012, depois substituído pelo de n. 2024; rejeitado pelo Congresso Nacional, o governo editaria posteriormente os de n. 2045, 2064 e 2065.

[99] A primeira foi assinada em fevereiro de 1983; portanto, logo após as eleições de novembro de 1982.

e dos salários reais. Os decretos-leis concentravam-se no corte do salário. O arrocho fiscal, monetário, creditício e salarial, deflagrado pelo primeiro "pacote", empurrou a economia para baixo: o PIB teve uma queda de 3% em 1983, e a produção industrial caiu 5,7%[100]. Enquanto isso, acelerou-se violentamente a escalada inflacionária: a taxa anual, medida pelo IGP da FGV, subiu de 99,7% em 1982 para 211% em 1983[101].

Os principais integrantes da equipe econômica do governo estavam convencidos de que o reajuste salarial era a mais importante correia de transmissão da inflação; por isso, para combater a inflação, propugnavam a derrubada do salário real, sob a forma de "desindexação". Assim, editou-se o decreto-lei n. 2012, depois substituído pelo 2024, que determinava que os reajustes salariais seriam inferiores ao índice de inflação. Mas a ampla mobilização sindical que culminou na primeira greve geral do período ditatorial, a 21 de julho de 1983, garantiu a derrota, no Congresso, desse "pacote-arrocho".

Apesar de seu crescente isolamento, o governo não recuou. Em julho daquele ano, um novo "pacote" foi baixado, corporificado no decreto-lei n. 2045, o que deixou mais do que evidente que o eixo central da política imposta pelo FMI era o arrocho do salário. Depois de haver retirado os 10% sobre o INPC na correção dos salários mais baixos e de haver praticado o expurgo desse índice, o novo decreto cortava 20% do INPC na correção de todos os salários. Ao mesmo tempo, o governo assinava a terceira "carta de intenções" com o FMI. Mas o Congresso, assim como fizera com o decreto-lei n. 2024, também derrubou o 2045. Contribuíram para isso as amplas mobilizações que, em 30 de setembro de 1983, os trabalhadores realizaram em todo o país.

A reação do governo foi a edição de novo decreto de arrocho salarial, o 2064, acompanhado de "medidas de emergência". O essencial da política econômica foi incluído no novo decreto-lei. Assim, o seu julgamento pelo Congresso e pela opinião pública era o mesmo que colocar a política econômica do governo no banco dos réus. Depois de ampla resistência por parte dos trabalhadores e de setores empresariais, bem como da oposição no Congresso e de setores da própria base do governo, este substituiu o decreto-lei 2064 pelo 2065, que atenuou o arrocho sobre quase todas as faixas salariais. Mas

---

[100] Ernane Galvêas, *A saga da crise* (Rio de Janeiro, Forense Universitária, 1985), p. 133, quadro 39.

[101] Fundação Getulio Vargas, *Conjuntura Econômica*, cit.

o essencial do chamado "decretão" seguiu sendo o aperto salarial. Alegando que havia redistribuído melhor os sacrifícios e que havia atenuado o arrocho sobre os salários, o governo terminou conseguindo aprovar o decreto-lei n. 2065 no Congresso, mas o fez à custa de um enorme desgaste.

A partir dali, se iniciaria a campanha das Diretas Já, que daria fim ao regime ditatorial um ano depois[102]. Foram as maiores manifestações populares da história do país até então. A emenda das Diretas Já, embora não tenha sido aprovada pelo quórum qualificado de dois terços, foi amplamente vitoriosa ao receber o apoio de 62% da Câmara Federal[103]. Essa vitória serviu de base para que a Aliança Democrática, que se constituiu em torno do PMDB e da Frente Liberal[104], se dispusesse a disputar o governo no próprio terreno que o regime construíra para se perpetuar – o "colégio eleitoral". A mobilização nacional que precedeu a decisão do "colégio"[105], sob a bandeira do "Muda Brasil", garantiu a vitória, a 15 de janeiro de 1985, por cerca de 70% dos votos, aos candidatos da Aliança Democrática, Tancredo Neves e o senador José Sarney, respectivamente para presidente e vice-presidente da República[106].

Plano Cruzado e Constituinte ensaiam mudança

O governo da "Nova República" instaurou-se em 15 de março de 1985. No entanto, o presidente Tancredo Neves não chegaria a tomar posse. Acometido de grave doença abdominal, teve de internar-se e sofrer a pri-

---

[102] Inaugurada pelo comício de 12 de janeiro de 1984 em Curitiba, a "Caravana das Diretas" rodou todo o Brasil e, a 16 de abril, faria o comício de encerramento da campanha no Vale do Anhangabaú, em São Paulo. A Polícia Militar estimou o público presente em 1,5 milhões de pessoas, mas os jornais chegaram a publicar a cifra de 2 milhões.

[103] Votaram a favor 298 deputados, com 65 votos contra, 3 abstenções e 113 ausências.

[104] A Frente Liberal fora constituída pelos membros do Grupo Participação, que se desprendera do partido oficial.

[105] Deflagrada pelo comício de Goiânia com mais de 500 mil pessoas e encerrada, a 3 de janeiro de 1985, no grande comício do Recife, que ficou conhecido como o Comício dos Guararapes, a campanha de rua reuniu milhões de pessoas em Belém, João Pessoa, Maceió, São Paulo e Salvador, além de outras capitais brasileiras; cf. *Hora do Povo*, 9 jan. 1985, p. 3.

[106] Dos 686 votos do "colégio eleitoral", 480 foram dados a Tancredo Neves e 180 a Paulo Maluf, além de 17 abstenções e 9 ausências. Sarney, que renunciara à presidência do PDS para integrar a Frente Liberal, fora indicado para compor a chapa com Tancredo.

meira intervenção cirúrgica na noite de 14 de março, poucas horas antes do momento da posse. Morreria 39 dias depois. Em seu lugar, assumiria o vice-presidente eleito, José Sarney.

Em sua primeira etapa, que durou até a edição do Programa de Estabilização Econômica, conhecido como Plano Cruzado, o governo Sarney concentrou o essencial da sua atividade nas tarefas destinadas a desmontar a máquina autoritária que servira de base institucional para o regime. Foi assim que se acabou com o "colégio eleitoral", instituindo-se eleição direta para presidente da República. Convocaram-se eleições diretas para as capitais e municípios caracterizados como "áreas de segurança nacional"[107] e convocou-se, para eleger-se a 15 de novembro de 1986, a Assembleia Nacional Constituinte.

No entanto, na esfera econômica, ainda que tenha adotado algumas medidas emergenciais[108], o governo não realizava as mudanças prometidas. A principal explicação para isso reside no fato de que tendia a concentrar-se na economia a resistência dos grupos mais poderosos que se beneficiavam do padrão de desenvolvimento então vigente, por isso tudo haveriam de fazer para não perder esses privilégios.

Esses grupos de resistência contavam, além disso, com um poderoso polo de apoio no interior do próprio governo, representado pela equipe do então ministro da Fazenda, Francisco Dornelles. Essa equipe esposava uma concepção econômica que, no essencial, se igualava à política econômica que vinha sendo adotada pela ditadura. Tratava-se, para ela, de prosseguir a política de corte dos gastos públicos e de aperto monetário e creditício. Ou seja, devia-se continuar a política de "ajuste" imposta pelo FMI.

Estabeleceu-se, naturalmente, o confronto dessa concepção com o profundo anseio de mudança da nação e com a orientação expressa do

---

[107] Num total de 25 capitais e 176 municípios, nos quais, depois de duas décadas de jejum, realizaram eleições diretas a 15 de novembro de 1985.

[108] Extinguiu o decreto-lei n. 2065 e adotou medidas práticas tendentes à melhoria do salário real, como o aumento do salário mínimo acima da inflação, além de outras medidas, como um programa de emergência de combate ao desemprego e à fome; o aumento da verba para a educação, mediante destinação de 13% da receita tributária da União e 25% da dos estados e municípios para a Educação; medida tendente a baixar a parcela da prestação habitacional nos gastos familiares, ao lado da equivalência salarial; a eliminação ou redução do Imposto de Renda sobre os mais pobres: quem ganhava até cinco salários mínimos deixou de pagar esse imposto.

presidente Sarney, corporificada principalmente na equipe da Secretaria de Planejamento (Seplan), encabeçada pelo ministro João Sayad, a quem o presidente incumbira a responsabilidade de elaborar o I Plano Nacional de Desenvolvimento da Nova República (I PND-NR). Já na apresentação do plano, assumia-se: "Este é um plano de reformas, de crescimento econômico e de combate à pobreza".

Criou-se, assim, uma situação em que nem a equipe do Ministério da Fazenda conseguia implementar sua política ortodoxa, nem a Seplan lograva imprimir a nova orientação, já esboçada nas primeiras notas do I PND-NR, editadas em maio de 1985. Ou seja, nem se mantinha a situação anterior, nem se realizavam as mudanças. Dado o potencial explosivo da situação econômica herdada, esse impasse poderia levar ao retorno da recessão[109] ou à ameaça de hiperinflação[110]. Agravada pela continuidade do pagamento dos juros da dívida externa, o resultado haveria de ser o retorno da chama inflacionária, que voltou moderadamente em julho, com inflação de 8,9%, para explodir nos 14% em agosto. Essa foi a gota d'água para a queda do ministro Dornelles e toda sua equipe.

Assumiu então o ministro Dilson Funaro, empresário nacionalista de São Paulo que formou uma nova equipe, identificada com as mudanças e com a linha que vinha sendo pregada pela equipe da Seplan. Estabeleceu-se então um mínimo de unidade de pensamento e ação na área econômica do governo, e este pôde, a partir de então, trabalhar numa nova direção na questão econômica[111].

A partir de agosto de 1985, a nova equipe econômica dedicou-se a formular uma nova política econômica e a realizar esforços no sentido de conter a chama inflacionária e manter o crescimento da economia. A ênfase passou a ser, claramente, o crescimento econômico. O combate à inflação, sob a nova orientação, devia se dar sem prejuízo do crescimento. Antes de apresentar o novo plano, a equipe econômica implementou um conjunto de

---

[109] No começo de 1985, a economia já começava a entrar em fase de desaceleração.

[110] A inflação do último trimestre da ditadura (janeiro-março de 1985) projetava uma taxa anual de 293%.

[111] Os economistas que passaram a preponderar na área econômica foram os chamados "economistas de oposição", ligados academicamente à Unicamp e politicamente ao PMDB. Os principais deles eram João Manoel Cardoso de Mello e Luiz Gonzaga de Mello Belluzzo.

medidas destinadas à reativação da demanda, tais como a redução dos juros e o aumento da liquidez, do crédito, dos gastos públicos e do salário real. O objetivo era reanimar a produção mediante a ocupação de capacidade ociosa.

Assim, estimuladas por essa intensa recuperação do mercado interno e contando com crédito abundante e mais barato, as empresas avançaram rapidamente na ocupação de sua capacidade ociosa e aumentaram significativamente sua produção em 1985. A economia no seu conjunto (PIB) cresceu 7,8% e a produção industrial o fez a 8,3%. Foi o maior crescimento depois de 1980. Mas a inflação ainda não havia sido domada.

Para enfrentá-la – e inspirado no I PND-NR –, o governo baixou, a 28 de fevereiro de 1986, o decreto-lei n. 2283, depois substituído pelo de n. 2284, que instituía o Programa de Estabilização Econômica, também conhecido como Plano Cruzado, em função da nova moeda que criava. Tentou-se assim combater a inflação, pela primeira vez em nossa história, sem recorrer ao aperto do salário, do gasto público, da moeda e do crédito, como recomenda a ortodoxia monetarista, mas, ao contrário, abrindo verdadeira guerra contra a especulação financeira e comercial.

De acordo com o decreto-lei, a correção monetária sobre os títulos da dívida pública e o conjunto dos ativos financeiros ficaria totalmente extinta pelo tempo de duração do programa. Esse era o caminho para a desindexação da economia[112]. Durante a vigência do programa, mesmo que houvesse alguma incidência inflacionária, nenhum contrato poderia ter cláusula de correção monetária (à exceção da poupança dos trabalhadores, acumulada nas cadernetas de poupança ou no FGTS e no PIS/Pasep). Além disso, os contratos com correção monetária celebrados antes da edição do programa teriam seus valores convertidos à nova moeda, de acordo com uma tabela estabelecida.

Com o fim da correção monetária, os aumentos de preços do passado não mais seriam automaticamente transferidos para o futuro. Desmontava-se, assim, o mecanismo formal que sancionava a autoalimentação da inflação, isto é, a chamada inércia inflacionária. Mas a desmontagem completa desse mecanismo seria viabilizada pelo congelamento dos preços. O choque do congelamento, ao empurrar a inflação para zero, quebraria a inércia, isto

---

[112] Observa-se aí uma diferença substancial em relação aos programas econômicos impostos pelo FMI, nos quais desindexação significa fim da correção automática dos salários, isto é, perda do poder de compra do salário; no Plano Cruzado, significou fim da correção automática dos ganhos do capital financeiro especulativo.

é, a tendência das empresas a repassar automaticamente para o futuro os aumentos de preços do passado.

O congelamento de preços permitia manter domada a fera inflacionária até que medidas mais profundas de combate à inflação fossem adotadas – ou seja, até que suas raízes fundamentais fossem eficazmente combatidas. Não há dúvida, portanto, de que o congelamento era a medida central do programa de estabilização. E, precisamente para garantir sua efetivação, o governo convocou a população através do próprio decreto-lei: "Qualquer cidadão poderá e todo servidor público deverá informar às autoridades competentes sobre infrações à norma de congelamento de preços e prática de sonegação do produto, em qualquer parte do território nacional"[113].

Pela primeira vez em nossa história, a execução de uma política econômica dependia, no essencial, da ação da população mobilizada. Além de convocado para garantir o programa, o povo também foi amplamente beneficiado por ele. O primeiro benefício adveio do próprio congelamento de preços, pois a inflação tem sido uma das principais armas de confisco salarial em nosso país.

Mas o programa, mais do que isso, adotou uma série de mecanismos de melhoria e proteção dos rendimentos do trabalhador. Os salários foram protegidos através dos seguintes mecanismos: a) preservação do poder de compra médio do semestre anterior à reforma econômica; b) concessão de um "abono" de 8% sobre esse poder de compra do conjunto dos salários e de pouco mais de 15% sobre o do salário mínimo; c) adoção da escala móvel de salário, que previa o reajuste automático sempre que a inflação atingisse 20% num ano; d) preservação dos dissídios coletivos.

O Dieese constatou que houve melhoria substancial do salário real em 1986: cresceu 17,2% na Grande São Paulo. Assim, mesmo sendo um plano de combate à inflação, o Plano Cruzado provocou um efeito redistributivo de renda a favor dos mais pobres, ao contrário do que costumava ser feito nos planos de estabilização anteriores.

Também contrariando a "lógica" dos planos anteriores, que geravam recessão, o Plano Cruzado ajudou a dinamizar a atividade econômica, não apenas por haver injetado mais poder de compra na economia, mas também por haver proporcionado mais crédito, a custo mais baixo, para as empresas

---

[113] Governo Federal da Presidência da República, *Decreto-lei n. 2283*, 22 fev. 1986 (depois substituído pelo decreto-lei n. 2284).

usarem como capital de giro. Como elas ainda contavam com capacidade ociosa, podiam inicialmente atender ao aumento da demanda sem necessariamente terem que aumentar sua capacidade produtiva. O resultado foi o crescimento do PIB em 7,5% e da produção industrial em 11,7% em 1986, empurrando para baixo a taxa de desemprego: pesquisa do Dieese na Grande São Paulo indicou queda de 12,5% em 1985 para 9,8% em 1986[114].

No entanto, a batalha contra a inflação e pela retomada do desenvolvimento ainda não estava ganha. O Plano Cruzado, ao congelar os preços e desindexar a economia, desmontou o mecanismo de autoalimentação do processo inflacionário, mas, caso persistissem suas "causas primárias", ela poderia retornar tão logo fosse levantado o congelamento, ou mesmo poderia atropelá-lo. Além disso, a economia estava entrando no terceiro ano de expansão sem a realização dos investimentos necessários ao aumento da capacidade produtiva[115], o que estava levando ao esgotamento da capacidade ociosa gerada durante a recessão de fins de 1980 ao começo de 1984. Era, portanto, também necessária a adoção de um programa que promovesse o investimento produtivo.

E o governo já tinha um diagnóstico e uma solução para o duplo problema do crescimento e da inflação. Na equipe econômica, apesar de divergências, prevalecia a posição expressa no I PND da Nova República, a de que na origem do problema inflacionário brasileiro estava a dívida externa. Em meados de março de 1986, durante reunião com o Banco Interamericano de Desenvolvimento (BID) e banqueiros estadunidenses, o ministro João Sayad assim sintetizou essa posição:

> Para garantir simultaneamente o combate à inflação e o crescimento econômico, o governo brasileiro entende, contudo, ser indispensável resolver, em caráter definitivo, o problema da dívida externa [...] [A] redução da excessiva transferência de recursos para o exterior constitui elemento indispensável à consolidação do equilíbrio financeiro do setor público, à retomada dos investimentos e, portanto, à sustentação do crescimento no médio e longo prazos.

---

[114] Esses dados correspondem à taxa de desemprego total, que soma o desemprego "aberto" com o "oculto".

[115] A taxa de investimento, que baixara da média de 26,8% do PIB na década de 1970 para a faixa de 16% no período 1983-1985, subiu para apenas 17,7% em 1986 (dados da década de 1970 e para o período 1983-1985, calculados com base em Antônio Barros de Castro e Francisco Eduardo Pires de Souza, *A economia brasileira em marcha forçada*, cit., p. 147, tabela 7, e p. 199, tabela 2; e para 1986, cf. IBGE).

O próprio presidente Sarney, na mensagem que enviou ao Congresso Nacional, em 1º de março de 1986, já havia declarado: "Para evitar a exacerbação das pressões que se originam das implicações internas da dívida externa, o governo decidiu agir no sentido de reduzi-las – *unilateralmente, se necessário*".

Mas não se resolveu o principal "caroço" (jargão usado pela equipe econômica na época) da economia, que era a dívida externa, tampouco foi levado adiante um programa de alavancagem dos investimentos. As consequências começaram a se fazer sentir já no meio do ano, através das pressões inflacionárias[116].

A equipe econômica tinha fortes divergências sobre como enfrentar o retorno da inflação. O único acordo alcançado refletiu-se na edição, a 22 de julho de 1986, do chamado "Cruzadinho", que criou o empréstimo compulsório. Instituiu-se então uma alíquota de 30% sobre os preços dos automóveis e dos combustíveis (gasolina e álcool), o que significou igual aumento desses preços. Mas a inflação, depois de manifestar-se sob a forma de desabastecimento, começou também a retornar de maneira mais aberta. E continuou subindo no segundo semestre[117].

Simultaneamente, como era de se esperar, o crescimento da produção não apenas passou a absorver internamente produtos que antes eram destinados ao mercado externo como a demandar mais produtos importados, particularmente bens de produção. Esse processo acabou com o superávit comercial[118]. Isso se deveu tanto a uma queda das exportações, de 35%, quanto a um aumento das importações da ordem de 40%[119].

Esse fato revelou a impossibilidade de compatibilizar o crescimento da economia com o pagamento dos encargos financeiros da dívida externa. O governo brasileiro só pôde realizar essa compatibilização no segundo semestre

---

[116] Medida pelo Índice Geral de Preços da Fundação Getulio Vargas, a inflação, que havia sido negativa em março e abril (– 1% e – 0,58, respectivamente), voltou sorrateiramente, ainda que de forma tímida, a partir de maio: 0,32% em maio, 0,53% em junho e 0,63% em julho, cf. Dieese/Sistema Serve.

[117] 0,63% em julho, 1,33% em agosto, 1,09% em setembro, 1,39% em outubro, 2,46% em novembro; índice medido pelo IGP (disponibilidade interna), da Fundação Getulio Vargas, cf. Dieese/Sistema Serve.

[118] Sua média mensal, que durante os seis primeiros meses do Plano Cruzado situou-se em torno de US$ 1,1 bilhão, converteu-se em déficit a partir de outubro, atingindo a cifra de US$ 218 milhões em dezembro; cf. Fundação Getulio Vargas, *FGV/Dados*.

[119] Idem.

de 1986 à custa de uma espetacular queima de reservas cambiais. Segundo Funaro, elas caíram de cerca de US$ 8 bilhões na época da decretação do Plano Cruzado para US$ 4 bilhões um ano depois[120].

Ao mesmo tempo em que ocorriam essas tensões na área econômica, o povo brasileiro se preparava para eleger, a 15 de novembro de 1986, os governadores dos estados (incluindo os deputados estaduais) e o Congresso Nacional, que também funcionaria como Assembleia Nacional Constituinte. Seriam as eleições mais importantes depois da instauração do governo da "Nova República". O partido hegemônico no governo, o PMDB, conseguiu capitalizar as conquistas do Plano Cruzado e saiu amplamente vitorioso[121].

Mas nem bem se fecharam as urnas e, a 21 de novembro de 1986, o governo baixou um pacote que ficou conhecido como "Cruzado II", que veio enterrar de vez a curta e inédita experiência de combate à inflação com engajamento popular, crescimento econômico e distribuição de renda[122]. Ao aumentar os preços de alguns produtos e serviços importantes, o governo estava sinalizando para os demais setores – que viviam situação semelhante – que também poderiam reajustar seus preços. E foi isso o que ocorreu. A inflação que estava represada rompeu o dique[123].

Logo depois, a 10 de fevereiro, parte da diretoria do Banco Central se demitiria, incluindo seu presidente, Fernão Bracher, e o diretor Pérsio Arida. Enquanto isso, como as reservas cambiais estavam se esvaindo, o governo, por proposta de Funaro, decretou a moratória dos juros a 20 de fevereiro. Mas,

---

[120] Alex Solnik, *Os pais do Cruzado contam por que não deu certo* (Porto Alegre, L&PM, 1987), p. 57. Sarney diria, mais tarde, que, no momento da moratória, que seria decretada em março de 1987, elas não passavam de US$ 2,8 bilhões; cf. entrevista por ele concedida à revista *Época*, 29 set. 2003, p. 28.

[121] Elegeu os governadores de todos os estados, à exceção do pequeno estado de Sergipe, e 53% dos deputados federais, além de 38 das 49 vagas disputadas para o Senado naquele ano, isto é, 77%. Com isso, assumiria o comando da Constituinte e, portanto, da elaboração da nova Carta Magna a partir de fevereiro de 1987.

[122] Belluzzo, que foi um dos autores do Cruzado II, admitiria mais tarde que "o melhor era não ter feito, nesse período, o Cruzado II", cf. Alex Solnik, *Os pais do Cruzado contam por que não deu certo*, cit., p. 101.

[123] A taxa mensal de inflação, que fora de 2,46% em novembro, subiu para 7,56% em dezembro, 12,04% em janeiro, 14,11% em fevereiro, 15% em março, 20,08% em abril, 27,58% em maio. Cf. Índice Geral de Preços (disponibilidade interna) da Fundação Getulio Vargas (Dieese/Sistema Serve).

a partir dali, a equipe do Cruzado começou a desfazer-se e Sarney iniciou a recomposição de sua equipe econômica basicamente com pessoas de filiação monetarista. Sayad pediu demissão no dia 17 de março de 1987 e Funaro e sua equipe, a 20 de abril. Com a queda da equipe do Cruzado, a política econômica adotada foi, crescentemente, fazendo retornar a prática do dogma monetarista. O primado da estabilidade monetária voltou a preponderar sobre o do desenvolvimento. Ensaiou-se, também, a privatização das empresas públicas e a maior abertura da economia aos produtos importados.

Esse caminho se consumou por meio dos dois planos econômicos que, ainda no governo Sarney, seriam implementados a partir da saída da equipe do Cruzado: o Plano Bresser, baixado pelo novo ministro da Fazenda, Luiz Carlos Bresser Pereira, em 12 de junho de 1987, e o Plano Verão, editado por seu sucessor, Mailson da Nóbrega, que fora um dos mais ortodoxos membros da equipe de Delfim Netto, em 14 de janeiro de 1989, tinham em comum o congelamento temporário dos salários, o corte do gasto público e a forte elevação dos juros[124]. Os preços também foram formalmente congelados, mas depois de se haver autorizado o reajuste de tarifas e preços de vários serviços e produtos. Os salários, que, no primeiro plano, seriam reajustados, após o período de congelamento, pela Unidade Referencial de Preços (URP), ficaram sujeitos a uma suposta livre negociação no segundo. Este plano, por sua vez, ensaiou uma nova reforma monetária, através da qual se instituiu o cruzado novo (NCz$). Mas a inflação, ao invés de ceder, entrou em rota de hiperinflação[125].

Ao mesmo tempo que apertava a economia, Mailson deflagrava um processo de abertura comercial e de desestatização que seria retomado e radicalizado na década seguinte durante os governos Collor e Fernando Henrique Cardoso. A "reforma tarifária" de 1988-1989, além de iniciar a derrubada das tarifas de importação[126], aboliu vários regimes especiais de importação que protegiam alguns setores da economia e unificou os tributos incidentes sobre importações.

---

[124] A taxa de juros reais do Banco Central, que fora negativa em 1986 e 1987 (− 0,4% e − 8,8%, respectivamente), foi de 7,3% ao ano em 1988 e 43,4% em 1989. Taxa do *overnight* deflacionada pelo IGP-DI Centrado da FGV; cf. Banco Central do Brasil, *Relatório anual*, elaboração Dieese/Sistema Serve.

[125] Subiu de 416% em 1987 para 933% em 1988 e 1.764% em 1989.

[126] A tarifa média de importação caiu de 51,3% para 37,4%.

Mailson também deu sequência às ações do governo Sarney na área da privatização do patrimônio público. Em 28 de abril de 1985, o governo já editara o decreto n. 91.991, mas foi o decreto n. 95.886, de 29 de março de 1988, que definiu melhor o que seria privatizado. Para completar, no Plano Verão, de janeiro de 1989, e no Plano de Emergência, de agosto do mesmo ano, foi listado um conjunto de empresas que seriam objeto de privatização, nos setores siderúrgico, petroquímico, de fertilizantes, de transportes, de mineração, além de outros de menor importância[127].

O balanço feito no final dos anos de 1980 consagrou a designação de "década perdida" para o período. Apesar de haverem sido transferidos para o exterior, sob a forma de juros, US$ 150 bilhões de 1980 a 1989, a dívida externa aumentou no período de US$ 64,2 bilhões para US$ 115,10 bilhões[128]. Em função da adoção de políticas voltadas a conter a economia para pagar os serviços dessas dívidas, a taxa média de crescimento do PIB foi de apenas 2,9% por ano no período[129], menos da metade da taxa histórica (7%). O PIB *per capita* ao final da década era apenas 2% maior, em termos reais, do que no início[130], isto é, a economia estagnou ao longo da década. A produção industrial em 1989 só era 11,46% maior do que em 1980[131].

A concentração de renda também se agravou: o índice de Gini, que mede o grau de concentração de renda, subiu de 0,59 para 0,64[132]. O número de pessoas vivendo abaixo da linha de pobreza aumentou de 29,5 milhões para 39,2 milhões, passando de 24,8% da população em 1980 para 27,2% em 1990[133]. Enquanto isso, a participação do setor financeiro na renda nacional subiu de 7,8% em 1980 para 19,5% em 1989[134].

---

[127] Nessa lista, encontravam-se empresas como a Usiminas, a Acesita, a Açominas, a CST, a Petroquisa, a Petrobras Distribuidora, a Cobra, a Datamec, a Ultrafértil e a Fosfertil, entre outras; ver Conselho Federal de Desestatização, *Projeto abertura de capital*.

[128] César Benjamin e Tânia Bacelar Araújo, *Brasil: reinventar o futuro* (Rio de Janeiro, Sindicato dos Engenheiros do Estado do Rio de Janeiro, 1995), p. 91.

[129] Dados originais do IBGE, organizados por MDIC-Secex-Depla.

[130] Passara de US$ 2.999 para US$ 3.062, em dólares constantes de 1991; cf. César Benjamin e Tânia Bacelar Araújo, *Brasil: reinventar o futuro*, cit., p. 92.

[131] Dados do IBGE; extraídos de Dieese/Sistema Serve.

[132] Fundação Getulio Vargas, *FGV/Dados*.

[133] Fundação Getulio Vargas, *FGV/Dados*. Cf. César Benjamin e Tânia Bacelar Araújo, *Brasil: reinventar o futuro*, cit., p. 105.

[134] Dados do IBGE.

Contraditoriamente, ao mesmo tempo em que se implementava uma política econômica que reforçava o padrão dependente de reprodução do capital, que entrara em agonia com a crise estrutural deflagrada na década de 1970, a Constituinte elaborava uma Constituição que consagrava importantes aspectos de autonomia econômica.

A Constituinte, ao escrever o capítulo da ordem econômica, adotou, sem dúvida, suas decisões mais importantes. Foi assim que se estabeleceu, claramente, a diferenciação entre empresa nacional e empresa estrangeira; definiu-se que a proteção especial do Estado só poderia recair sobre a primeira; instituiu-se a possibilidade de reserva de mercado em setores estratégicos; determinou-se a nacionalização da prospecção e da exploração dos recursos do subsolo; proibiram-se os contratos de "risco" na prospecção e exploração do petróleo – garantindo, constitucionalmente, o monopólio da Petrobras; estabeleceu-se a reciprocidade no transporte marítimo internacional; e definiu-se o caráter nacional da Marinha mercante brasileira.

SOBRE OS AUTORES

ADRIANO CODATO é professor do Departamento de Ciência Política e Sociologia e dos Programas de Pós-Graduação em ciência política e em políticas públicas da Universidade Federal do Paraná (UFPR). É editor da *Revista de Sociologia e Política* e integrante do Núcleo de Pesquisa em Sociologia Política Brasileira da UFPR.

ANDERSON DEO é professor de ciência política da Universidade Estadual Paulista (Unesp), *campus* de Marília (SP). Coordenador do Núcleo de Estudos de Ontologia Marxiana (Neom) e pesquisador dos grupos de pesquisa Cultura e Política do Mundo do Trabalho e Pensamento Político Brasileiro e Latino-Americano.

ANITA LEOCADIA PRESTES é professora do Programa de Pós-Graduação em história comparada da Universidade Federal do Rio de Janeiro (UFRJ). Autora de *A Coluna Prestes* (Paz e Terra, 1997) e *Luiz Carlos Prestes: o combate por um partido revolucionário (1958-1990)* (Expressão Popular, 2012).

DAVID MACIEL é professor da Faculdade de História e do Programa de Pós-Graduação em História da Universidade Federal de Goiás (UFG). Autor de *A argamassa da ordem: da Ditadura Militar à Nova República (1974-1985)* (Xamã, 2004) e *De Sarney à Collor: reformas políticas, democratização e crise (1985- 1990)* (Alameda/Funape, 2012).

DÉCIO AZEVEDO MARQUES DE SAES é professor titular aposentado de ciência política da Universidade Estadual de Campinas (Unicamp)e professor titular efetivo de sociologia da Educação da Universidade Metodista de São Paulo. Autor de *República do capital: capitalismo e processo político no Brasil* (Boitempo, 2001).

João Quartim de Moraes é professor colaborador na Unicamp e pesquisador do CNPq centrado em história do pensamento político, instituições brasileiras, materialismo antigo e moderno, e marxismo. Autor de diversos livros e artigos, no Brasil e na Europa.

Leonilde Servolo de Medeiros é professora do Programa de Pós-Graduação de ciências sociais em desenvolvimento, agricultura e sociedade da Universidade Federal Rural do Rio de Janeiro. É pesquisadora do CNPq e do Programa Cientistas do Nosso Estado, da Faperj. É autora de vários estudos sobre reforma agrária, assentamentos rurais e movimentos sociais no campo.

Lincoln Secco é professor de história contemporânea na Universidade de São Paulo (USP) e autor de *Caio Prado Junior: O sentido da revolução* (Boitempo) e *História do PT* (Ateliê), entre outros.

Marco Aurélio Santana é doutor em sociologia pela Universidade Federal do Rio de Janeiro e professor do Departamento de Filosofia e Ciências Sociais da Universidade Unirio. Pela Boitempo, publicou *Homens partidos: comunistas e sindicatos no Brasil* (2001).

Milton Pinheiro, organizador deste volume, é sociólogo e cientista político, professor da Universidade do Estado da Bahia (Uneb). Editor da revista *Novos Temas* e autor/organizador, entre outros, dos livros *A reflexão marxista sobre os impasses do mundo atual* (Outras Expressões, 2012) e *Teoria e prática dos conselhos operários* (Expressão Popular, 2013), em conjunto com Luciano Martorano. Integra o grupo de pesquisa Pensamento Político Brasileiro e Latino-Americano (Unesp).

Nilson Araújo de Souza é professor do Programa Professor Visitante Sênior Capes-Unila, vinculado à Universidade Federal da Integração Latino-Americana. Autor de *Economia brasileira contemporânea: de Getulio a Lula* (Atlas, 2008) e *Economia internacional contemporânea* (Atlas, 2009).

Vanderlei Elias Nery é cientista político e pesquisador do Núcleo de Estudos de Ideologia e Lutas Sociais (Neils). Autor da tese de doutorado *A campanha Diretas Já e a transição brasileira da ditadura militar para a democracia burguesa* (PUC-SP).

OUTRAS PUBLICAÇÕES DA BOITEMPO

O caderno azul de Jenny: a visita de Marx à Comuna de Paris
MICHAEL LÖWY E OLIVIER BESANCENOT
Tradução de Fabio Mascaro Querido
Orelha de Marcelo Ridenti

Camarada
JODI DEAN
Tradução de Artur Renzo
Primeira orelha de Christian Dunker
Segunda orelha de Manuela D'Ávila, Slavoj Žižek, Bruno Bosteels e Mark Fisher
Quarta capa de Antonio Negri

O ecossocialismo de Karl Marx
KOHEI SAITO
Tradução de Pedro Davoglio
Prefácio de Sabrina Fernandes
Orelha de Murilo van der Laan
Quarta capa de Kevin Anderson e Michael Heinrich

Marx: uma introdução
JORGE GRESPAN
Orelha de Ricardo Antunes

Raça, nação, classe
ÉTIENNE BALIBAR E IMMANUEL WALLERSTEIN
Tradução de Wanda Caldeira Brant
Orelha de Silvio Almeida

Rosa Luxemburgo e a reinvenção da política
HERNÁN OUVIÑA
Tradução de Igor Ojeda
Revisão técnica e apresentação de Isabel Loureiro
Prefácio de Silvia Federici
Orelha de Torge Löding
Coedição de Fundação Rosa Luxemburgo

Teoria econômica marxista: uma introdução
OSVALDO COGGIOLA
Orelha de Jorge Grespan

MARX-ENGELS

Dialética da natureza
FRIEDRICH ENGELS
Tradução e notas de Nélio Schneider
Apresentação de Ricardo Musse
Orelha de Laura Luedy

ARSENAL LÊNIN
Conselho editorial Antonio Carlos Mazzeo, Antonio Rago, Augusto Buonicore, Ivana Jinkings, Marcos Del Roio, Marly Vianna, Milton Pinheiro e Slavoj Žižek

O que fazer?
Vladímir Ilitch Lênin
Tradução de Edições Avante!
Revisão da tradução de Paula Vaz de Almeida
Prefácio de Valério Arcary
Orelha de Virgínia Fontes

BIBLIOTECA LUKÁCS

Essenciais são os livros não escritos: últimas entrevistas (1966-1971)
György Lukács
Organização, tradução, notas e apresentação de Ronaldo Vielmi Fortes
Revisão técnica e apresentação de Alexandre Aranha Arbia
Orelha de Anderson Deo

ESCRITOS GRAMSCIANOS

Odeio os indiferentes: escritos de 1917
Antonio Gramsci
Seleção, tradução e aparato crítico de Daniela Mussi e Alvaro Bianchi
Orelha de Guido Liguori

ESTADO DE SÍTIO
Coordenação de Paulo Arantes

A escola não é uma empresa
Christian Laval
Tradução de Mariana Echalar
Orelha de Afrânio Catani

MARXISMO E LITERATURA
Coordenação de Michael Löwy

A estrela da manhã
Michael Löwy
Tradução de Eliana Aguiar
Apresentação de Leandro Konder
Orelha de Alex Januário
Apêndice de Sergio Lima

CLÁSSICOS BOITEMPO

O dinheiro
Émile Zola
Tradução de Nair Fonseca e João Alexandre Peschanski
Orelha de Mario Sergio Conti

MUNDO DO TRABALHO
Coordenação de Ricardo Antunes

Os laboratórios do trabalho digital
RAFAEL GROHMANN (ORG.)
Orelha de **Ruy Braga**
Quarta capa de **Edemilson Paraná, Muniz Sodré e Nuria Soto**

PANDEMIA CAPITAL

Pandemia: covid-19 e a reinvenção do comunismo
SLAVOJ ŽIŽEK
Tradução de **Artur Renzo**
Prefácio de **Christian Ingo Lenz Dunker**

TINTA VERMELHA

Educação contra a barbárie
FERNANDO CÁSSIO (ORG.)
Com textos de **Alessandro Mariano, Alexandre Linares, Ana Paula Corti, Aniely Silva, bell hooks, Bianca Correa, Bianca Santana, Carolina Catini, Catarina de Almeida Santos, Daniel Cara, Denise Botelho, Eudes Baima, Isabel Frade, José Marcelino de Rezende Pinto, Maria Carlotto, Marina Avelar, Matheus Pichonelli, Pedro Pontual, Rede Brasileira de História Pública, Rede Escola Pública e Universidade, Rodrigo Ratier, Rogério Junqueira, Rudá Ricci, Sérgio Haddad, Silvio Carneiro, Sonia Guajajara, Vera Jacob Chaves**
Apresentação de **Fernando Cássio**
Prólogo de **Fernando Haddad**
Quarta capa de **Mario Sergio Cortella**

LITERATURA

Água por todos os lados
LEONARDO PADURA
Seleção e edição dos textos de **Lucía López Coll**
Tradução de **Monica Stahel**
Orelha de **Carlos Marcelo**
Quarta capa de **Wagner Moura**

BARRICADA
Conselho editorial Gilberto Maringoni e Luiz Gê

Marx: uma biografia em quadrinhos
ANNE SIMON E CORINNE MAIER
Tradução de **Mariana Echalar**
Letras de **Lilian Mitsunaga**

Regina Silveira, "Gancho de rede"
(Série Eclipses), 2003. Impressão digital sobre backlight,
73 x 53 x 10 cm.

Publicada em março de 2014, mês em que se rememoram os cinquenta anos do golpe de Estado que deu origem a uma ditadura civil-militar no Brasil, esta obra foi composta em Adobe Garamond, corpo 10,5/13,5, títulos em Bauer Bodoni, e reimpressa em papel Avena 80g/m² pela gráfica Forma Certa, para a Boitempo, em abril de 2025, com tiragem de 200 exemplares.